Grenzregionen im Zeitalter der Nationalismen

Schriften des
Italienisch-Deutschen Historischen Instituts in Trient

Band 12

Grenzregionen im Zeitalter der Nationalismen

Elsaß-Lothringen / Trient-Triest, 1870-1914

Herausgegeben von

Angelo Ara
Eberhard Kolb

Duncker & Humblot · Berlin

Italienisch-Deutsches Historisches Institut in Trient
Elsaß-Lothringen / Trient-Triest 1870-1914
36. Studienwoche

13.-17. September 1993

Leiter der Studienwoche
Angelo Ara
Eberhard Kolb

Italienische Ausgabe
Regioni di frontiera nell'epoca dei nazionalismi.
Alsazia e Lorena / Trento e Trieste 1870-1914
(Annali dell'Istituto storico italo-germanico in Trento. Quaderno 41),
il Mulino, Bologna 1995

Übersetzung der italienischen Texte
Johannes Lill

Die Deutsche Bibliothek – CIP-Einheitsaufnahme

Grenzregionen im Zeitalter der Nationalismen : Elsaß-Lothringen/ Trient-Triest, 1870-1914 / hrsg. von Angelo Ara ; Eberhard Kolb. [Übers. der ital. Texte Johannes Lill]. – Berlin : Duncker und Humblot, 1998
(Schriften des Italienisch-Deutschen Historischen Instituts in Trient ; Bd. 12)
Einheitssacht.: Regioni di frontiera nell'epoca dei nazionalismi ⟨dt.⟩
ISBN 3-428-09458-1

Fotoprint: Berliner Buchdruckerei Union GmbH, Berlin
Printed in Germany

ISSN 0939-0960
ISBN 3-428-09458-1

Gedruckt auf alterungsbeständigem (säurefreiem) Papier
entsprechend ISO 9706 ♾

Inhaltsverzeichnis

Einleitung

Von Angelo Ara

Immer wieder wurden während des Ersten Weltkrieges unter den Diplomaten sowie in der öffentlichen Meinung der Länder, die den beiden gegnerischen Kriegsbündnissen angehörten, die Blicke auf Elsaß-Lothringen bzw. auf Trient und Triest gerichtet. In Österreich und Deutschland wies man unter Betonung der Waffensolidarität und der gemeinsamen Kriegsziele häufig auf die Parallele zwischen Straßburg und Triest hin. Dagegen konnte auch Heinrich Lamasch nicht viel ausrichten, der in seiner dritten „Friedensrede" vor dem österreichischen Herrenhaus eine derartige Gleichgewichtung dieser beiden Konfliktgebiete, durch die die Friedensverhandlungen nur erschwert würden, in Frage stellte und hervorhob, daß Triest für die Donaumonarchie eine viel zentralere Rolle spielte, als Elsaß-Lothringen für das Deutsche Reich. Gleichzeitig stellten andererseits Trient und Triest für Italien und Elsaß-Lothringen für Frankreich die vorrangigen Kriegsziele dar.

Während des Krieges treten also auf der Ebene der internationalen Politik die Analogien zwischen diesen von den gegnerischen Kriegsparteien umkämpften Gebieten deutlich hervor. Doch auch die Geschichte dieser Regionen an Rhein, Alpenrand und Adria vor dem Ersten Weltkrieg, die Geschichte also von Gebieten, in denen verschiedene Kulturen, Sprachen und politische Systeme aufeinander stießen und heftige Kämpfe um die politische und kulturelle Identität geführt wurden, ist sehr vielfältig und interessant. Es soll hier nun keineswegs der „Mythos" von Trient und Triest, der mindestens zwei Generationen von Italienern bewegt hat, durch eine Doppelformel von Elsaß-Lothringen einerseits und Trient und Triest andererseits ersetzt werden. Aber uns scheint, daß durch eine Analyse der verschiedenen Aspekte der historischen Entwicklung dieser Grenzlandschaften zum Teil wichtige Vergleichbarkeiten herausgearbeitet werden können. Sowohl in Trient und Triest, als auch in Elsaß-Lothringen, haben die sprachliche und kulturelle Vielfalt sowie die geographische Lage jeweils entlang einer Sprach- und Kulturgrenze zu vergleichbaren Problemen geführt.

Vor dem Ausbruch des Weltkrieges, im Verlauf der 45 Jahre, die hier von uns untersucht wurden, stellten Elsaß-Lothringen und Trient und Triest ständige, wenn auch nur latent schwelende Konfliktfelder der europäischen Politik dar. In Momenten innerer oder internationaler Krisen spitzten sich diese Konflikte jedoch immer wieder zu und führten bisweilen zu heftigen Spannungen in den deutsch-französischen bzw. den österreichisch-italienischen Beziehungen, wie z.B. während der Phase des *boulangisme* in Frankreich oder während der österreichischen Expansionen auf dem Balkan in den Jahren 1875-1877 sowie 1908. Auf der anderen Seite kamen ebenfalls in diesen Grenzregionen seit Anfang des 20. Jahrhunderts vergleichbare Entspannungstendenzen auf, meist lokaler Herkunft, die aber deshalb nicht engstirnig ‚lokalpatriotisch' geprägt, sondern übernational ausgerichtet waren. Es handelte sich hier um politische Strömungen, in die das kulturelle Erbe der verschiedenen ethnischen Gruppen zusammenfloß. Auch verbreitete sich eine wachsende Abneigung dagegen, die eigene Heimat und somit das eigene Schicksal zu einem Spielball der jeweils angrenzenden Großmächte werden zu lassen. Aus diesen Strömungen, die am stärksten und in der ausgereiftesten Weise unter der jungen Generation im Elsaß vorzufinden waren, aber durchaus auch in der Venezia Giulia auftraten, erwuchs langsam eine Betrachtungsweise der Probleme dieser Grenzregionen, die nicht mehr auf die ethnischen Gegensätze, sondern auf Vermittlung zwischen den verschiedenen Kulturen abzielte. Der deutsch-amerikanische Historiker Fritz Epstein hat mit der Prägung des Begriffes ‚Zwischeneuropa' diese umstrittenen Regionen, die gleichzeitig auch Regionen der Verständigung waren, treffend charakterisiert und damit eine ausgesprochen fruchtbare Interpretation der Gegebenheiten in jenen Gebieten, in denen Gegnerschaft und Dialog so eng beieinanderlagen, vorgeschlagen.

Der Versuch, eine gemeinsame Identität zu finden, in die – wie oben angedeutet – die verschiedenen kulturellen Traditionen einfließen sollten, ist zudem eingemündet in übernationale und internationalistische Ideen, die einen Grundstein bildeten für spätere Initiativen der Verständigung in Europa. In diesem Rahmen sind die Beziehungen zwischen den Katholiken Elsaß-Lothringens und der deutschen Zentrumspartei zu nennen sowie diejenigen zwischen den elsässischen und lothringischen Sozialisten und der deutschen Sozialdemokratie. Ebenso sind unter diesem Aspekt die Verbindungen zwischen Katholiken aus dem Trentino, aus Görz und Istrien mit der christlich-sozialen Bewegung in Österreich sowie der politische und durch Angelo Vivante auch theoretische Beitrag, den die Sozialisten in Triest zum Austromarxismus geleistet haben, zu erwähnen. Dieses Klima der Verständigung war es, in dem der nicht nur in Triest sondern in ganz Österreich einflußreiche Sozialist Valentino Pittoni politisch aktiv wurde, und in eben diesem Klima wurden so große Persönlichkeiten wie Robert Schuman und Alcide Degasperi geprägt. (Ebenso war viel später die Tätigkeit von Pierre Pflimlin als Vorsitzender des europäischen Parlaments in Straßburg von diesem Geist der Verständigung geprägt.) Auch die Kulturgeschichte darf nicht nur unter dem Blickwinkel ethnischer Konflikte gesehen werden: die Grenzsituation hat vielfache unüberwindliche kulturelle Gegensätze und gegenseitige Ablehnung hervorgebracht und es genügt hier für Triest, an die Ideen von Ruggero Timeus Fauro zu erinnern. Aber ebenso sind gerade in diesen Grenzregionen vielfältige Ansätze zu Vermittlung, Dialog und Synthese zwischen den Kulturen, Zweisprachigkeit und kulturelle Vielfalt, hervorgebracht worden. Häufig ist gerade hier die Eingangstür der einen Kultur in die andere zu finden. Es war Triest, welches erst selbst die wichtigsten Erscheinungen der modernen österreichischen Kultur aufnahm und diese dann nach Italien weitervermittelt hat. Gegenüber der slawischen Kultur hat Triest jedoch eine solche Vermittlerfunktion aus Gründen der viel größeren kulturellen und sozialen Barrieren nicht eingenommen. Zwischen deutscher und französischer Kultur hatte wiederum das Elsaß eine vergleichbare Vermittlerrolle inne und zugleich war es die Heimat von zweisprachigen Schriftstellern, welche sich zwar vielfach zwischen den beiden Kulturen hin- und hergerissen fühlten aber ebenso auch in der kulturellen und sprachlichen Gegensätzlichkeit ihrer Heimat eine Bereicherung finden konnten. Einer von ihnen, Yvan Goll, sagte einmal von sich, er hätte „drei Herzen aber kein Vaterland". Diesem komplexen Geflecht von Identitäts- und Zugehörigkeitsproblemen widmete in der zweiten Nachkriegszeit Frédéric Hoffet sein Werk mit dem Titel ‚Psychanalyse de l'Alsace', dessen fruchtbare Anregungen, auch für das Verständnis der kulturellen Situation in der Venezia Giulia, der Triestiner Historiker Carlo Schiffrer hervorgehoben hat.

Auch unter dem Gesichtspunkt ihrer Benutzung und Instrumentalisierung für politisch-nationale Zwecke sind die kulturellen Fragen sehr interessant. Hier ist v.a. die Schulpolitik und vielleicht noch mehr die Universitätspolitik hervorzuheben. Eine der ersten Maßnahmen des neuen preußisch-deutschen Staates im Elsaß war die Gründung der Reichsuniversität in Straßburg. Damit sollte in den annektierten Gebieten ein großes Ausstrahlungszentrum deutscher Kultur entstehen. Der Geschichte dieser Hochschule und ihrer Funktion als Instrument kultureller Ausstrahlung ist ein hervorragendes Buch von John A. Craig gewidmet, welches auch die nachfolgende französische Phase der Straßburger Universität nachzeichnet. In den italienischen Provinzen Österreichs wurde die von den Italienern gewünschte Gründung einer juristischen Fakultät in Triest von der Regierung in Wien – ausgehend von nationalpolitischen Überlegungen – abgelehnt. Doch in dieser Forderung als solcher steckt insofern eine politische Bedeutung, als sie das Bewußtsein darüber widerspiegelt, welchen Wert für eine nationale Sammlungspolitik eine Forderung an den österreichischen Staat haben konnte, mit der sich alle Italiener der Habsburgermonarchie, ob Liberale, Katholiken oder Sozialisten, identifizieren konnten.

Im österreichischen Küstenland, wo sich Italiener und Slawen gegenüberstanden, war die nationale Frage engstens verknüpft mit sozialen Gegensätzen: in der Oberschicht überwogen die Italiener, während Slowenen und Kroaten vor allem den niedrigeren sozialen Schichten angehörten. In Tirol, wo sowohl Italiener wie Deutschsprachige eine eigene gegliederte Sozialstruktur hatten und es zwischen den beiden Nationalitäten eine klar feststehende Sprachgrenze gab, stellte sich dieses Problem nicht. Wiederum anders und zugleich verschwommener war die Lage in Elsaß-Lothringen und insbesondere im Elsaß. Zumindest in der ersten Zeit der Zugehörigkeit zum Deutschen Reich war das städtische Bürgertum in französischer Sprache und Kultur verwurzelt, während auf dem Lande vornehmlich deutsche Dialekte gesprochen wurden.

Die bisher hervorgehobenen Ähnlichkeiten und Analogien in den historischen Entwicklungen der in diesem Band behandelten Grenzgebiete dürfen natürlich nicht über die tiefen historisch-strukturellen Unterschiede hinwegtäuschen. Der jahrhundertelangen Zugehörigkeit des Trentino und Triests (jedoch nicht des ehemals venetianischen Istrien und Dalmatiens) zur Habsburgermonarchie steht die komplexe und keineswegs einheitliche Geschichte Lothringens und des Elsaß gegenüber. Diese beiden Gebiete wurden zu verschiedenen Zeiten der französischen Monarchie unterstellt, dann in die französische Republik eingegliedert und nach dem deutsch-französischen Krieg von 1870/71 an das Deutsche Reich angeschlossen. Unter nationalen Gesichtspunkten war das Trentino ein eindeutig italienisches Gebiet, welches jedoch einer deutsch-italienischen, aber mehrheitlich von Deutschen bewohnten Region, dem Kronland Tirol, angeschlossen war und einer Vielvölkermonarchie unter deutschsprachiger Vorherrschaft angehörte, was dazu beitrug, daß die deutsche Kultur hier zu verschiedenen Zeiten, insbesondere in der Epoche der Aufklärung, tiefe Spuren hinterließ. Komplexer war die soziale und nationale Struktur in den adriatischen Gebieten (italienisch-slowenisches Nebeneinander in Triest, in dem Gebiet um Görz und in einem kleinen Teil Istriens; italienisch-kroatisches Nebeneinander im übrigen Istrien). Diese Regionen waren etwa seit der Mitte des 19. Jahrhunderts durch zwei verschiedene politische Konflikte gekennzeichnet: einerseits, was zumindest für die Liberalen zutrifft, durch den starken Gegensatz zwischen der lokalen Verwaltung und der Zentralgewalt und andererseits durch den nationalen und – wie gesagt – sozialen Gegensatz zwischen Italienern und Südslawen. Der Gegensatz zwischen Italienern und Südslawen war also Ausdruck tief verwurzelter politischer, sozialer und kultureller Spannungen zwischen verschiedenen Völkern, die in ein- und demselben Gebiet nebeneinander lebten. Bei den Gegensätzen zwischen Italienern und Deutschen in Tirol ging es dagegen vor allem um Spannungen zwischen dem italienischsprachigen Bevölkerungsteil und einer deutsch dominierten politisch-administrativen Gewalt auf Landes- und auf gesamtstaatlicher Ebene. Zu regelrechten nationalen Konflikten kam es hier nur entlang der Sprachgrenze, wo die Italiener sich von deutsch-nationalem Druck auf italienischsprachiges Territorium angegriffen fühlten. Im ganzen Land Tirol führte allerdings das Zusammenleben innerhalb der gleichen administrativen Einheit zu häufigen und zunehmenden Spannungen zwischen öffentlicher Meinung und italienisch-nationalen oder deutsch-nationalen politischen Strömungen.

Ganz anders als in den italienischen Provinzen Österreichs sah dagegen der nationale Gegensatz im Elsaß und in Lothringen aus. Wenn man einmal von der Einwanderung aus Frankreich vor 1870 und der darauffolgenden inneren Einwanderung aus Deutschland in das neue Reichsland absieht, so lassen sich in diesen Regionen kaum zwei verschiedene nebeneinander her lebende nationale Gruppen ausmachen. Vielmehr handelte es sich hier letztlich um eine einzige Gesellschaft, die allerdings in sich zerrissen und schwankend unter dem Einfluß beider Kulturen und Sprachen stand und deren gesellschaftliche und politische Situation sich stetig veränderte und weiterentwickelte. In dieser wechselvollen Entwicklung läßt sich aber auch ein beständiges Festhalten an den Traditionen der eigenen Region ausmachen, welches seinen höchsten Ausdruck in den vielfältigen Versuchen fand, eine Synthese zwischen französischer und deutscher Kultur herzustellen und sich gleichzeitig einer schwarz-weiß-Alternative zwischen den beiden Nationen und den diese repräsentierenden Staaten zu entziehen.

Die Geschichte Elsaß-Lothringens war also von zwei historisch gewachsenen Kulturen geprägt, die gleichberechtigt nebeneinanderstanden. Diesen so offensichtlichen Aspekt deutlich zu betonen, ist deshalb so wichtig, weil es sich damit um eine Form des Zusammenlebens handelte, die sich im europäischen Vergleich selten findet. Anderswo läßt sich meist das Zusammentreffen einer stärker verwurzelten Nationalität mit einer zweiten Nationalität feststellen, die sich soeben erst in ihrer Entwicklung und in ihrem Aufstieg befindet, einem Aufstieg, der in gezieltem Gegensatz zur Kultur der dominierenden ethnischen Gruppe stattfindet, aber zugleich auch von dieser beeinflußt ist.

Aus diesen hier von mir überblickartig zusammengefaßten Überlegungen erwuchs die Entscheidung des Deutsch-italienischen historischen Instituts in Trient, die Studienwoche im September 1993 diesen zwei Grenzlandschaften des Deutschen Reiches und der Habsburgermonarchie zu widmen. Ich glaube, daß der vorliegende Band, der die damals gehaltenen Vorträge wiedergibt, eine wertvolle Anregung bietet, die Probleme um Elsaß-Lothringen und Triest und Trient neu zu überdenken, sowohl bezüglich ihrer jeweils eigenen Aspekte, als auch bezüglich möglicher Vergleichbarkeiten (leider ist es uns nicht gelungen, einen Vortrag über die Frage der „verlorenen Provinzen“ aus französischer Sicht in das Programm einzubeziehen).

Der Irredentismus in der italienischen Außenpolitik

Von Sergio Romano

Seit dem Ende des Ersten Weltkrieges wird in der italienischen Historiographie immer wieder die Legende verbreitet, die 54 Jahre nationaler Einheit, die dem großen Krieg vorausgingen, seien ausschließlich als Vorspiel auf jenes große Ereignis zu betrachten, welches die „Rückkehr" des Trentino und Triests in ihr Mutterland darstellte. Unter diesem Blickwinkel wurden die ‚Irredenta'-Gebiete jenseits der Ostgrenzen Italiens zum vorrangigen politischen Ziel der italienischen Außenpolitik seit der Nationalstaatsgründung bis zum Ersten Weltkrieg erklärt, der eben deshalb auch als „vierter Unabhängigkeitskrieg" bezeichnet wurde. Der Weg dorthin sei zwar nicht geradlinig gewesen, denn Italien habe sich den Rücken freihalten und auf andere Erfordernisse Rücksicht nehmen müssen. Das Bündnis mit Österreich im Rahmen des Dreibundes beispielsweise sei für Italien eine nicht zu vermeidende Notwendigkeit gewesen, aber die Leitlinie der italienischen Außenpolitik sei doch immer die der Eingliederung der italienischen Regionen Österreichs gewesen. Auch die zurückhaltenderen und gemäßigteren Italiener hätten sich, wenn sie irredentistische Forderungen nicht aussprachen, eben nur nach dem gleichen Motto verhalten, welches in Frankreich Gambetta seinen Landsleuten bezüglich Elsaß-Lothringens anempfohlen hatte: das klare Ziel zwar nicht aus dem Blick zu verlieren, es aber auch nicht lauthals zu propagieren. Italien habe sich das Trentino und Triest nach dem Ersten Weltkrieg einverleibt, weil dies die „wahre Bestimmung" der Nation gewesen sei und damit der große nationale Aufbruch Italiens endlich seinen Sinn erfüllt hätte.

Wie gesagt, es handelt sich um eine Legende. Sobald man die historischen Quellen genauer in Augenschein nimmt und versucht, die großen Entwicklungslinien der italienischen Außenpolitik von der Nationalstaatsgründung bis 1915 herauszuarbeiten, wird man erkennen, daß diese erheblich weniger linear verliefen, als die genannte Legende es glauben machen will. Zuallererst wird man feststellen, daß irredentistische Politik in verschiedenen Situationen sehr unterschiedliche Ziele beinhalten konnte. Die Geschichte des Begriffes „Irredentismo" ist bekannt. Wahrscheinlich wurde er zuerst in pejorativer Weise von Wiener Journalisten benutzt, die sich auf den Satz von den „unerlösten Gebieten" („terre irredente") bezogen, den Matteo Renato Imbriani-Poerio anläßlich des Begräbnisses seines Vaters 1877 aussprach und in einer Rede vor dem im gleichen Jahre gegründeten Verein „Pro Italia irredenta" wiederholte. Im journalistischen und politischen Sprachgebrauch wurden mit dem Wort ‚Irredenta' meist die beiden im Anschluß an den Ersten Weltkrieg annektierten österreichischen Regionen Triest und Trentino-Südtirol bezeichnet. Aber die irredentistische Idee hat bisweilen auch noch viel größere Gebiete umfaßt und wurde manchmal auch auf ganz andere Länder und Regionen bezogen: auf Korsika, Tunesien, Nizza, Malta. In der Behauptung, daß für die italienische Außenpolitik von der Nationalstaatsgründung an vorrangig die „Reconquista" der beiden im Nordosten an Italien angrenzenden Regionen auf dem Programm gestanden hätte, steckt also gleich ein zweifacher Irrtum. Zuerst einmal stimmt es einfach nicht, daß die gesamte italienische Führungsschicht dieses Ziel vor Augen gehabt hätte. Zweitens läßt sich nicht bestreiten, daß statt der Ambitionen auf das Trentino und auf Triest bisweilen andere, wenn auch ebenfalls irredentistische Zielvorstellungen im Mittelpunkt der territorialen Forderungen gestanden haben.

Im weitesten Sinne läßt sich der Irredentismus als eine wichtige Komponente der Ideologie des Risorgimento betrachten. Für einen Teil der öffentlichen Meinung war der italienische Staat nur mit dem Ziel gegründet worden, den Zusammenschluß der gesamten italienischen Nation herzustellen. Würde er dieses Ziel vernachlässigen und von seiner historischen „Mission" absehen, so würde er seine Legitimation verlieren und sich seiner gesamten ideellen Daseinsgrundlage berauben. Von dieser Vorstellung her rührt die Unzufriedenheit und das Gefühl, nur Stückwerk zustande gebracht zu haben, welches bis 1915 bei so vielen Politikern und Intellektuellen der „aktionistischen" und demokratischen Linken vorherrschte. Hieraus resultierte auch die – von manchen ernst gemeinte, von anderen zur Instrumentalisierung für andere Zwecke geäußerte – Überzeugung, daß die Unzulänglichkeiten des Nationalstaates nur die unvermeidliche Folge seiner inneren Instabilität und seiner territorialen Unvollkommenheit seien. Die Einverleibung der – um mit irredentistischem Vokabular zu sprechen – noch nicht erlösten Gebiete wurde aus dieser Sicht zur notwendigen Voraussetzung für die Lösung aller Probleme hochstilisiert, die die Nation heimsuchten: Korruption, mangelnde Effizienz in der Verwaltung, politische Instabilität, sittlicher und intellektueller Niedergang. Der Höhepunkt dieses die Rettung versprechenden Irredentismus waren die „leuchtenden Maitage" („le radiose giornate di maggio") 1915[1], als ein Teil der italienischen Öffentlichkeit tatsächlich glaubte, daß die Vollendung der nationalen Einheit die Nation zu neuem Leben erwecken und Staat und Verwaltung reinigen würde.

Doch sobald man etwas genauer hinsieht, stellt man fest, daß irredentistische Vorstellungen dieser Art gleich auf zwei Hindernisse stießen. Das erste lag in den eigenen Widersprüchen und Unsicherheiten begründet. Sollte der Irredentismus nun Trient und Triest einfordern oder etwa Tunesien, Korsika, Nizza? Wenn er sich auf Trient und Triest versteifte, so mußte er zwangsläufig einen Schritt weiter in die Zukunft blicken und sich fragen, in welche Richtung

---

[1] Nach der Verkündung des Londoner Vertrages über den Eintritt Italiens in den Krieg an der Seite der Entente wurden überall im Land Straßenkundgebungen von Seiten der Nationalisten und Interventionisten veranstaltet, die später in der nationalistischen und faschistischen Rhetorik als die „leuchtenden Maitage" bezeichnet wurden [Anm. d. Übers.].

die italienische Außenpolitik in der Folge ausgerichtet sein sollte. Sollte Triest nur die nationale Einigung vollenden oder aber als Sprungbrett nach Dalmatien dienen, um Italien zur zukünftigen Hegemonialmacht im Adriaraum zu machen? Und wenn letzteres das Ziel war, welche Rolle würde dann Österreich in der neuen Mächtekonstellation einnehmen? Wollte man ein großes, slawisch dominiertes Österreich, mit dem man sich dann die Herrschaft über den Balkan teilen würde – immer vorausgesetzt, daß Wien auf derartige Vorstellungen eingehen würde? Oder wollte man Österreich über die Küstenregionen hinaus zurückdrängen und damit indirekt zum Untergang der k.u.k. Monarchie und zur weiteren Machtentfaltung Rußlands in den südslawischen Gebieten beitragen? Wie auch immer, wenn der Irredentismus in praktische auswärtige Politik umgesetzt werden sollte, dann genügte es jedenfalls nicht, heißspornige Aufrufe zu lancieren und Kundgebungen abzuhalten: dann mußte man über die momentanen Ziele hinausblicken, ein Programm für die weiteren Schachzüge ausarbeiten und denen der anderen zuvorkommen. Andernfalls drückten sich im Irredentismus höchstens Stimmungen, Gefühle, vielleicht poetische Schwärmereien aus, was mit praktischer Außenpolitik jedoch wenig zu tun hatte.

Das zweite Hindernis, dem sich der Irredentismus stellen mußte, war die tatsächliche Situation im Land, die politischen, administrativen und kulturellen Gegebenheiten. Die Mehrheit in der politischen Führungsschicht war nicht irredentistisch gesinnt. Der Linken und noch mehr der Rechten waren die begrenzten Möglichkeiten und die Schwächen des italienischen Staates bewußt. Als Österreich 1878 in Bosnien einmarschierte und mit seiner antiquierten Kriegsmaschinerie nur mit großen Schwierigkeiten die Besetzung des Territoriums bewerkstelligte, wurde dies bei manchen italienischen Kommentatoren mit Wohlgefallen beobachtet. Doch alle waren sich der Risiken eines militärischen Vorgehens gegen Österreich bewußt und keiner hatte den Krieg von 1866 vergessen. Ebenso war ihnen klar, daß das Risorgimento letztlich eine Revolution von Oben gewesen war, an der die Masse der Italiener keinen Anteil gehabt hatte. Mögen die Irredentisten die Vollendung der nationalen Einheit als Mittel angesehen haben, den Staat zu sanieren – den politischen Eliten war genauso bewußt, daß ein möglicherweise verlorener Krieg den Bestand dieses Staates überhaupt in Frage stellen konnte.

Doch damit nicht genug. In letzter Konsequenz postulierte der Irredentismus ein Nationalgefühl, das dem Staat seine Legitimation aufgrund sittlicher Werte zusprach. Eine Legitimation aufgrund dynastischer Bindungen zwischen Herrschern und Volk lehnten die Irredentisten ab. Doch der italienische Nationalstaat war ein ungewöhnliches Gebilde. Das Herrscherhaus und die politische Führungsschicht waren zwar einerseits durchaus geneigt, die Rhetorik des Risorgimento für sich zu nutzen, doch wollte man dabei weder von den traditionellen Werten der Monarchie Abstand nehmen, noch auf die Anerkennung des bislang Erworbenen seitens der „lieben Verwandten", der Monarchen der alteingesessenen europäischen Großmächte, verzichten. Diese Widersprüchlichkeit läßt sich in unzähligen Äußerungen der politischen Führungsschicht deutlich nachvollziehen. Kein Abgeordneter, Minister, Präfekt oder Botschafter verzichtete darauf, seine jeweiligen tatsächlichen politischen Einschätzungen unter dem Mantel rhetorischer Floskeln zu verbergen, die den Idealen des Risorgimento huldigten.

So schrieb beispielsweise der italienische Botschafter in Wien, di Robilant, im Oktober 1878 an seinen Außenminister Corti:

> „Mir scheint, daß es nicht nötig ist, mich eingehend über die Gründe auszulassen, die dafür sprechen würden, das Trentino an Italien anzuschließen. Diese sind nur allzu natürlich und wurden schon so häufig wiedergegeben, daß ich mir gar nicht einzubilden brauche, hier noch irgend ein neues Argument hinzufügen zu können: ich will mich also damit begnügen festzuhalten, daß niemand mehr als ich anerkennt, wie berechtigt derartige Wünsche in der Tat sind und niemand sich mehr als ich wünscht, in jeder nur erdenklichen Weise zur Verwirklichung dieses Zieles beitragen zu können".

Doch gleich im Anschluß an diese Sätze, mit denen er seine Pflicht und Schuldigkeit gegenüber der herrschenden Ideologie abgeleistet hatte, zog di Robilant andere Saiten auf und ließ sich lang und breit darüber aus, daß der Erwerb des Trentino ein unerreichbares Ziel sei.

Vorrangige Sorge der politischen Führungsschicht, die die Last auf sich genommen hatte, das Land zu regieren, war es nicht, weitere Erwerbungen zu machen, sondern das bislang Erreichte zu konservieren, wobei hier das Wort im weitesten Sinne seiner Bedeutung gemeint ist: Konservierung des staatlichen Territoriums, des gesellschaftlichen Gleichgewichts, der Monarchie. Hinter dem Mißtrauen, welches König wie Regierung gegenüber irredentistischen Kundgebungen und Meinungsäußerungen hatten, verbirgt sich die – meist begründete – Furcht nicht nur vor der Gefährdung des Bestandes der Habsburgermonarchie, sondern mehr noch vor Angriffen auf die politische und verfassungsmäßige Ordnung des italienischen Staates selbst.

Dies sind also die Hindernisse, denen die Irredentisten immer gegenüberstanden, wenn sie versuchten, ihr ideologisches Programm in konkrete auswärtige Politik umzusetzen. Versuchen wir also im Folgenden, diejenigen Momente herauszuarbeiten, in denen der Irredentismus möglicherweise tatsächlich die Außenpolitik Italiens beeinflußt hat. Der Irredentismus begann etwa Ende der siebziger Jahre, politisches Gewicht in Italien zu erlangen. Zwei wichtige Ereignisse, ein innenpolitisches und ein internationales, die gegenseitig aufeinander einwirkten, fallen ebenfalls in diese Zeit: auf der einen Seite die Bildung einer Regierung der Linken in Italien nach dem Sturz des Ministerpräsidenten Minghetti im März 1876, auf der anderen Seite, ein Jahr zuvor, der Beginn der Orientkrise nach dem Ausbruch des Aufstandes der slawischen Bevölkerung in der Herzegowina und dann in Bosnien. Mit der Bildung der Regierung Depretis kam eine Partei an die Macht, die trotz des Alters ihrer wichtigsten Führer in Italien immer noch erfüllt war von den überschwenglichen nationalen Idealen Mazzinis und in der der linke, demokratische, radikale, antiklerikale und zum Teil auch republikanische Flügel eine wichtige Rolle spielte. Mit dem Ausbruch des Aufstandes auf dem Balkan und dem russisch-türkischen Krieg begann zugleich auf europäischer Ebene eine neue Etappe im Machtspiel der Großmächte. Und eben mit dieser internationalen Krisensituation verbanden die unzufriedenen Befürworter einer Vollendung der nationalstaatlichen Einheit große Hoffnungen. Die Irredentisten wußten genau, daß Italien allein zu schwach war, um seine Ziele international durchzusetzen, und gerade deshalb träumten sie davon, an den großen Erfolgen von 1860, 1866 und 1870 noch einmal anknüpfen zu können. Es schwebte ihnen vor, genauso wie damals Gewalt, Diplomatie und insbesondere das Aufgreifen der sich bietenden Gelegenheiten listig zu kombinieren und im richtigen Moment den entscheidenden Schritt zu tun. Zwar war es in der öffentlichen Meinung nur eine laute und radikale Minderheit, die eine solche Politik propagierte, doch gelang es ihren Wortführern, sich selbst als die edelsten Vertreter der Ideale des Risorgimento auszugeben. Man könnte meinen, die Ereignisse der vorangegangenen Jahre hätten bei ihnen die Überzeugung heranreifen lassen, daß Italien, indem es im letzten Moment in das internationale Kräftespiel eintrat, eher als andere Mächte in der Lage wäre, sein dann ausschlaggebendes Gewicht für die eigenen Zwecke auszunutzen. Gewiß, Italien war schwach und militärisch leicht zu schlagen, aber in der Selbstdarstellung der Italiener hatte sich inzwischen die Überzeugung ausgebreitet, das Land könne in der gleichen Weise die Macht der anderen für sich nutzen, wie ein Judokämpfer das Gewicht seines Gegners nutzt, um ihn zu Fall zu bringen.

Die Regierung ließ sich zwar von derartigen Verlockungen nicht beeindrukken, aber ebenso scheint sie doch Hemmungen gehabt zu haben, Meinungen zu unterdrücken, die ja schließlich aus ihrem eigenen politischen und ideologischen Umfeld kamen. Dank den Berichten des italienischen Botschafters in Wien, di Robilant, und der Arbeit von Angelo Ara über die Auswirkungen der politischen Ereignisse in Italien im Jahr 1876 auf Österreich[2] kennen wir die Reaktionen aus Wien und Budapest. Wenn man die Berichte di Robilants und die fundierte Arbeit von Ara liest, hat man oft den Eindruck, daß die Österreichische Verstimmung übertrieben war, gemessen an der tatsächlichen Tragweite und Bedeutung der italienischen irredentistischen Kundgebungen. Österreich verdächtigte die italienische Regierung, insgeheim mit den irredentistischen Forderungen übereinzustimmen und wollte deren Beteuerungen, man sei hier an die Normen des liberalen Rechtsstaates gebunden und müsse daher das Recht auf Vereinigungsfreiheit respektieren, nur wenig Glauben schenken. Für die Habsburgermonarchie, die schon durch die vorherigen verlorenen Kriege stark in Bedrängnis geraten und gezwungen worden war, zwei ihrer wertvollsten Territorien aufzugeben, war nun die Frage des Trentino geradezu zu einem Symbol der Ehre geworden, sie bekam für Österreich den Charakter einer Grenzmarke, die zu überschreiten bedeutet hätte, den Bestand und die Einheit der Habsburgermonarchie insgesamt in Frage zu stellen. In einem Teil der öffentlichen Meinung, sowohl in Österreich wie in Italien, richteten sich somit sämtliche Hoffnungen und Wünsche wie in einem Brennglas auf dieses Gebiet, welches von beiden Seiten zu einem Territorium hochstilisiert wurde, das aus

---

[2] *A. Ara*, Le ripercussioni in Austria degli avvenimenti politici italiani del 1876 [Anm. d. Übers.].

Sicht der einen um jeden Preis errungen und aus der Sicht der anderen um keinen Preis aufgegeben werden durfte. In Österreich scheint unter diesem Blickwinkel die Auseinandersetzung um das Trentino sogar noch heftigere Emotionen geweckt zu haben, als in Italien. Ob bewußt oder unbewußt – die Österreicher überzeichneten jedenfalls die Bedrohung, die angeblich von Italien ausging, und nutzten sie, um bei den verschiedenen Völkern ihres Staates den Stolz auf das Kaiserreich und die Treue zur Habsburgerdynastie zu beschwören und anzuspornen. Dies fiel auch dem italienischen Botschafter in Wien auf. In einem Brief vom 3. Oktober 1878 schrieb di Robilant an den italienischen Außenminister:

> „Es ist schon erstaunlich, aber wahr: die Völker Österreich-Ungarns, die untereinander in allen Fragen – sogar in der Frage nach dem Fortbestand der Monarchie selbst – immer zerstritten waren, stellen sich nun geradezu wutentbrannt, so wird man es wohl nennen müssen, geschlossen hinter ihre Regierung, um den Ambitionen Italiens auf den Besitz österreichischer Gebiete entgegenzutreten. Mit allen Mitteln verkünden sie das, was S.M. der Kaiser Franz Joseph in diesen Tagen gegenüber einer Gesandtschaft aus Brixen erklärt hat und womit er sich – vielleicht zum ersten Mal – zu einem getreulichen Wortführer des einmütigen Willens aller seiner Untertanen gemacht hat, nämlich daß Österreich ‚nicht einen Fußbreit seines Tiroler Bodens jemals aufgeben' werde".

Man könnte sagen, daß das Trentino, mehr noch als für Italien, für Österreich zu einer Frage der „nationalen Ehre" geworden war, wenn ein solcher Ausdruck, bezogen auf einen Vielvölkerstaat, nicht einen Widerspruch in sich bilden würde.

Nach dem Berliner Kongreß verschärften sich in Italien die Auseinandersetzungen zwischen der Regierung und den Irredentisten, die dem erst vor kurzem ins Amt berufenen Außenminister Luigi Corti vorwarfen, sich in Berlin nur halbherzig für die Interessen Italiens eingesetzt zu haben und die österreichischen Ambitionen auf Bosnien nicht genutzt zu haben, um für Italien etwas herauszuschlagen. Ihrer Meinung nach hatte er es versäumt, mit der wichtigsten Karte aufzutrumpfen, die den Italienern zur Verfügung stand, von jener Waffe Gebrauch zu machen, die die in der Tradition Mazzinis und Garibaldis stehenden Linken für die wirksamste überhaupt hielten, nämlich im richtigen Moment handstreichartig zuzugreifen. Mit Kundgebungen und Pressekampagnen griffen sie den Außenminister heftig an, der nach seiner Rückkehr aus Berlin feststellen mußte, daß er bei seiner Regierung unter Ministerpräsident Cairoli für seine Verhandlungstätigkeit in Berlin kaum Unterstützung fand. Im Oktober trat er im Anschluß an eine Parlamentsrede Cairolis zurück, in der dieser das Recht auf Versammlungsfreiheit betont hatte und ankündigte, dieses in jeder Hinsicht zu schützen. In seinem Entlassungsgesuch an den König vom 16. Oktober hob Corti hervor:

> „Ihre Majestät weiß, daß eine unbegrenzte Versammlungs- und Vereinigungsfreiheit zu einer Gefahr für den Staat werden kann und schon zu einem großen Teil das Friedenswerk kompromittiert hat, zu dem Italien auf dem Berliner Kongreß beigetragen hat".

Durch den Rücktritt des Außenministers wurden die Spannungen weiter verschärft. Auf die irredentistischen Kundgebungen antwortete Wien in den folgenden Wochen mit einigen direkten und indirekten Drohgebärden. So fand in Dorina bei Triest am 27. Oktober eine große Kundgebung statt, zu der die slowenische Vereinigung Edinost aufgerufen hatte, und auf der sich drei – bis viertausend Slowenen aus der Gegend um Görz und aus Istrien versammelten. Die Kundgebung gestaltete sich zu einer großen Treueerklärung an den Kaiser, in Sprechchören ließ man den Kaiser, Österreich und Radezki hochleben. Nachts wilderten dann einige der Demonstranten durch Triest, wo sie Italiener angriffen und verprügelten. Einige Monate später, im April, nahm die österreichische Polizei in Triest fünf Italiener fest. Es handelte sich um Zivilisten, denen vorgeworfen wurde, „Handgranaten geworfen zu haben bzw. mit den Komitees der ‚Italia irredenta' in Verbindung" zu stehen. Wiederum zwei Monate später nahm der österreichische Außenminister Andrássy die Gelegenheit eines Besuches durch den italienischen Botschafter di Robilant wahr, um diesem die Besorgnis seiner Regierung über die Umtriebe Garibaldis und seiner Partei mitzuteilen. Falls irgend jemand in Italien irgendwelche Abenteuer jenseits der Grenze im Sinne hätte, so erklärte Andrássy dem italienischen Botschafter,

> „dann würde uns in jedem Fall die herrschende Meinung in beiden Teilen des Reiches dazu nötigen, entlang der Grenzen zu Italien Truppen zusammenzuziehen, um jeglichen Anschlag gegen unser Territorium zu verhindern. Und zweifellos würde sich dies sowohl für Sie als auch für uns nachteilig auswirken und den guten Beziehungen schaden, die beide Seiten nicht nur aufrecht erhalten sondern weiter ausbauen wollen".

Derart heftige Worte werden normalerweise gegenüber einem Botschafter nur dann ausgesprochen, wenn die zwischenstaatlichen Beziehungen sehr gespannt sind und sich ein Bruch anzubahnen scheint. Wendet man nun aber den Blick von Österreich nach Italien, so gewinnt man den Eindruck, daß die Sorgen der Wiener Regierung hier durch nichts gerechtfertigt waren. Es ist eher erstaunlich, mit welcher Mäßigung Rom auf die österreichischen „Provokationen" reagierte. Di Robilant ließ in seinen Berichten aus Wien keine Gelegenheit aus, den italienischen Regierungschef und den Außenminister darauf hinzuweisen, daß, wenn man die Frage des Trentino aufwerfen würde, das Risiko eines Krieges gegen Österreich nicht auszuschließen sei. Ebenso sei bei einem eventuellen Protest wegen der Ereignisse in Triest mit einer schweren und dauerhaften Belastung der zwischenstaatlichen Beziehungen zu rechnen. Doch es gibt überhaupt keine Hinweise darauf, daß in der italienischen Regierung irgendwelche Ansätze von Intransigenz oder gar Kampfeswillen vorhanden gewesen wären. Nichts läßt darauf schließen, daß es hier die Forderung gegeben hätte, gegen Wien irgendwelche Schritte zu unternehmen, gegen die di Robilant hätte anreden müssen. In den Quellen des italienischen Außenministeriums findet sich beispielsweise noch nicht einmal der Entwurf eines Protestschreibens wegen der Verhaftungen der fünf Italiener in Triest. Man gewinnt den Eindruck, daß weder Andrássy noch di Robilant die Gründe und den Charakter der irredentistischen Agitationen in Italien nach dem Berliner Kongreß erkannt hätten. Keiner von beiden hatte begriffen, daß diese Kundgebungen mit der tatsächlichen italienischen Außenpolitik kaum etwas zu tun hatten.

Die irredentistischen Agitationen waren zu einem großen Teil von der Zeitung „La Riforma" ausgegangen, der Zeitung Francesco Crispis. Dahinter steckten die Spannungen innerhalb der italienischen Linken, die nach der „rivoluzione parlamentare", dem Machtwechsel im März 1876, ausgebrochen waren. Nachdem Crispi in der Regierung Depretis (März 1876 - Dez. 1877) keinen Ministerposten erhalten hatte, reagierte er heftig und schlug den Abgeordneten der Regierungsmehrheit vor, ein Gremium einzuberufen, welches die Regierung kontrollieren solle. In einem Brief an Depretis vom 22. August 1876 äußerte er dann, die Arbeit der Regierung sei so unbefriedigend, daß er sich von nun an als Oppositionsabgeordneter verstehen werde. Crispi spielte sich also gewissermaßen als das kritische Gewissen der Linken auf, beanspruchte, Gegengewicht und zugleich Richter einer Regierung zu sein, der er übertriebene Vorsicht und Zurückhaltung vorwarf. Einerseits war er zu einflußreich, als daß man ihn einfach hätte ignorieren können, andererseits zu unbequem, als daß man ihn hätte in die Regierung berufen wollen. Um ihn durch ein politisches Amt zu bändigen und seine Agitation zu bremsen, schob ihn Depretis auf den Posten des Kammerpräsidenten ab. Doch damit begnügte sich Crispi keineswegs. Es gelang ihm mit Hilfe des Königs, mit einer internationalen Mission beauftragt zu werden, durch die er mit den wichtigsten europäischen Staatsmännern seiner Zeit in Kontakt kam: Gambetta, Bismarck, Gladstone, Andrássy. Das vorher mit dem König abgestimmte Ziel seiner Reise bestand darin, festzustellen, ob die Balkanfrage Italien irgendeine Möglichkeit bieten würde, in das internationale Kräftespiel hineinzudrängen und damit die Vollendung der nationalen Einheit zu erlangen. Unter diesem Gesichtspunkt sind die Ergebnisse seiner Gespräche bezeichnend: Nach seinen Gesprächen mit Bismarck in Gastein und mit Andrássy in Wien hätte eigentlich niemand besser als Crispi selbst wissen müssen, daß der Weg nach Norden für Italien versperrt war, daß Italiens Forderung nach dem Trentino nicht nur auf österreichischen sondern auch auf deutschen Widerstand stieß. Brüsk hatte der deutsche Kanzler ihn abserviert: „Wenn Österreich sich Bosnien und die Herzegowina einverleibt, dann kann sich Italien ja Albanien nehmen".

Nach seiner Rückkehr nach Rom wurde Crispi einige Monate später Innenminister[3]. Man wird wohl davon ausgehen können, daß er, wenn er nach dem Berliner Kongreß immer noch im Kabinett gesessen hätte, Außenminister Corti kaum das zum Vorwurf hätte machen können, was ihm selbst wenige Monate vorher ebensowenig gelungen war. Doch nachdem ihn ein Familienskandal am 6. März 1878 zum Rücktritt gezwungen hatte, wurden in ihm wieder die alten Kampfgelüste wach, mit denen er schon zwischen 1876 und 1877 gegen die Regierung der Linken zu Felde gezogen war. Mit dem Ziel, den Regierungschef Cairoli zu treffen, der im März 1878 auf Depretis gefolgt war, eröffnete er seine Pressekampagne gegen Außenminister Corti und stellte unter Berufung auf seine eigenen diplomatischen Sondierungen im Jahr zuvor die Behauptung in den Raum, Corti hätte eine große historische Gelegenheit ver-

---

3 Im zweiten Kabinett Depretis, vom Dezember 1877 bis März 1878 [Anm. d. Übers.].

streichen lassen. Daß er diese Argumentation nur taktisch nutzte, um einen innenpolitischen Kampf zu führen, bestätigte sich auch nachträglich nochmals deutlich: als er 1887 selbst Außenminister wurde, ging er gegen irredentistische Bewegungen hart und unbeugsam vor.

Bekanntlich hatte Italien in der Zwischenzeit mit dem Deutschen Reich und Österreich-Ungarn den Dreibund abgeschlossen. An dieser Stelle ist es nicht nötig die historischen Entwicklungen nachzuzeichnen, die zu diesem Vertrag führten. Im Hinblick auf das Thema dieses Vortrages genügt es darauf zu verweisen, daß der Abschluß des Dreibundes selbst deutlich genug zeigt, welch geringes Gewicht der Irredentismus in der italienischen Außenpolitik tatsächlich hatte. Aus der Sicht derjenigen, die den Dreibund abschlossen, insbesondere aus der Sicht des Königs Umberto I., wurde dem Trentino jedenfalls unendlich viel weniger Bedeutung beigemessen als anderen Sorgen, insbesondere der Furcht vor einer internationalen Isolierung Italiens und davor, daß der Heilige Stuhl und die Klerikalen möglicherweise Verbindung mit feindlichen Mächten aufnehmen könnten. Vorrangiges Ziel war es, die Monarchie durch die Freundschaft zu den „lieben Verwandten", den Monarchen in Österreich und Deutschland, zu festigen. Von irredentistischer Politik wird man für den Zeitraum zwischen 1882 und 1914 höchstens in bezug auf Crispis Politik gegenüber anderen „unerlösten" Gebieten, nämlich im westlichen Mittelmeerraum sprechen können. In Gastein und Berlin hatte er im Herbst 1877 versucht, einen Grundstein für ein gegen Frankreich gerichtetes deutsch-italienisches Bündnis zu legen. Dies war ihm nicht gelungen, doch hielt ihn dieser Mißerfolg nicht davon ab, nach seiner Rückkehr an die Macht zu hoffen, man könne nun den Dreibund zu einer Waffe gegen die französische Republik ausgestalten. Möglicherweise war genau dies der Grund dafür, daß er jederzeit, wenn in der italienischen Öffentlichkeit Forderungen nach Triest oder dem Trentino laut wurden, seine unumstößliche Treue zum Bündnis mit Deutschland und Österreich betonte. Dies mußte im September 1890 der Finanzminister Federico Seismit Doda am eigenen Leibe erfahren, der anläßlich einer Feierlichkeit in Udine den irredentistischen Forderungen eines Lokalpolitikers nicht entgegengetreten war.

Nach der Niederlage von Adua im Äthiopienkrieg (1896) wurden sämtliche aggressiven irredentistischen Pläne der italienischen Außenpolitik, ob gegen Osten oder gegen Westen, fallengelassen. Die Verhandlungen über Kompensationen, die immer wieder bei der Verlängerung des Dreibundes geführt wurden, entsprangen zum Teil berechtigten Forderungen; zum Teil waren sie nicht mehr als rein verbale Huldigungen an die Ideale des Risorgimento, die in Teilen der italienischen öffentlichen Meinung immer wieder hochgejubelt wurden. Man könnte sogar behaupten, daß Giolitti aus den gleichen Gründen Tripolitanien und die Cyrenaika erwarb, aus denen Bismarck Frankreich auf dem Berliner Kongreß ermuntert hatte, sich in Tunesien festzusetzen: um nämlich die Nationalisten mit einer Kolonie abzuspeisen und sie von ihren Ambitionen auf die „unerlösten" Gebiete abzubringen. Während Crispi versucht hatte, den Dreibund zu nutzen, um die europäische Landkarte zu verändern, nutze Giolitti das Bündnis, um jegliche revanchistische oder irredentistische Anwandlung gleich im Keime ersticken zu können, was im übrigen voll und ganz den Vorstellungen Bismarcks entsprach. Als Crispi den deutschen Kanzler im September 1887 in Friedrichsruh noch einmal besuchte, gefielen sich die beiden alten Staatsmänner darin, nochmals die wichtigsten politischen Ereignisse ihres Lebens Revue passieren zu lassen und Erinnerungen über Europa, wie es zur Zeit ihrer Jugend aussah, auszutauschen. „Was ist denn noch von dem Vertragswerk von 1815 geblieben?", fragte Bismarck, und fuhr fort: „Nichts. Und was mich betrifft, so habe ich meinen Beitrag geleistet, um es aus dem Wege zu räumen". Daraufhin glaubte Crispi, nun sei der Moment gekommen, um die Themen anzuschneiden, die ihm besonders am Herzen lagen: „Und das Vertragswerk von Berlin, das von 1878? Hat nicht auch dieses schon manche Risse abbekommen? Ist es nicht auch schon in Stücke zerrissen?", worauf Bismarck erwiderte: „Ja, aber nur indem man diese Stücke erhält, läßt sich der Frieden erhalten". Und genau dies war der Sinn des Dreibundes: den Frieden zu erhalten. Sowohl Bismarck als auch Giolitti wußten nur zu genau, daß Preußen und Italien mit ihren Expansionen in Europa den anderen Großmächten kräftig auf die Füße getreten waren. Die beste Außenpolitik, die man unter solchen Umständen betreiben konnte, bestand darin, das Erworbene zu verdauen und alles daran zu setzen, bei den anderen die Erinnerungen an die ihnen angetane Schmach nach Möglichkeit auszulöschen. Hätten die Nachfolger Bismarcks diese Lektion ihres Vorgängers beherzigt und wäre Giolitti im Sommer 1914 noch an der Macht gewesen, so wäre die nachfolgende Geschichte vielleicht anders verlaufen.

Bedenkt man, daß etwa seit der Jahrhundertwende die Unruhen unter der italienischen Bevölkerung im Trentino und in Triest nach und nach zunahmen, so wird erst recht deutlich, wie gering der Einfluß des Irredentismus auf die italienische Außenpolitik war. Die Habsburgermonarchie befand sich im Niedergang, die Kurzsichtigkeit der ungarischen imperialistischen Ambitionen trat immer klarer zutage, die Gegensätze zwischen den größeren Nationalitäten flammten immer heftiger auf, die Südslawen gewannen immer stärkeren Einfluß. Gegenüber all diesen Erscheinungen erwies sich die österreichische politische Führung als unfähig, eine neue staatliche Ordnung herzustellen, die das friedliche Zusammenleben der Völker gesichert hätte und den Befürchtungen und Forderungen derjenigen Nationalitäten Rechnung getragen hätte, die sich am meisten bedroht fühlten. All diese Faktoren nährten in Triest und im Trentino einen Patriotismus, der sich immer deutlicher nach Italien hin ausrichtete, um dadurch gegenüber Wien eine stärkere Position einnehmen zu können. Ebenfalls begann in diesen Jahren der Trentiner Bischof Endrici[4], die national-religiö-

[4] Celestino Endrici, 1866-1940. Nach Studium in Rom, u.a. an der Gregoriana wurde er 1896 Dozent für Moraltheologie am Priesterseminar der Diözese Trient. Als politische Dachorganisation der katholischen Vereine und Kooperativen wurde 1898 das ‚Comitato diocesano per l'Azione cattolica' gegründet, dessen Vorsitz Endrici übernahm. Am 3.1.1904 ernannte Kaiser Franz-Joseph Endrici zum Bischof von Trient. In seiner Diözese, die zu einem Drittel von deutschsprachiger Bevölkerung bewohnt war, setzte er sich anfangs insbesondere für die Vermittlung zwischen den beiden Nationalitäten ein, betonte dabei aber zunehmend die Interessen der Italiener im Trentino. Er betrieb eine papsttreue und auf die Freiheit der Kirche gerichtete Politik, durch die er potentiell mit der staatlichen

se Identität seiner Diözese gegenüber dem Deutschtum zu verteidigen und immer eindringlicher wurde von den Italienern der Habsburgermonarchie in Wien, Triest und Innsbruck die Forderung nach der Gründung einer italienischen Universität erhoben.

Italien änderte jedoch angesichts des Auflebens dieser nationalistischen Stimmungen seine Außenpolitik in keiner Weise. Auch Journalisten und Intellektuelle, die das ‚Problem Österreich' diskutierten – ein Begriff, der in den politischen Debatten im Europa dieser Zeit überall präsent war –, gingen bestenfalls so weit, administrative Reformen zu fordern, die den Italienern im Trentino und in Triest die autonome Verwaltung ihrer Provinzen ermöglichten. Dies trifft selbst auf Nationalisten wie den Publizisten Virginio Gayda zu, der im Frühjahr 1914 ein Buch über Italien jenseits seiner Grenzen („L'Italia d'oltre confine") veröffentlichte und darin ein autonomes Trentino, dessen Verwaltung von Nordtirol abgetrennt werden sollte, sowie den Zusammenschluß der Italiener im Adriaraum in einer gemeinsamen Provinz vorschlug – das alles jedoch innerhalb der Grenzen der Habsburgermonarchie.

Erst recht läßt sich in der Art und Weise, wie die italienische Regierung in der Zeitspanne zwischen dem Attentat von Sarajewo und dem Kriegseintritt im Mai 1915 in ihren Positionen hin- und herschwankte, zeigen, daß der Irredentismus auf die italienische Außenpolitik keinerlei Auswirkungen hatte. Als sich durch den Beginn des Krieges neue Perspektiven eröffneten, hatte Italien nicht etwa wie die Franzosen – gemäß den Einflüsterungen Gambettas – ein einziges großes nationales Ziel, welches im Gedächtnis der Nation fest verankert gewesen wäre; die Italiener standen vielmehr vor der Frage, welche der verschiedenen irredentistischen Forderungen am einträglichsten erschienen und somit zu bevorzugen wären. Zum Schluß entschied sich Italien dann bekanntlich für jene Alternative, die der Ideologie des Risorgimento und den Idealen der nationalen Rhetorik am meisten entsprach. Doch die endgültige Entscheidung wurde erst getroffen, nachdem die italienische Regierung in Verhandlungen mit beiden kriegführenden Parteien die jeweiligen Vor- und Nachteile gegeneinander abgewogen hatte. Indes wäre es falsch, daraus zu schließen, daß der Kriegseintritt von 1915 einen Bruch mit der italienischen Außenpolitik der vorangegangenen Jahre dargestellt hätte. Denn die eigentliche Kontinuität beruhte in einer Grundkonstante, an die sich die Italiener seit den ersten Jahren der nationalen Einigung immer gehalten hatten: der Überzeugung nämlich, Ita-

---

Autorität in Konflikt geraten konnte. Nach Kriegsausbruch wurde ihm von österreichischer Seite Nähe zum Irredentismus vorgeworfen. Im Mai 1916 wurde ihm deshalb in Wien eine Anklageschrift vorgelegt und die Rückkehr auf den Bischofsstuhl untersagt. Erst im November 1918 konnte er wieder nach Trient zurückkehren. Endrici war jedoch auch bereit, die Rechte der deutschsprachigen Bevölkerung anzuerkennen und setzte sich dafür ein, daß diese Teile seiner Diözese dem Bistum Brixen unterstellt würden, was 1922 auch vom Papst dekretiert, dann aber von der faschistischen Regierung verhindert wurde. In der Frage der Optionen der Südtiroler 1938 setzte sich Endrici für deren Bleiberecht ein. Vgl. zu Endrici auch die Angaben im Aufsatz von S. Benvenuti in diesem Band, insbes. S. 168 ff. [Anm. d. Übers.].

lien könne geschickt und schlau die eigene Schwäche dadurch ausgleichen, daß es auf Gelegenheiten wartete, in denen das eigene Gewicht in den internationalen Kräftekonstellationen zum ausschlaggebenden Faktor wurde. Mit dieser Überzeugung ist Italien im Mai 1915 und ebenfalls im Juni 1940 in den Krieg eingetreten. Von der Niederlage bei Caporetto konnte sich Italien wieder erholen – vom 8. September 1943 jedoch nicht, jedenfalls bis heute noch nicht. Aber das ist ein anderes Kapitel, welches mit dem Thema unseres Seminars nun nichts mehr zu tun hat.

Der Irredentismus in der italienischen Historiographie

Von Maria Garbari

So sehr auch der Irredentismus Gegenstand zahlreicher Untersuchungen, Beiträge, Abhandlungen und Memoiren[1] war – es liegt bislang keine organische und wissenschaftlich fundierte Darstellung vor, in der sich nicht die typischen, wenn auch verständlichen ideologischen Spannungen widerspiegelten, die bei historischen Ereignissen, die die Gemüter erregt und zur Instrumentalisierung für verschiedene politische Ziele gedient haben, immer auftreten.

Zwar beruht die wertvolle, zwischen 1932 und 1938 erschienene Arbeit von Augusto Sandonà[2] auf fundierten Quellenstudien in den Archiven in Wien und Innsbruck und bildet wegen der Fülle der in den drei Bänden abgedruckten Dokumente ein unverzichtbares Nachschlagewerk für Historiker, die sich mit diesem Thema beschäftigen; dennoch wird man dieses Werk nicht als eine Geschichte des Irredentismus bezeichnen können. Denn der Autor hat sich – vielleicht aus Furcht, seinen Nationalismus allzu deutlich zu offenbaren – darauf beschränkt, selbst die nebensächlichsten Ereignisse nachzuzeichnen, ohne jedoch zu einer Gesamtbewertung zu gelangen, die die Entwicklung des Irredentismus im Laufe der Zeit kritisch beleuchtet. Ebensowenig hat er die Unterschiede zwischen dem Trentino und dem Küstenland herausgearbeitet oder den Irredentismus in den breiteren Zusammenhang der italienischen Innen- und Außenpolitik gestellt. Auch fehlt eine Analyse darüber, welche Rolle die irredentistischen Strömungen in Österreich und allgemein im Rahmen des europäischen Mächtekonzerts spielten und welches Gewicht ihnen hier beigemessen wurde. Wenn auch der Titel des Werkes eine Analyse des Irredentismus „in den politischen und diplomatischen Auseinandersetzungen zwischen Italien und Österreich" verspricht, so ist doch festzuhalten, daß sich Sandonà letztlich auf die Darstellung der rein äußerlichen Erscheinungsformen des Irredentismus beschränkt. Dies geht so weit, daß einzelne – zwar vielleicht Massenanklang findende aber dennoch lokal begrenzte – Protestveranstaltungen auf die gleiche Ebene gestellt werden mit den Maßnahmen der Regierungen Italiens und Öster-

---

[1] Für die bis 1979 erschienenen Arbeiten, die dem Irredentismus gewidmet sind, verweise ich auf: *M. Garbari*, La storiografia sull'irredentismo apparsa in Italia dalla fine della prima guerra mondiale ai giorni nostri, in: Studi Trentini di Scienze Storiche, LVIII (1979), S. 149-221, 301-357.

[2] *A. Sandonà*, L'irredentismo nelle lotte politiche e nelle contese diplomatiche italo-austriache, 3. Bde., Bologna 1932-1938. Die Darstellung geht allerdings nicht über das Jahr 1896 hinaus.

reichs, die sich um die destabilisierenden Folgen sorgten, welche für ihre Staaten sowie für die internationale Ordnung in Europa die Anerkennung des Prinzips der Übereinstimmung der staatlichen mit den ethnischen Grenzen bedeutet hätte.

Auch der fleißige Beitrag von Nicola Lapegna, der in seinen zwei 1932 und 1935 erschienenen Bänden die Anfänge des Irredentismus und seine demokratischen und republikanischen Ursprünge untersucht[3], kann nicht einmal für die Frühzeit als eine umfassende historische Untersuchung des Irredentismus angesehen werden. In seiner löblichen Anstrengung, die ‚Associazione in pro dell'Italia Irredenta' näher zu beleuchten, häuft der Autor in allzu unzusammenhängender Weise eine Masse von Quellen an, von denen allerdings einige sowohl unter politischen Gesichtspunkten als auch im Hinblick auf die Organisationsstruktur dieser Bewegung durchaus von Interesse sind. Sieht man über die darstellenden Passagen hinweg und beschränkt sich lediglich auf den Quellenteil, so bleibt das Werk immerhin unter diesem Gesichtspunkt ein hervorragendes Hilfsmittel für den Historiker.

Von erheblich höherer wissenschaftlicher Qualität ist dagegen der 1924 erschienene Band von Francesco Salata über Guglielmo Oberdan[4]. Unter gewissen Gesichtspunkten ist dieses Werk eine regelrechte Geschichte des Irredentismus in den italienischsprachigen Adriagebieten Österreichs und im italienischen Königreich von seinen Anfängen bis zur Vollstreckung des Todesurteils gegen Oberdan[5], die sich auf einen beachtlichen Quellenapparat und eine reichhaltige Bibliographie stützt. Obwohl starke patriotische Untertöne und Sympathien für die liberalen und monarchistischen Kräfte durchschimmern, handelt es sich um ein breitangelegtes Werk, welches von einer rein lokalen Sicht der Dinge abhebt und die komplexen Begebenheiten sowie die Konflikte in den zwischenstaatlichen Beziehungen, die durch den Aufstieg nationalistischer Strömungen ausgelöst wurden, nachzeichnet.

Von der ebenfalls 1924 erschienenen Geschichte der Stadt Triest von Attilio Tamaro[6] läßt sich dies nicht behaupten. Er stellt den Irredentismus geradezu als das entscheidende Wesensmerkmal der italienischen Geschichte nach 1870 dar. Um die ideologische Ausrichtung dieses Werkes darzulegen, genügt es, die

---

[3] *N. Lapegna*, L'Italia degli Italiani. Contributo alla storia dell'irredentismo. Da „L'Italia degli Italiani" al „Pro Patria", 2 Bde., Napoli 1932-1935. Der Autor zeichnet die Geschichte der „Associazione in pro dell'Italia Irredenta" unter Benutzung des reichhaltigen Quellenmaterials dieser Vereinigung selbst sowie der Sammlungen der Zeitungen „L'Italia degli Italiani" und „Pro Patria" nach, die im Nachlaß von Roberto Mirabelli aufbewahrt sind.

[4] Guglielmo Oberdan secondo gli atti segreti del processo, carteggi diplomatici e altri documenti inediti, Bologna 1924. Neben dem Abdruck zahlreicher bislang unveröffentlichter Quellen wie Polizeiakten und diplomatischen Depeschen enthält der Band auch eine Bibliographie über Oberdan, die, chronologisch angeordnet, 550 Titel aufführt.

[5] Oberdan wurde 1882 wegen eines geplanten Attentats gegen Kaiser Franz Joseph anläßlich der Feier der 500jährigen Zugehörigkeit Triests zu Österreich zum Tode verurteilt und hingerichtet [Anm. d. Übers.].

[6] *A. Tamaro*, Storia di Trieste, 2 Bde., Roma 1924.

Worte Paola Maria Arcaris zu zitieren, die Tamaro als löbliches Beispiel für eine nationalistische Geschichtsschreibung bezeichnete[7]. Was die wissenschaftliche Zuverlässigkeit der Arbeit betrifft, welche immerhin eine gewisse Verbreitung gefunden hat, bleibt das Urteil Carlo Schiffrers über die Oberflächlichkeit und bisweilen Unhaltbarkeit der Thesen Tamaros gültig, welches er in seinem Werk über die Ursprünge des Irredentismus in Triest darlegte[8].

Die schwerfällige Arbeit von Mario Alberti, „L'irredentismo senza romanticismi"[9], wäre kaum einer Erwähnung wert, wenn sie sich nicht sowohl in Bezug auf Italien als auch auf Österreich durch eine außerordentlich hohe Zahl an genannten Ereignissen auszeichnen würde und mit einer großen Menge an Quellen, Dokumenten und Zeitzeugnissen aufwarten könnte. Das Werk erweckt auf den ersten Blick den Eindruck, Österreich habe eine so liberale und rechtsstaatliche Politik betrieben, daß es den letztlich ja ohnehin unbedeutenden irredentistischen Gruppen weitgehend freie Hand gelassen hätte. Doch die eigentliche Zielrichtung des Buches wird in den politischen Schlußfolgerungen deutlich, in denen der Autor den Vorschlag eines klerikalfaschistischen Mächteblocks zwischen Italien, Österreich und Ungarn propagiert, durch den die Fehler des Liberalismus der vergangenen Jahrzehnte, der die Habsburgermonarchie zu Fall gebracht habe, in Zukunft vermieden würden[10]. Auch die von Gino Cucchetti verfaßte „Storia di Trento" – „Dalle origini al fascismo"[11], die sehr ausführlich den Irredentismus behandelt, kann nur als offiziös-faschistisches Werk bezeichnet werden. Dieses mit zahlreichen Fehlern und ungenauen bibliographischen Angaben durchsetzte Werk hat nicht einmal einen Quellenteil aufzuweisen, der ja immerhin die Arbeit von Alberti ausgezeichnet hatte. In Triestiner Historikerkreisen besaß man den Mut, das Buch einer niederschmetternden Kritik zu unterziehen[12].

---

[7] „Diejenigen, die den Nationalismus als Idee verstanden, ... versuchten, den Irredentismus einzugrenzen und den jeweiligen Notwendigkeiten ihrer politischen Positionen anzupassen ... Bei einigen ausgeglicheneren Denkern wurde aus dieser Umformung jedoch eine Kombination von Risikobereitschaft und Verantwortlichkeit. Dies ist z.B. der Fall bei Attilio Tamaro". So *P.M. Arcari*, Le elaborazioni della dottrina politica nazionale fra l'unità e l'intervento (1870-1914), 3 Bde., Firenze 1934-1939, zit. II., S. 766 f.

[8] *C. Schiffrer*, Le origini dell'irredentismo triestino (1813-1860), Udine 1937. Nachdruck, hrsg. von E. Apih, Udine 1978. Ich beziehe mich hier auf diese Ausgabe; vgl. dort in der Einleitung S. 12-14.

[9] *M. Alberti*, L'irredentismo senza romanticismi, Como. Das Erscheinungsjahr ist im Band nicht angegeben, aber es läßt sich mit Gewißheit auf 1936 datieren.

[10] Eine andere Leitidee, die das gesamte Werk durchzieht und seine Ausrichtung stark prägt, ist Albertis Gegnerschaft gegen das Freimaurertum. Er führt seine Vorurteile so weit, daß schließlich in seinem Werk die Kirche, der Klerus, die krichlichen Orden und die jüdischen Patrioten Triests als die eigentlichen Freunde der „unerlösten" Gebiete erscheinen.

[11] *G. Cucchetti*, Storia di Trento – Dalle origini al fascismo, Palermo 1939.

[12] In der Sitzung des Museo del Risorgimento am 13. Juni 1939 wurden der Arbeit Cucchettis Leichtfertigkeit und historiographische Fehler vorgeworfen. Die Anwesenden riefen dazu auf, eine dementsprechende Rezension zu verfassen, um zu verhindern, daß weitere ähnliche Werke erscheinen würden und um „die Leser über die Geschichtsver-

Vielfältige Bezugspunkte zu Fragen der Irredenta finden sich in der „Storia Parlamentare Politica e Diplomatica d'Italia" von Saverio Cilibrizzi[13], aus der sich insbesondere die Rückwirkungen dieser Fragen auf das Parlament und auf Debatten zwischen Regierungs- und Oppositionsabgeordneten nachvollziehen lassen. Aber obwohl der Titel die Behandlung eines breiteren innen- und außenpolitischen Zusammenhangs verspricht, bleibt das Gesamtwerk doch eher fragmentiert und beschränkt sich darauf, Fakten zu vermitteln. Der Versuch, eine bewertende Gesamtanalyse darzubieten oder die Entwicklungslinien des Irredentismus nachzuzeichnen, fehlt vollkommen, obwohl diese Entwicklungslinien doch die Vorgeschichte zu den Auseinandersetzungen um die Intervention Italiens im Ersten Weltkrieg darstellen, für die der Autor selbst eingetreten war.

Bis zum heutigen Tag verdient wohl nur eine Darstellung zum Thema tatsächlich die Bezeichnung ‚Geschichte des Irredentismus', nämlich der entsprechende Abschnitt des Werkes „L'Italia Moderna" von Gioacchino Volpe[14]. Zwar wird hier der Irredentismus eingefügt in den breiteren Kontext der Darstellung Italiens als eines Staates, der zu Recht Anspruch auf den Rang einer europäischen Großmacht erhebe und daher geschlossen und mit Festigkeit für die Verwirklichung seiner nationalen Interessen eintreten müsse. Zudem ist es unbestreitbar, daß die Urteile Volpes starke nationalistische Untertöne aufweisen und daß man folglich über manche, allzusehr von seinem politischen Credo geprägte Schlußfolgerungen hinwegsehen muß. Aber ebenso muß hervorgehoben werden, daß Volpe, gerade weil er den Primat der Außenpolitik auch für die Lösung der innenpolitischen Probleme betont, den Irredentismus in einen internationalen Kontext einbettet. Damit entgeht er der Versuchung, nur isolierte, wenn auch aufsehenerregende und bisweilen pittoreske oder gewagte irredentistische Einzelaktionen hochzustilisieren, wie dies fast die gesamte Publizistik der ersten Nachkriegszeit getan hatte.

Blickt man hinter den nationalistischen Anstrich des Werkes von Volpe, so wird bei einer aufmerksamen Lektüre deutlich, mit wieviel analytischem Feingefühl er auch in den Details die Entwicklung des Irredentismus im Kontext der Veränderungen der italienischen Außenpolitik und des europäischen Gleichgewichts darzulegen verstand: von einer ursprünglich „linken" Bewegung hin zu einem auch in gemäßigten Kreisen verbreiteten Patriotismus und schließlich zum Spielball derjenigen Kräfte, die den nationalen Krieg propagierten. Ebenso sind ihm die Unterschiede zwischen dem Irredentismus im Trentino und in den adriatischen Gebieten Österreichs, insbesondere zwischen den beiden Städten Trient und Triest, bewußt, die ja von der nationalen Rhetorik stets auf die gleiche Ebene gestellt wurden, während doch in Wirklichkeit, wie Scipio Slataper

---

fälschungen aufzuklären", die das Buch enthielt. Eine Rezension erschien dann in den „Atti della Accademia roveretana degli Agiati" (4. Folge, XIV [1938/39], S. 88 f.). Sie stellte einen schweren Verriß dar, der dem Buch „chronologische und historische Ungenauigkeiten", „sprachliche Leichtfertigkeit" und „ungenaue Begrifflichkeiten" vorwarf.

[13] *S. Cilibrizzi*, Storia Parlamentare Politica e Diplomatica d'Italia, Palermo 1939.

[14] *G. Volpe*, L'Italia Moderna, 3 Bde., Firenze 1973. Dem Irredentismus sind im III. Band das gesamte 2. Kapitel sowie Teile des 4. Kapitels gewidmet.

1911 hervorhob, der historische, kulturelle und politische Abstand zwischen diesen beiden Gebieten erheblich größer war als der geographische[15]. In seinem Verständnis für ökonomische und soziale Fragen und seiner tiefgreifenden Analyse der ethnischen Gegensätze und der verschiedenen ideologischen Positionen versucht Volpe, die Vielfältigkeit und Verschiedenartigkeit der nationalen Auseinandersetzungen in all ihren Details aufzuzeigen, die sich in den Gebieten um Triest und Istrien aufgrund der dort gegebenen Konfrontation mit den Slawen erheblich komplexer darstellten, als im Trentino, wo eine geschlossene italienischsprachige Bevölkerung vorzufinden war, die sich pangermanistischen Anfeindungen ausgesetzt fühlte. Mit der Objektivität des professionellen Historikers, die in diesem Werk stets gegenüber der Ideologie überwiegt, war Volpe auch als einziger bereit anzuerkennen, daß die Aspirationen der Italiener im Trentino – denen er allerdings eine allzu begrenzte Sichtweise vorhielt – sich nur auf die Gebiete bis hin zur Sprachgrenze erstreckten, während die Forderung nach dem gesamten Südtirol bis zur Brennergrenze ausschließlich Ettore Tolomei zugesprochen wird[16].

Bezugnahmen auf den Irredentismus und die Rolle, die diese Bewegung in der italienischen Geschichte spielte, finden sich über die hier genannten Spezialwerke hinaus in einigen allgemeineren Überblicksdarstellungen, wie z.B. in Federico Chabods Geschichte der italienischen Außenpolitik[17]. Chabod geht nicht so sehr auf einzelne Ereignisse ein, sondern erkennt vor allem die Notwendigkeit, die Entstehung und Entwicklung des Irredentismus zu erklären, indem er ihn in den Rahmen der ideologischen und politischen Strömungen und Gegebenheiten der europäischen Geschichte einbettet. Auch Carlo Morandi betrachtet in seinem Werk über die italienische Außenpolitik[18] den Irredentismus im breiteren Rahmen der europäischen Geschichte und der Entstehung imperialistischer Bewegungen, die nach dem Berliner Kongreß in den Staaten Europas überall im Aufschwung waren. Er wertete die irredentistische Bewegung als das Festhalten an den Idealen des Risorgimento in einer Welt, in der immer

---

15 In dieser Weise äußerte sich Scipio Slataper in seinem Artikel: Trento e Trieste, im ersten Band der Zeitschrift „La Voce Trentina", der am 1. November 1911 veröffentlicht wurde. Von dieser von Alfredo Degasperi und dem Maler Tullio Garbari gegründeten Zeitschrift erschienen in Rovereto zwischen 1911 und 1912 12 Hefte. Die Zeitschrift, die von Prezzolinis „La Voce" beeinflußt war, schenkte in einer ganzen Reihe von Artikeln ihre Aufmerksamkeit den verschiedenen ethnischen Minderheiten in Europa.

16 „Die Trentiner neigten dazu, sich auf das eigentliche Trentino allein zu beschränken, das Gebiet zwischen Ala und Salurn, dessen ethnische und sprachliche Andersartigkeit sie herausstellten. In historischer Perspektive wurde betont, daß sich diese Region durch die Institution der Fürst-Bischöfe auszeichnete. Sie sollte das gleiche Gebiet umfassen wie einst das napoleonische Departement Alto Adige (Oberetsch) … Aber von manchen wurde auch in weitere Ferne geblickt, hin zu den Alpen, auf die gesamte gemischtsprachliche Gegend hinter Salurn. Diese Kräfte wollten den nationalen Kampf auch auf jene Gebiete ausdehnen und bezeichneten die gesamte Region von Ala bis zum Brenner als Alto Adige … Ettore Tolomei widmete dieser Aktivität sein ganzes Leben". *G. Volpe*, Italia moderna, III, S. 159 f.

17 *F. Chabod*, Storia della politica estera italiana, Milano 1951.

18 *C. Morandi*, La politica estera dell'Italia da Porta Pia all'età giolittiana, Firenze 1967.

stärker Großmachtpolitik und Großmachtdenken überwogen und deren Gleichgewicht zunehmend aus den Fugen geriet. Von grundlegender Bedeutung für alle Fragen, die mit dem Irredentismus in Verbindung stehen, sind die Werke von Leo Valiani[19], der sich im Rahmen seiner Untersuchungen über die verschiedenen ethnischen Gegensätze, die die Habsburgermonarchie in der Zeit vor ihrem Untergang erschüttert haben, auch mit den italienischen Untertanen des österreichischen Kaisers beschäftigt hat. Schließlich sei noch an Werke, die sich mit der Phase der italienischen Neutralität und dem anschließenden Eintritt in den Ersten Weltkrieg befassen, erinnert, wie z.B. an die Arbeiten von Luigi Albertini[20] und Brunello Vigezzi[21]. Letzterer widmete seine Aufmerksamkeit insbesondere den Unterschieden, die die nationalistischen Bewegungen im Trentino einerseits und in den adriatischen Gebieten Österreichs andererseits kennzeichneten, sowie den zunehmenden Einwirkungen extremer imperialistischer Strömungen auf den ursprünglich den Idealen des Risorgimento verbundenen Irredentismus.

Besondere Betrachtung verdient die Arbeit von Gaetano Salvemini über die italienische Außenpolitik[22], die unter manchen Aspekten und in Bezug auf einige Persönlichkeiten der italienischen und der europäischen Politik durchaus als eine Darstellung der Geschichte des Irredentismus angesehen werden kann. Neben manchen Polemiken und der Leidenschaftlichkeit, mit der der Autor sein Thema bearbeitet, ist vor allem die konzeptionelle Ausrichtung des Buches hervorzuheben: Salvemini untersucht den Irredentismus im breiten Bezugsfeld sowohl der italienischen Innen- wie Außenpolitik, die er wiederum in den europäischen Kontext einordnet, wo nationale Auseinandersetzungen eine entscheidende Existenzbedrohung für ganze Staaten darstellen konnten, deren Bestand andererseits für die Aufrechterhaltung des gegebenen Kräftegleichgewichts unabdingbar war.

Auch Werke von Ausländern, die sich mit Italien befassen, schenken dem Irredentismus Beachtung. Unter diesen sind die Arbeiten von J.A. Thayer[23] und von Christopher Seton-Watson hervorzuheben[24], die die Probleme der letzten

---

[19] *L. Valiani*, La dissoluzione dell'Austria-Ungheria, Milano 1966; *ders.*, Italia ed Austria 1866-1915 nella storiografia italiana, in: Storia e Politica XII (1973), S. 342-354; *ders.*, Il movimento socialista e le questioni nazionali in Austria-Ungheria, in: Atti del Convegno di Studi su Cesare Battisti, Trento 1979.

[20] *L. Albertini*, Le origini della guerra del 1914. Le relazioni europee dal Congresso di Berlino all'attentato di Sarajevo, Milano 1942.

[21] *B. Vigezzi*, L'Italia di fronte alla prima guerra mondiale, I: L'Italia neutrale, Milano / Napoli 1966.

[22] *G. Salvemini*, La politica estera italiana dal 1871 al 1915, hrsg. von A. Torre, Milano 1970 (= *G. Salvemini*, Opere, III, 4).

[23] *J. Alden Thayer*, Italy and the Great War. Politics and Culture 1870-1915, Madison 1974; ital. Ausgabe: L'Italia e la Grande Guerra. Politica e cultura dal 1870 al 1915, Firenze 1973.

[24] *Ch. Seton-Watson*, Italy from Liberalism to Fascism 1870-1925, London 1967; ital.

italienischen Gebiete unter der Herrschaft der Habsburger im Zusammenhang mit den Debatten um die italienische Hauptstadt, den vorsichtigen außenpolitischen Optionen der italienischen Führung, der Entstehung und dem Niedergang des Dreibundes, sowie der immer wieder aufflammenden Balkankrise darstellen.

Ohne daß hier eine vollständige Geschichte der Literatur zum Irredentismus vorgelegt werden sollte, kann doch die kurze Auflistung einiger der wichtigsten Werke dazu beitragen, ein Grundproblem der gesamten Historiographie zu diesem Thema aufzuzeigen: Die Mängel und Einseitigkeiten der Werke zum Irredentismus gehen letztlich darauf zurück, daß der Begriff Irredentismus selbst nur ungenau und z.T. überhaupt nicht definiert worden ist und mit ihm verschiedenste historische Entwicklungen und politische Kräfte gleichgesetzt wurden. Ein Beispiel für die Ungenauigkeit der Begriffsdefinition bietet der Artikel „Irredentismo“ von Attilio Tamaro in der „Enciclopedia italiana“[25].

Dabei hatte schon 1874 der österreichische Außenminister Andrássy in einer Denkschrift an seinen Botschafter in Rom, Graf Wimpffen, die Wesensmerkmale und Probleme des Irredentismus mit äußerster Genauigkeit dargelegt[26]. Darin erläuterte Andrássy die grundsätzliche Ausrichtung der österreichischen Politik gegenüber der Nationalitätenfrage im Trentino und im Küstenland unter Berücksichtigung der gesamteuropäischen Lage. Zugleich schilderte er in seinem Schreiben aber auch die ideologischen und geographischen Bedingungen, die zur Entstehung irredentistischer Bewegungen führten. Dazu zählte er: eine ethnische Minderheit, die sich direkt an der Grenze zu jenem Staat befindet, der die gleiche Nationalität verkörpert; die Forderungen nach einer vollkommenen Identität von Staatsgebiet und räumlicher Ausdehnung der Nation, und dies zu einem Zeitpunkt, als die großen Nationalstaatsbildungen mehr oder weniger abgeschlossen waren und auf dieser Grundlage, wenn auch mit großer Mühe, ein stabiles Gleichgewicht in Europa entstanden war. Würde man – so die immer wieder wiederholte Auffassung Andrássys – das Prinzip der Identität der Staatsgrenzen mit den ethnischen Grenzen anerkennen, um den italienischen Forderungen entgegenzukommen, so wäre man gleichzeitig gezwungen, ähnliche Forderungen von Seiten aller anderen Nationalitäten ebenfalls anzuerkennen und würde so eine Zentrifugalbewegung in Gang setzten, die nicht nur die k.u.k. Monarchie sondern auch andere Staaten auseinanderreißen würde. Zudem würde man damit unlösbare Probleme in solchen Gebieten heraufbeschwören, in denen verschiedene ethnische Gruppen nebeneinanderlebten. Die Konsequenz wäre der vollständige Zusammenbruch des europäischen Gleichgewichts.

Es genügt, auf diese Denkschrift Andrássys zu verweisen, wenn man darlegen will, daß der Irredentismus nicht einfach nur ein lokales – wenn auch virulentes und durch den Mut und die Opfer seiner Aktivisten in den Mittelpunkt der Betrachtung gerücktes – Problem gewesen ist. Wie wir schon anläß-

---

Ausgabe: Storia d'Italia 1870-1925, Bari 1967; die zweite Auflage erschien unter dem Titel: L'Italia dal liberalismo al fascismo, Bari 1975.

[25] Enciclopedia Italiana, XIX, S. 567-569.

[26] Die Denkschrift ist abgedruckt bei *A. Sandonà*, L'irredentismo, I, S. 106-111.

lich einer anderen Studienwoche des Italienisch-Deutschen Historischen Instituts hier in Trient sagten[27], spielte der Irredentismus eine zentrale Rolle „im Gesamtkomplex der europäischen Politik und stand im Mittelpunkt diplomatischer Aktivitäten, die sich auf das internationale Kräfteverhältnis richteten. So betrachtet, wird der Irredentismus von den begrenzten Betrachtungsweisen befreit, die ihn nur unter dem Blickwinkel eines Zusammenstoßes zwischen Italien und Österreich oder gar nur als rein lokalen Brandherd sehen wollen. Und nur bei einer Betrachtung im internationalen Kontext kann es gelingen, sowohl seine äußerlichen Erscheinungsformen, als auch die Hintergründe seiner Entstehung und Entwicklung voll zu verstehen"[28]. Genau diese Erweiterung des Blickfeldes hin zu internationalen Problemen sowie die Einsicht, daß das soeben erst geeinte Italien sich im europäischen Mächtekonzert behaupten mußte, machen bei einigen wenigen historiographischen Arbeiten die Breite und Fundiertheit der Darstellung aus. Dies ist z.B. der Fall bei Salvemini, oder bei Salata, der sich insbesondere mit der Römischen Frage und dem Dreibund befaßte[29], sowie auch bei Volpe, der Italiens Rolle im Dreibund untersuchte[30].

Gerade weil der Irredentismus mit seiner explosiven Kraft in der Lage war, das Europa der Staaten in ein Europa der Nationen umzustürzen, oder aber als ideologische Grundlage für imperialistische Zielsetzungen benutzt werden konnte, wurde ihm von seiten der Diplomatenkreise der europäischen Staaten, und nicht nur Österreichs und Deutschlands, eine erhebliche Beachtung geschenkt. Es waren insbesondere zwei nicht zum Dreibund gehörende Mächte, nämlich Großbritannien und Frankreich, die die Probleme, die der Irredentismus im italienischen Königreich und auf der Ebene der internationalen Beziehungen hervorrief, sehr genau verfolgten und auf diese einzuwirken versuchten.

Die vertraulichen diplomatischen Mitteilungen und Depeschen, die zwischen den britischen Botschaftern in Italien und ihren Außenministern ausgetauscht wurden[31], lassen hervorragend erkennen, welche Bedeutung der Irredentismus für diejenigen Mächte hatte, die sich für den Erhalt der europäischen Friedensordnung einsetzten. Obwohl es der Einigung Italiens wohlwollend gegenübergestanden hatte, sah Großbritannien im österreichischen Vielvölkerstaat wegen seiner geographischen Lage zwischen Deutschland und Rußland einen der Grund-

---

[27] Das Seminar wurde in der Woche vom 14. bis 18. September 1981 über das Thema „Der Nationalismus in Italien und Deutschland" abgehalten; vgl. *R. Lill / F. Valsecchi* (Hrsg.), Il nazionalismo in Italia e Germania fino alla Prima guerra mondiale (Annali dell'Istituto storico italo-germanico in Trento. Quaderno 12), Bologna 1983.

[28] *M. Garbari*, L'irredentismo nel Trentino, ebd., S. 307.

[29] *F. Salata*, La Questione Romana e la Triplice Alleanza secondo nuovi documenti austro-germanici, in: Nuova Antologia, serie VI, CCXXIII (1 marzo 1923), S. 51-62; *ders.*, Per la storia diplomatica della Questione Romana, I: Da Cavour alla Triplice Alleanza, Milano 1929.

[30] *G. Volpe*, L'Italia nella Triplice Alleanza (1882-1915), Milano 1939.

[31] Für die im Public Record Office (PRO) in London vorliegenden Quellen, die den italienischen Irredentismus betreffen, vgl. *M. Garbari*, Nuove tracce archivistiche per la storia dell'irredentismo, in: Studi Trentini di Scienze Storiche, LIX (1980), S. 463-470.

pfeiler des gesamten europäischen Mächtesystems. Deshalb mußte, nachdem Österreich Venetien verloren hatte, jede weitere Veränderung seiner Grenzen, wie die italienischen nationalistischen Kräfte dies forderten, eine destabilisierende Wirkung haben. Daher die abwehrende Haltung Londons gegenüber irredentistischen Bestrebungen, die sowohl im italienischen Königreich eine Gefahr darstellten, als auch noch mehr im Bereich der internationalen Politik, wo sie insbesondere die ohnehin schon schwelende Balkankrise weiter anzuheizen drohten. Andererseits bedeutete die Zustimmung Großbritanniens zum Abschluß und zur Aufrechterhaltung des Dreibundes jedoch nicht, daß es die Forderungen der Italiener in der Habsburgermonarchie nach Wahrung ihrer kulturellen Eigenständigkeit vollkommen abgelehnt hätte. Über deren Probleme war man sich in England durchaus bewußt, ebenso wie man dort auch die Unterschiede zwischen dem Trentino und den adriatischen Gebieten Österreichs erkannte[32]. Großes Interesse widmeten die Engländer dem Konflikt um die Gründung einer italienischen Universität innerhalb der Habsburgermonarchie, den sie im Zusammenhang mit ähnlichen Forderungen seitens anderer Nationalitäten betrachteten. In diesem Konflikt glaubten sie außerdem, die Aggressivität pangermanistischer Strömungen erkennen zu können[33]. Auch mit der kulturellen und sprachlichen Gefährdung durch die Deutschen entlang den Sprachgrenzen, der insbesondere die Italiener im Trentino ausgesetzt waren, beschäftigten sich englische Diplomaten in detaillierten Berichten, und zwar nicht aus übertriebener Neigung zur Genauigkeit, sondern weil sie darin den Ausdruck der Machtpolitik sahen, mit der Deutschland sich anzuschicken schien, die traditionellen Kräfteverhältnisse auf dem Kontinent und im Mittelmeerraum umzustürzen[34].

Ebenso sind die diplomatischen Berichte der französischen Botschafter in Italien, die in Paris beim Ministère des Affaires Etrangères aufbewahrt sind, voll von Hinweisen auf den Irredentismus, insbesondere seit der Entsendung Barrères als Botschafter nach Rom. Die Analysen der Franzosen zielten immer wieder auf die Möglichkeiten ab, langsam und vorsichtig auf ein Herausziehen Italiens aus dem Dreibund hinzuarbeiten, indem man auf die Gegensätze zwischen Italien und Österreich setzte. In ihrem Bemühen, den Charakter des Irredentismus sowohl innerhalb wie außerhalb des italienischen Königreiches richtig einzuschätzen, machten die französischen Diplomaten scharfsinnige Beobachtungen über die unterschiedlichen Rahmenbedingungen der nationalen Auseinandersetzungen in Triest und in Trient[35] und maßen dem Streit um die Gründung einer Universität in Triest, dessen Auswirkungen auf die italienische Öffentlich-

32 Vgl. Brief Milbankes an Salisbury, Wien, den 6. Mai 1899, PRO, Foreign Office, 425 238, Nr. 110 confidential; ebenso das Memorandum über den Irredentismus, welches unter Nr. 82 beigefügt ist.

33 Vgl. *M. Garbari*, L'irredentismo, S. 334-336.

34 Vgl. *M. Garbari*, L'ombra della Germania su Trieste, in: *F. Salimbeni* (Hrsg.), Miscellanea di studi giuliani in onore di Giulio Cervani per il suo LXX compleanno, Udine 1990, S. 181-193.

35 Ministère des Affaires Etrangères, G.P. Italie, Nr. 44, Paris, 28. Juni 1889, Schreiben von Imbert de Saint Armand an Spuller.

keit und auf italienische Politiker sie besonders hervorhoben, große Bedeutung bei. Von großem Interesse sind außerdem die zahlreichen Quellen aus der Zeit der Neutralität Italiens in den ersten Monaten des Weltkrieges, während derer die Forderung nach Abtretung der italienischen Gebiete Österreichs das Objekt der Verhandlungen mit Großbritannien und mit Rußland wurde, bis es dann zu den formellen Verträgen Italiens mit der Entente kam[36].

Als ebenso interessant erweist sich die Durchsicht der diplomatischen Akten des Deutschen Reiches, welches im Interesse der Aufrechterhaltung des Dreibundes alles daran setzte zu verhindern, daß der Irredentismus einen irreversiblen Bruch zwischen Italien und Österreich heraufbeschwor, oder Italien im Namen der unterdrückten nationalen Rechte der Italiener im Habsburgerreich zu einem Bündniswechsel veranlaßte. Zwei Beispiele genügen, um die Wichtigkeit der deutschen Quellen aufzuzeigen. In einer Notiz vom 12. Mai 1904 legte der Staatssekretär im Auswärtigen Amt, Friedrich von Holstein, der sich um den neuerdings wieder freundlicheren Ton in den Beziehungen zwischen Frankreich und Italien sorgte, seine Einschätzungen über die Wiederannäherung zwischen diesen beiden Staaten dar. Diese resultiere aus dem Vorhaben, in einem gemeinschaftlichen Kraftakt Elsaß-Lothringen für Frankreich und das Trentino sowie die österreichische Adriaküste für Italien zu erobern. Man hoffe nun auf das Eintreten einer günstigen internationalen Lage und auf eine Annäherung Englands an Frankreich, damit dieses Ziel erreicht werden könne[37].

In einem streng vertraulichen Schreiben an Reichskanzler Bethmann Hollweg vom 18. November 1911 berichtete der deutsche Botschafter in Wien über die Haltung des österreichischen Kriegsministers General von Auffenberg, die die feindselige Einstellung der österreichischen Militärs gegenüber Italien bestätigte. Der General habe von einem Krieg gegen Italien gesprochen, der mit einem glorreichen Sieg enden werde, durch den dann die Grenzen zugunsten Österreichs revidiert werden könnten. Die Irredentisten, so General von Auffenberg, sollten mit unbeugsamer Härte behandelt werden. Österreich werde das Trentino germanisieren und Triest slawisieren. Die Voraussetzungen für eine Germanisierung des Trentino seien bereits gegeben. Eine Niederlage Italiens würde Österreich zudem für eine Intervention in Serbien freie Hand bieten. Ein solcher Krieg könne zwar nur schwerlich lokal begrenzt bleiben, aber Österreich werde gemeinsam mit dem Deutschen Reich die Koalition zwischen England, Frankreich, Italien und Rußland schlagen[38].

Die diplomatischen Akten der großen europäischen Mächte, die u.a. deutlich erkennen lassen, wie gering der tatsächliche Bewegungsspielraum Italiens war, machen deutlich, daß eine umfassende Darstellung der Geschichte des Irredentismus nur geschrieben werden kann, wenn man dieses Phänomen in

---

[36] Vgl. Ministère des Affaires Etrangères, Guerre 1914-1918, Italie, Nr. 555.

[37] Vgl. Die große Politik der europäischen Kabinette 1871-1914, Berlin 1922, XX, Dok. Nr. 6416, S. 64.

[38] Ebd., XXX 2, Dok. Nr. 111235, S. 514.

den breiteren Rahmen der europäischen Geschichte stellt. Eine solche Darstellung muß sich von der Vorstellung eines Konfliktes nur zwischen zwei Mächten, nämlich zwischen Österreich und Italien, freimachen und statt dessen alle Konstanten und Varianten, die seit dem Abschluß der italienischen Einigung die internationale Politik charakterisierten, im Auge behalten – es sei denn, man wollte weiterhin nur im Rahmen lokaler Betrachtungen verharren und die bislang gängige heroisierende Darstellungsweise fortsetzen.

Wie angedeutet ist der Begriff Irredentismus in der historischen Forschung häufig ungenau und unklar verwendet worden. Dies bezieht sich jedoch nicht auf die Frage nach dem Zeitpunkt der Entstehung dieser Bewegung. In diesem Punkt ist man sich im großen und ganzen darin einig, daß der Irredentismus etwa zwischen 1866 und 1870[39] aufkam. Nachdem Österreich Venetien abgetreten hatte, Italiens Einigung proklamiert und Rom erobert worden war, konnte man nun nicht mehr darauf hoffen, weitere territoriale Veränderungen durch günstige internationale Konstellationen erreichen zu können. Ebensowenig war mit dem Kriegswillen des schwachen italienischen Königreiches zu rechnen, weswegen es nun angebracht schien, von den „unerlösten" Gebieten im Norden Italiens zu sprechen. Nur in heroisierenden und unwissenschaftlichen Darstellungen sowie in einigen österreichischen Werken[40] werden die nationalen Aktivitäten vor 1866 mit dem Begriff Irredentismus bezeichnet.

Deutlich schlägt sich dagegen die inhaltliche Unklarheit der Begriffsbestimmung in der Historiographie zum Risorgimento nieder, was sich schon daran bemerkbar macht, daß in diesen Werken die Neigung vorherrscht, Trentino und adriatisches Küstenland bei der Betrachtung der Unabhängigkeits- und nationalen Einigungsbewegung auszuklammern. Für Triest mag dies noch zum Teil nachvollziehbar sein, auch wenn Carlo Schiffrer in der italienisch geprägten

---

[39] *A. Sandonà* (L'irredentismo) datiert den Beginn irredentistischer Aktivitäten auf das Jahr 1866. Der Nationalist Gualtiero Castellini betont, daß der eigentliche Irredentismus, verstanden als eine „neuartige politische Zielvorstellung" und nicht mehr nur als eine „logische Fortsetzung des Risorgimento", im Jahr 1870 aufgekommen sei, also zu einem Zeitpunkt, als das Risorgimento abgeschlossen war (vgl. *G. Castellini*, Trento e Trieste. L'irredentismo e il problema adriatico, Milano 1915, S. 6). Für Gioacchino Volpe bestand bis zum Jahr 1882 die Hoffnung auf eine Veränderung der Grenzen: „Bis 1866, bis 1878, ja sogar bis 1882 hatte man jenseits der Grenzen immer auf einen Befreiungskrieg oder auf geschickte diplomatische Aktionen gehofft, durch die während dieser Phase der Neuordnung Europas das Problem der Irredenta vollständig oder zumindest teilweise gelöst worden wäre". (vgl. *G. Volpe*, L'Italia moderna, S. 144). Carlo Morandi schreibt, daß die Zielvorstellungen des Irredentismus seit 1866 propagiert worden seien, daß aber Italien, nachdem es 1870 unter die europäischen Großmächte aufstieg, sich unter dem Zwang befunden hätte, diese Forderungen zu bremsen (vgl. *C. Morandi*, La politica estera, S. 107-112).

[40] In seinem Werk: Der italienische Irredentismus, Innsbruck 1916, bezeichnet *M. Mayr* nationale Aktivitäten im Trentino sogar schon vor 1848 als irredentistisch. In gleicher Weise äußert sich *R. Schober*, Il Trentino durante il periodo di unione al Tirolo 1815-1918, in: *F. Valsecchi / A. Wandruszka* (Hrsg.), Austria e province italiane 1815-1918. Potere centrale e amministrazioni locali (Annali dell'Istituto storico italo-germanico. Quaderno 6), Bologna 1981.

demokratischen Kultur der Stadt sowie in der republikanischen Bewegung, die Giovanni Orlandini 1848 mit dem Ziel des Sturzes der österreichischen Herrschaft ins Leben rief, einen klaren Ausdruck des Geistes des Risorgimento ausfindig machte[41]. Vom Trentino jedoch wird man angesichts der von hier stammenden Emigranten, die im königlichen Heer oder in der Truppe Garibaldis kämpften, angesichts der Appelle an die österreichischen Machthaber und an Diplomaten anderer Länder, sowie angesichts zahlreicher die Öffentlichkeit mobilisierender Zeitungs- und Zeitschriftenartikel gewiß nicht sagen können, daß es in der Gesamtbewegung des Risorgimento keine Rolle gespielt hätte[42]. Wie Umberto Corsini schreibt, „hat die italienische Geschichtsschreibung die Geschichte des Trentino nicht mit der gleichen Aufmerksamkeit verfolgt, wie die der alten Staaten der italienischen Halbinsel. Ebensowenig hat sie sich in angemessener Weise mit den kulturellen, politischen und sozialen Bewegungen dieses Gebietes beschäftigt, sondern sich statt dessen damit zufriedengegeben, Patrioten und Helden aufzuzählen. In der Zeit des Irredentismus wurden dann nur die armen Brüder jenseits der Grenzen beweint, die von Österreich, dem doppelköpfigen Adler, unter seinen schwarzen Flügeln niedergehalten würden, und die heroisierende Publizistik der ersten Nachkriegszeit besang das edelmütige Opfer Cesare Battistis“[43]. Also, sowohl für das Trentino als auch für Triest hat die italienische, den Idealen des Risorgimento verbundene, Geschichtsschreibung nur heroisierende Darstellungen des Irredentismus zu bieten, die die italienischen Untertanen des Kaisers ausschließlich in gute Patrioten einerseits und Österreichfreunde andererseits einteilten, ohne den vielfältigen Formen und Nuancen, mit denen in diesen Gebieten die Wahrung nationaler Interessen zum Ausdruck gebracht wurde, Beachtung zu schenken.

Einen fundamentalen Beitrag für das Verständnis der nationalen Frage und der damit verbundenen politischen Optionen und Aktivitäten im Trentino liefert Umberto Corsinis Aufsatz über die nationale Frage in den politischen Auseinandersetzungen in dieser Region[44], in dem in vollkommen richtiger Weise Inhalt und Bedeutung des Irredentismus dargelegt werden. Die nationale Bewegung trat in den unter habsburgischer Herrschaft stehenden italienischen Gebieten in drei verschiedenen Erscheinungsformen auf, und zwar erstens in der Form der Verteidigung der eigenen kulturellen Identität, die in Wirklichkeit von Seiten der

---

[41] Vgl. *C. Schiffrer*, Le origini dell'irredentismo, Kap. III: „Trieste e la rivoluzione italiana“.

[42] Die Geschichtsschreibung über das Trentino selbst hat in der Tat dem Anteil, den diese Region an der risorgimentalen Bewegung hatte, ihre Aufmerksamkeit gewidmet. Vgl. *L. Marchetti*, Il Trentino nel Risorgimento, Milano 1913; *A. Zieger*, La lotta del Trentino per l'unità e l'indipendenza 1850-1861, Trento 1936; *U. Corsini*, Il Trentino nel secolo decimonono, Rovereto 1963.

[43] *U. Corsini*, La questione nazionale nel dibattito trentino, in: *A. Canavero / A. Moioli* (Hrsg.), De Gasperi e il Trentino tra la fine dell'800 e il primo dopoguerra, Trento 1985, S. 597.

[44] Wie Anm. 43. Vgl. auch *M. Garbari*, La lotta nazionale nel Trentino, in: Studi Trentini di Scienze Storiche, LXXI (1992), S. 563-586 und *dies.*, Il Circolo Trentino di Milano. L'irredentismo trentino nel Regno, Trento 1979.

politischen und polizeilichen Autoritäten Österreichs, welche zwar eine pedantische Kontrolle ausübten, aber keine schwerwiegende Unterdrückung betrieben, gar nicht bedroht war. Wenn überhaupt, so kann man von kultureller Bedrohung höchstens durch pangermanistische Kräfte sprechen, die seit dem Ende des 19. Jahrhunderts aufkamen. Zweitens gab es italienische nationale Kräfte, die in streng legaler Form für institutionelle Veränderungen eintraten. Unter Berufung auf die österreichische Verfassung forderten sie für das Trentino eine autonome, von Tirol abgetrennte Verwaltung sowie die Bewahrung der traditionellen Autonomien im Küstenland. Und drittens gab es schließlich Kräfte, die die Loslösung der italienischen Gebiete von Österreich und deren Eingliederung in das italienische Königreich, also die Verschiebung der Staatsgrenzen, forderten. Und streng genommen kann man nur solche Forderungen zurecht als irredentistisch bezeichnen.

Wird der Begriff in dieser Weise verstanden, so muß man zugestehen, daß der Irredentismus nur das Werk einer kleinen, zeitweise und in manchen Gebieten geradezu unbedeutenden Minderheit war. Es ist also wissenschaftlich nicht haltbar, diesen Begriff in einer extensiven Weise zu verwenden und damit Entwicklungen, Kräfte und Programme zu bezeichnen, die mit dem Irredentismus in Wirklichkeit nichts zu tun haben. Auch darf nicht vergessen werden, daß der Irredentismus in institutionalisierter Form im Mai 1877 mit Imbrianis Gründung der „Associazione in pro dell'Italia Irredenta“ entstand, einem Verein, der zwar durchaus die Vollendung der nationalen Einigung durch die Annexion Triests und des Trentino forderte, der aber ebenso eine Oppositionspolitik im Namen der republikanischen und garibaldinischen Traditionen gegen das ‚realexistierende‘ Italien betrieb, dem er konservative Erstarrung vorwarf.

Für den Irredentismus, d.h. für eine territoriale Lösung der nationalen Frage einzutreten, bedeutete, wenn man die innen- und außenpolitischen Bedingungen jener Zeit in Rechnung stellt, vor allem die Propagierung eines Maximalprogramms, an dem die Irredentisten aus Prinzipientreue festhielten, während sich ihre tatsächlichen Aktivitäten durchaus nicht als Vorbereitungen für eine in Kürze erwartete Realisierung dieses Maximalprogramms darstellen. Selbst die überzeugtesten Befürworter der Eingliederung der italienischen Gebiete Österreichs in den italienischen Staat begnügten sich angesichts der tatsächlichen Lage in Italien und Österreich sowie unter Berücksichtigung des europäischen Kräfteverhältnisses mit realistischeren Minimalprogrammen und engagierten sich für die Wahrung nationaler Interessen im Rahmen legaler Aktivitäten, so für den Kampf um die Autonomie und die Aufrechterhaltung der alten Rechte der Provinzen und Gemeinden sowie für den Schutz der kulturellen Rechte der italienischen Minderheiten. Diese Aktivitäten nun fanden in der Bevölkerung breite Unterstützung und eben daher rührt es, daß all die verschiedenen Aktionen und Initiativen, die seit dem Ende des 19. Jahrhunderts zugunsten der Italiener in der Habsburgermonarchie durchgeführt wurden, als dem Irredentismus nahestehend angesehen und von dessen lautstarken und heftigen Untertönen begleitet wurden. Um also diejenigen Kräfte richtig darzustellen, die tatsächlich ein irredentistisches Programm hatten, muß die Geschichtsschreibung sehr genau die verschiedenen Formen untersuchen, in denen die Italiener für ihre nationalen Interessen eintraten, denn nur in manchen Fällen stand dahinter tatsächlich das genannte Maximalprogramm. Auf keinen Fall darf man alle Äußerungen, die sich vor dem Zusammenbruch Österreich-Ungarns einer italienisch-nationalen Rhetorik bedienten, in undifferenzierter Weise als irredentistisch bezeichnen.

Die Presse- und Buchpublikationen aus der Zwischenkriegszeit waren zu einem großen Teil von Akteuren oder Zeitzeugen veröffentlicht worden, die an den Ereignissen, die zum Anschluß der nun endlich „erlösten" Gebiete an das italienische Königreich geführt hatten, teilgehabt hatten. Wissenschaftliche Seriosität findet man in ihren Schriften kaum vor. Sie waren in erster Linie von dem Ziel beseelt, so deutlich wie möglich die irredentistische Gesinnung in den Handlungen der politischen Führungsschicht sowie der bis dahin zu Österreich-Ungarn gehörenden italienischen Bevölkerung zu betonen. Es würde zu weit führen und wohl auch wenig Zweck haben, diese zahlreichen Schriften im einzelnen hier aufzuzählen. Es handelt sich dabei um Erinnerungen, Memoiren und heroisierende Darstellungen, die bestenfalls den Sinn hatten, darzulegen, wie unumstößlich man an den nationalen Idealen festgehalten hatte, oder aber mit dem Ziel verfaßt wurden, auch solchen Kräften und Personen ehrbare patriotische Gesinnung zu bescheinigen, die – wie z.B. die Katholiken – in der Vergangenheit eher als national unzuverlässig oder gar als habsburgerfreundlich angesehen worden waren[45].

Von einem gewissen Interesse ist unter der großen Zahl dieser heroisierenden Werke der 1919 erschienene Band „Il Martirio del Trentino"[46], in dem auch einige Beiträge von Historikern verfaßt worden sind. Ein gewisses Maß an Ernsthaftigkeit zeichnet auch den ein- oder anderen Beitrag in Zeitschriften und in den Monographien der „Legione Trentina" sowie der „Società del Museo del Risorgimento in Trento" aus. Eben dieses „Museo del Risorgimento" war es, in dessen Umfeld das Werk von Augusto Sandonà entstand, das bis heute zu den unverzichtbaren Grundlagen für die Irredentismus-Forschung gehört. Des weiteren wäre hier noch das zweibändige, 1932 beim Vallardi-Verlag in Mailand erschienene Werk „Terre Redente e Adriatico" zu erwähnen, an dem verschiedene Autoren mitwirkten. Im ersten Band, der das Trentino und Südtirol behandelt, wurde der Artikel über den Irredentismus von Lamberto Cesarini Sforza verfaßt, der hier eine Darlegung der wichtigsten irredentistischen Initiativen zwischen 1866 und 1914 vorlegte, wobei er sich vorrangig mit den patriotischen Vereinigungen in der Zeit um die Jahrhundertwende beschäftigte[47]. Ansonsten zeichnet sich dieser an eine breite Leserschaft gerichtete Band jedoch nicht

[45] Als typische Werke, die eine solche Ausrichtung hatten, wären zu nennen: *V. Zanolini*, Il Vescovo di Trento e il governo austriaco durante la guerra europea, Milano 1919, sowie *G. Gentili*, La Deputazione trentina al Parlamento di Vienna durante la guerra, Trento 1920.

[46] Il Martirio del Trentino, hrsg. von der „Commissione dell'emigrazione Trentina" und von der „Associazione Politica degli Italiani Redenti – Sezione trentina", Milano 1919.

[47] Vgl. La Lega Nazionale e altre manifestazioni d'italianità nel Trentino avanti la guerra, in: Terre Redente e Adriatico, Milano 1932.

durch besondere Vorzüge oder neue Erkenntnisse aus. Noch schwächer ist der zweite Band über die „Venezia Giulia“. Die Darstellung ist vielfach oberflächlich und durchzogen von heftigem Nationalismus, der sich in aggressiver Polemik gegen die Habsburgermonarchie sowie in der Behauptung eines legitimen Anspruches Italiens auf die unbegrenzte Beherrschung des Adriaraumes ausdrückt.

In diesem Band tritt eine typische Charakteristik eines sehr großen Teils des in Triest und im Küstenland in der Zwischenkriegszeit veröffentlichen Schrifttums über den Irredentismus hervor, nämlich die Verbindung heftiger nationalistischer Töne mit einem stark heroisierenden Pathos, was insbesondere für Publikationen gilt, die über Gedenkfeierlichkeiten berichten. Dagegen erscheinen die meisten Publikationen aus Trient eher maßvoll. Ihr Patriotismus bewegt sich meist in den Traditionen des Risorgimento. Dieser heftigere Nationalismus im Küstenland, der in einer Vielzahl von Artikeln, Broschüren und Büchern zutage tritt, resultiert daraus, daß hier die nationalen Auseinandersetzungen in einer ganz anderen Form geführt wurden als im Trentino. Während in den Adriagebieten die nationalen Gegensätze durch den Zusammenstoß der Italiener nicht nur mit der Wiener Zentralgewalt, sondern auch mit den Slawen, sowie durch soziale Auseinandersetzungen und Klassenkämpfe erheblich verschärft wurden, waren derartige Gegensätze im Trentino, wo sich der Kapitalismus noch kaum entwickelt hatte, es nur vereinzelt sozialistische Kräfte gab und die Liberalen und Demokraten erheblich weniger organisiert waren, kaum vorzufinden. Das Aufkommen des italienischen Nationalismus schuf somit einen wichtigen Anziehungspunkt für die intransigentesten Kräfte des Irredentismus in Triest, und dieser fand dann während des Krieges in Regierungskreisen auch reichlich Gehör. Durch die Eroberung Fiumes nach dem Krieg noch weiter gestärkt, stellten sich die irredentistischen Kräfte Triests als einzige legitime Erben und als die wahren Verteidiger der italienischen Kultur in der Venezia Giulia dar.

Natürlich wurden die genannten nationalistischen Töne vom faschistischen Regime, welches sich insbesondere um die verfälschende Instrumentalisierung der Figur Cesare Battistis[48] bemühte, gern gesehen und gefördert. Zugleich sind die Veröffentlichungen aus dem Küstenland aber im Vergleich zu den Publikationen aus dem Trentino weniger lokalistisch geprägt und es läßt sich in ihnen deutlicher der Versuch feststellen, die Verflechtungen zwischen dem Irredentismus und der italienischen Innen- und Außenpolitik darzulegen. Doch auch dies führte, was die wissenschaftlichen Analysen betrifft, mit Ausnahme der Werke Francesco Salatas nicht zu nennenswerten Ergebnissen. Unter den vielen meist wissenschaftlich unzulänglichen Schriften, die man hier nennen könnte, seien

[48] Cesare Battisti (1875-1916) trat zunächst für die Autonomie, später dann auch für die Loslösung der italienischsprachigen Gebiete von Österreich ein. Nach dem von ihm mitpropagierten Kriegseintritt Italiens trat er in die italienische Armee ein. Im Sommer 1916 gefangengenommen, wurde er mit seinem Gefährten Fabio Filzi in Trient wegen Hochverrats zum Tode verurteilt und hingerichtet. Seine demokratische Gesinnung verschweigend, stilisierten die Faschisten ihn zu einem nationalen Märtyrer hoch und errichteten ihm pompöse Denkmäler, u.a. sind an dem 1926 eingeweihten „Siegesdenkmal“ in Bozen Reliefbüsten Filzis und Battistis angebracht [Anm. d. Übers.].

wegen ihres Reichtums an Informationen sowie ihrer Quellennachweise die Arbeiten von Bruno Coceani über die Zeitung „L'Indipendente“[49], von Silvio Benco über die Zeitung „Il Piccolo“[50] sowie Giovanni Quarantottis „Storia della Dieta del Nessuno“[51] erwähnt; auch darf nicht das 1937 beim Verlag Del Bianco in Udine erschienene Werk Carlo Schiffrers über die Ursprünge des Irredentismus in Triest[52] vergessen werden, welches gegenüber den dominierenden Tendenzen der Schriften jener Zeit vollkommen aus dem Rahmen fiel, aber dennoch, wie Elio Apih anmerkte, „kein besonderes Interesse hervorrief. Es scheint, daß nur wenige erkannt oder diskutiert hätten, wie sehr dieses Werk damals im Widerspruch zum offiziellen Geschichtsbild stand“[53].

Unter den nationalistisch ausgerichteten Publikationen der Zwischenkriegszeit fehlt es nicht an Gedenkschriften und Memoiren, die die irredentistischen Akteure anläßlich einzelner Ereignisse in den nun dem italienischen Staat einverleibten Gebieten oder – wie man sie während der Zeit der provisorischen Verwaltung nannte – den „neuen Provinzen“ veröffentlichten. Was autobiographische Arbeiten betrifft, so sollte hier das Werk von Gian Francesco Guerrazzi über den Irredentismus und die Anfänge der „Dante-Alighieri-Gesellschaft“ erwähnt werden[54]. Sieht man über die vielen rhetorischen Überschwenglichkeiten hinweg, so bietet diese Arbeit wertvolle Informationen über das Gewicht, welches die Freimaurer in der „Dante Alighieri-Gesellschaft“ innehatten, sowie über die unterschiedlichen Formen der irredentistischen Aktivität im italienischen Königreich, im Trentino und im Küstenland. Weniger zuverlässig ist die Arbeit „La Vigilia“, von Giovanni Giurati[55], die von groben und oberflächlichen Bewertungen und Ansätzen zur Selbstverherrlichung durchsetzt ist. Giurati war seit 1913 Vorsitzender der Vereinigung „Trento e Trieste“. Zu erwähnen ist noch das Kapitel, welches Volpe in seinem Werk „L'Italia in cammino“[56] dem Irredentismus widmete. Wichtige Hinweise finden sich außerdem in der 1922 erschienenen Arbeit von Giuseppe Gallavresi[57] und in dem Werk von Francesco Tommasini, welches sich mit der Außenpolitik Tommaso Tittonis befaßt[58]. Dagegen hat das

---

[49] *B. Coceani*, Un Giornale contro un Impero. L'azione irredentistica de „L'indipendente“ dalle carte segrete della polizia austriaca, in: Pagine di passione giuliana, Trieste 1932.

[50] *S. Benco*, Il „Piccolo“ di Trieste; mezzo secolo di giornalismo, Milano 1931.

[51] *G. Quarantotti*, Storia della Dieta del Nessuno, Parenzo 1938.

[52] *C. Schiffrer*, Le origini dell'irredentismo triestino (1813-1860), Udine 1937.

[53] So E. Apih in der Einleitung zum Nachdruck von *C. Schiffrer*, Le origini dell'irredentismo triestino (1813-1860), Udine 1978, S. 29.

[54] *G.F. Guerrazzi*, Ricordi di irredentismo. I primordi della „Dante Alighieri“ (1881-1894), Bologna 1922.

[55] *G. Giurati*, La Vigilia, Milano 1930.

[56] *G. Volpe*, L'Italia in cammino, Milano 1927, Kap. IV: „Italiani irredenti. L'Italia tra Francia ed Austria“.

[57] *G. Gallavresi*, Italia e Austria (1859-1915), Milano 1922.

[58] *F. Tommasini*, L'Italia alla vigilia della guerra. La politica estera di Tommaso Tittoni, 5 Bde., Bologna 1934-1941. – Tittoni war italienischer Außenminister von No-

'Istituto per la storia del Risorgimento italiano' unserem Thema nur wenig Raum geboten. In seiner Zeitschrift erschien nur eine recht geringe Zahl von Artikeln zum Irredentismus, auch wenn das Institut der letzten Phase des Prozesses der nationalen Einigung durchaus Bedeutung beimaß[59].

Nach dem Zweiten Weltkrieg führte das sowohl wissenschaftliche wie moralisch-ethische Bedürfnis, zu einer kritischen Rückschau der Vergangenheit zu gelangen, welches sich sowohl auf die Geschichte wie auf die Geschichtsschreibung auswirkte, zu Neubewertungen in den wissenschaftlichen Untersuchungen sowie zu neuen methodischen Herangehensweisen. Als unabdingbare Voraussetzung für die Abfassung zuverlässiger Werke wurde nun die genaue Rekonstruktion der Ereignisse anhand aufmerksamer Quellenstudien angesehen. Auch verschwanden bald die nationalistisch-heroisierenden Schriften, die für die Zwischenkriegszeit typisch gewesen waren, und damit konnten auch die verbreiteten Vorstellungen von einem unüberwindlichen Gegensatz zwischen Staatsraison und dem Recht der Nation überwunden werden. Nur in der Venezia Giulia wollte man noch nicht von nationalistischen Parolen ablassen, was natürlich mit dem Verlust der 1919 und 1924 annektierten Gebiete, dem unsicheren Schicksal der Stadt Triest, deren Zweiteilung, und der Hinauszögerung dieser unklaren Situation zusammenhing. Bruno Coceanis 1962 in Mailand erschienenes Werk „Milano centrale segreta dell'irredentismo" war noch ganz und gar erfüllt von nationalistischer Erregung: „Diese Veröffentlichung ... soll zu einem besseren Verständnis einer so bewegten und dramatischen Vergangenheit beitragen, die uns aufgrund der tragischen Ereignisse von 1945 noch so nahesteht, ja geradezu ein Teil unserer Gegenwart ist. Nach dem Verlust Dalmatiens, dem Verlust Fiumes, dem Verlust Istriens, steht das Slawentum gleich vor den Toren Triests. Es ist gar bis in die Stadt selbst eingedrungen"[60]. Es muß hier jedoch auch betont werden, daß 1947, als die Frage nach der Nordostgrenze Italiens heftigste politische Spannungen auslöste, in Rom der maßvolle und ausgewogene Band von Ernesto Sestan über die Kultur- und Nationalitätengeschichte der Venezia Giulia erschien[61].

Einen starken Impuls erhielten die Studien zum Irredentismus im italienischsprachigen adriatischen Raum durch den XXIX. Nationalkongreß des 'Istituto per la storia del Risorgimento italiano', der in Triest und Görz im November 1950 abgehalten wurde[62]. Diese Tagung fand in einem von starkem nationalistischem Eifer erfüllten Klima statt. Viele der Teilnehmer konzentrierten sich

---

vember 1903 bis Dezember 1905 (1905 auch Ministerpräsident *ad interim*) und von Mai 1906 bis Dezember 1909 sowie nach dem Krieg nochmals kurz im Jahre 1919 [Anm. d. Übers.].

59 Für eine Auflistung der Artikel, die zwischen den beiden Kriegen von der „Rassegna storica del Risorgimento" zum Irredentismus veröffentlicht wurden, verweise ich auf *M. Garbari*, La storiografia sull'irredentismo, S. 220-221.

60 *B. Coceani*, Milano centrale segreta dell'irredentismo, Milano 1962, S. 12.

61 *E. Sestan*, Venezia Giulia. Lineamenti di storia etnica e culturale, Roma 1947.

62 Die zahlreichen Vorträge und Beiträge sind abgedruckt in: Rassegna storica del Risorgimento, XXXVIII, 1957, Hefte 3-4.

mehr auf tagespolitische Debatten als auf historische Fragen, äußerten die Hoffnung auf einen Neubeginn des Irredentismus und riefen dazu auf, die Geschichte des Risorgimento überhaupt erst zu vollenden, anstatt nur über sie zu schreiben. Dennoch gab es unter den vielen Beiträgen auch solche, in denen eine große Aufgeschlossenheit gegenüber neuen Fragestellungen wirtschaftlicher, sozialer und kultureller Art zum Ausdruck gebracht wurde und einige Teilnehmer des Kongresses, z.B. Giulio Cervani und Lina Gasperini distanzierten sich von der bisherigen nationalistischen und faschistischen Geschichtsschreibung[63]. Der Kongreß hatte erhebliche Auswirkungen auf die Wissenschaftler dieser Region. In der Folgezeit wurden hier eine ganze Reihe von wissenschaftlich bedeutsamen Untersuchungen und Studien veröffentlicht, in denen nach und nach auch die nationalistischen Töne zurückgingen und einem ausgewogeneren Urteil wichen.

Auch die Initiative der Abteilung Triest und Görz des ‚Istituto per la storia del Risorgimento italiano', eine Veröffentlichungsreihe für Texte und Aufsätze zum Irredentismus ins Leben zu rufen, brachte die Geschichtsschreibung zu unserem Thema weiter voran. In dieser Reihe, die unter dem Titel „Civiltà del Risorgimento" erscheint, wurden einige der wichtigen Arbeiten von Carlo Schiffrer[64], Giulio Cervani[65], Salvatore Francesco Romano[66] und Giorgio Negrelli[67] veröffentlicht. Zudem blieben die Studien von Wissenschaftlern aus der Venezia Giulia, deren Zahl, wie vor dem Zweiten Weltkrieg auch schon, die Veröffentlichungen aus dem Trentino übertrifft, nicht nur auf lokale Publikationsorgane angewiesen. Mit der „Rassegna storica del Risorgimento" steht ihnen ein Organ offen, welches in ganz Italien verbreitet ist[68].

---

[63] Vgl. die Vorträge von *G. Cervani*, Il sentimento politico-nazionale e gli studi di storia a Trieste nell'epoca dell'Irredentismo: L'„Archeografo triestino" sowie von *L. Gasperini*, Scipio Slataper e l'intervento, ebd.

[64] *C. Schiffrer*, La Venezia Giulia nell'età del Risorgimento, 1965; *ders.*, La crisi nazionale a Trieste nella prima guerra mondiale, in: Il movimento nazionale a Trieste nella prima guerra mondiale, 1968.

[65] *G. Cervani*, La borghesia triestina nell'età del Risorgimento. Figure e problemi, 1969; *ders.*, Nazionalità e stato di diritto per Trieste nel pensiero di Pietro Kandler. Gli inediti del procuratore civico, 1975; *ders.*, Il Litorale Austriaco dal Settecento alla „Costituzione di dicembre" del 1876, 1979; *ders.*, Stato e società a Trieste nel secolo XIX. Problemi e documenti, 1983; ebenfalls verfaßte Cervani die Einleitung zu dem Nachdruck des Werkes von *F. Cusin*, Appunti alla storia di Trieste, 1983 unter der Überschrift: Gli „Appunti alla storia di Trieste" di Fabio Cusin ed il problema storico del particolarismo triestino.

[66] *S.F. Romano*, Liberaldemocratici e democratici sociali di fronte al problema della nazionalità a Trieste nel 1918, in: Il movimento nazionale.

[67] *G. Negrelli*, Al di qua del mito. Diritto storico e difesa nazionale nell'autonomismo della Trieste asburgica, 1978.

[68] Vgl. z.B. *G. Negrelli*, Dal municipalismo all'irredentismo: appunti per una storia dell'idea autonomistica a Trieste, in: Rassegna storica del Risorgimento, LVII, 1970, S. 347-416; *E. Maserati*, Un documento francese sull'Irredentismo e la questione adriatica al finire dell'Ottocento, ebd., LXII, 1975, S. 63-72.

Von der Fachwelt weniger beachtet, erschienen auch im Trentino neue Studien über die risorgimentale und irredentistische Vergangenheit. Hier waren das ‚Museo Trentino del Risorgimento‘[69] und die ‚Società di Studi Trentini di Scienze Storiche‘ federführend. Das Trentino hatte in der zweiten Nachkriegszeit keine territorialen Verluste zu beklagen und stand statt dessen vor der Notwendigkeit, ein friedliches Nebeneinander der beiden ethnischen Gruppen, der Deutschen und der Italiener, zu ermöglichen, um das Aufkommen eines neuen Irredentismus bzw. der alten Gegensätze zu verhindern, die selbstverständlich der demokratischen Entwicklung Italiens geschadet hätten. Für die Historiker bedeutete dies zwar nicht, legitime patriotische Gefühle auszublenden, aber doch, rein nationale Dimensionen zu überwinden und in ihren Methoden sowie ihrem Horizont über lokale Sichtweisen hinauszugehen, wobei sie weiterhin Wert auf wissenschaftliche Strenge und gewissenhafte Dokumentation legten, die die Werke aus dem Trentino ja schon in der Zeit der Zugehörigkeit zu Österreich ausgezeichnet hatten. Unter den Arbeiten, die in der ersten Phase des Wiederaufbaus geschichtswissenschaftlicher Institutionen im Trentino erschienen sind, mag hier an die Akten des ersten ‚Convegno storico trentino‘[70] erinnert werden, auf dem zwei Vorträge zum Irredentismus gehalten wurden[71], sowie an die Veröffentlichungen von Briefen von Ergisto Bezzi[72] und von Pasquale Villari[73].

Außerhalb der beiden Regionen Trentino und Venezia Giulia entstanden Studien zum Irredentismus erst in späterer Zeit. Doch wird das Thema natürlich in allgemeinen Werken zur italienischen Geschichte behandelt und ebenfalls in Arbeiten, die sich für die Zeit vor dem Ausbruch des Ersten Weltkrieges mit Auseinandersetzungen zwischen ethnischen Minderheiten und dominierenden Volksgruppen beschäftigen, die für die Vorgeschichte sowie für den Verlauf und das Ende des Krieges eine so entscheidende Rolle spielten.

Zwar ist bis jetzt noch keine umfassende historische Darstellung zum Irredentismus vorgelegt worden, doch hat die Historiographie in den letzten Jahrzehnten dazu viele wesentliche Voraussetzungen erfüllt. Die Historiker haben sich von den nationalistischen Vorurteilen der Vergangenheit gelöst und stehen in einem internationalen wissenschaftlichen Dialog. Zudem sind erhebliche Fortschritte in der Forschung erzielt worden, die sich mit verschiedensten nur scheinbar eng begrenzten Themen und Fragen beschäftigt hat, und mit deren Ergebnissen inzwischen die wesentlichen Voraussetzungen gegeben sind, um in vollem Umfang die vielfältigen Facetten nationaler und nationalistischer

---

69 Seit 1948 heißt es ‚Museo Trentino del Risorgimento e della Lotta per la Libertà‘.

70 Atti del primo Convegno storico trentino, Rovereto 1955.

71 *A. Condignola*, Un'accorata e dolente protesta degli irredentisti italiani a Benedetto Cairoli nel dicembre 1878, in: Atti del primo Convegno storico trentino, Rovereto 1955; *P. Pedrotti*, La Società Dante Alighieri e il Trentino attraverso il carteggio inedito di Guglielmo Ranzi (1898-1904), ebd.

72 *E. Bezzi*, Irredentismo e interventismo nelle lettere agli amici 1903-1920, hrsg. von T. Grandi / B. Rizzi, Trento 1963.

73 *R. Monteleone* (Hrsg.), Dai carteggi di Pasquale Villari. La Società „Dante Alighieri“ e l'attività nazionale nel Trentino, Trento 1963.

Stimmungen bis hin zur extremsten Form, dem Irredentismus, zu fassen und zu verstehen.

Fundamentale Bedeutung für die internationale wissenschaftliche Diskussion hatten ein deutsch-italienischer Kongreß in Innsbruck im Oktober 1971 über die Beziehungen zwischen Italien und Österreich vom Risorgimento bis zum Ersten Weltkrieg[74] und eine Tagung in Trient 1977, an der das Deutsch-Italienische Historische Institut[75] mitgewirkt hat, welches sich ohnehin seit seinen Anfängen erfolgreich um die Vermittlung dauerhafter Zusammenarbeit und wissenschaftlicher Fachgespräche zwischen Historikern aus den deutschsprachigen Ländern und aus Italien bemüht. Diese und andere Tagungen, Kongresse und Seminare sowie manche Tagungen auf internationaler Ebene – es soll hier unter den vielen nur noch an den „Convegno storico-giuridico sulle autonomie e sulle minoranze" erinnert werden, den im Oktober 1978 in Trient die ‚Società di Studi Trentini di Scienze Storiche' veranstaltete[76] – machten es möglich, die eindimensionale Ausrichtung, in die sich die traditionelle Geschichtsschreibung festgebissen hatte, zu überwinden und lokale Ereignisse in die internationalen historischen Entwicklungen einzubetten. Vielfach handelte es sich ja bei den ethnischen Gegensätzen um Randereignisse und Randkonflikte, die jedoch in allen europäischen Staaten auftraten und die staatliche und konstitutionelle Ordnung dieser Länder sowie das europäische Gleichgewicht gefährdeten. Und obwohl der Irredentismus im eigentlichen Sinne des Wortes nur selten das spezifische Thema solcher Forschungsdiskussionen war, so steht doch fest, daß die methodologische Ausrichtung und die Geisteshaltung, die die Wissenschaft durch diese Kongresse entwickelt hat, die Aufgabe erleichtert, an die Thematik der nationalen Auseinandersetzungen ohne parteiliche Vorurteile heranzugehen.

Auch die erneute Herausgabe der Arbeiten von Ernesto Sestan über die Venezia Giulia[77], von Carlo Schiffrer über die Ursprünge des Irredentismus in Triest[78] sowie von Fabio Cusin über die Geschichte von Triest[79] bilden wichtige Beiträge dazu, die Fragen der Geschichte des Irredentismus neu zu überdenken. In der Einleitung zu Schiffrers Werk erläutert Elio Apih dessen Interpretationsansatz und betont den Scharfblick des Autors, der es verstand, das Dilemma der

---

74 Die Beiträge zu diesem Kongreß sind abgedruckt in: Storia e Politica, XII, 1973, 3, Juli-September.

75 Vgl. *F. Valsecchi / A. Wandruszka* (Hrsg.), Austria e province italiane. Den Irredentismus behandeln die Vorträge von *R. Schober*, Il Trentino, von *U. Corsini*, Problemi politico-amministrativi del Trentino nel nesso provinciale tirolese 1815-1918, und *E. Sestan*, Centralismo, federalismo e diritti storici nell'ultimo mezzo secolo (1868-1918) della Monarchia asburgica.

76 Vgl. Atti del Convegno storico-giuridico sulle autonomie e sulle minoranze, Trento 1981. Unter den verschiedenen Beiträgen sei hier die hervorragende Arbeit von *E. Sestan*, Autonomie e nazionalità nella Monarchia austro-ungarica, hervorgehoben.

77 *E. Sestan*, Venezia Giulia. Lineamenti di storia etnica e culturale, Bari 1975.

78 *C. Schiffrer*, Le origini dell'irredentismo triestino (1813-1860), Udine 1937, Nachdruck, hrsg. von E. Apih, Udine 1978.

79 *F. Cusin*, Appunti alla storia di Trieste, Trieste 1983.

Geschichte Triests aufzuzeigen, welches kulturell nach Italien ausgerichtet, wirtschaftlich jedoch an Österreich-Ungarn gebunden war. Auch der Ansatz Cusins erscheint durch die Einleitung Giulio Cervantis klarer. Cervanti arbeitet hier die Vorstellungen und Sichtweisen Cusins heraus, der bei der Bourgeoisie Triests bis in die ersten Jahrzehnte des 19. Jahrhunderts das Fehlen einer Theorie des Staates ausmachte und für die folgende Zeit die Entstehung eines partikularistischen Nationalismus diagnostizierte, für den Freiheit vor allem bedeutete, von Seiten der Regierung Garantien und Zugeständnisse zu erhalten. Daraus, so der Ansatz Cusins, habe sich schließlich eine Zuwendung zu Italien entwickelt, in der das ideologisch-politische Programm des Irredentismus aufblühen konnte.

Auch ist die Rolle der Autonomiebestrebungen in Triest untersucht und die Frage gestellt worden, wie weit diese Autonomiebestrebungen im Zusammenhang stehen mit den in Erwartung des baldigen Anschlusses an den italienischen Nationalstaat entstandenen irredentistischen Aspirationen. Von den Mythen der nationalistischen Historiographie Abstand nehmend beobachtete insbesondere Giorgio Negrelli[80] unter den Triestiner Wirtschaftskreisen, sowohl bei den habsburgisch Gesinnten, als auch bei den Italienern, eine breite Zustimmung zu der in den Sechziger Jahren wiedererlangten Autonomie der Stadt und der Provinz Triest, die sich anschließend darin ausdrückte, daß sich die Triestiner gegen die Wahlrechtsreform für den Reichsrat von 1873 stellten und sich in der Folge aus diesem fernhielten – ganz im Gegensatz zu Trient, wo man auf die Zentralregierung in Wien setzte in der Hoffnung, sich dem Zugriff durch die konservative Landesregierung in Innsbruck entziehen zu können. Die Verteidigung der kommunalen Rechte in Triest baute letztlich auf der Vorstellung einer „Triestinischen Nation" auf, an der die Triestiner zumindest solange festhielten, bis sie begannen, den slawischen Nationalismus als Bedrohung zu empfinden. Erst dadurch wurde die Betonung der eigenen nationalen Identität von einem kulturellen zu einem politischen Faktor, verband sich in antislawischer Ausrichtung mit dem Irredentismus und diente gleichzeitig dazu, die Hegemonie des nationalliberalen großbürgerlichen Blocks zu stützen, wobei daneben im mittleren Bürgertum und den unteren Volksschichten auch noch ein Irredentismus demokratischer Prägung fortbestand. Doch dieser demokratische und soziale Irredentismus wurde nach und nach von den Repräsentanten der nationalliberalen Partei an den Rand gedrängt, die ihre Vormacht in der Kommunalverwaltung, im Parlament in Wien, sowie in den Beziehungen zur Finanzwelt des italienischen Königreiches ausbauten und „versuchten, sich gegenüber der italienischen Regierung als die einzigen wahren Gesprächspartner, als die einzigen Repräsentanten des Irredentismus in Triest darzustellen"[81].

Die Neuauflage des Werkes von Angelo Vivante, „Irredentismo adriatico"[82], dem eine kenntnisreiche Einführung von Elio Apih über die Entstehung des Buches vorangestellt ist und in dem eine Reihe von Briefen des Autors, größ-

---

80 *G. Negrelli*, Al di qua del mito.

81 Ebd., S. 184.

82 *A. Vivante*, Irredentismo adriatico, Trieste 1984.

tenteils an Salvemini und Prezzolini, abgedruckt sind, hat die Aufmerksamkeit der Historiker auf einige entscheidende Gesichtspunkte der Geschichte des Küstenlands gelenkt, nämlich insbesondere auf die Problematik des italienisch-slawischen Gegensatzes sowie auf die wirtschaftliche und soziale Situation in der Hafenstadt und ihrem Hinterland, die, so behauptet Vivante, nur Cavour in realistischer Weise eingeschätzt habe. Die nationalen Gegensätze waren, so legt Vivante dar, in Triest mit sozialen und Klassengegensätzen verflochten und blieben häufig wirtschaftlichen Erfordernissen, die sich aus der Entwicklung des Kapitalismus ergaben, untergeordnet. Mag auch für Personen, die sich um die Reinheit ihrer Ideale sorgten, die Hoffnung auf die Abspaltung von der Habsburgermonarchie folgerichtig gewesen sein – sie entsprach jedenfalls nicht den tatsächlichen gegenwärtigen und zukünftigen Interessen dieses Gebietes, für das es vielmehr notwendig gewesen wäre, zwischen der italienischen, slawischen und deutschen Nationalität zu einem Ausgleich zu gelangen. Als Vivantes Buch ursprünglich erschien, wurde es mit wenig Begeisterung aufgenommen und zum Teil auch bewußt verschwiegen. Doch heute kann dieses Werk, welches keineswegs nur ein Dokument der damaligen Zeit ist, sondern bis auf den heutigen Tag seine Aktualität bewahrt hat, von der Wissenschaft nicht mehr übergangen werden.

Besonders nützlich zum besseren Verständnis der Vorstellungen von der nationalen Identität in Triest um die Mitte des 19. Jahrhunderts ist ein Band über die Zeitschrift ‚La Favilla'[83], dem der Herausgeber Giorgio Negrelli eine scharfsinnige Einleitung vorangestellt hat. Die bürgerliche Führungsschicht, die die alten städtischen Patrizier verdrängt hatte und deren Homogenität sich unabhängig von der sozialen Herkunft der einzelnen aus der Zugehörigkeit zu Unternehmertum und Geschäftswelt ergab, war bestrebt, sich die Loyalität der unteren sozialen Schichten einschließlich der durchaus mit Wohlwollen betrachteten Slawen zu sichern, die ja für eine in Expansion befindliche Wirtschaft von vorrangiger Bedeutung ist. Und in der Tat war die Zeitschrift ‚La Favilla' darauf ausgerichtet, dieser neuen Führungsschicht eine kulturelle und ideologische Identität zu vermitteln. Wie Negrelli hervorhebt, läßt sich in den Artikeln der Zeitschrift ein Konzept von Nationalität erkennen, welches keineswegs die politische und die kulturelle Ebene auf eine Stufe stellt. Unter kulturellem Gesichtspunkt sahen sich die Triestiner als Italiener an, unter politischem Gesichtspunkt dagegen betrachteten sie sich als Kosmopoliten und die Synthese dieser beiden Elemente führte zu jenem autonomistisch ausgerichteten, jedoch keineswegs provinziellen „Triestinischen Nationalbewußtsein", welches auch die weitere politische Entwicklung der Stadt beeinflußte.

Die Beziehungen des Irredentismus zum ‚Movimento nazionalista Italiano' sind vor allem für die Zeit der Entstehung dieser Bewegung untersucht worden. Diesem Thema hat Giovanni Sabbatucci einen Aufsatz gewidmet[84], in dem er

---

[83] *G. Negrelli* (Hrsg.), La Favilla (1836-1846). Pagine scelte della rivista, Udine 1985.

[84] *G. Sabbatucci*, Il problema dell'irredentismo e le origini del movimento nazionalista in Italia, in: Storia Contemporanea, 1970, S. 467-502 (erster Teil); ebd., 1971, S. 53-106 (zweiter Teil).

nach einem kurzen Überblick über die Geschichte des Irredentismus analysiert, in welcher Weise dieser von den Zeitschriften, die dem literarischen und ästhetisierenden Nationalismus nahestanden, beurteilt wurde. Dem schließt der Autor die Darstellung des nur scheinbar so problemlosen Zusammenschlusses der beiden Bewegungen auf ihrem Kongreß 1910 in Florenz an und legt dar, wie der Irredentismus seitdem für imperialistische Ziele instrumentalisiert wurde. Eine sinnvolle Ergänzung zu diesem Aufsatz bietet der Band „Trieste e La Voce" von Giorgio Baroni[85], in dem untersucht wird, welche Rolle der Irredentismus in den politisch-kulturellen Debatten der Ära Giolitti spielte und wieviel Gewicht ihm in der von Prezzolini herausgegebenen Zeitschrift „La Voce" beigemessen wurde. Auch muß auf die Rolle des aus dem Trentino stammenden Scipio Sighele hingewiesen werden, der der erste war, der Verbindungen zwischen dem Irredentismus und den Nationalisten herstellte, sich jedoch auch wieder von der nationalistischen Bewegung distanzierte, als deren antidemokratische Ausrichtung zunehmend klarer wurde. Was seine Rolle im Rahmen des Irredentismus und der Verteidigung der italienischen Kultur in den noch zum Habsburgerreich gehörenden Gebieten sowie seine Beziehungen zum Nationalismus betrifft, so dürfen wir an dieser Stelle auf eigene Publikationen verweisen, in denen wir diesen Fragen breite Aufmerksamkeit gewidmet und dabei vielfach bislang unveröffentlichtes Material herangezogen haben[86]. Auch in allgemeinen Werken über den Nationalismus finden sich Hinweise auf die Beziehungen zum Irredentismus, so u.a. in dem Band von Francesco Perfetti über die nationalistische Bewegung in Italien[87].

Eine separate Betrachtung würde den Arbeiten über die irredentistischen Programme und Aktionen während des Ersten Weltkrieges, in der Zeit der Neutralität und anschließend in der Phase der Beteiligung Italiens am Krieg an der Seite der Entente, zukommen, von denen einige durchaus von wissenschaftlichem Wert sind. In diesen Werken wird nochmals deutlich, warum der Irredentismus in den Adriaregionen deutlich mehr Aktivität entfaltete als im Trentino. Während in Triest die Konfrontation mit den Slawen immer eine vorrangige Rolle bei den Forderungen an die Regierung und bei der öffentlichen Agitation der Irredentisten spielte, war die Aktivität im Trentino vorrangig auf Planungen für die zukünftige wirtschaftliche, politische und administrative Umgestaltung des Landes sowie auf die Hilfe für Emigranten und Flüchtlinge ausgerichtet. Auch werden in diesen Werken die Hintergründe der Konflikte innerhalb des organisierten Irredentismus deutlich, in deren Folge sich die Bewegung gegen Ende des Krieges in zwei gegensätzliche Lager spaltete, von denen das eine zum Auffangbecken für Nationalisten und Imperialisten wurde, während das

---

85 *G. Baroni*, Trieste e „La Voce", Milano 1975.

86 Vgl. *M. Garbari*, Il pensiero politico di Scipio Sighele, in: Rassegna storica del Risorgimento, LXI, 1974, S. 391-426, 531-561; *dies.*, L'età giolittiana nelle lettere di Scipio Sighele, Trento 1977; *dies.*, Società ed istituzioni in Italia nelle opere sociologiche di Scipio Sighele, Trento 1988; *dies.*, Stichwort: Scipio Sighele, in: Il Parlamento italiano. Storia parlamentare e politica dell'Italia (1861-1988), VII, Milano 1990, S. 358 f.

87 *F. Perfetti*, Il movimento nazionalista in Italia (1903-1914), Roma 1984.

andere konsequent an den risorgimentalen Idealen der Nation festhielt, deren Schaffung ein berechtigtes Anliegen aller Völker gleichermaßen sei und die die politischen Rechte der Bürger zu garantieren habe. Auf diese Veröffentlichungen soll hier jedoch nicht weiter eingegangen werden, weil es sich um Werke handelt, die sich auf einen Zeitraum und auf eine internationale Konstellation beziehen, in der man inzwischen sicher davon ausgehen konnte, daß die vom Irredentismus eingeforderten Gebiete an den italienischen Nationalstaat übergehen würden. Für die Zeit der Neutralität Italiens behandeln diese Schriften meist die Irredenta-Gebiete in ihrer Gesamtheit und für die folgende Zeit, als sich der Zusammenbruch der k.u.k. Monarchie anbahnte, diskutieren sie insbesondere die Frage, bis zu welchen Punkten die neue italienische Staatsgrenze vorgeschoben werden sollte. Dabei legten sie zum Teil die Sprach- und Kulturgrenzen, zum Teil aber auch strategische Gesichtspunkte wie Sicherheit und Großmachtinteressen als Kriterien zugrunde.

In dem Maße, wie die Historiographie von nationalistischen Vorstellungen und Vorurteilen Abstand nahm, konnte sie auch der Figur Cesare Battistis besser gerecht werden. Indem er nun als Irredentist und Sozialist gleichermaßen gewürdigt wurde, konnte das verzerrende Bild zurechtgerückt werden, mit dem sich die Nationalisten seiner Person bedient hatten. Die Nachdrucke seiner „Scritti politici e sociali" sowie seiner Briefwechsel, denen die Herausgeber scharfsinnige Einleitungen voranstellten[88], haben dazu einen wichtigen Beitrag geleistet. Doch vor allem der Vortrag Ernesto Sestans anläßlich einer Tagung über Battisti in Trient 1977[89] bildet hier einen Meilenstein, an dem die Geschichtswissenschaft bis heute nicht vorbeigehen kann. Scharfsinnig analysiert Sestan die Entwicklung der Ideen und politischen Motive, die den ursprünglich den Idealen des Risorgimento verhafteten Battisti zu einem Irredentisten und Interventionisten im Weltkrieg werden ließen, der jedoch gleichzeitig seinen sozialistischen Idealen treu blieb. Auf der gleichen Tagung wurde auch allgemein die Stellung des Sozialismus gegenüber den nationalen Konflikten in der Habsburgermonarchie behandelt, sowie dessen unterschiedliche Ausprägungen im Trentino und im Küstenland. Die in diesem Zusammenhang verfaßten Beiträge von Leo Valiani[90], Arduino Agnelli[91] und Elio Apih[92] liefern die wichtigsten Voraussetzungen für alle weiteren wissenschaftlichen Untersuchungen zu diesem Thema.

Auch ist unter den Historikern, die der ‚Società di Studi Trentini' angehören, die Stellung der katholischen Bewegung gegenüber Nationalismus und Irre-

---

88 *C. Battisti*, Scritti politici e sociali, hrsg. von R. Monteleone, mit einer Einleitung von A. Galante Garrone, Firenze 1966; *C. Battisti*, Epistolario, hrsg. von P. Alatri, mit einer Einleitung von R. Monteleone, Firenze 1966.

89 *E. Sestan*, Cesare Battisti tra socialismo e irredentismo, in: Atti del Convegno di Studi su Cesare Battisti, Trento 1979.

90 *L. Valiani*, Il movimento socialista e le questioni nazionali in Austria-Ungheria.

91 *A. Agnelli*, L'ordinamento austriaco e i problemi delle nazionalità nell'epoca di Cesare Battisti, in: Atti del Convegno di Studi su Cesare Battisti.

92 *E. Apih*, Cesare Battisti e i socialisti adriatici, ebd.

dentismus untersucht worden. Von vorrangiger Bedeutung sind hier die Arbeit von Umberto Corsini über die Beziehungen zwischen Katholiken und nationalistischen Kräften[93] sowie die Studien Sergio Benvenutis über die politischen Vorstellungen der Trentiner Kirche[94]. Die Trentiner Kirche, die konservativ gesinnt und loyal gegenüber der staatlichen Autorität war, ist nie irredentistisch gewesen, doch war sie durchaus geneigt, für die Verteidigung der italienischen Kultur der Bevölkerung einzutreten und strebte die institutionelle Autonomie des Trentino an. Ebenso trat sie für die ökonomische Entwicklung der Region durch wirtschaftliche Kooperation ein. Nationalistische Stimmungen äußerten sich unter den Trentiner Katholiken insbesondere in deren abwehrendem Verhalten gegenüber pangermanistischen Vereinigungen, die man auch deshalb fürchtete, weil man ihnen unterstellte, die Vorboten des Protestantismus zu sein. Eben dadurch fiel die Betonung der eigenen Identität mit der Betonung der Treue zu den Werten des Katholizismus und der katholischen Kirche zusammen, die sich mit dem Bischof Celestino Endrici auch zu Widerstand gegen den Josephinismus und gegen die Wiener Zentralregierung steigerte und die Verteidigung der religiösen Sphäre gegenüber politischen Eingriffen forderte. Zwar finden sich im Trentino nationalistische Bewegungen, die ihre Forderungen mit unterschiedlich starker Intensität ausdrückten, aber keine von ihnen schrieb eine territoriale Lösung im Sinne der Abspaltung des Trentino von Österreich-Ungarn auf ihre Fahnen. Erst als die Doppelmonarchie zusammenbrach, verlas der Abgeordnete Conci vor dem Reichsrat in Wien eine Erklärung, in der er die Abspaltung der italienischen Gebiete von Österreich-Ungarn forderte[95].

Andere wichtige Beiträge zur Geschichte des Irredentismus finden sich in den Arbeiten von Angelo Ara, allen voran in dessen Schriften über die Debatten um die Gründung einer italienischen Universität in Triest[96]. Ebenso verdienen die feinsinnigen Beobachtungen in dem Band „Trieste, un'identità di frontiera"[97] Beachtung, in dem die beiden Autoren anhand der Schriften Scipio Slatapers die doppelte Identität der Stadt Triest verdeutlichen, welche hin- und hergerissen war zwischen Österreich und Italien, sich kulturell Italien zugehörig fühlte, wirtschaftlich aber zu Österreich gehörte und sich in beständiger und schwie-

[93] *U. Corsini*, Il colloquio Degasperi-Sonnino. I cattolici trentini e la questione nazionale, Trento 1975.

[94] *S. Benvenuti*, La Chiesa trentina e la questione nazionale 1848-1918, Trento 1987; *ders.*, I principi vescovi di Trento fra Roma e Vienna 1861-1918 (Annali dell'Istituto storico italo-germanico in Trento. Monografia 10), Bologna 1988.

[95] Im Namen des „Fascio nazionale", der sich aus Vertretern der Trentiner Volkspartei sowie aus Liberalen aus dem Trentino und den Adriagebieten zusammensetzte, erklärte Conci am 25. Oktober 1918 vor dem Reichsrat, daß man die bisher der Habsburgermonarchie unterstehenden italienischsprachigen Gebiete von nun an als natürlichen Teil des italienischen Staates ansehe.

[96] *A. Ara*, La questione dell'Università italiana in Austria, in: Rassegna storica del Risorgimento, LX (1973), S. 52-88 und S. 252-280. Diesen Aufsatz hat Ara ergänzt und erweitert und als eigenständigen Band veröffentlicht: *A. Ara*, Ricerche sugli Austro-Italiani e l'ultima Austria, Roma 1974.

[97] *A. Ara / C. Magris*, Trieste, un'identità di frontiera, Torino 1982.

riger Suche nach einer eigenen Identität befand, die es ihr ermöglichen sollte, das Dilemma dieser zwiegespaltenen Zugehörigkeit zu überwinden. Diese Untersuchungen hat Ara in der Folge weiterentwickelt, zuerst in einem Aufsatz, in dem er die Schriften Ernesto Sestans über die italienischen Gebiete Österreichs untersuchte[98], und schließlich in einem Vortrag, den er anläßlich einer Tagung in Trient im November 1990 über Ernesto Sestan gehalten hat[99]. Darin wird die Konfliktsituation deutlich, die in Regionen aufkommt, in denen verschiedene Nationalitäten zusammenleben und die Beziehung zwischen ihnen nicht durch ethnisch-linguistische Grenzen geklärt ist, wo zwischen politischer Struktur und nationalem und sprachlichem Charakter ein Zwiespalt besteht und wo die Zugehörigkeit zu einer der verschiedenen Nationalitäten durch Geburt, aber ebenso auch durch freie Wahl bestimmt sein kann. Diese Beobachtungen fordern dazu auf, über die psychologischen und kulturellen Auswirkungen auf Personen nachzudenken, die in einer solchen Situation der doppelten, nationalen und politischen Zugehörigkeit leben und somit in einer gespaltenen Loyalität gegenüber zwei unterschiedlichen Instanzen stehen.

Überhaupt ist in der Vergangenheit über kulturelle und sprachliche Auseinandersetzungen in Grenzgebieten viel geschrieben worden, und auch in jüngerer Zeit sind hierzu einige Beiträge erschienen[100], die versuchen, die Konflikte um Sprache und Ortsnamengebungen objektiv zu untersuchen. Gerade auf diesem Gebiet waren vielfältige Debatten geführt worden, die unter dem Gewande wissenschaftlicher Fundiertheit in Wirklichkeit nur das Ziel verfolgten, bestimmte Gebiete über die sprachliche und toponomastische Vereinnahmung auch politisch unter die eigene Kontrolle zu bringen. Ebenfalls sind neue Erkenntnisse über die Aktivitäten der verschiedenen nationalistischen Vereinigungen gewonnen worden, welche, sich gegenseitig bekämpfend, für die Stärkung der jeweiligen Nationalität, der deutschen bzw. der italienischen eintraten. Bezogen auf diese Auseinandersetzungen sei hier auf die Arbeiten von Davide Zaffi verwiesen[101].

Einen neuartigen Ansatz, der sich ähnlich in Studien findet, die den Prozeß der Entstehung eines nationalen Bewußtseins untersuchen, bietet der Aufsatz von Ennio Maserati über Symbole und Rituale des Irredentismus in den italie-

---

98 *A. Ara*, Ernesto Sestan tra veneti e slavi, in: Rivista storica italiana, XCVIII (1986), S. 757-792.

99 Den Vortrag hielt Ara auf der „Giornata in ricordo di Ernesto Sestan“. Der Text ist nun abgedruckt in: *A. Ara / U. Corsini* (Hrsg.), Ernesto Sestan, Trento 1992.

100 *U. Corsini*, La questione dei ‚Mocheni‘ nella pubblicistica e nella storiografia a cavallo dei secoli XIX e XX, in: *G.B. Pellegrini / M. Gretter* (Hrsg.), La Valle del Fersina e le isole linguistiche di origine tedesca nel Trentino, S. Michele all'Adige 1979; *M. Garbari*, Linguistica e toponomastica come difesa nazionale nella cultura trentina fra otto e novecento, in: Studi Trentini di Scienze Storiche, LXIII (1984), S. 157-196.

101 *D. Zaffi*, La nascita del Deutscher Schulverein, in: Studi Trentini di Scienze Storiche, LXVII (1988), S. 219-235; *ders.*, Associazionismo nazionale in Cisleitania. Il Deutscher Schulverein (1880), ebd., S. 273-323; vgl. auch *G. Faustini*, Contributi recenti alla storiografia del Tiroler Volksbund, in: Atti della Accademia roveretana degli Agiati, 6. Folge, XXVII, 1987, f. A, S. 113-147.

nischen Adriaregionen des Habsburgerreiches[102]. In Widerspruch zu den verschiedenen allzu reduktionistischen Thesen, die den Irredentismus entweder als eine spontan entstandene Bewegung deuten, oder als ein Phänomen, welches die politischen Eliten ins Leben gerufen hätten, um es für die eigenen Zwecke zu instrumentalisieren, erinnert der Autor an die intensiven Aktivitäten der Verbreitung dieser kulturellen und ideologischen Propaganda, die deshalb so erfolgreich waren, weil sie auf das tiefe Bedürfnis nach Anerkennung einer eigenen Identität in den betreffenden Grenzgebieten stießen. Zur Verteidigung der italienischen kulturellen Identität griff man auf unzählige Mythen, Symbole, Vorstellungen und liturgische Rituale zurück, die neben den im engeren Sinne politischen Vereinigungen auch von Sportvereinen, Alpenvereinen, Gesangsvereinen, Theater- und Kunstvereinen verbreitet wurden. Die Jubiläumsfeier zum hundertjährigen Bestehen der „Lega Nazionale“, 1991 hat in Triest unter anderem Anlaß zu Untersuchungen darüber gegeben, wie diese Vereinigung Mythen und Bilder für die Verbreitung patriotisch-nationaler Ideen verwertet hatte, indem sie große Mengen an Postkarten drucken und verteilen ließ, die von Künstlern bemalt worden waren, von denen einige in der Fachwelt durchaus großes Ansehen genießen[103]. Ähnliche Studien liegen für das Trentino bislang nicht vor, wo nicht nur die ‚Lega Nazionale‘ eine breite Ausstrahlungskraft besaß, sondern auch eine große Zahl von kulturellen und sportlichen Vereinigungen existierte, unter denen insbesondere die ‚Società degli Alpinisti Tridentini‘ zu nennen wäre, und wo beispielsweise das Ritual der Enthüllung des Dante-Denkmals für damalige Verhältnisse geradezu eine Massenbegeisterung auslöste.

Mit den angeführten neueren Studien, die sich mit dem Irredentismus beschäftigen oder doch am Rande auf diese Bewegung eingehen, sollte einerseits ein umfassenderer Gesamtüberblick über die Literatur zu unserem Thema vorgelegt und zugleich aufgezeigt werden, welche Fragen und Bereiche bisher noch keine oder nur wenig Beachtung gefunden haben. Insbesondere sei hier nochmals darauf hingewiesen, daß der Irredentismus im engeren Sinne des Wortes eine Bewegung war, die nur von wenigen getragen wurde, die aber dann auf die vielfältigen Formen nationaler Auseinandersetzungen einwirkte und in ihnen so sehr aufging, daß schließlich, in dem Maße, wie sich weitergehende Wünsche als nicht erreichbar erwiesen, mit dem Begriff Irredentismus verschiedenste Forderungen nach institutionellen oder kulturellen Zugeständnissen bezeichnet wurden.

Gerade die Neubewertung der Gedanken und Werke einiger Persönlichkeiten, die für das Verständnis des Verlaufs und der Entwicklungen der nationalen Auseinandersetzungen von großer Bedeutung sind, könnte besser verdeutlichen, welch komplexe Gestalt der Irredentismus annahm und wie sehr selbst solche Personen in ihrer Haltung schwankten, denen eigentlich das irreden-

---

[102] *E. Maserati*, Simbolismo e rituale nell'irredentismo adriatico, in: Miscellanea di studi giuliani, S. 125-150.

[103] Vgl. ‚Pro Lega‘ 1891-1991. Catalogo della mostra di cartoline, edito dalla Lega Nazionale, hrsg. von *A. Sacco* unter Mitarbeit von *P. Delbello / R. Spazzali*, Trieste 1991.

tistische Maximalprogramm vorschwebte, die aber genügend Realismus besaßen, um zu erkennen, daß dieses Maximalprogramm im Rahmen des Europäischen Mächtesystems nicht zu verwirklichen war. Unter diesem Gesichtspunkt sind insbesondere Giovanni a Prato[104] und Vittorio de Riccabona[105] zu nennen. Ersterer war an den liberalen und sozialen Reformaktivitäten in der Frankfurter Nationalversammlung sowie im österreichischen Reichstag in Kremsier und anschließend in Wien beteiligt, De Riccabona wirkte an den liberalen Verfassungsreformen in Österreich mit. Beide waren davon überzeugt, daß Modernisierungen auf der Ebene der Wiener Zentralregierung die wesentliche Voraussetzung für die Lösung der Probleme auch in den einzelnen Ländern der Habsburgermonarchie bildeten, sodaß bei ihnen die Vorstellung von Rechtsstaatlichkeit und Freiheit fast schon einen Widerspruch zur Vorstellung von der Einheit der Nation darstellte. In der Tat waren sie sich beide der Bedeutung übernationaler Staatengebilde bewußt, hegten gar eine gewisse Bewunderung für solche Großstaaten, in denen mehr kulturelle Offenheit und wirtschaftlicher Weitblick sowie Austausch und Verständigung zwischen den verschiedenen Völkern möglich waren und in europäischen Dimensionen gedacht wurde.

Ähnliche Beobachtungen lassen sich für den Irredentisten Scipio Salvotti[106] machen, den Sohn des Juristen und kaiserlichen Regierungsrates Antonio Salvotti, der 1821 die Prozesse gegen die Revolutionäre in der Lombardei und in Venetien geführt hatte. Scipio Salvotti hatte ursprünglich die Meinung vertreten, die Konsolidierung der Habsburgermonarchie, dieses tragenden Pfeilers der Ordnung in Mitteleuropa, die durch das Zugeständnis weiterer Autonomierechte an die verschiedenen Nationalitäten verwirklicht werden müsse, liege sowohl im Interesse Italiens wie des liberalen Europa. Erst in einer Schrift von 1873 stellte er die These auf, Österreich müsse zerschlagen werden[107]. Und sogar der von den Zeitgenossen geradezu als Vorkämpfer des Irredentismus angesehene Scipio Sighele hatte in verschiedenen Schriften und öffentlichen Äußerungen erklärt, daß er weder den Austritt Italiens aus dem Dreibund, noch einen Krieg gegen

---

[104] Unter den Giovanni a Prato gewidmeten Arbeiten, bzw. Werken, die sich intensiv mit diesem beschäftigen, seien hier genannt: *P. Pedrotti / E. Brol / B. Rizzi*, L'azione parlamentare del Trentino nel 1848-1849 a Francoforte e a Vienna, Trento 1948; *N. Cavalletti*, L'abate Giovanni a Prato attraverso i suoi scritti, Trento 1967; *U. Corsini*, Deputati delle terre italiane ai Parlamenti viennesi, in: Archivio Veneto, 5. Folge, XCVII (1972), S. 151-226; *ders.*, Correnti liberali trentine tra Italia, Austria e Germania, in: *R. Lill / N. Matteucci* (Hrsg.), Il liberalismo in Italia e in Germania dalla rivoluzione del '48 alla prima guerra mondiale (Annali dell'Istituto storico italo-germanico in Trento. Quaderno 5), Bologna 1980; vgl. auch die Vorträge von S. Benvenuti, M. Garbari und F. Trentini, die auf der Studientagung über a Prato in Rovereto am 4. November 1984 gehalten wurden, in: Atti della Accademia roveretana degli Agiati, 6. Folge, XXIV (1984), f. A.

[105] Vgl. *M. Garbari*, Vittorio de Riccabona 1844-1927. Problemi e aspetti del liberalismo trentino, Trento 1972.

[106] Vgl. *U. Corsini*, Correnti liberali trentine, S. 525-530.

[107] Vgl. Il Trentino di fronte alla lotta fra il centralismo e il federalismo nella questione della riforma elettorale austriaca, Milano 1873; es steht außer Zweifel, daß diese anonym verfaßte Schrift von Salvotti stammt.

Österreich fordere, der unter Berücksichtigung der internationalen Situation schlicht unmöglich sei. Das einzige, was er verlange, sei die Ausweitung der nationalen Rechte in den italienischen Gebieten Österreich-Ungarns durch autonome Verwaltungen sowie die Unterstützung patriotischer Vereinigungen[108].

Wie gezeigt, liefert die jüngste Literatur über den Irredentismus eine Vielzahl von neuen Erkenntnissen, doch weitere Fragen und Aspekte müssen noch untersucht werden, um auch die letzten Überbleibsel der älteren nationalistischen Deutungen zu überwinden. In jedem Falle kann eine umfassende Geschichte des Irredentismus – das macht schon die Definition des Begriffes selbst deutlich – nur geschrieben werden, wenn man diese Bewegung im internationalen Kontext betrachtet. Streng genommen wäre es sogar richtiger, von verschiedenen Irredentismen zu sprechen und dabei all die Konfliktgebiete in die Betrachtung einzubeziehen, die zwischen dem Ende des 19. und dem Beginn des 20. Jahrhunderts überall dort entstanden, wo sich eine ethnische Minderheit in direkter Nachbarschaft zu demjenigen Staat befand, der die gleiche Nation vertrat. Unter einem solchen Blickwinkel wird es dann verständlich, wie ein lokaler Konflikt, so begrenzt er auch gewesen sein mag, eine destabilisierende Wirkung auf das gesamte europäische Gleichgewicht ausüben konnte. Ebenso läßt sich nur in dieser internationalen Sichtweise das Interesse der Diplomatie der europäischen Großmächte an den nur scheinbar lokal begrenzten und unbedeutenden irredentistischen Aktivitäten verstehen. Gewiß war der Irredentismus ein innenpolitisches Problem, doch wichtiger waren seine Auswirkungen auf die Außenpolitik und das europäische Mächtekonzert, für das kein Zweifel daran bestehen konnte, daß eine konsequente Verwirklichung der Forderung nach der vollständigen Übereinstimmung der staatlichen mit den nationalen Grenzen die gesamte europäische Landkarte verändert hätte.

Ebenso war es die internationale Machtkonstellation, die die Voraussetzungen für die Entstehung des Irredentismus geliefert hatte und die zu einem großen Teil dessen Erscheinungsformen, Rücksichtnahmen und Einsichten in die tatsächlich erreichbaren Ziele sowie dessen Verbindungen mit anderen Kräften beeinflußt hat. Andere Aspekte, so bedeutungsvoll sie auch sein mögen und so viel Beachtung sie auch bei den Historikern gefunden haben mögen, müssen als sekundär angesehen werden und können die Bezugnahme auf die europäischen Rahmenbedingungen nicht ersetzen.

---

[108] Diese Haltung brachte Sighele auch in seinem Vortrag: Irredentismo e nazionalismo auf dem Vereinigungskongreß von Irredentisten und Nationalisten in Florenz 1910 zum Ausdruck. Der Wortlaut der Rede ist abgedruckt in: Il nazionalismo italiano, Firenze 1911 sowie in: *S. Sighele*, Il Nazionalismo e i partiti politici, Milano 1911.

Wanderungsbewegungen im saarländisch-lothringisch-luxemburgischen Grenzraum 1856-1914[1]

Von Stefan Leiner

I. Die Strukturmerkmale des Beobachtungsraumes

In den grenznahen preußischen, bayerischen, französischen und luxemburgischen Gebieten des heutigen deutschen Bundeslandes Saarland, der französischen Départements Moselle und Meurthe-et-Moselle sowie des Großherzogtums Luxemburg kam es in der zweiten Hälfte des 19. Jahrhunderts zu einer gemeinsamen, forcierten industriellen Entwicklung. Auf der Grundlage bereits vor 1850 bestehender Wirtschaftsbeziehungen erfolgte nach der Annexion Elsaß-Lothringens durch das Deutsche Reich ab 1871 eine umfassende ökonomische Verflechtung des Raumes Saar-Lothringen-Luxemburg, da insbesondere lokal verwurzelte Unternehmer aktiv wurden und das Engagement auswärtiger Firmen erst relativ spät einsetzte.

Die ökonomische Basis für die genannte Verflechtung bildeten die benachbarten Eisenerz- und Steinkohlelagerstätten (*bassin minier, bassin houiller*-Saarkohlenbecken), die ab den 1840er Jahren intensiv ausgebeutet und ab den 1850er Jahren durch ein dichtes Schienennetz miteinander verbunden wurden. Die Einführung des Verhüttungsverfahrens von Thomas und Gilchrist ab 1878 leistete dieser Entwicklung zusätzlich Vorschub, weil hiermit auf die zuvor notwendigen, kostenintensiven Erzimporte weitgehend verzichtet werden konnte und nun das auf der phosphorhaltigen Minette-Erz-Basis geschaffene Eisen international konkurrenzfähig wurde. Über die Staatsgrenzen hinweg hatten Unternehmer aus dem Saarrevier und aus Luxemburg bereits vor 1850 im französischen Lothringen investiert, Lothringer und Luxemburger im preußischen Saar-

[1] Der vorliegende Artikel stellt auszugsweise die Ergebnisse der Dissertation des Verfassers vor, die im Sommer 1993 von der Philosophischen Fakultät der Universität des Saarlandes angenommen wurde, und deren Druckfassung in Kürze vorliegen wird. Der Titel der Studie lautet: *S. Leiner*, Migration und Urbanisierung. Binnenwanderungsbewegungen, räumlicher und sozialer Wandel in den Industriestädten des Saar-Lor-Lux-Raumes 1856-1910. Malstatt-Burbach, Diedenhofen und Esch-an-der-Alzette im Vergleich, Diss., Saarbrücken 1993. Wegen der konzentrierten Darstellungsform und wegen des zu Vortragszwecken thesenartig zugespitzten Charakters des Textes wird im folgenden auf Fußnoten weitgehend verzichtet; ausschließlich die Fundstellen der Zitate sind aufgeführt.

revier usw. Das größte Saarhüttenwerk im heutigen Saarbrücker Stadtteil Malstatt-Burbach war beispielsweise eine belgisch-luxemburgische Gründung. Begünstigt wurde dieser wirtschaftliche Vernetzungsprozeß durch die Tatsache, daß das Großherzogtum Luxemburg seit 1842 mit den Staaten des Deutschen Zollvereins in Wirtschaftsunion verbunden war. Dazu kam die Angliederung des lothringischen Industriegebietes im Zuge des deutsch-französischen Krieges 1870/71, so daß in der Phase der Hochindustrialisierung ein relativ einheitlicher Wirtschaftsraum bestand. Bemerkenswert ist, daß erst ca. 20 Jahre nach dessen Schaffung verstärkt auch externe Unternehmen in der Region wirtschaftlich aktiv wurden. Erst nach 1890 entfalteten rheinisch-westfälische Betriebe ihre Aktivitäten im Untersuchungsraum, d.h. zu einer Zeit, als sich die innerregionalen Unternehmensstrukturen schon gefestigt hatten. In der Periode vor dem Ersten Weltkrieg muß also von einem stark autochthonen Wirtschaftsraum Saar-Lor-Lux ausgegangen werden.

Während in der Vergangenheit diese Wirtschaftslandschaft in der Forschung ausführlich beschrieben und analysiert worden ist, sei es in der revanchistischen Literatur der Zwischenkriegszeit, sei es im Zusammenhang mit der deutsch-französischen Annäherung und der Gründung der Montanunion nach 1945, blieben die in diesem Kontext ablaufenden sozialen Prozesse bislang nahezu unbeachtet. Und dies, obwohl während der Industrialisierungsperiode bedeutende Bevölkerungsverschiebungen erfolgten. So liegt die Frage nahe, ob im Zuge des Industrialisierungsprozesses, den im regionalen Zusammenhang eine starke unternehmerische Binnenverflechtung charakterisierte, zusätzlich auch eine soziale Vernetzung des Untersuchungsraumes vor dem ersten Weltkrieg zustande kam. D.h. es ist zu klären, welcher Art die Wanderungsbewegungen der Industrialisierungsära im deutsch-französisch-luxemburgischen Grenzraum waren. Deren Richtung, Intensität, Zusammensetzung und soziale Folgen gilt es zu erhellen. Besondere Beachtung muß dabei finden, welche Rolle die verschiedenen Grenzen (Landesgrenzen, Staatsgrenzen) angesichts teils harter nationalpolitischer Frontstellungen im Regionalalltag tatsächlich spielten. Ist bezüglich der zweiten Hälfte des 19. Jahrhunderts ein signifikanter Bevölkerungsaustausch zwischen den Teilregionen festzustellen? Zeichneten sich vergleichbare soziale Wandlungsprozesse in den betrachteten Teilregionen ab? Und schließlich: hebt sich der Untersuchungsraum in seiner Gesamtheit soziostrukturell von den angrenzenden Gebieten ab, oder spiegelt sich in ihm nur der allgemeine soziale Wandel im Übergang von der feudalen zur industriellen Gesellschaft?

Aufschlußreich für die Beantwortung dieser Fragen sind in erster Linie die kommunalen Melderegister, die ab den 1850er Jahren in den Kommunen des Untersuchungsraumes angefertigt wurden. Diese spezifisch deutsche Aktengattung – in Frankreich und Belgien ist sie bis heute unbekannt – gibt Auskunft über die inner- und interstädtischen Migrationen und läßt detaillierte Rückschlüsse auf die Gesamtmobilität in der Region zu. Die im folgenden vorgestellten empirischen Forschungsergebnisse basieren weitgehend auf der Analyse der kommunalen Melderegister der drei Industriestädte Malstatt-Burbach (preußische Rheinprovinz, heute: Saarland), Thionville/Diedenhofen (Reichsland Elsaß-Lothringen, heute: Département Moselle) und Esch-sur-Alzette (Großherzogtum Luxemburg). Burbach, Malstatt und Esch waren im Jahre 1850 noch Bauerndörfer mit jeweils kaum 2.000 Einwohnern und bescheidenen protoindustriell-gewerblichen Wirtschaftszweigen, Thionville/Diedenhofen eine kleine Festungsstadt mit etwa 5.000 Einwohnern. Im Verlauf der folgenden 60 Jahre, d.h. bis zum Jahre 1910, konnten sich diese Kommunen zu den bedeutendsten regionalen Industriestandorten mit einer jeweiligen Bevölkerungszahl von bis zu 50.000 Menschen und einem entsprechenden urbanen Niveau entwickeln. Malstatt-Burbach bekam 1875 das Stadtrecht zugesprochen und vereinigte sich mit den beiden benachbarten Gemeinden St. Johann und Saarbrücken zur Großstadt Saarbrücken (über 100.000 Einwohner). Esch-sur-Alzette schwang sich zur – nach der Landeshauptstadt – zweitgrößten Gemeinde Luxemburgs empor. Diedenhofen überwand seine Einschnürung durch Festungsanlagen und wurde trotz der Konkurrenz von Metz das Wirtschafts- und Verwaltungszentrum des industriellen lothringischen Nordens.

In den untersuchten Jahren zwischen 1856 und 1910 berührte ein Bevölkerungsstrom von mehreren 100.000 Menschen diese drei Gemeinden. Die Mobilität war nämlich wesentlich höher als der daraus hervorgehende Bevölkerungszuwachs. Damit die städtische Bevölkerungszahl um nur eine Person anwuchs, mußten – vereinfacht gesagt – ungefähr 20 Personen zu- und wieder wegziehen.

Das Wanderungsgeschehen variierte dabei saisonal und konjunkturell erheblich. Festgestellt werden muß in diesem Zusammenhang, daß bereits in den 1860er und 1870er Jahren, d.h. in der Frühphase der regionalen Industrialisierung, in den drei Gemeinden der agrarische Lebensrhythmus von Aussaat und Ernte im wesentlichen nicht mehr den Wanderungsumschlag bestimmte. Dominant war auch in keinem Falle, wie vielleicht zu vermuten, die Land-Stadt-Wanderung bzw. der Zuzug aus rein agrarisch-strukturierten Gebieten in die Städte. Vielmehr existierte einerseits ein intensiver Bevölkerungsaustausch der sich industrialisierenden Gemeinwesen untereinander und andererseits rekrutierten diese ihre Zuzügler schwerpunktmäßig aus industriell-gewerblich vorgeprägten Nachbarzonen. Diese in der ersten Hälfte des 19. Jahrhunderts grundgelegte semi-gewerbliche Umlandstruktur der wachsenden Industriezentren muß als Konstitutivum des Saar-Lor-Lux-Raumes angenommen werden, wodurch dieser sich aus dem weiteren, in erster Linie agrarischen Umland (Eifel, Vorderpfalz, Süd- und Westlothringen, Nordluxemburg) herauszulösen vermochte.

Hervorzuheben ist außerdem, daß sich jeweils mehr als 80 Prozent des Migrationsgeschehens, das die drei Gemeinden erfaßte, im Umkreis von maximal 80 Kilometern, d.h. innerhalb des definierten Untersuchungsraumes Saar-Lor-Lux, abspielte. Mobil zu sein bedeutete damit vor allem innerhalb des regionalen Zusammenhangs mobil zu sein. In wirtschaftlichen Krisenperioden kam es bemerkenswerterweise zu einer weitergehenden signifikanten Konzentration der mobilen Bevölkerungsteile auf die ziemlich einheitlich industriell strukturierte Grenzregion, während Zu- und Abwanderungen von bzw. nach außerhalb deutlich zurückgingen.

Der Binnenwirtschaftsraum Saar-Lor-Lux korrespondierte also anscheinend in der Tat mit einem ähnlich gestalteten Migrationsraum. Denn der Wanderungsaustausch mit den deutschen Ostgebieten bzw. klassischen osteuropäischen Rekrutierungsgebieten war insgesamt nur marginal ganz im Gegensatz zum Ruhrgebiet. Der Zuzug aus dem rheinisch-westfälischen Industriegebiet und aus dem Rhein-Main-Gebiet war ebenfalls relativ schwach ausgebildet. Dafür besaßen grenzüberschreitende Wanderungsströme große Bedeutung. Bis 1914 waren von Deutschland aus gesehen die Grenzen nach Frankreich und Belgien ebenso durchlässig, wie die Grenze nach Luxemburg, das sich den westlichen Nachbarn noch deutlich stärker öffnete. Die Frankreich- und Belgienwanderung besaß dabei zwei Schwerpunkte: Zum einen waren massive Arbeiterwanderungen in der quer zu allen Verwaltungsgrenzen liegenden Industrialisierungszone festzustellen, zum anderen hatten Migrationen zwischen den Untersuchungsstädten und den nationalen Zentren Paris und Brüssel Gewicht (Dienstboten, Arbeiter, Funktionsträger aus Handel und Verwaltung). Insgesamt gesehen läßt dies auf die Ausbildung spezifischer Raumbeziehungen innerhalb des Grenzraumes sowie dieser Gesamtregion auf die ökonomischen, administrativen und politischen Zentren der beteiligten Nationalstaaten hin schließen. Der ökonomische Wandel im Zuge der Industrialisierung und die damit verbundenen Bevölkerungsverschiebungen führten zwar zu einem Aufbrechen traditioneller Siedlungsstrukturen und begünstigte damit einerseits die Integration zumindest bestimmter Teile des Reichslandes in das Reich. Darüber hinaus konstituierte sich aber unabhängig von nationalen Zugehörigkeiten ein grenzübergreifender Wirtschafts- und Sozialraum Saar-Lor-Lux, dessen weitere Ausgestaltung erst der Ausbruch des Krieges im Jahre 1914 verhinderte.

In besonderer Weise wußten es die italienischen Wanderarbeiter, die ab 1895 als einzige Fernzuwanderer in nennenswerter Zahl eintrafen, sich die spezifischen Binnenstrukturen des Untersuchungsraumes zunutze zu machen, indem sie offenbar über alle Grenzen hinweg regelrechte Migrationsnetze errichteten und aufrecht erhielten. Auf dieses Phänomen möchte ich im folgenden näher eingehen.

II. Die italienische Arbeiterwanderung in der Region Saarland-Lothringen-Luxemburg bis zum Ersten Weltkrieg

Ein permanenter Arbeitermangel nach der Phase der Großen Depression (1873-1895) führte zur verstärkten Einstellung ausländischer Arbeiter, unter denen in zunehmendem Maße die Italiener hervorstachen. Die Belegschaft der größten Diedenhofener Industriebetriebe bestand beispielsweise um die Jahrhundertwende zu 30 bis 80 Prozent aus italienischen Arbeitskräften. Ein ähnliches Bild ergab sich an anderen lothringischen Industriestandorten diesseits wie jenseits der deutsch-französischen Grenze. In den Industriegemeinden Deutsch-Lothringens betrug der italienische Anteil an der Gesamtbevölkerung unmittelbar vor dem Kriege schätzungsweise durchschnittlich 20 bis 30 Prozent. Für die beiden lothringischen Industriebecken um Briey und Longwy, d.h. auf der französischen Seite der Grenze, werden im gleichen Zeitraum z.T. durchschnittliche Italieneranteile von 60 bis 70 Prozent der Gesamteinwohnerzahl bezeugt. In dem nahe Briey gelegenen Auboué handelte es sich im Jahre 1913 bei 62 von 100 Einwohnern um Italiener und bereits zwei Jahre zuvor stammten von 1.700 am Orte beschäftigten Bergleuten 1.550 aus Italien (91,2%). Auch im luxemburgischen *bassin minier* sowie dem Industriegebiet an der mittleren Saar wuchs die Zahl der Italiener kräftig an. Bereits Mitte der 1870er Jahre existierte eine kleine italienische Gemeinde in Esch. Vereinzelt dürften die ersten Italiener hier jedoch schon in den 1860er Jahren aufgetreten sein, indem sie allem Anschein nach vom Lothringer Erzbecken aus, wo früher als in Luxemburg mit dem Minetteabbau begonnen worden war, über die Grenze wechselten. Ihre Zahl stieg bis ins Jahr 1910 auf über 3.000 ständig anwesende Personen an, was einem Fünftel (20,1%) der Gesamteinwohnerzahl entsprach.

Der entscheidende quantitative Entwicklungssprung erfolgte dabei im Zeitraum zwischen 1895 und 1900. Hierfür dürfte neben dem stetig steigenden Arbeitskräftebedarf der expandierenden Montanindustrie in einem gewissen Rahmen zusätzlich verantwortlich gewesen sein, daß nach dem Attentat, welches der italienische Anarchist Caserio am 25. Juni 1894 in Lyon auf den Präsidenten der Französischen Republik, Carnot, verübt hatte, sich die italienischen Gastarbeiter in den französischen Industrierevieren einer besonders fremdenfeindlichen Atmosphäre ausgesetzt sahen und infolgedessen von Westlothringen her nun verstärkt das luxemburgische Staatsgebiet frequentierten.

Obwohl weder in Deutsch-Lothringen noch an der Saar ein den französischen Teilen Lothringens bzw. Luxemburg quantitativ vergleichbares Arbeitskräftedefizit bestand, profitierten offensichtlich auch die Industrien dieser beiden Regionen in Form eines anwachsenden Zustroms italienischer Arbeiter im Kontext des eigenen Wirtschaftswachstums vom auslösenden Moment des akut xenophoben Klimas im Nachbarland.

Die vehemente italienische Zuwanderung an die Saar begann ebenfalls ab Mitte der 1890er Jahre. Zum Jahresende 1905 weilten bereits über 2.000 Italiener im Kreis Saarbrücken, deren Zahl sich bis zum Dezember des Jahres 1909 nochmals verdreifachte (6.000 Italiener) und damit ein Niveau erreichte, das bis 1914 gehalten werden konnte. Die Jahre 1906 und 1907 markierten die Spitzen der italienischen Vorkriegswanderung in dem Saarkreis, als im Jahresverlauf je zwischen 5.000 und 5.400 Italiener zuwanderten sowie zwischen 3.700 und 4.000 von ihnen den Kreis wieder verließen. Diese Kontingente bescherten dem Saarbrücker Kreis also einen Migrationsüberschuß von zirka 1.400 Personen im Jahre 1906 bzw. einen Migrationsüberschuß von etwa 1.300 Personen im Jahre 1907 alleine durch italienische Fernwanderer.

Der Kriegsausbruch im August 1914 und der italienische Kriegseintritt im Februar 1915 bedeuteten einen brutalen Einschnitt für die Präsenz der italienischen Gastarbeiter in allen drei Teilregionen. Dem deutschen Kriegseintritt folgte eine panikartige Heimreisewelle der Italiener aus den Industriegebieten der Saar-Lor-Lux-Region, obwohl zu Kriegsbeginn keine unmittelbare Notwendigkeit zum Wegzug bestand, da Italien bis 1915 in dem Konflikt formell neutral blieb. Allerdings drängten die französischen Behörden, wohl aufgrund der außenpolitischen deutsch-italienischen Allianz durch die Verträge von 1882 bzw. 1912 und wegen des drohenden deutsch-französischen Waffenganges in nächster Nähe der grenznahen Industrieansiedlungen, die Italiener zum Verlassen des Landes. Die Italiener vor Ort ergriffen spätestens angesichts des deutschen Einmarsches in Luxemburg die Flucht, was seitens der italienischen Behörden durch die Organisation von Bahntransporten in die Heimat unterstützt und in geordnete Bahnen gelenkt wurde. Während am Jahresende 1913 6.615 Italiener im Kreis Saarbrücken gezählt worden waren, verblieben dort trotz der relativen Grenzferne im Dezember 1914 gerade noch 204 italienische Staatsbürger. Mit der deutschen Invasion Luxemburgs verließen 18.000 Italiener das Großherzogtum in Richtung Heimat.

Vor diesen Ereignissen bildeten italienische Arbeiter wesentliche Teile der Industriebelegschaften. Vor allem in den eisenschaffenden und eisenverarbeitenden Industriebetrieben waren Italiener als ungelernte Arbeitskräfte begehrt. Dies trifft in gesteigertem Maße auf den Saarraum zu. Die Italiener im Kreis Saarbrücken wurden nahezu ausschließlich in der Hüttenindustrie beschäftigt. Wenige von ihnen verdingten sich als Knechte oder Mägde in der Landwirtschaft. Der preußische Bergfiskus des Saargebietes beschäftigte bis 1914 keine italienischen Arbeitskräfte – mit Ausnahme eines kurzen Intermezzos während der Jahre 1907 bis 1909, in denen die zeitgenössische Fremdenstatistik des Kreises und der Stadt Saarbrücken etwa einer Tausendschaft italienischer Wanderarbeiter bergbauliche Tätigkeiten zuschreibt. Die Bergbaugesellschaften, welche die Eisenerzlagerstätten im Moselraum erschlossen, griffen dagegen massiv auf italienische Arbeiter zurück, so daß beispielsweise im französischen Auboué der Abbau der Eisenerze fast ausschließlich von Italienern geleistet wurde.

Ebenso uneinheitlich wie die Einsatzfelder der Italiener in den drei Teilregionen, so signifikant waren die Unterschiede zwischen den italienischen Wanderergruppen in Lothringen, Luxemburg und an der Saar hinsichtlich ihrer regionalen Herkunft.

Zwar stellten die nördlichen Regionen Lombardei, Venetien, Piemont, Emilia-Romagna, Ligurien, Friaul und das österreichische Trentino zusammen in allen Teilen des Untersuchungsraumes die jeweils umfangreichsten Zuzugskontingente. Und ebenso blieb der Wanderungsaustausch mit dem süditalienischen Mezzogiorno bis nach 1945 allgemein irrelevant. Dennoch verfügten die einzelnen Industriereviere über durchaus spezifische Rekrutierungsgebiete in Italien. In Diedenhofen und Esch wurde neben dem norditalienischen Zuzug spätestens ab der Jahrhundertwende eine nicht unwesentliche Arbeitsimmigration aus Mittelitalien wirksam, während in Malstatt-Burbach fast ausschließlich Norditaliener anzutreffen waren. Etwa ein Fünftel der Italiener, die sich nach Gründung der „Karlshütte" in Diedenhofen anmeldeten, kamen aus den mittelitalienischen Regionen Marche und vor allem Latium. Italiener aus den Marche spielten auch in Esch eine gewisse Rolle. Herausragend und ohne Äquivalent war in der südluxemburgischen Kommune allerdings der Wanderungsbeitrag der umbrischen Provinz Perugia, einer zentralitalienischen Region, welche spätestens ab 1900 und wieder nach dem Kriege den ersten Rang in der Zuwanderung nach Esch einnahm. Umbrien entsandte aber zumindest bis 1914 weder nach Malstatt-Burbach noch nach Diedenhofen ein nennenswertes Arbeitskräftekontingent. Diese intensive Zuzugsmobilität aus Umbrien und den Marche kann die Gemeinde Esch aber erst mit einer zweiten italienischen Immigrationswelle erfaßt haben. Denn die Volkszählung des Jahres 1890 weist diese Kontingente noch nicht aus, sondern belegt im Gegenteil, daß in der Frühphase der italienischen Zuwanderung hauptsächlich Norditaliener an die Alzette gekommen waren. Dabei fällt der bedeutende Anteil von Italienern mit österreichischer Staatsbürgerschaft auf.

Knüpfte die moderne italienische Zuwanderung des Industriezeitalters nach Luxemburg zu Beginn etwa an solchen Austauschbeziehungen an, welche im 18. Jahrhundert während der gemeinsamen Zugehörigkeit des (bis 1918 einen Teil Tirols bildenden) Trentino und Luxemburgs zum Habsburgerreich aufgebaut worden waren? Der bisherige Forschungsstand läßt hier nur die Formulierung neuer Hypothesen zu. Neuere luxemburgische Studien heben beispielsweise auch auf eine Zuzugskontinuität italienischer Bauarbeiter (Maurer, Zimmerleute) ab, von der Ära der Vauban'schen Festungsbauten bis in die Industrialisierungsphase.

Was nach der Jahrhundertwende die Regionen Umbrien und Marche für den Ort Esch-sur-Alzette bedeuteten, das waren die Regionen Marche und Abruzzen für seinen direkten westlichen Nachbarn Differdingen sowie die Regionen Umbrien und Abruzzen für seinen unmittelbaren östlichen Nachbarn Düdelingen. Der Zustrom von mittelitalienischen Arbeitskräften übertraf in diesen beiden Gemeinden prozentual sogar die Immigration aus Norditalien, die hier wie auch in Esch vornehmlich auf dem Zuzug aus der Lombardei und aus Venetien beruhte.

Es scheint, als hätten nicht nur die drei Teilregionen Saar-Lothringen-Luxemburg, sondern darin wiederum jede einzelne Industriegemeinde, einen spezifischen Bevölkerungsaustausch mit ihren bevorzugten Korrespondenzregionen in Italien unterhalten. Diese in gewisser Weise bilateralen Austauschbeziehungen kamen hinsichtlich anderer Nationalitäten nicht in dem Maße zustande, wie dies bei der Betrachtung der italienischen Wanderungsbewegungen deutlich wird. Ein wesentliches Charakteristikum der italienischen Wanderarbeiter in der mitteleuropäischen Industrieregion von Nordlothringen, Südluxemburg und dem Saargebiet war also deren Neigung, recht beharrlich diejenigen Etappen anzusteuern, welche seitens ihrer eigenen Landsmannschaft (im engeren Sinne) bereits aufgeschlossen worden waren. Das Wanderungsverhalten der Italiener war in diesem Zusammenhang offensichtlich noch stärker als das anderer Wanderungsgruppen auf die Dorfgemeinschaft bzw. auf andere verhältnismäßig kleinräumliche Sozialzusammenhänge in der Herkunftsregion hin orientiert, wie insgesamt die Identifikation mit dem Herkunftsdorf bzw. der engeren Herkunftsregion von Italienern wesentlich länger aufrechterhalten wurde als durch andere Landsmannschaften oder Nationalitäten. Dies äußerte sich nicht zuletzt darin, daß eine Vielzahl italienischer Arbeiter in den Saar-Lor-Lux-Industrien regelmäßig und über längere Zeiträume hinweg einen Großteil ihres Lohnes nach Hause schickten, so daß zeitgenössische Chronisten vermerkten, „des régions entières (Parma, Reggio Emilia etc.) vivent des épargnes que les émigrés leur envoient de l'étranger"[2].

Die im ausgehenden 19. und beginnenden 20. Jahrhundert oftmals beklagte Unstetigkeit italienischer Arbeitskräfte dürfte daher keineswegs jeglicher Systematik entbehrt haben. Vielmehr ist es als Forschungsdesiderat zu bezeichnen, daß die regionalen Ansiedlungsnetze italienischer Landsmannschaften innerhalb des von Staatsgrenzen durchzogenen Saar-Lor-Lux-Raumes bisher noch nicht herausgearbeitet worden sind. Bereits die zeitgenössischen Behörden der Zuzugsgebiete hatten erhebliche Schwierigkeiten, der italienischen Migranten habhaft zu werden, die sich geschickt und ausgesprochen effektiv diversen Verwaltungszwängen zu entziehen wußten, indem sie sehr flexibel grenzüberschreitend agierten.

> „Il suffisait qu'ils ne puissent trouver à se loger de façon assez économique, que des camarades les attirent ailleurs ou que, repris de justice ou considérés comme ‚agitateurs', ‚anarchistes', ils aient maille à partir avec la police. Ils passaient alors clandestinement la frontière toute proche et peu gardée sans attendre d'être arrêtés ou expulsés"[3].

Die Staatsgrenzen im industrialisierten Grenzraum beschnitten sowohl den Aktionsradius der zeitgenössischen Verfolgungsorgane als auch der nachfolgenden Historikergenerationen. Das Netzwerk von Wanderungsstationen, welches die einzelnen, stark in heimatlichen Regionalstrukturen verwurzelten Italienergruppen aufbauten, erstreckte sich dagegen über die Grenzen hinweg und bot dem Einzelnen zahlreiche Wahl- und Ausweichmöglichkeiten, indem jede italienische Regionalgruppe offenbar eine ganz bestimmte Reihe von Zielorten in der Industrialisierungszone bevorzugt frequentierte.

Was bedeutete dies aus der Perspektive der drei untersuchten Industrieorte?

Malstatt-Burbach wurde im Gegensatz zu Diedenhofen und Esch seitens der Mittelitaliener, wie schon gesagt, nicht angesteuert. Außerdem lagen die Herkunftsschwerpunkte der Norditaliener in der Saarhüttenstadt z.T. in anderen Provinzen als in den beiden Vergleichsgemeinden. Aus der Lombardei und aus Venetien rekrutierten alle drei Industriegemeinden die Mehrzahl ihrer norditalienischen Wanderarbeiter. Die lombardischen Provinzen (darunter vor allem Bergamo und Como) scheinen jedoch für Esch – anders als für Malstatt-Burbach und Diedenhofen – erst langsam an Bedeutung gewonnen zu haben, ebenso wie das Trentino seine anfänglich starke Position im Escher Wanderungsgeschehen schnell einbüßte. Malstatt-Burbach in seiner Fixierung auf Norditalien konnte

---

[2] *A. Dosio / T. Vercelli*, L'émigration italienne en Europe. Sa protection, son organisation par l'Assistance des Ouvriers Italiens Emigrés, in: Action populaire, 70 (1905), S. 6-7.

[3] *L. Köll*, Immigration italienne et intégration française à Auboué (1901-1939), in: Annales de l'Est, 30 (1978), S. 231-265, hier S. 236.

eine nicht unbedeutende Arbeiterzahl aus den friaulischen Provinzen Gorizia und Pordenone gewinnen, während eine Immigration aus dieser Region in Esch und Diedenhofen nahezu ausblieb. Andererseits gab es in Malstatt-Burbach wie in Diedenhofen nennenswerte, in Esch aber weniger relevante Zuzugskontingente aus der Emilia-Romagna (Provinzen Piacenza, Forlì, Parma, Reggio Emilia), während sowohl in Malstatt-Burbach als auch in Esch zahlreiche Piemontesi (vorzugsweise aus den Provinzen Novara und Cuneo) zu finden waren, deren Präsenz sich in Diedenhofen wiederum bescheidener ausnahm. Worin lag dies begründet?

Eine gewisse Grunddisposition im Wanderungsverhalten der Italiener ergab sich aufgrund der Existenz zweier großer Anzugsrouten. Die eine führte, ausgehend vom lombardischen Chiasso, auf dem Bahnwege durch die Schweiz, dann über Basel und Straßburg in den Saar-Lor-Lux-Raum, und zwar vorzugsweise über den Metzer Bahnhof, in den Jahren ab 1900 aber auch häufig mit Saarbrücken als vorläufiger Endstation. Die zweite Route begann mit einer Überfahrt vom Riviera-Hafen Livorno nach Marseille, führte von dort über Lyon und Dijon weiter in die nordfranzösischen, belgischen sowie nördlich von Nancy gelegenen westlothringischen Industriereviere von Briey und Longwy. Beide Trassen trennte auf Höhe der mitteleuropäischen Industriezone die deutsch-französische Grenze.

Es ist leicht einzusehen, weshalb gerade in den französischen Industrierevieren Westlothringens und an einigen Industriestandorten des frankophilen Luxemburg ein relativer Überhang an Arbeitskräften aus Zentralitalien zustande kam, wenn man sich die geographische Nähe der mittelitalienischen Rekrutierungsgebiete zum Emigrationshafens Livorno vergegenwärtigt, welcher den Ausgangspunkt der westlichen „Frankreich-Route" bildete. Die Vorrangstellung der Norditaliener in Malstatt-Burbach läßt sich in analoger Weise auf die günstige Lage der Hüttenstadt an der östlichen „Chiasso-Trasse" zurückführen.

Andererseits setzte z.B. die Anwerbungspolitik der „Société des Hauts Fourneaux et Fonderies de Pont-à-Mousson", d.h. eines maßgeblichen Hüttenunternehmens im Becken von Briey, nach der Jahrhundertwende in Chiasso an. Die Gesellschaft eröffnete dort im Jahre 1902 ein Einstellungsbüro für italienische Arbeiter, da der bestehende Zustrom den Arbeitskräftebedarf der westlothringischen Betriebe offenbar nicht zu befriedigen vermochte. Die ostfranzösischen Werber operierten von der Lombardei aus allerdings nicht nur in Norditalien, sondern gingen auf ihrer Suche nach Hütten- und Minenarbeitern auch in die Städte und Dörfer der Emilia-Romagna, der Marche und anderer mittelitalienischer Regionen. Für die französischen Industrien an der deutschen Grenze bestand eine besondere Zwangslage, da erstens ihr eigenes Hinterland nicht genügend gewerbliche Lohnarbeiter freisetzte und zweitens aufgrund der Verkehrslage die französischen als auch die deutschen Nachbarreviere die existenten Fernzuwanderungsströme weitestgehend absorbierten. Ein Großteil der infolgedessen gezielt angeworbenen Arbeitskräfte blieb jedoch weiterhin auf der langen Bahnreise in den elsässischen, lothringischen oder preußischen Fertigungszentren hängen bzw. wurde unterwegs abgeworben. Zeitweise erreichte nicht einmal jeder zweite der von Agenturen vermittelten italienischen Industriearbeiter seinen ostfranzösischen Bestimmungsort. In Phasen akuten Arbeitskräftemangels muß angesichts dieser Zahlen in bezug auf die Italienerzüge unter Umständen sogar von einer regelrechten „Arbeitskräfte-Piraterie", sozusagen von einem „Bermuda-Dreieck" zwischen Alzette, Mosel und Saar ausgegangen werden, zumal die deutsch-lothringischen und saarländischen Hüttenwerke vor 1914 auf dem Apennin nicht selbst aktiv wurden.

Ohne die allgemeine, grenzübergreifende Mobilität, in der die dargelegte Italienerwanderung eine gewisse Sonderstellung einnahm, hätte die Saar-Lor-Lux-Industrie keinesfalls ihre expansive Dynamik entfalten können. Die Bemühungen, billige italienische Arbeitskräfte anzuheuern, sprechen eine eigene Sprache.

III. Die Haltung der Verwaltung und der Öffentlichkeit im Kontext des Wanderungsgeschehens

Wie war nun aber die Reaktion der verschiedenen, durchweg nationalstaatlich orientierten Verwaltungen und der Öffentlichkeit auf die genannten sozialen und wirtschaftlichen Entwicklungen im Kontext des Wanderungsgeschehens im ausgehenden 19. und beginnenden 20. Jahrhundert? Denn mit dem anhaltenden Zuzug und Städtewachstum änderten sich die gesellschaftlichen Lebenszusammenhänge einer ganzen Großregion. Zu erwähnen ist, daß sich neben der Berufsstruktur sowohl an der Saar, als auch in Lothringen und Luxemburg – wenn auch mit unterschiedlichen Vorzeichen – die Konfessionsverhältnisse grundlegend wandelten. Es kam zu einer Umschichtung der Besitzverhältnisse in den Gemeinden, die Wohnkultur änderte sich radikal: an die Stelle von Eigenheimbesitz trat trotz sozialpolitischer Gegenkonzepte die Mietwohnung als Standarddomizil. Kurz gesagt: das gesamte Werte-, Normen- und Alltagsgefüge war in einer langen, aber heftigen Umbruchphase begriffen; und dies in einem militärstrategisch hochbrisanten Grenzraum.

Die einzelnen Behörden – und darunter insbesondere die Reichslandverwaltung der neu erworbenen „Militärkolonie" Elsaß-Lothringen – beobachteten die Wanderungsbewegungen sehr aufmerksam und reagierten ausgesprochen sensibel auf Ansätze sozialer Disharmonien in der jeweiligen „eigenen" Grenzregion. Im Rahmen dessen widmete man Arbeitern eine gesteigerte Aufmerksamkeit im Vergleich zu bürgerlichen Migranten, und Ausländern wurde größeres Mißtrauen entgegengebracht als Inländern. Besonders sensibel reagierte man auf ausländische Aktivitäten in Grenznähe. In Lothringen trachtete man danach, die Bildung von geschlossenen „Franzosenkolonien" oder „Luxemburgersiedlungen" auf reichsdeutschem Gebiet zu unterbinden, um einer nationalen Unterwanderung dieses erst kürzlich erworbenen Territoriums, welche den eigenen Germanisierungsabsichten entgegenstand, vorzubeugen. Höchst unduldsam zeigte man sich im Falle von Streiks durch Ausländer, in denen aufgrund des transnationalen Anspruchs der Sozialdemokratie ein sozialrevolutionäres Potential mit einer nationalpolitisch gefährlichen Komponente gesehen wurde, und die man mit sofortiger Inhaftierung, gefolgt von der Ausweisung der Verantwortlichen ahndete. Dies geschah allerdings, ohne daß jemals auch nur ansatzweise konkret organisatorische Verbindungen zwischen Arbeitsmigranten aus dem Ausland und der deutschen Arbeiterbewegung geknüpft worden wären. Dennoch wurden Arbeiterstreiks gerade im Grenzraum grundsätzlich und unerbittlich, teils sogar in Kooperation mit dem nationalpolitischen Gegenspieler, polizeilich oder militärisch niedergeschlagen.

In der zeitgenössischen öffentlichen Diskussion, die sich anhand von einschlägigen Verwaltungsberichten und Zeitungsartikeln nachvollziehen läßt, wurde das Phänomen der gesteigerten Mobilität im Industriezeitalter, sofern es darum ging, irgendwelche politischen Konsequenzen zu ziehen, durchweg als Ausländerproblem behandelt, obwohl sich der Wanderungsaustausch stets vorrangig im kleinräumlichen Rahmen abspielte, d.h. daß die bedeutendsten Bevölkerungsumschichtungen vorrangig in der eigenen Nachbarschaft und keineswegs mehrheitlich mit dem Ausland zustande kamen. Symptomatisch hierfür war die Tendenz zur Unterschätzung der Wanderungsbereitschaft des eigenen Staatsvolkes, bei gleichzeitiger Überschätzung der Gefahr einer nationalen Überfremdung. Beispielsweise hielten die Staatsorgane an der Saar die Land-Stadt-Wanderung aus dem Hunsrück und der Eifel in das Saarrevier zeitweilig für kaum relevant und glaubten weder an eine Gefährdung des landwirtschaftlichen Arbeitskräftepotentials in diesen Regionen, noch wurde die Vehemenz der Bevölkerungsagglomerationen in der unmittelbaren Industriezone hinreichend wahrgenommen. Das Eigenengagement des preußischen Staates in der Montanindustrie (Kohlenbergbau) mit seinen spezifischen Rekrutierungsmustern und siedlungspolitischen Rahmenbedingungen dürfte den Blick für die andersartige Situation in den benachbarten Hüttenstädten etwas getrübt haben. Andererseits wurde sowohl in der preußischen Rheinprovinz als auch im Reichsland Elsaß-Lothringen ein überaus großer Verwaltungsaufwand getrieben, um eventuelle polnische Immigrationsbewegungen in die südwestdeutschen Industriereviere zu kontrollieren, obwohl deren Wanderungsbeitrag minimal war.

Dieser Wahrnehmungshorizont war dezidiert bürgerlicher Art, wie die politischen Entscheidungsträger ausschließlich dem darüber hinaus häufig zugereisten, nicht einheimischen Bürgertum zuzurechnen waren. Denn während die Zeitungen und Verwaltungsenqueten im Zusammenhang mit dem Wanderungsgeschehen ständig nationalpolitisch relevante Eventualitäten erörterten und daneben ganz entschieden Moral und Sitte der mobilen Bevölkerungsteile anmahnten, gab sich die eigene Unterschichtenbevölkerung offenbar zumindest solange unbeeindruckt und ohne jede Protestneigung gegenüber den „Fremdarbeiter"-Kontingenten, bis sie ihre eigenen Arbeitsplätze, d.h. ihre eigene Existenzgrundlage konkret gefährdet sahen. Erst dann stimmten sie in den xenophoben Tenor ein. Übergriffe auf „Fremdarbeiter" sind folglich auch nur äußerst selten bezeugt und betrafen, soweit dies zu ermitteln ist, nur die Italiener, die sich als einzige Landsmannschaft innerhalb der Region in einer relativ ausgegrenzten Situation befanden. Die Sittlichkeitskritik betraf die inländische

Arbeiterbevölkerung ohnehin gleichermaßen wie die „fremden" Migranten, wenngleich im genannten Schriftgut diesbezüglich *expressis verbis* in erster Linie von den „Fremden" die Rede war, die angeblich auf die eigene Einwohnerschaft negativ einwirkten. Es fällt auf, daß in der öffentlichen Auseinandersetzung mit dem Wanderungsgeschehen zumeist die Begrifflichkeit des „Fremden" verwandt wurde, womit man aus der regionalen Perspektive heraus neben den Ausländern auch zugewanderte Westfalen oder Arbeiter aus dem Berliner Raum, d.h. unter Umständen eigene Staatsbürger, bezeichnete, während Migranten aus der näheren Rekrutierungszone, selbst wenn sie eine andere Staatsangehörigkeit innehatten, anscheinend häufig implizit nicht unter diese Konnotation fielen. Ein behördliches Vorgehen im Kontext der Migrationen konnte allerdings ausschließlich gegen (Reichs-)Ausländer erfolgen. Wahrnehmbare soziale Vernetzungsvorgänge, mentale Identitätsfindungsprozesse sowie nationale Abgrenzungsmechanismen überlagerten sich offensichtlich in der Grenzregion.

Die Verantwortlichen befanden sich im Zusammenhang mit den Wanderungsbewegungen in einem Zwiespalt. Zum einen machte der industrielle und der landwirtschaftliche Arbeitskräftebedarf den Einsatz von auswärtigem – und damit auch ausländischem – Personal unumgänglich. Zum anderen sah man durch die damit verbundenen Bevölkerungsbewegungen permanent die Gefahr einer nationalen und sozialen „Überfremdung" sowie des Verfalls traditioneller gesellschaftlicher Normen und Werte. Mangels eines umfassenden sozialpolitischen Konzepts vertröstete man sich mit der Vorstellung, die Bevölkerungsmobilität komme mit der Saturierung der Industrie bald zum Erliegen. Angesichts der akuten sozialpolitischen Brisanz der Lage scheute man vereinzelt aber auch nicht vor Kooperationsinitiativen mit den französischen Stellen, d.h. dem außenpolitischen Gegenspieler, oder dem innenpolitisch z.T. bekämpften katholischen Klerus zurück.

IV. Sozialpolitischer Handlungsbedarf und seine nationalpolitische Kompensierung im Grenzraum

Eines der herausragenden Problemfelder, die sich im Zuge des Wanderungsgeschehens in den expandierenden Industriestädten der Saar-Lor-Lux-Region in der zweiten Hälfte des 19. Jahrhunderts auftaten, war die Wohnraumversorgung. Allgemein herrschte akuter Wohnraummangel und die Gefahr des Ausbruchs von Epidemien aufgrund der Überbelegung von Wohnungen und damit verbundener unhygienischer Wohnverhältnisse. Das fortwährende Auftreten von Typhuserkrankungen bis hin zur Pockenepidemie nach der Jahrhundertwende legen ein beredtes Zeugnis von den städtischen Wohnbedingungen im Untersuchungsraum ab.

Aus den zeitgenössischen Dokumenten spricht vor allem Abscheu über die Lebensumstände der fluktuierenden Arbeiterbevölkerung. Die Kritik an den Behausungen der Ausländer äußerte sich dabei in besonders blumigen Schilderungen. Strukturell wurde in erster Linie das Kost- und Schlafgängerwesen der

„Fremdarbeiter" im Allgemeinen als problematisch empfunden. Restriktive Polizeiverordnungen und staatliche Versuche, ein stärkeres betriebliches Wohnungsbauengagement zu erzwingen, scheiterten angesichts der schnell steigenden Wohnraumnachfrage ebenso wie Konzepte zur Förderung des Schlafhausbaus an den Hüttenstandorten in allen drei Teilregionen. Das Bestreben übergeordneter staatlicher Stellen, den Wohnungsbau in kommunaler Regie voranzutreiben, verschaffte dem Problem ebenfalls keine wesentliche Abhilfe. Die lokalen Entscheidungsträger der Region entzogen sich der gesundheitspolitischen Verantwortung unter Verweis auf die staatliche Aufsicht über das Gesundheitswesen und unter Rücksicht auf ihre budgetäre Situation. Der Staat besaß gegenüber den Gemeinden keine Zwangsmittel, sondern konnte die Kommunen aufgrund fehlender Kompetenzen ausschließlich durch die Bereitstellung von Fördermitteln zum Wohnungsbau anhalten. Die Städte zeigten sich jedoch nicht gewillt, Wohnungsbaumaßnahmen im großen Stile einzuleiten, sondern verhielten sich auffallend ignorant gegenüber den offensichtlichen Mißständen, weigerten sich eine kommunale Wohnungsaufsicht einzurichten und begnügten sich mit Hinweisen auf die Verantwortung der Industrie für die Unterbringung ihrer Arbeitskräfte. Lokale Grundbesitzerinteressen innerhalb der Stadtparlamente spielten dabei eine entscheidende Rolle. Der Wohnungsmarkt wurde im wesentlichen liberalen Regelungskonzepten überlassen.

Einem der wenigen strukturpolitisch motivierten Ansätze der deutschen Staatsbehörden im unmittelbaren Kontext des Wanderungsgeschehens war kein Erfolg beschieden, weil die Kommunen und der Fiskus eine unterschiedliche Stoßrichtung verfolgten. Ausschließlich kurzfristig wirksame Arbeitsbeschaffungsmaßnahmen waren die Gemeinden bereit zu finanzieren, falls aufgrund wirtschaftlicher Einbrüche Massenarbeitslosigkeiten anstanden oder falls es einer Massenverelendung der ortsansässigen Arbeiterbevölkerung vorzubeugen galt.

Gerade in Nachbarschaft diverser Staatsgrenzen bot sich der Rückzug auf eine gemeinsame, nationalpolitisch motivierte Ausweichtaktik seitens der staatlichen und kommunalen Entscheidungsträger im Untersuchungsraum an. Ein Konsens zur Verwirklichung aktiver sozialpolitischer Maßnahmen, wie dem kommunalen Wohnungsbau, mußte speziell hier deshalb nicht unbedingt erzielt werden, weil die Grenzlage sowohl eine Schuldzuweisung für akute Mißstände an die ausländischen Migranten nahelegte, als auch die Möglichkeit bot, durch Abschiebungsmaßnahmen den Eindruck zu erwecken, die sozialen Probleme in Person der Ausländer gegebenenfalls über die Grenze zurückweisen zu können. Diese Strategie wurde durch die Tatsache begünstigt, daß im Gegensatz zum rheinisch-westfälischen Industriegebiet die Mehrzahl der Einwohnerschaft der hiesigen urban-industriellen Agglomerationen, dem näheren Umland entstammte, zudem nur verhältnismäßig wenige „Fremdarbeiter" aus anderen reichsdeutschen Gebieten zugereist waren und die „Fremdarbeiter" somit relativ leicht mit den „Ausländern" identifiziert werden konnten. Umfangreichere Teile der „auswärtigen" Industriearbeiterschaft an Rhein und Ruhr, so auch viele „Nationalpolen" aus den preußischen Ostprovinzen, besaßen die deutsche Staatsangehörigkeit, obwohl ihre Rekrutierungsgebiete ungleich weiter als diejenigen der Migranten im Saar-Lor-Lux-Raum von der Industriezone entfernt lagen, so daß eine Abschiebung rechtlich nicht ohne weiteres möglich war. Die Ausweisung der zahlreichen russisch- bzw. österreichischpolnischen Arbeitskräfte im Ruhrgebiet verursachte aufgrund der Ferne der Herkunftsregionen außerdem erhebliche praktische Schwierigkeiten bei der Rückführung „lästiger Ausländer", welche wegen der Grenznähe im deutsch-französisch-luxemburgischen Dreiländereck nicht gegeben waren. Geradezu prädestiniert für die genannte Politik war daher das kleine Großherzogtum Luxemburg; aber auch die Reichslandverwaltung und die preußischen Staatsbehörden im grenznahen Regierungsbezirk Trier wußten sich dieses Instrumentariums zu bedienen.

Eine geeignete Angriffsfläche für eine restriktive Ausweisungspraxis boten vor allem die verschiedenen „Nischenkulturen", die sich in den Industrieansiedlungen ausgebildet hatten: die ‚wilden Ehen', die Prostituierten und Zuhälter, die Arbeitslosen und die Kriminellen. Wie schon hinsichtlich der Meldegesetzgebung, d.h. bezüglich der Maßnahmen zur Erfassung der „flottanten" (Arbeiter-)Bevölkerung, orientierten sich die Landesregierungen von Luxemburg und Elsaß-Lothringen zur Handhabung der Ausländerpolitik, d.h. in Fragen der Abschiebung unerwünschter, mobiler Bevölkerungsteile, weitgehend am preußischen Vorbild, das auch Beispielcharakter für die Gesetzgebung in anderen deutschen Einzelstaaten besaß. Die Ausweisungspraxis in den beteiligten Einzelstaaten wies daher kaum Unterschiede auf. Bilaterale Auslieferungsverträge – auch zwischen den gegeneinander hochrüstenden Regierungen – sorgten für einen reibungslosen Ablauf der Abschiebeaktionen. Der regionalen Entwicklung, die sich in einer weitreichenden wirtschaftlichen und sozialen Verflechtung niederschlug, wurde seitens der Behörden in keiner Weise Rechnung getragen.

V. Fazit

Im Migrationskontext zeigt sich damit bezüglich des Reichslandes Elsaß-Lothringen, auf das sich das Interesse der Studienwoche insbesondere richtet, und darin vor allem hinsichtlich des Bezirks Lothringen, ein Nebeneinander zweier recht widersprüchlicher Charakteristika: Die 1870/71 von Deutschland annektierte Provinz wurde von politischer und administrativer Seite her in erster Linie als „nationale Bastion" hinter einer westwärts verschobenen Militärgrenze verstanden. Das Reichsland bildete zugleich aber im ökonomischen, sozialen sowie dem hier nicht näher erörterten technischen Sektor eine wichtige Austauschzone zwischen dem germanophonen und frankophonen Einflußbereich, welche die strukturelle Annäherung der beiden rivalisierenden Nationalstaaten im Zuge der Industrialisierung deutlich werden läßt, und damit auch als „kultureller Vermittler" zwischen den beiden europäischen Mächten wirkte.

Elsaß-Lothringen war dabei Bestandteil eines letztlich multinationalen, von Grenzen durchzogenen Wirtschafts- und Sozialraumes mit vielversprechenden strukturellen Gemeinsamkeiten. Im Sommer 1914 wurde allerdings die stets latent vorhandene abgrenzende Funktion dieser Grenzen auf grausame Weise wirksam und erstickte schlagartig die strukturellen Ansätze zur Ausbildung eines Vermittlungsraumes in der Berührungszone der mitteleuropäischen Staaten. Zwei Weltkriege mußten vergehen bis diese Montanregion zur Keimzelle der heutigen Europäischen Gemeinschaft wurde, in deren Politik nicht umsonst der Förderung regionaler Entwicklung ein hoher Stellenwert zukommt.

Wahlen und Wahlverhalten im Reichsland Elsaß-Lothringen 1871-1914

Von Hermann Hiery

Die ersten deutschen Wahlen waren zugleich die letzten französischen. Als am 8. Februar 1871 die Wahlen zur französischen Nationalversammlung in Bordeaux stattfanden, wo man über den Frieden mit Deutschland und damit auch über die Abtretung der östlichsten Départements entscheiden wollte, standen das Elsaß und Lothringen bereits unter der Verwaltung eines deutschen Zivilkommissars. Auf ausdrückliche Anweisung Bismarcks wurde die Abhaltung der Wahlen dennoch toleriert[1]. Gewählt wurden ausnahmslos Abgeordnete, die in Bordeaux gegen die Separation von Frankreich, allerdings erfolglos, protestierten. Der „Protest" (gegen die Annexion) war in den Städten bei weitem ausgeprägter als auf dem Land; er erfuhr im Oberelsaß stärkere Unterstützung als im Unterelsaß. Am populärsten war er im Département Moselle, dem Kernbestand des neuen Bezirkes Lothringen[2], wo er auch einen großen Teil der Landbevölkerung umfaßte. Die Wahlbeteiligung war hoch, im bevölkerungsreichsten ex-Département Bas Rhin (jetzt Bezirk Unterelsaß) betrug sie nahezu 70%[3]. Immerhin ist auffällig, daß trotz der weitreichenden Bedeutung der Wahlen doch ein knappes Drittel der Bevölkerung den Wahlen indifferent gegenüberstand. Dabei handelte es sich vor allem um die protestantische Landbevölkerung im nördlichen Unterelsaß. Hier lag die Wahlbeteiligung teilweise unter 15%. Aus ihrer Indifferenz folgern zu wollen, daß sie der Trennung von Frankreich keine großen Tränen nachweinte, ist wohl nicht ganz abwegig.

---

1 Vgl. *H. Hiery*, Reichstagswahlen im Reichsland. Ein Beitrag zur Landesgeschichte von Elsaß-Lothringen und zur Wahlgeschichte des Deutschen Reiches 1871-1918, Düsseldorf 1986, S. 64.

2 Annektiert wurde der größte Teil des Départements Moselle ohne Longwy und Briey und ein kleinerer Teil des Départements Meurthe, die Kreise Château-Salins und Saarburg umfassend. Die verbliebenen Reste wurden in Frankreich zum neugeschaffenen Département „Meurthe et Moselle" vereinigt; vgl. die informative Karte bei *F. Roth*, La Lorraine annexée. Etude sur la Présidence de Lorraine dans l'Empire allemand (1870-1918), Nancy 1976, S. 36.

3 Vgl. *H. Hiery*, Reichstagswahlen im Reichsland, S. 65.

Bereits die Wahlen von 1871 zeigen ein Muster, das auch in der langen, fast ein halbes Jahrhundert dauernden Periode bis 1918, und trotz der immensen sozialen, ökonomischen und technologischen Veränderungen in dieser Zeit, im wesentlichen gleichbleiben sollte. Die wichtigsten Determinanten (und Konstanten) im Wahlverhalten waren konfessioneller, sozialer, geographischer und linguistischer Natur. Bis 1914 gab es neben dem üblichen wahlpolitischen Stadt-Landgefälle deutliche regionale Unterscheide im Wahlverhalten zwischen Oberelsässern und Unterelsässern. Besonders auffallend ist eine politische Nord-Süd-Schiene. Je weiter nördlich gelegen, desto eher scheint die Bevölkerung bereit gewesen zu sein, reichseinheitliche Entwicklungen zu akzeptieren. Umgekehrt betonte die im Süden lebende Bevölkerung mit zunehmender Nähe zur Schweiz die regionale (und politische) Besonderheit ihres Elsässertums. Im Norden deuten die Wahlentscheidungen zwischen 1871 und 1914 generell auf eine stärker konservativ, zu einem guten Teil monarchistisch ausgerichtete Bevölkerung. Im Süden dominierte vielmehr eine demokratisch-republikanische Einstellung. In Lothringen schließlich gingen die Uhren völlig anders. Hier wirkte der Gegensatz zwischen deutschsprachiger und frankophoner Bevölkerung besonders bestimmend auf die Wahlentscheidung.

Von allen Faktoren hatte der konfessionelle zweifellos die größte Bedeutung, konnte er doch soziale, linguistische und geographische Differenzen und Divergenzen subsumieren und zu einem erheblichen Teil integrieren. Ob der Wähler katholischer oder protestantischer Konfession war, hatte auf seine Wahlentscheidung in der Tat den entscheidensten Einfluß[4]. Elsaß-Lothringen war das „katholischste" Land des Deutschen Reiches. Über drei Viertel der Bevölkerung waren katholisch[5]. Der nationale Protest, der weitgehend von Vertretern der Bourgeoisie, des Handels- und Besitzbürgertums der großen Städte, getragen wurde, die in der Abkoppelung Elsaß-Lothringens von Frankreich eine direkte Auswirkung auf ihr Geschäft und ihren persönlichen Lebensstil befürchten mußten, konzentrierte sich zunächst auf Personen mit geringer kirchlicher Bindung oder auf prominente Protestanten, Lutheraner wie Reformierte[6]. Die katholische Hierarchie, die vor 1870 maßgeblich dazu beigetragen hatte, daß die

---

[4] Das Verhalten der Israeliten scheint weniger scharf akzentuiert, ist aber auch bei weitem schwieriger zu erfassen; vgl. meinen Versuch in *H. Hiery*, Reichstagswahlen im Reichsland, S. 166 f. Zu den Juden vgl. auch *A. Wahl*, Confession et comportement dans les campagnes d'Alsace et de Bade 1871-1939. Catholiques, protestants et juifs: démographie, dynamisme économique et social, vie de relation et attitude politique, 2 Bde., Habil. Metz 1980, Illzach o.J. (1982) und zuletzt *V. Caron*, Between France and Germany. The Jews of Alsace-Lorraine, 1871-1918, Stanford 1988 (ohne Beachtung der neueren Literatur).

[5] Volkszählung 1871: 79,7, 1910: 76,2%; Statistische Mitteilungen über Elsaß-Lothringen, 24 (1894), S. XXXVIII Tafel 82 und Statistisches Jahrbuch für Elsaß-Lothringen, 7 (1913-14), S. 16.

[6] Zu den namhaften evangelischen „Protestlern" gehörten u.a. die Fabrikanten de Dietrich, Goldenberg, Mühleisen und Teutsch, der Bankier Lauth, der Versicherungsagent Kable und der Arzt Sieffermann; zu den Reformierten die Industriellen Dollfus, Haeffely und Lalance.

Romanisierungspolitik Napoleons III. in den Schulen erfolglos geblieben war, stand in ihrer Mehrheit der Annexion zwar ebenfalls ablehnend gegenüber, war aber fürs erste durchaus bereit, die vollzogene Angliederung an Deutschland als staatsrechtlich bindenden Fakt anzuerkennen und in diesem Sinne auf die katholische Bevölkerung zu wirken[7].

Nicht der Frankfurter Friedensvertrag, der die Abtretung Elsaß-Lothringens endgültig machte, wohl aber das Einsetzen des Kulturkampfes änderte die Situation schlagartig. Erst jetzt wurde der katholischen Bevölkerungsmehrheit deutlich vor Augen geführt, daß man in Deutschland in eine Minderheitensituation geraten war. Die Protestanten waren in diesem Reich nicht nur numerisch überlegen; die ganze Führungsspitze war protestantisch – oder schien doch zumindest antikatholisch. Kaiser – „Großmeister der Ecclesia diaboli"[8] – wie Kanzler waren Lutheraner. Die meisten Dynastien der einzelnen Bundesstaaten waren protestantisch; die nach dem Ausscheiden Österreichs verbliebenen katholischen Länder, waren „protestantisch eingefärbt"[9]. Das galt selbst für Bayern, wo die Regierungsspitze und erst recht die Verwaltungsbürokratie fest in den Händen protestantischer Franken lag. Der politisch bestimmende Liberalismus, auch der in seiner nationalen Variante, war betont „antiklerikal", wie er das nannte und sah im „Ultramontanismus" einen seiner Hauptfeinde, den Katholizismus als im Prinzip etwas rückständiges, antimodernes. Ähnliches galt für die einflußreichen Medien. Die wichtigsten Tageszeitungen, Wochenschriften, sogar die vorgeblich unpolitischen Unterhaltungsblätter, waren unterschwellig antikatholisch[10].

Die neue Verwaltungsspitze Elsaß-Lothringens, die aus vom Reich „importierten" Beamten bestand, reflektierte diese Haltung, war sie doch in ihrer ganz überwiegenden Mehrheit protestantisch. Die wenigen Katholiken fielen eher noch durch einen zusätzlichen liberalistischen Eifer auf. Die Tragweite dieser völlig neuartigen Situation für die Katholiken des Reichslandes wurde zunehmend deutlicher. Unter dem Oberpräsidenten Eduard von Möller, der die antikatholische Politik und das Überschwappen des Kulturkampfes vom Reich ins

---

[7] Die Meinung von Joseph Guerber, einem Priester und späteren Reichstagsabgeordneten, – „Unsere Aufgabe ist die: So sanft wie möglich ins unvermeidliche Deutsche Reich zu gleiten" – ist vielleicht etwas überzeichnet, trifft jedoch den Kern dieser Position. *J. Brauner* (Hrsg.), Briefe von Joseph Guerber an den jungen Carl Marbach, den späteren Weihbischof von Straßburg aus den Jahren 1859 bis 1871, in: Archiv für elsässische Kirchengeschichte, 8 (1993), S. 371-448, hier S. 441.

[8] *J. Brauner* (Hrsg.), Briefe von Joseph Guerber an den jungen Carl Marbach, S. 431.

[9] *Th. Nipperdey*, Deutsche Geschichte 1866-1918, 2: Machtstaat vor der Demokratie, München 1992, S. 366.

[10] Zum Kulturkampf in katholischer Sicht vgl. *A.M. Birke*, Bischof Ketteler und der deutsche Liberalismus. Eine Untersuchung über das Verhältnis des liberalen Katholizismus zum bürgerlichen Liberalismus in der Reichsgründungszeit, Mainz 1971, und *W. Loth*, Katholiken im Kaiserreich. Der politische Katholizismus in der Krise des wilhelminischen Deutschlands, Düsseldorf 1984. Die Entwicklung im allgemeinen zeichnet am übersichtlichsten *E.R. Huber*, Deutsche Verfassungsgeschichte seit 1789, 4: Struktur und Krisen des Kaiserreichs, 2. Aufl., Stuttgart 1982, S. 645-831.

Reichsland zu verantworten hat[11], wurde fast die gesamte katholische Presse Elsaß-Lothringens ausgeschaltet. Die Priesterseminare in Straßburg und Metz wurden ebenso geschlossen wie die katholischen Knabenseminare im Unterelsaß, Oberelsaß und Lothringen. Dabei spielte es so gut wie keine Rolle, daß das napoleonische Konkordat von 1801 offiziell in Geltung blieb. Für die elsässischen und lothringischen Katholiken bedeutete der Beginn der deutschen Verwaltung eine eindeutige Verschlechterung ihrer Position gegenüber der unter französischer Verwaltung doch mehr oder weniger begünstigten Stellung. Das ganze katholische „Milieu" war durch die Maßnahmen der neuen Administration wie durch den Eintritt in eine Gesellschaft, in der protestantische Werte und liberales Denken quasi zum Allgemeingut gehörten, verunsichert. Der Zeitgeist, der im Deutschen Reich vorherrschend war und dort noch zunehmend an Schärfe gewann, traf bei der großen Mehrheit in Elsaß-Lothringen auf völliges Unverständnis. Ja, der Verlust von politischen Privilegien wurde wahrscheinlich weniger dramatisch empfunden als diese mehr emotional wahrgenommene Änderung des geistig dominierenden Umfeldes. Was vorher nicht in Frage gestellt worden war, sondern als selbstverständlich gegolten hatte, war nun die Position einer an den Rand gedrängten Minderheit.

In dieser Situation suchte der katholische Klerus unter Führung des Straßburger Bischofs Räß[12] einen Kompromiß zu erlangen, der der katholischen Seite die Vorherrschaft im geistig-kulturellen Bereich wiedergewinnen sollte und dafür eine explizite Anerkennung des neuen politischen und völkerrechtlichen Zustandes vorsah. In einer aufsehenerregenden Petition des gesamten elsässischen Klerus an den deutschen Kaiser vom 18. November 1871 sicherte die katholische Geistlichkeit dem Kaiser ihre Loyalität zu, verband dieses Versprechen jedoch mit der Bitte um Anerkennung der als spezifisch katholisch angesehenen „Rechte". Der Staat ging auf dieses „Angebot" nicht ein, die ganze Angelegenheit wurde vielmehr als auf einem „Mißverständnis" beruhend abgetan[13]. Man konnte, oder man wollte die besondere Lage, in der sich die katholische Bevölkerung Elsaß-Lothringens versetzt sah, nicht verstehen.

Die politischen Folgen dieser Entwicklung, die, wie so häufig in der Geschichte, durch Heißsporne auf beiden Seiten verschärft wurde, waren vielfältig. Der katholische Bevölkerungsteil wurde dem übrigen Deutschland entfremdet, seine Priester traten in prinzipielle Opposition zu Staat und Verwaltung und der sie ersetzende, nachkommende Klerus wurde in Frankreich, in französischen Ideen und unter dem Einfluß französischer Propaganda, erzogen. In dem jungen Deutschland sahen diese Priester ihr religiöses, zunehmend aber auch ihr poli-

---

[11] Vgl. *H. Hiery*, Reichstagswahlen im Reichsland, S. 71.

[12] Andreas Räß, geboren am 6.4.1794 in Sigolsheim, gestorben am 17.11.1887 in Straßburg. Bischof von Straßburg 1842-1887. Zu ihm vgl. *H. Hiery*, Reichstagswahlen im Reichsland, S. 461-462 und vor allem *R. Epp*, Mgr André Raess évêque de Strasbourg (1842-1887), Griesheim 1979.

[13] Vgl. *H. Hiery*, Reichstagswahlen im Reichsland, S. 70, und *F. Igersheim*, L'Alsace des notables (1870-1914). La bourgeoisie et le peuple alsacien, Strasbourg 1981, S. 193.

tisches Feindbild. Vor allem aber machte sich jetzt unter der elsaß-lothringischen Bevölkerung ein partikulares Sonderbewußtsein breit. Das Gefühl, im neuen Deutschland nicht willkommen zu sein und in seiner Eigenart nicht akzeptiert zu werden, eine Art Fremdkörper- und Nichtdazugehörigkeitsbewußtsein, das von Teilen der protestantischen Bourgeoisie zuerst zum Ausdruck gebracht worden war, gewann an Gestalt und wurde zu einer weit verbreiteten, beinahe allseits vorherrschenden Einstellung. Erst jetzt, als der nationale Protest um den konfessionellen vermehrt wurde, wurde der Protest mehrheitsfähig. Und erst als sich der katholisch-konfessionelle Protest dem nationalen Protest, der noch nur von einer kleinen Minderheit getragen worden war, anschloß, entwickelte sich aus dieser gemeinsamen Oppositionshaltung eine generelle Protesthaltung der Elsaß-Lothringer. Vorderhand unter den Teppich gekehrt wurden dabei die extremen Gegensätze zwischen den beiden Gruppen; war doch den einen das deutsche Kaiserreich nicht liberal genug, den anderen bei weitem zu liberal.

Am 1. Januar 1874 wurde die Reichsverfassung in Elsaß-Lothringen eingeführt. Als Folge dieser Entscheidung nahm das Land am 1. Februar 1874 zum erstenmal an Wahlen zum deutschen Reichstag teil[14]. Elsaß-Lothringen war zuvor in fünfzehn Wahlkreise aufgeteilt worden; davon lagen sechs im Unter-, fünf im Oberelsaß und nur vier in Lothringen. Dies war eine eindeutige Benachteiligung Lothringens, hatte doch der Bezirk mehr Einwohner als das Oberelsaß. Hintergrund war eine politische Entscheidung, weil man die Lothringer als politisch unzuverlässiger einschätzte als die Oberelsässer[15].

Ein Parteienwesen, das ja auch im übrigen Deutschland erst im Entstehen begriffen war, existierte in Elsaß-Lothringen nicht. Auf der Grundlage reaktionärer französischer Bestimmungen, die der Zeit Napoleons III. entstammten, aber weiter in Geltung blieben, weil die deutsche Verwaltung gemeinsam mit den Vertretern der elsaß-lothringischen Bourgeoisie in ihrer Erhaltung einen Vorteil erblickte, konnte es sich auch gar nicht entwickeln. Diese Verweigerungskoalition aus (vornehmlich) preußischer Bürokratie und elsaß-lothringischem Bürgertum verhinderte erfolgreich eine mögliche, von Bismarck selbst vorgeschlagene frühzeitigere Demokratisierung politischer Strukturen und hat politisch fatal gewirkt. Während der wahlberechtigte Teil der Bevölkerung sein politisches Interesse deutlich machte (die Wahlbeteiligung lag bei den ersten Reichstagswahlen 1874 mit knapp 77 Prozent mehr als 15 Prozent über dem Reichsdurchschnitt), blieb er doch von einer aktiveren Teilnahme am Prozeß der politischen Willensbildung ausgeschlossen. Dagegen sicherte das bestehende System die politische Vorherrschaft der sogenannten Notabeln zusätzlich ab. Diese Notabeln tragen einen erheblichen Teil der Verantwortung dafür, daß Elsaß-Lothringen so lange der Charakter des Provisorischen anhing, weil sie mit jeder Änderung der an-

---

[14] Das Wahlgesetz zum Deutschen Reichstag schrieb die öffentliche Auslegung der Wählerlisten vier Wochen vor der Wahl vor. Aus diesem Grunde konnten die Wahlen in Elsaß-Lothringen nicht zeitgleich mit den Wahlen im übrigen Reichsgebiet, die bereits am 10. Januar vorgenommen wurden, stattfinden.

[15] Vgl. *H. Hiery*, Reichstagswahlen im Reichsland, S. 106.

tiquierten französischen Gesetzbestimmungen – zu Recht – eine Abnahme ihres Einflusses befürchteten[16].

Für die wahlpolitische Entwicklung Elsaß-Lothringens nach 1871 ist deshalb die ungewöhnlich lange Dominanz individualistischer Kandidaturen charakteristisch. Es sind Kandidaten, die sich beharrlich weigern, sich einer Fraktion oder gar Partei anzuschließen und deren politische Zu- und Einordnung deswegen extrem schwierig ist. Ein wirklicher Wahlkampf wurde von vielen nicht betrieben; man beschränkte sich auf das unerläßlich Notwendige (die Bekanntgabe der Kandidatur) und das Wahlprogramm bestand zumeist aus fünf Worten: „Ihr kennt mich, wählt mich". Da Gegenkandidaten zu Anfang nur selten auftraten (die Anzahl aller Kandidaten bei den Reichstagswahlen zwischen 1874 und 1887 betrug im statistischen Durchschnitt nur 1,8 pro Wahlkreis; 1881 hatten neun, 1884 elf von 15 Wahlkreisen nur einen Kandidaten), konnte der angetretene Kandidat häufig gewiß sein, daß er trotz seiner wenig aussagekräftigen Politik auch gewählter Abgeordneter werden würde. Wahlversammlungen wurden kaum abgehalten, Rechenschaftsberichte über die Tätigkeit im Parlament gab es erst recht nicht.

Versucht man, die individualistischen Kandidaten und Abgeordneten nach ihrer politischen Haltung und Einstellung einigermaßen zu ordnen, so lassen sich zwischen 1874 und 1887 im wesentlichen drei Strömungen unterscheiden. Die stärkste Gruppe bildeten die Vertreter des politischen Katholizismus. Doch gilt es hier gleich Einschränkungen vorzunehmen; einen eigentlichen politischen Katholizismus, wie er sich im Reich im Zentrum organisatorisch zusammenfand, gab es, zunächst jedenfalls, in Elsaß-Lothringen nicht. Zwar waren die Beweggründe für die Entstehung des Zentrums und der politischen Repräsentanten des elsaß-lothringischen Katholizismus die gleichen; sie lassen sich im wesentlichen, wie oben ausgeführt, auf den Kulturkampf und die damit verbundene öffentliche und politische Diskreditierung und Diffamierung der Katholiken zurückführen. Auch war das deutsche Zentrum bei der Entstehung katholisch-politischer Aktivitäten im Reichsland maßgeblich beteiligt. Aber ein Anschluß der katholischen Elsaß-Lothringer an die Zentrumsbewegung im Reich, wie dies möglicherweise der Bischof von Straßburg ins Auge gefaßt hatte, scheiterte daran, daß die Situation im Reichsland bereit zu verfahren war. Innerhalb von nur vier Jahren war die anfänglich abwartende, ja teilweise bewußt zuvorkommende und versöhnliche Haltung des katholischen Klerus gegenüber der deutschen Verwaltung in offene Feindseligkeit umgeschlagen. Darunter mußte auch das Zentrum leiden, das trotz seiner Oppositionshaltung wegen des Kulturkampfes im Prinzip als doch „reichsfreundlich" galt[17].

So traten die von dem Straßburger Bischof persönlich organisierten katholischen Kandidaten unter unabhängiger Flagge auf. Weil nicht genügend exponierte Laien zur Verfügung standen, um die politischen Interessen des Katholizismus zu vertreten, wurden insgesamt sieben Geistliche als Kandidaten aufge-

---

[16] Vgl. ebd., S. 73, 136 und 149.

[17] Vgl. ebd., S. 139-144.

stellt. An der Spitze standen die Bischöfe von Straßburg und Metz. Mit der massiven Aufstellung von Geistlichen war kirchenrechtlich ein Weg beschritten worden, der nach kanonischem Recht eher einen Ausnahmefall darstellte. Da aber eine Kandidatur vom vorgesetzten Straßburger Bischof geradezu als eine Gehorsamspflicht angesehen wurde, entwickelte sich die wahlpolitische Aufstellung von Geistlichen im Reichsland zu einem Gewohnheitsrecht, das auch fortbestand, als die politische Konstellation, die zu diesem Auftreten geführt hatte, längst nicht mehr existierte. Der katholische Priester als Volksvertreter und Politiker war eine typische Erscheinung im Elsaß-Lothringen der Periode zwischen dem Ende des Deutsch-Französischen Krieges und dem Beginn des Zweiten Weltkrieges. Eine auffallende Ähnlichkeit besteht zu Schlesien, wo katholische Geistliche in der Auseinandersetzung um die Bewahrung konfessioneller und nationaler Rechte eine ähnliche Rolle spielten[18].

Neben den katholischen Kandidaten kam den politischen Vertretern des nationalen Protests gegen den Frankurter Friedensvertrag eine eher sekundäre Bedeutung zu. Ihr Kreis beschränkte sich auf Fabrikanten und Repräsentanten der städtischen Bourgeoisie, im Elsaß fast ausschließlich Protestanten, in Lothringen, wo es kaum Protestanten gab, „Taufschein-Katholiken", deren Eigencharakterisierung als „antiklerikal" aussagekräftig genug ist. Den meisten war eine republikanisch-französische Grundhaltung gemein, wie sie in Frankreich Gambetta am deutlichsten repräsentierte. Nur in Lothringen gab es einige Monarchisten, die dem gerade untergegangenen französischen Kaiserreich nachtrauerten.

Die numerisch unbedeutende Gruppe hatte durch ihre wirtschaftliche und soziale Stellung überdimensionalen Einfluß. Dazu kam, daß die deutsche Verwaltung durch ihre Politik dazu beigetragen hatte, die Masse der Land- und Stadtbevölkerung in einem Zustand politischer Unmündigkeit zu belassen. Die Folge davon war, daß die „Protestler" die veröffentlichte Meinung so sehr dominierten, daß die öffentliche Meinung mit der ihren praktisch gleichgesetzt wurde. Ein großer politischer Erfolg war die Wahlabsprache, die ihnen kurz vor der Durchführung der ersten Reichstagswahl mit den Vertretern des katholischen Lagers gelungen war. Gemäß dieser Absprache trat man nicht gegeneinander an; im Elsaß zogen die „Protestler" ursprünglich vorgesehene Kandidaturen zugunsten der „Katholiken" zurück und behielten mit Zabern, Straßburg-Stadt und Mühlhausen nur den einzigen protestantischen und die beiden von ihrer eigenen Klientel am meisten dominierten Wahlkreise. In Lothringen zogen sich dagegen die Katholiken zugunsten der Protestler zurück. Die Protestler versprachen im Gegenzug, die Verteidigung der religiösen Freiheiten in ihr Programm aufzunehmen. Da es angesichts der Mehrheitsverhältnisse in Deutschland unwahrscheinlich war, daß dieses Versprechen eingelöst werden mußte, blieb als Folge der elsaß-lothringischen Anti-Bismarck-Koalition der Universalprotest gegen ein großes deutsches Zwangssystem in Erinnerung. Zur öffentlich sichtbaren Demonstration wurde dieser Protest, als im Nachklang zum vollstän-

[18] Vgl. *H. Neubach*, Schlesische Geistliche als Reichstagsabgeordnete 1867-1918. Ein Beitrag zur Geschichte der Zentrumspartei und zur Nationalitätenfrage in Oberschlesien, in: Archiv für schlesische Kirchengeschichte, 26 (1968), S. 251-278.

digen Sieg des katholisch-protestlerischen Oppositionsbündnisses der Glasfabrikant Teutsch, einer der Wortführer Gambettisten, im Reichstag eine von Gambetta selbst verfaßte und vom Herausgeber der „Frankfurter Zeitung", Leopold Sonnenmann, ins Deutsche übertragene Erklärung verlas, die im Namen des Völkerrechts gegen die Annexion protestierte. Unmittelbar nach Teutsch meldete sich der Abgeordnete von Schlettstadt, der Straßburger Bischof Räß, mit achtzig Jahren das älteste Mitglied des Reichstages, und erklärte, die „Elsaß-Lothringer meiner Konfession sind keineswegs gemeint, den Vertrag von Frankfurt, der zwischen zwei großen Mächten abgeschlossen worden ist, in Frage zu stellen"[19].

Es war einer jener Momente, in denen die Wut des Zeitgeistes überschäumt. Was der Straßburger Bischof von sich gab, korrespondierte mit einer jahrhundertealten christlichen Tradition und den Aussagen der katholischen Staatsrechtslehre. Zudem war unter den Abgeordneten des Wahlbündnisses abgemacht worden, daß auf die Rede eines Protestlers die eines Katholiken folgen sollte, die die protestlerischen Aussagen abschwächen sollte. Aber die vier Sätze, die Bischof Räß sprach, hätten in Elsaß-Lothringen kaum auf eine publizistisch aufgeheiztere Stimmung treffen können. Der Bischof von Straßburg lebte nicht im Wolkenkuckucksheim, wenn er auch vielleicht den Grad der Haßgefühle, die ihm aus bürgerlichen Kreisen entgegenschlug und der von vielen der jüngeren Priester seiner eigenen Diözese geteilt wurde, unterschätzt hatte. Aber wenn er geglaubt hatte, durch seinen persönlichen Einsatz doch die Lage der katholischen Kirche im Elsaß verbessern zu können, dann mußte er sich auch darin getäuscht sehen. Die deutsche Verwaltungsspitze im Reichsland sah in dem mutigen Auftreten des Bischofs von Straßburg keinen Anlaß, das eigene kulturkämpferisch-verbissene Verhalten in Frage zu stellen; der hier zu Tage getretene Spott und die unverhohlen geäußerte Schadenfreude paßten gut zu der anderen, der reichsdeutschen Seite des Zeitgeistes[20]. Wie die Mehrheit von Räß' eigenen Wählern im Kreis Schlettstadt über die Vorgehensweise ihres Bischofs dachte, läßt sich nur vermuten. Räß selbst zog sich, angewidert und wohl auch verbittert von den Anfeindungen aus allen Seiten, ganz in seine seelsorgerischen Tätigkeiten zurück. Nicht ausgeschlossen ist, daß die Mehrheit seiner ehemaligen Wähler eher der Sichtweise des Bischofs als der der meinungsbeherrschenden Bourgeoisie zuneigte. Im Rennen um die politische Nachfolge des Straßburger Bischofs rivalisierte 1877 ein katholischer Laie mit einem Priester. Während der Priester durch seine scharfe Kritik am Frankfurter Friedensvertrag auf der Welle der protestlerischen Opposition schwamm, trat der Laie weniger durch sein unklares Programm als durch die Tatsache in Erscheinung, daß er mit einer nahen Verwandten von Räß verheiratet war. Der nationalistische Geistliche mußte dabei gegen den angeheirateten Verwandten des Bischofs den kürzeren ziehen. Im benachbarten, weiter nördlich gelegenen Wahl-

---

[19] Stenographische Berichte über die Verhandlungen des Deutschen Reichstages, 2. Legislaturperiode, I. Session 1874, 1, Berlin 1874, S. 99-102. Vgl. *H. Hiery*, Reichstagswahlen im Reichsland, S. 175-176.

[20] Vgl. ebd., S. 177.

kreis Molsheim-Erstein besiegte zur gleichen Zeit ein katholischer „Autonomist" einen weiteren Vertreter des protestierenden Katholizismus überraschend deutlich. Hier war der unterlegene Kandidat mit dem Bischof von Nancy verwandt. Der galt aber gerade als Antithese zu seinem Straßburger Pendant, hatte er doch einen Hirtenbrief erlassen, in dem er die Katholiken seiner Diözese[21] zum Gebet für die Wiedervereinigung Elsaß-Lothringens mit Frankreich aufgefordert hatte. Ob diese Dinge für die Wahlentscheidung der Wähler ausschlaggebend waren, muß offen bleiben. Aber es ist doch davor zu warnen, die persönlichen Verhältnisse der Kandidaten für die Entscheidung der Wähler zu gering zu veranschlagen; das gilt insbesondere in einer Zeit, in der Wahlprogramme der einzelnen Kandidaten kaum vorhanden oder bewußt konturlos und vieldeutig formuliert sind.

1877 hatte sich der Zeitgeist im Reichsland bereits deutlich gewandelt. Daß der Protest politisch wenig ergiebig war, war augenfälliger geworden. Die „Protestler" nahmen an den Sitzungen des Reichstages nicht mehr teil, weil sie in der Teilnahme eine indirekte Anerkennung des von ihnen bekämpften Rechtszustandes sahen. Das war zwar politisch konsequent, traf aber bei vielen Wählern auf wenig Gegenliebe. Mit der zunehmenden Kritik an der Passivität der „Protestler" wuchs das Ansehen der „Autonomisten". Wie die Protestler eine kleine Gruppe von Notabeln, waren sie jedoch im Unterschied zu jenen zur Anerkennung der durch den Frankfurter Friedensvertrag geschaffenen Verhältnisse bereit. Nach ihrem politischen Ziel, der Erlangung möglichst weitgehender Autonomie, wurden sie „Autonomisten" genannt. Die sehr heterogene Gruppe umfaßte Personen, die den reichsdeutschen Nationalliberalen nahestanden (und später bei diesen hospitierten). Auf der anderen Seite war der Übergang zu den Protestlern, deren soziale und konfessionelle Stellung die meisten ohnehin teilten, teilweise fließend. Eine ganze Reihe von ihnen befürworteten Preußen-Deutschland aus genau dem gleichen Grund, der für die Katholiken den Anlaß zur Opposition gegeben hatte. Der Liberalismus der Autonomisten charakterisierte sich durch eine extreme Abneigung gegen den politischen Katholizismus und befürwortete deshalb den Kulturkampf. Der „Sieg Deutschlands ist ein Glück für die Menschheit gewesen; denn er hat Europa vor einer Invasion durch den Klerikalismus bewahrt", schrieb rückblickend einer der maßgeblichen Vertreter der Autonomisten, August Schneegans, der 1870 noch in Bordeaux feierlich gegen die Abtretung von Elsaß-Lothringen protestiert hatte[22].

Zwischen 1877 und 1887 teilten sich diese drei Gruppierungen, Katholiken, „Protestler" und „Autonomisten" die fünfzehn Abgeordnetenmandate, mit denen Elsaß-Lothringen im Reichstag vertreten war. Das ländliche Oberelsaß stimmte in dieser Zeit fast geschlossen für den jeweiligen katholischen Kandidaten; Mülhausen blieb ebenso eine Hochburg der Protestler wie Lothringen und das

---

[21] Hierzu gehörten auch die jetzt deutsch gewordenen Kreise Saarburg und Château-Salins.

[22] *A. Schneegans*, 1835-1898. Memoiren. Ein Beitrag zur Geschichte des Elsasses in der Übergangszeit, hrsg. von H. Schneegans, Berlin 1904, S. 215.

Unterelsaß wurde zur Domäne der Autonomisten. Teilweise muten die Wahlen wie eine besondere Variante von Volkszählungen an. Ganze Ortschaften stimmen geschlossen für den katholischen, oder, bei protestantischen Dörfern, für den jeweiligen autonomistischen Kandidaten. Die Integration des Wählers in seine konfessionelle Subkultur blieb, in anderer Form und angesichts anderer parteipolitischer Konstellationen, auch noch lange nach der Jahrhundertwende erhalten und ist mit Sicherheit eines der erstaunlichsten Phänomene des „deutschen" Elsaß-Lothringen vor 1914. Neue parteipolitische Konstellationen sollten an dieser auffälligen Verhaltensweise nur wenig ändern; war die besondere Bindung eines Kandidaten/einer Partei zur jeweiligen Konfession erst einmal erfolgt, blieb die Beziehung zwischen konfessionell prägendem Kandidaten und konfessionell geprägtem Wähler überaus stabil.

Am ehesten fanden individuelle Wahlentscheidungen in den wenigen großen Städten statt, wo die politische Bedeutung der Konfessionszugehörigkeit begrenzt blieb und durch die Zuwanderung aus dem Reich (die sogenannten „Altdeutschen") der Wahlausgang ohnehin offener war. Wahlpolitisch umstritten blieben auch jene Landschaften, in denen es Gebiete mit einer katholischen und einer protestantischen Bevölkerung gab. Die heftigsten Auseinandersetzungen fanden deshalb um die Wähler des Unterelsaß statt, wo Protestanten und Katholiken zwar nicht Seite an Seite, aber doch Dorf an Dorf nebeneinander lebten. Hier stimmte die protestantische Landbevölkerung in immer stärkerer Ausformung ihres traditionellen Wahlverhaltens seit 1871 mehrheitlich für Vertreter der Autonomisten und demonstrierte dabei ihre Bereitschaft, sich an reichsdeutsche Verhältnisse anzupassen. Dies galt in zunehmendem Maße auch für die katholische Landbevölkerung. Der bedeutendste katholische „Autonomist" war Hugo Zorn von Bulach, der seit 1881 von den Wählern des Kreises Molsheim-Erstein in den Reichstag gewählt wurde. Auch die auffällige Nord-Süd-Schiene im elsaßlothringischen Wahlverhalten akzentuiert sich: 1878 scheitert ein deutscher Kreisdirektor bei den Reichstagswahlen in Hagenau-Weißburg erst in der Stichwahl. Daß er überhaupt so weit kommen konnte, lag nicht zuletzt daran, daß er Katholik war.

Trotz allem kann man von einer kontinuierlichen Abnahme des politischen Protests und einer komplementären Zunahme der eher reichsfreundlich eingestellten Kandidaten vor 1887 nicht sprechen. Die Entwicklung war nie eindeutig und nicht selten gegenläufig. Die Wahlkreise der großen Städte, Straßburg, Mülhausen und Metz, blieben (mit einmaliger Ausnahme Straßburgs 1877) in den Händen der Protestler. Mit der verfehlten Politik des Statthalters Edwin von Manteuffel ging eine allgemeine Schwächung, vor allem der katholischen Autonomisten einher. Irgendwie schien die Zeit in Elsaß-Lothringen stillgestanden zu haben; die konfessionellen Schranken zwischen katholischer und protestantischer Landbevölkerung waren weiterhin auch Grenzpfähle politischer Natur. Die Ansichten eines Großteiles der Bourgeoisie galten immer noch als Leitlinien politisch korrekten Verhaltens, gegen die zu verfehlen für die soziale, ökonomische und nicht zuletzt „moralische" Stellung des Betreffenden fatale Folgen haben konnte. Noch erstaunlicher ist, daß diese Ideologie selbst im administrativen Bereich ihre Durchschlagskraft bewahren konnte. In Lothringen arbeiteten die ehemaligen Maires, die jetzt amtlich Dorfbürgermeister genannt wurden, bei Wahlen immer noch nach der Maxime der korrupten napoleonischen Verwaltung: Die Wahlzettel der Regierungskandidaten wurden wie eh und je von der Administration entweder durch die Gemeindediener oder direkt von den Bürgermeistern verteilt und die der Konkurrenten, wenn es sie denn gab, einfach beseitigt. Nur daß eben die „Regierungskandidaten“ die Vertreter des französischen Protests waren. Die deutsche Verwaltung, die von dem der Freiheit der Wahl Hohn sprechenden Verfahren seit 1874 wußte, war unfähig, es abzustellen, einfach weil die Zahl der Bürgermeister, die auf solche Art und Weise agierte, zum Einschreiten zu hoch war[23].

Insgesamt gesehen, ist es wahrscheinlich am zutreffendsten, wenn man die Bevölkerung Elsaß-Lothringens als wahlpolitisch konservativ charakterisiert. Das Attribut, im Prinzip konservativ gewesen zu sein, trifft die Wähler aller drei politischen Gruppierungen gleichermaßen. Man wählte den „Protest“, weil man dem (vor allem protestantischen) Bürgertum angehörte oder sich doch diesem zugehörig fühlte; oder aber weil man zu deren Klientel zählte oder sonstwie von ihr abhängig war und es schon aus ganz materiellen Gesichtspunkten das klügste schien, seine Brotgeber nicht zu verprellen. Man wählte den katholischen Kandidaten, weil man selbst Katholik und zumeist im ländlichen (Ober)Elsaß zu Hause war. Und als auf dem Land lebender Protestant wählte man den Autonomisten, wobei mit der Entfernung von Mülhausen die Bereitschaft zur Unterstützung der Autonomisten graduell anstieg und im Norden auch die Katholiken erfaßte. Vor allem aber wählte man denjenigen, den man bereits früher gewählt hatte. Dabei spielte es zunehmend keine Rolle, was der Gewählte im Reichstag von sich gab oder ob er überhaupt dort erschienen war. In der Tat waren fast alle elsaß-lothringischen Reichstagsabgeordneten, egal welcher Gruppierung sie angehörten, ausgesprochene Biedermänner, die in Berlin kaum Aufmerksamkeit auf sich zogen. Am ehesten fielen noch die katholischen Geistlichen auf. Aber es war eher ungewohntes äußeres Erscheinungsbild, das Aufsehen erregte. Wenn man im Reichstag einen Abgeordneten in der Soutane erblickte, konnte man sicher sein, entweder einen elsaß-lothringischen, oder aber einen schlesischen bzw. polnischen Priester-Politiker vor sich zu haben. In politischer Hinsicht blieben auch diese blaß. August Schneegans war sicherlich die Ausnahme von der Regel, weil sein geistiges Format, sein Mut, und nicht zuletzt seine Eloquenz weit über dem Niveau seiner Kollegen lag. Aber Schneegans war doch zu sehr dogmatisch und vor allem in dem mehrheitlich katholischen Land zu kulturkämpferisch, als daß er allein die scheinbar festgefahrene Situation hätte loseisen können. Am Ende war er seiner eigenen Fraktion zu radikal. Er starb, von seinen ehemaligen Freunden isoliert und im Elsaß fast gänzlich vergessen, als deutscher Generalkonsul in Genua.

Analysiert man die Wahlergebnisse genauer, was vor allem bedeutet, daß man sich nicht durch vorderhand hohe Zustimmungsraten für einzelne Abge-

---

[23] Vgl. *H. Hiery*, Reichstagswahlen im Reichsland, S. 414-415.

ordnete blenden läßt[24], dann wird offensichtlich, daß zehn Jahre nach dem Oppositionsabkommen zwischen bürgerlicher und katholischer Protestbewegung das Bündnis nur noch mit Mühe aufrechterhalten werden konnte und es an vielen Enden und Ecken ordentlich kriselte. Immer mehr Wähler machten den demonstrativen Gang zur Wahlurne zur Unterstützung des einzigen Kandidaten nicht mehr mit und zogen es in Ermangelung politischer Alternativen vor, erst gar nicht zur Wahl zu gehen. Diese Leute waren ein noch ruhendes Wählerpotential, das sich zu gegebener Zeit gegen die alten, abgedroschenen Parolen in Bewegung setzen ließ. Was möglich war, deutete sich 1884 ansatzweise im Wahlkreis Mülhausen an. Hier rüttelte ein völlig unbekannter einheimischer Sozialdemokrat ganz gehörig an der politischen wie ökonomischen Sonderstellung des Textilfabrikanten Jean Dollfus, ohne ihn jedoch letztendlich umstürzen zu können. Vor allem die außerhalb des Dollfus'schen Machtzentrums wohnende katholische Bevölkerung des Landkreises lief dem Sozialdemokraten in Scharen zu. Die Welle der Politisierung der Arbeiterschaft und der Landbevölkerung, die von hier ausging und die zum erstenmal die vertrauten Bahnen und Barrieren bisherigen Wahlverhaltens hinter sich ließ, ist gar nicht hoch genug einzuschätzen[25]. Und in Lothringen war das Bündnis zwischen Katholiken und Gambettisten ebenso offensichtlich an sein Ende gelangt. In Metz fand die erste große Auseinandersetzung zwischen einem Protestler und einem Priester statt, die an Erbitterung nichts zu wünschen übrig ließ. Hier deutete sich eine andere Tendenz an; die katholische Bevölkerung lehnte, wenn sie französischsprachig war, in ihrer Mehrheit einen Kleriker als politischen Repräsentanten ab. Die Ruhe im Lande war, wie sich bald zeigen sollte, tatsächlich die Ruhe vor dem Sturm.

In der Tat ist das, was sich 1887 in Zusammenhang mit dem Rummel um den französischen General Boulanger und der damit zusammenhängenden Auseinandersetzung um die Verlängerung der deutschen Heeresstärke (des Septennats) ereignete, am ehesten mit einem Sturm vergleichbar. In der kurzfristig angesetzten Reichstagswahl wurden die verbliebenen Autonomisten regelrecht aus ihren Mandaten gejagt und durch Protestler ersetzt, deren antideutsche Radikalität und profranzösische Einstellung die ihrer Vorgänger von 1874 bei weitem übertraf. Viel mehr als 1874 erinnerten die Wahlen von 1887 an ein Plebiszit der elsaß-lothringischen Wähler für Frankreich. Viele Dinge kamen zusammen; die Hoffnung, auf einen französischen Sieg und die Chance, wieder französisch zu werden, bei den einen. Bei den anderen die Unruhe über diesen möglich scheinenden französischen Einmarsch und die Angst, sich desavouieren zu können. Die Fehler der Manteuffelschen Politik rächten sich jetzt ebenso wie fragwürdi-

---

[24] Für Elsaß-Lothringen sind die gängigen Wahlanalysen, die auf der Grundlage der abgegebenen, gültigen Stimmen argumentieren, völlig untauglich. Angesichts der großen Zahl der Alleinkandidaturen läge die Zustimmungsrate bei nahezu 100 Prozent. Erst die Einbeziehung der ungültigen Stimmen und vor allem der Vergleich mit der Gesamtzahl der Wahlberechtigten läßt Entwicklungen im Wahlverhalten deutlich werden.

[25] Vgl. *M. Stabenow*, Die Reichstagswahlen 1874-1903 im Kreis Mülhausen im Elsaß, M.A. Freiburg 1981.

ge Entscheidungen des neuen Statthalters. Dieser, Chlodwig zu Hohenlohe-Schillingsfürst (ein zukünftiger Reichskanzler), war zwar vordergründig katholisch, aber seine Vergangenheit schien für die Katholiken des Reichslandes wenig versprechend. Im Gegenteil; auch im Elsaß war es nicht unbekannt geblieben, daß er als bayerischer Ministerpräsident 1869 in einer Zirkularnote die Regierungen der europäischen Staaten zu einer Intervention gegen die Abhandlung des 1. Vatikanischen Konzils aufgefordert hatte. Insgeheim fürchtete der „katholische" Fürst nichts mehr, als von Jesuiten vergiftet zu werden[26].

Der Boulanger-Spuk verschwand genauso schnell, wie er gekommen. Und in einem ernüchterten Elsaß-Lothringen setzte drei Jahre später ein wirklicher Umschwung ein. Die Protestler zogen sich zurück, weil sie die Änderung in der Stimmung nur zu deutlich mitbekamen. Wo sie es nicht taten, schnitten sie noch katastrophaler ab als die Autonomisten 1887. In der Tat bedeutet 1890 das Ende des politischen Protests. Von nun an entfernte sich Frankreich, wo man über die reichsländischen Verhältnisse im allgemeinen weit besser informiert war als im Deutschen Reich, immer mehr von Elsaß-Lothringen, so wie sich Elsaß-Lothringen immer weiter von Frankreich entfernte.

1890 bedeutet aber auch das Ende der alten Autonomisten. Die bislang den Autonomisten zugehörigen Abgeordneten traten alle in die Reichstagsfraktionen „deutscher" Parteien ein; davon je einer zu den Deutsch-Konservativen und zur freikonservativen Reichspartei, zwei, die Vertreter für Straßburg-Stadt und -Land, zu den Nationalliberalen. Es war der Beginn einer neuen Ära, die durch zunehmende Anpassung an politische Entwicklungen im übrigen Deutschland gekennzeichnet ist. Zum erstenmal zeigte die elsaß-lothringische Bevölkerung das Bestreben, von sich aus Reichsentwicklungen nachzustreben. Dabei spiegelt das Verhalten der Gewählten nur den Stimmungsumschwung in der Bevölkerung wieder. Das ganze Ausmaß des Wandels wird deutlich, wenn man das Verhalten der Katholiken näher betrachtet. 1890 stimmte die katholische Landbevölkerung des Unterelsaß zum erstenmal in ihrer ganz überwiegenden Mehrheit für deutschfreundliche, konservative, ja liberale Kandidaten und auch deren protestantische Konfession stellte dabei kein Hindernis mehr dar. In Straßburg-Land unterstützten die Katholiken den protestantischen Kandidaten, der bei den Nationalliberalen hospitierte, sogar aktiver als die Protestanten. Dieser Trend verstärkte sich noch bei der darauf folgenden Reichstagswahl. 1893 wählten die Katholiken Schlettstadts den protestantischen, „altdeutschen" Kreisdirektor, die Katholiken Hagenau-Weißenburg, den Sohn des Statthalters zu ihrem Reichstagsabgeordneten. In beiden Fällen hatten die eigenen katholischen Kandidaten, in Schlettstadt sogar ein Geistlicher, keine Chance.

Wie ist dieser drastische Umbruch zu erklären? Vor allem drei Gründe sind für die Trendwende von 1890 maßgeblich. Zunächst bewirkte das sang- und

---

26 Nachlaß Hohenlohe-Schillingsfürst im Bundesarchiv, Abteilung Koblenz. Zu Hohenlohes geradezu traumatischen Beziehungen zu den Jesuiten vgl. auch *A. von Hohenlohe*, Aus meinem Leben, Frankfurt a.M. 1925, S. 90-94, und die Denkwürdigkeiten Hohenlohe-Schillingsfürst, 1, Stuttgart / Leipzig 1907, S. 429.

klanglose Ende Boulangers eine Desillusionierung unter all jenen, die noch auf eine baldige Revision der Entscheidung von 1870/71 gehofft hatten. Diese Entwicklung wurde verstärkt durch stringente Maßnahmen der Reichsspitze, von denen der Reichskanzler deutlich machte, daß das Reich unter keinen Umständen eine Wiedervereinigung mit Frankreich zulassen werde. Bislang gültige Ausnahmeregeln und Sondergesetze für Elsaß-Lothringen, die den Verlust der traditionellen Bindung an Frankreich, vor allem im ökonomischen Bereich, hatten erleichtern sollen, fielen nun weg. Die Beziehungen zu Frankreich wurden von nun an erschwert. Für alle über die französische Grenze einreisenden Ausländer wurde der Visumzwang eingeführt. Die deutsche Gewerbeordnung und die Arbeiterversicherungsgesetze, gegen die sich die elsaß-lothringischen Notablen und Protestler-Fabrikanten so lange erfolgreich gewehrt hatten, wurden jetzt ebenfalls eingeführt. Dieses energischere staatliche Vorgehen mußte in der Tat die wachsende öffentliche Überzeugung, daß eine Rückkehr zu Frankreich weiter entfernt sei als je zuvor, nur noch verfestigen. Nicht weniger wichtig für den Umschwung in der Volksstimmung waren der Abbau des Kulturkampfes und das offensichtliche Bemühen des Kanzlers und des jungen Kaisers, den katholischen Bevölkerungsteil zu beruhigen und nach Möglichkeit zu integrieren. Öffentliche Demonstrationen guten Willens, wie der von Wilhelm II. persönlich geförderte Wiederaufbau der Kathedrale von Metz, verfehlten ihren Eindruck nicht. Schließlich und endlich wirkte sich 1890 zum erstenmal ein Generationenwandel aus. 1890 war eine neue Generation, die erste, die durch das deutsche Schulsystem gegangen war, zum erstenmal wahlberechtigt. Weitgehend unbeeinflußt von der französischen Vergangenheit ihrer Väter und Großväter waren diese jungen Männer auch innerlich bereit, sich ihren Weg in dem neuen Vaterland zu suchen.

Wie stark diese Umwälzungen sein konnten, zeigte die Entwicklung in der alten Bastion der Protestler, im oberelsässischen Mülhausen. Hier gab es, nachdem das französische Nationalgefühl als gemeinsames Identitätsmuster weggefallen war, nichts mehr, was die protestantischen Fabrikanten und die katholischen Arbeiter verband und was die Arbeiter davon hätte abhalten können, sich gegen die sozialen Mißstände zu wehren. In Ermangelung eines katholischen Kandidaten wählte die Arbeiterschaft einen Sozialdemokraten zu ihrem Reichstagsabgeordneten. Der neue Abgeordnete Hickel schloß sich in der nationalen Frage ganz dem allgemeinen Trend an. Auf die Frage nach seiner Einstellung zur deutschen Nation erklärte er unmittelbar nach seiner Wahl: „Die Nationalität, die wir Proletarier besitzen, hängt nicht von einer Abgrenzung auf einer geographischen Karte ab. Unser Vaterland ist da, wo es uns gut ergeht"[27].

Im Gegensatz zu 1884, als die katholische Landbevölkerung den Sozialdemokraten unterstützt hatte, war es 1890 die katholische Arbeiterschaft, die ihren Protestler-Patron stürzte[28]. Zum erstenmal im Reich hatten katholische Arbeiter einen Sozialdemokraten schon in der Hauptwahl zu ihrem politischen Vertreter

[27] Vgl. *H. Hiery*, Reichstagswahlen im Reichsland, S. 256.

[28] Vgl. *M. Stabenow*, Die Reichstagswahlen 1874-1903, S. 126-136.

gemacht. Dies war nur deswegen möglich, weil in Mülhausen, eigentlich im ganzen Reichsland Elsaß-Lothringen, 1890 eine Partei des organisierten Katholizismus fehlte, wie sie im Reich mit dem Zentrum bestand, die dort das Potential der katholischen Arbeiterschaft erfolgreich mobilisierte und band. Da der politische Katholizismus seine verspäteten Aktivitäten im nachhinein nicht mehr aufholen konnte, entwickelte sich Mülhausen zu einer Hochburg der SPD in Elsaß-Lothringen.

Das seit 1890 durch den Wähler vorangetriebene Hineinwachsen in das Reich hatte vielerlei Auswirkungen. Vor allem anderen ist hier das Aufblühen des politischen Parteienwesens zu nennen. Geschockt von der Niederlage gegen den Liberalismus und Konservativismus im Unterelsaß, ganz besonders aber vom Sieg der Sozialdemokratie in Mülhausen, suchte der politische Katholizismus nach einer schlagkräftigeren Organisationsform. Die alten individualistisch geprägten Kandidaturen hatten sich auf Dauer als hinderlich für die Entfaltung des politischen Katholizismus erwiesen; die langjährigen katholischen Abgeordneten zogen sich einer nach dem anderen zurück. Der Anschluß an Entwicklungen, die der politische Katholizismus im Reich vorgegeben hatte, ging schrittweise vor sich. 1892 wurde in Massenversammlungen der Volksverein für das katholische Deutschland ins Reichsland übertragen[29]. Ende 1894 wurde in Straßburg eine „Katholische Volkspartei" gegründet, die aber auf Grund der weiterhin angewandten, stringenten französischen Vereinsgesetzgebung auf den Wahlkreis Straßburg-Stadt beschränkt blieb. Erst eine knappe Dekade später gelang 1903 die Gründung einer landesweiten katholischen Partei, der „Elsaß-Lothringischen Landespartei". Die „Landespartei" ging drei Jahre darauf in der neu gegründeten „Elsaß-Lothringischen Zentrumspartei" auf. Die Partei adaptierte weitgehend das reichsdeutsche Zentrumsprogramm[30]. Mit 18.931 Mitgliedern in 167 Ortsgruppen war das elsaß-lothringische Zentrum vor Kriegsausbruch 1914 die weitaus stärkste politische Kraft des Landes[31].

Der Zusammenschluß des politisch organisierten Katholizismus und das Aufblühen der katholischen Presse führten zu einer stärkeren Politisierung und „Konfessionalisierung" der Wähler. Nach einer gewissen Ruhe in der Folge des Umbruchs von 1890 und dem damit einhergehenden Ende des Kulturkampfes, wurde nach der Jahrhundertwende die Konfessionszugehörigkeit der Wähler wieder zu dem bestimmenden Faktor in der Wahlauseinandersetzung. Unter gewandelten äußeren Verhältnissen schienen sich die konfessionell-politischen Grabenkämpfe der frühen Jahre, sozusagen im neuen Gewand, zu wiederho-

---

[29] Zum Volksverein vgl. *H. Heitzer*, Der Volksverein für das katholische Deutschland im Kaiserreich 1890-1918, Mainz 1979. 1904-1905 hatte der Volksverein in Elsaß-Lothringen 35.071 Mitglieder. Nach dem Rheinland und Westfalen war Elsaß-Lothringen der drittstärkste Landesverband des Volksvereins; vgl. ebd., S. 313-315. Zur Entwicklung des politischen Katholizismus im Elsaß ausführlich: *Ch. Baechler*, Le Parti Catholique Alsacien 1980-1939, 6 Bde., Habil., Paris 1981.

[30] „Unter ausdrücklicher Wahrung der Sonderinteressen Elsaß-Lothringens vertritt es das politische Programm des Zentrums", § 2 Abs. 1 der Satzung.

[31] *Ch. Baechler*, Le Parti Catholique Alsacien 1980-1939, 2, S. 285.

len. Zum neuen (alten) Gegner wurden die Liberalen, die sich ebenfalls landesweit in einer „Liberalen Landespartei" zusammengefunden hatten. Da beiden Parteien der Kampf gegen noch bestehende elsaß-lothringische Ausnahmegesetze und das Eintreten für ein eigenes Bundesland Elsaß-Lothringen gemein war, trennten die „Katholische" und die „Liberale" Landespartei tatsächlich im wesentlichen nur konfessionelle Gegensätze, die infolgedessen den Wahlkampf dominierten. In diesem Licht erschien die „Elsaß-Lothringische Landespartei" als katholische, die „Liberale Landespartei" als protestantische Partei oder Partei der „aufgeklärten Katholiken". Unter solchen Vorzeichen wurde anläßlich der Reichstagswahlen von 1903 ein Ausmaß konfessioneller Verhetzung erreicht, das selbst in Elsaß-Lothringen bisher unbekannt schien. Die konfessionelle Dimension der Wahlauseinandersetzungen blieb, in nur unwesentlich abgeschwächter Form, über 1907 bis 1912 erhalten. Zusätzliche Schärfe gewannen die Wahlkämpfe durch die Maßnahmen der laizistisch-republikanischen französischen Regierung. Sie führten auf der einen Seite unter den Katholiken zu einer so nie zuvor gekannten Solidarisierungswelle mit dem monarchischen, Ruhe und Ordnung ausstrahlenden Deutschen Reich, auf der anderen Seite zu einer neuen Affrontstellung zu den deutschen und speziell elsaß-lothringischen Liberalen, denen man vorwarf, daß sie „jenen namenlosen Schandtaten freudig zujubeln! ... Das Größte und Wichtigste steht auf dem Spiel. Wollt Ihr die Zustände, wie sie in Frankreich bestehen? Sicher nicht!"[32]. Symptomatisch für den Wandel innerhalb der katholisch-politischen Elite war das Verhalten des Reichstagsabgeordneten Nicolas Delsor. Delsor, ein Geistlicher, hatte 1874 jenen Teil des Klerus angeführt, der öffentlich die Reichstagsrede des eigenen Bischofs desavouierte. Jetzt warnte er in drastischen Worten vor den Folgen des Liberalismus, wie er sich in der französischen Republik manifestierte: „Unser Elsaß-Lothringen darf nicht zur Kloake werden, in der die Schmutzwelle, [die] von Frankreich ausgeht, schließlich sich sammelt"[33].

Besonders erbittert wurde um jene Wahlkreise mit gemischt-konfessioneller Bevölkerung gekämpft. Noch stärker als anderswo galt hier die Stimmgabe „als ein Stück Glaubensbekenntnis. Wer diesmal zurückbleibt oder schlecht wählt, begeht Verrat an sich, an der Gesellschaft, am Vaterlande [sic!], an der Religion, an seiner Kirche, an seinem Gott"[34]. Erstaunlich ist, wie sehr diese konfessionell und weitgehend emotional geführten Wahlkämpfe bei den Wählern auf Widerhall trafen. Das unausgesprochene Wahlziel des elsaß-lothringischen Zentrums, eine möglichst vollkommene Identifikation aller zur Stimmabgabe berechtigten katholischen Wähler mit den präsentierten Kandidaten der Partei zu erreichen, wurde zu einem erstaunlich hohen Grade realisiert, die ausgegebenen Wahlparolen auffallend oft befolgt. Wie zu Zeiten des Kulturkampfes im Reichsland stimmten auch 1903, 1907 und noch 1912 ganze Dörfer und Kleinstädte fast

---

[32] Katholisches Flugblatt zur Reichstagswahl 1903, bezeichnenderweise aus dem nördlichen Unterelsaß; vgl. *H. Hiery*, Reichstagswahlen im Reichsland, S. 317.

[33] Delsor im „Elsässischen Volksboten" vom 23.01.1904.

[34] „Der Elsässische Volksbote", vom 20.06.1903.

geschlossen für den jeweiligen katholischen, oder, bei Protestanten, für den liberalen Kandidaten. Die Wahlbeteiligung stieg in solchen Fällen auf Rekordniveau an. 1903 lag sie anläßlich der Auseinandersetzung um die erneute Wiederwahl des als „liberal" gebrandmarkten Alexander Hohenlohe, dem Sohn des ehemaligen Statthalters, in Hagenau-Weißenburg bei 93,2%. Das war Reichsrekord.

Der Zusammenschluß und das wachsende politische Bewußtsein des katholischen Bevölkerungsteils kann trotz allem nicht verdecken, daß an den Rändern des katholischen Milieus bereits Auflösungserscheinungen zutage getreten waren. Möglicherweise erklärt gerade diese Entwicklung den Grad der konfessionellen Erregung und die Bereitschaft, Haß und Fanatismus als politische Waffe einzusetzen. Noch bei den letzten Reichstagswahlen 1912 polemisierte das vorgeblich unpolitischste der katholischen Blätter des Reichslands gegen „die religionshassende liberale und sozialistische Meute, im Dienste des jüdischen und freimaurerischen Geldsack ... Noch sind wir im Lande die große Mehrheit. Drücken wir sie so an die Wand, daß sie Sauce geben"[35].

Das Aufbrechen der starren konfessionell-politischen Frontstellung in Elsaß-Lothringen gelang am ehesten der Sozialdemokratie, die sich nach der Jahrhundertwende in zunehmendem Maße als zweitwichtigster wahlpolitischer Faktor, nach der reichsländischen Zentrumspartei, aber vor den Liberalen etablieren konnte. Die SPD profitierte dabei nicht zuletzt von dem wachsenden Unmut bei einem Teil der elsaß-lothringischen Wählerschaft mit der provinziellen Enge der reichsländischen Verhältnisse, die duch die andauernde Politisierung der Konfessionsfrage ihre Charakterisierung fand. Darüber hinaus galt sie als die Oppositionspartei *par excellence*, in der sich Unzufriedene jeder Couleur vertreten sehen konnten. Dies hatte die eigenartige Folge, daß die Sozialdemokratie sowohl von französischen wie deutschen Nationalisten gewählt wurde, je nachdem, welche Einstellung der jeweilige Gegenkandidat hatte. War er konservativ oder nationalliberal, stimmten viele ehemalige Protestler für den Sozialdemokraten; war er Anhänger des frankophilen Nationalbundes, einer Neuauflage der Protestler im Zuge der vom Statthalter Wedel vorangetriebenen Verfassungsreform von 1911[36], so votierten sogar „altdeutsche", konservative, monarchistische Beamte für den Sozialdemokraten.

---

[35] „Der Volksfreund", Beilage zu Nr. 1 vom 07.01.1912: „Ein letztes Wort zur Reichstagswahl". Auch nach heftigen Entgegnungen der liberalen und sozialdemokratischen Preßorgane distanzierte sich der „Volksfreund" nicht. Vgl. die ähnlichen Tiraden in der Nr. 4 vom 28.01.1912. Die Liberalen revanchierten sich mit kaum weniger gehässigen Kommentaren. So soll der oberelsässische Demokrat Greiner, ein Mitglied der Ersten Kammer des Landtages, bei einer Wahlversammlung in der protestantischen Diaspora seine Anhänger dazu aufgefordert haben, „die Würmer mit schwarzen Köpfen (Geistliche und Katholiken) mit Arsenik [zu] bespritzen, damit sie endlich krepieren". Vgl. *H. Hiery*, Reichstagswahlen im Reichsland, S. 379.

[36] Hierzu vgl. meinen Aufsatz: Zwischen Scylla und Charybdis. Carl Graf von Wedel als Statthalter im Reichsland Elsaß-Lothringen (1907-1914), in: Zeitschrift für die Geschichte des Oberrheins, 134 (1986), S. 299-328.

1893 war die Wahl Bebels zum Reichstagsabgeordneten der Stadt Straßburg durch die Stimmabgabe der ehemaligen Protestler entschieden worden. Ausschlaggebend war dabei die frühe Kritik Bebels am Frankfurter Friedensvertrag. Das wahlentscheidende Eintreten der frankophilen Bourgeoisie für den Sozialdemokraten markiert ebenso einen Neuabschnitt in der Entwicklung der deutschen Sozialdemokratie wie das Verhalten der katholischen Textilarbeiterschaft Mülhausens drei Jahre zuvor. Zum erstenmal war in Straßburg die Bourgeoisie, und nicht die Arbeiterschaft, wahlentscheidend für den Erfolg eines Sozialdemokraten. Außerhalb ihrer Hochburgen bei der Textilarbeiterschaft der Oberelsaß gewann die SPD unter der eigentlichen Klientel dagegen nur schrittweise. Vielerorts bildete der Katholizismus der Arbeiter doch noch eine letzte, schwer zu überwindende Hürde. In den Industriebezirken Lothringens, wo die zahlenmäßig stärkste Arbeiterschaft ansässig war, blieb die Partei bis zuletzt auffallend schwach. Die eigentliche Partei der Arbeiter war hier das viel stärker als im Elsaß an der reichsdeutschen Mutterpartei ausgerichtete Zentrum. Es verdient Beachtung, daß von den fünf sozialdemokratischen Mandaten bei der letzten Reichstagswahl vor dem Krieg vier in städtisch geprägten Wahlkreisen (Straßburg, Metz, Mülhausen und Colmar) errungen wurden, wo der konfessionelle Faktor weniger ausschlaggebend war. Nur in Mülhausen, dem Herzstück der SPD im Reichsland, dominierte eine katholische Arbeiterschaft. Hier verfügte die Sozialdemokratie über eine feste Basis unter den katholischen Arbeitern. In Colmar und Straßburg-Land profitierte die SPD sowohl von der gemischtkonfessionellen Zusammensetzung, wie von der bereits erwähnten Unterstützung durch Wähler, die damit eine Niederlage der frankophilen Nationalbundskandidaten anstrebten[37].

Der nationalen Frage an sich kam seit der Wende von 1890 immer weniger wahlpolitische Bedeutung zu. Für die meisten Wähler spielte sie nur noch bedingt eine Rolle. Sicherlich, in der Auseinandersetzung um die elsaß-lothringische Verfassungsreform ist ein „nationales Wiedererwachen" unter Teilen der frankophilen Bourgeoisie nicht zu übersehen. Aber es war eher ein letztes Aufbäumen, als ein wirkliches Zurückdrehen der politischen Uhr. Für die Mehrheit der Bevölkerung war die nationale Frage längst entschieden. Der Wähler reflektierte diese Haltung. Die Landtagswahlen 1911 und die Reichstagswahlen 1912 endeten mit einem Fiasko für den „Nationalbund", der offiziell nur angetreten war, die „nationale Eigenart" der Elsaß-Lothringer zu erhalten[38]. Der einzige 1914 noch feststellbare Sonderpartikularismus bestand in der äußersten Westecke des Reiches, wo sich die französische Landbevölkerung bis zuletzt dem Anschluß an die reichsdeutsche Pateienentwicklung verweigerte. Bevölkerung wie Repräsentanten jener Region galten unter den übrigen Elsässern und Lothringern als reaktionär. Im eigenen Landtag wurde deshalb der sogenannte „Lothringer Block" bei der Auswahl der Präsidiumsmitglieder bewußt übergangen. In der Gesamtheit betrachtet, nahm das vor dem Ausbruch des Weltkrieges in

---

[37] Vgl. *H. Hiery*, Reichstagswahlen im Reichsland, S. 388-398.

[38] Vgl. ebd., S. 104, 370, 376 und 386-389.

Elsaß-Lothringen vorherrschende Dreiparteiensystem aus Zentrum, Sozialdemokratie und Linksliberalismus bereits die parteipolitische Entwicklung der Weimarer Republik vorweg.

In die politische Unruhe, die Deutschland und Europa schon im Frühjahr 1914 überschatteten, brachten die elsaß-lothringischen Kommunalwahlen im Mai noch einmal einen Moment der Entspannung. Ein deutlicher Rechtsruck, symbolisiert durch den Einzug von Vertretern der erst im Mai 1912 gegründeten monarchistisch-konservativen „Elsaß-Lothringischen Mittelpartei" in viele Gemeindeparlamente, auch der kleineren Städte, unterstrich den allgemeinen Wunsch nach Ruhe und Ordnung. Auf ihre Weise hatte damit die elsaß-lothringische Bevölkerung klar zu verstehen gegeben, daß sie nicht bereit war, ihre staatsrechtliche Zugehörigkeit erneut zur Diskussion gestellt zu sehen – schon gar nicht um den Preis eines Krieges.

Erziehung zum Hurrapatrioten? Überlegungen zur Schulpolitik des Oberschulrates im Reichsland Elsaß-Lothringen 1871-1914

Von Felicitas von Aretin

1. Einleitung

Schulerziehung im Kaiserreich[1]. Wer denkt da nicht zunächst an Professor Unrat, die Romanfigur von Heinrich Mann[2]. Ohne Verständnis tyrannisiert der Oberlehrer Unrat seine Schüler. Er versucht, ihre Persönlichkeit zu verbiegen, sie zu anständigen, autoritätstreuen Untertanen zu erziehen und fällt schließlich selbst dem Barmädchen Rosa Fröhlich zum Opfer. Auch Robert Musil[3], Franz Wedekind[4], Rainer Maria Rilke[5] oder Hermann Hesse[6] lassen in ihren oft autobiographisch geprägten Schulsatiren die Schüler an der Lebensfeindlichkeit, dem militärischen Drill und der Paukerei zerbrechen. Die seelische Grausamkeit der Lehrer und ein unmenschliches Schulsystem stehen im Vordergrund.

In der reichsländischen Romanliteratur tritt ein weiterer Aspekt hinzu. Die Umerziehung der französischgesinnten Schüler durch nationaldeutschdenkende Oberlehrer. Professor Unrat bekommt im Reichsland einen Zwillingsbruder, den Breslauer Professor Knatschke, der mit dem Prügelstock die Kinder zu guten Deutschen dressiert[7].

---

[1] Der Aufsatz beruht auf einem leicht bearbeiteten Vortragsmanuskript.

[2] *H. Mann*, Professor Unrat oder das Ende eines Tyrannen. Der Roman erschien 1905. Mit der Billigung des Autors entstand eine Filmfassung von Carl Zuckmayers „Der blaue Engel“, Regie Joseph von Sternberg, in den Hauptrollen: Marlene Dietrich und Emil Jannings.

[3] *R. Musil*, Die Verwirrung des Zöglings Törless, 1906.

[4] *F. Wedekind*, Frühlings Erwachen. Eine Kindertragödie. Uraufführung: Berlin, 20 November 1906.

[5] *R.M. Rilke*, Die Turnstunde, Berlin 1902.

[6] *H. Hesse*, Unterm Rad, 1906.

[7] 1908 hatte der Zeichner „Hansi“, der für seine antideutsche Einstellung bekannt war, die Geschichte des Professors Siegfried Wilhelm Knatschke und seines künftigen Schwiegersohns Dr. Erich Kugelberg erfunden. Kugelberg entsprach den gängigen Klischeevorstellungen, die die Bevölkerung sich von den meist aus Altdeutschland stammenden Lehrern an den höheren Schulen machte. Kugelberg trank Mengen von Bier, war stark kurzsichtig, nahm begeistert an jeder Reserveübung teil und betrachtete die Schüler als „Eingeborene“; *J.J. Waltz*, Professor Knatschke. Des großen teutschen Gelehr-

Romanfiktion spiegelt – sollte man meinen – nur zu einem Teil die historische Wirklichkeit wieder. Doch bis heute steht die Schule im Kaiserreich für ein Negativbild des wilhelminischen Deutschlands. Sie wird als Dressuranstalt, als Schule der Untertanen verstanden, die eine hierarchische, undemokratische Gesellschaftsordnung mitbedingte und das Dritte Reich förderte. Der Staat wird in die Rolle des allumfassenden Erziehungsstaates gedrängt, der die Erziehung zum Hurrapatrioten und Untertanen staatlich verordnete[8]. Sinngemäß wählt Folkert Meyer als Titel seiner Untersuchung über den Volksschullehrer „Schule der Untertanen"[9], Edith Lerch vergleicht die Schule mit dem Kasernenhof[10], sogar in dem erst jüngst erschienen Handbuch der Bildungsgeschichte spricht Ulrich Herrmann von einer „durchgreifenden Bildungspolitik im Sinne des neuen Nationalismus"[11].

Was für Preußen zutreffen soll, scheint für das Reichsland[12] im besonderen zu gelten. Folgt man der älteren Literatur über das Reichsland wird die Bildungspolitik auf den Aspekt einer zwangsweisen Germanisierung der Schüler

---

ten und seiner Tochter ausgewählte Schriften. Den Elsässern mitgeteilt und illustriert von Hansi, Mülhausen 1908. Ein Jahr später wurde aus der Romanfigur historische Realität. Der Direktor des Colmarer Lyzeums, Karl Gneisse, veröffentlichte in der „Straßburger Post" eine Artikelserie, in der er den zweisprachigen Unterricht in den Volksschulen aus „militärischen Gründen" ablehnte. Damit löste er eine heftige Debatte in der Presse und im Landesausschuß von Elsaß-Lothringen aus.

8 Vgl. beispielsweise: *C. Berg*, Die Okkupation der Schule. Eine Studie zur Aufhellung gegenwärtiger Schulprobleme an den Volksschulen Preußens 1872-1900, Heidelberg 1973; *U. Bendele*, Krieg, Kopf und Körper – Lernen für das Leben – Erziehung zum Tod, Frankfurt a.M. / Berlin / Wien 1984; *M. Eckert*, Die schulpolitische Instrumentalisierung des Bildungsbegriffs. Zum Abgrenzungsstreit zwischen Realschule und Gymnasium im 19. Jahrhundert, Frankfurt a.M. 1984.

9 *F. Meyer*, Schule der Untertanen. Lehrer und Politik in Preußen 1848-1900, Hamburg 1976.

10 *E. Lerch / R. Mühlbauer-Hülshoff*, Aufwachsen zwischen Sedantag und 1. Mai. Politische Indoktrination von Kindern im Kaiserreich, in: *C. Berg* (Hrsg.), Kinderwelten, Frankfurt a.M. 1990, S. 155-186.

11 *U. Herrmann*, Pädagogisches Denken und Anfänge der Reformpädagogik, in: *C. Berg* (Hrsg.), Handbuch der deutschen Bildungsgeschichte, München 1991, IV, S. 154 ff.

12 Die Reichslandszeit wurde lange Zeit von der Forschung gemieden. Seit den siebziger Jahren findet es zunehmend Interesse; *F. Roth*, La Lorraine annexée. Étude sur la Présidence de Lorraine dans l'Empire allemand (1870-1918), Nancy 1976; *H. Hiery*, Reichstagswahlen im Reichsland. Ein Beitrag zur Landesgeschichte von Elsaß-Lothringen und zur Wahlgeschichte des Deutschen Reiches 1871-1918, Düsseldorf 1986; *A. Wahl*, Confession et comportement dans les campagnes d'Alsace et de Bade 1871-1939. Catholique, protestants et juifs: démographie, dynamisme économique et social, vie de relation et attitude politique, 2 Bde., Ilzach 1982; *M. Hau*, L'industrialisation de l'Alsace 1803-1939, Strasbourg 1987; *C. Baechler*, Le Parti Catholique Alsacien 1890-1939. Du Reichsland à la République Jacobine, Paris 1982; *C. Muller*, Dieu est catholique et alsacien. La vitalité du diocèse de Strasbourg au XIXe siècle (1802-1914), Strasbourg 1988; *B. Favrot*, Le gouvernement allemand et le clergé catholique lorrain de 1890 à 1914, Wiesbaden 1981; *J.E. Craig*, A Mission for German Learning: the University of Strasbourg and Alsatian Society 1870-1918, Diss. Stanford 1973.

reduziert, der mit melodramatischen Schauermärchen nicht spart[13]. Doch selbst 1990 erklärte Raymond Oberlé in seinem populärwissenschaftlich gehaltenen Buch „L'Alsace au Temps du Reichsland 1871-1914“: „C'est pourquoi l'ecole et l'université de Strasbourg feront l'objet d'une sollicitude pressante afin d'obtenir le plus rapidement la germanisation des jeunes classes“[14]. Damit wird ein gängiges Klischee wiederholt, das zeigt, wie schwierig die wissenschaftliche Forschung sich bis heute mit einer vorurteilsfreien Untersuchung der Reichslandszeit tut.

Die Frage, was unter Germanisierung[15] verstanden wird, mit welchen Methoden sie vorging – diese Frage wird bezeichnenderweise nicht oft gestellt und genau sie wäre im Grunde interessant. In vorliegendem Aufsatz wird Germanisierungspolitik als eine Politik begriffen, die die nationale Eigenart der annektierten Bevölkerung nicht achtet und durch eine oktroyierte Bildungs- und Sprachpolitik versucht, die kulturelle und sprachliche Identität der Annektierten zu brechen.

Bislang gibt es keine eigenständige neuere Monographie über das reichsländische Schulwesen[16]. Der Aufsatz stützt sich somit in erster Linie auf Archivmaterial[17] und bildet die Grundlage einer im September 1992 abgeschlossenen Dissertation, die in Kürze erscheint[18].

Dabei soll am Beispiel des Reichslandes gezeigt werden, daß es eine einheitliche preußische Bildungspolitik so wenig wie eine einheitliche Integrations-

---

[13] Vgl. beispielsweise: *J. Régamy / F. Régamy*, L'Alsace au lendemain de la conquête 1870-1874, Paris 1911.

[14] *R. Oberlé*, L'Alsace au Temps du Reichsland 1871-1914, Mulhouse 1990, S. 183.

[15] Vor allem die amerikanische Forschung verwendete in den siebziger Jahren den Begriff der Germanisierung des Reichslandes; *D. Silverman*, Reluctant Union. Alsace-Lorraine and Imperial Germany 1871-1918, Pennsylvania State University Press 1972.

[16] An neuerer Literatur ist vor allem der Aufsatz von *F. Igersheim*, La politique scolaire allemande en Alsace-Lorraine (1870-1871). De la Confessionalité à la loi Falloux, in: Recherches germaniques, 5 (1975), S. 243-287 interessant. An älteren Werken: *L. Meister*, L'enseignement primaire en Alsace-Lorraine 1871-1916. Quelques problèmes, Paris 1916; *L. Meister*, L'enseignement secondaire en Alsace-Lorraine 1871-1916, Paris 1916; *A. Sachse*, Erinnerungen aus der Elsaß-Lothringischen Schulverwaltung, in: Elsaß-Lothringisches Jahrbuch, 6 (1927), S. 207-240; *M. Sorgius*, Die Volksschule im Elsaß von 1789-1870. Dargestellt unter Berücksichtigung der Regulative und der geschichtlichen Entwicklung des Französischunterrichts, Straßburg; *B. Baier*, Das Unterrichtswesen in Elsaß-Lothringen, in: *G. Wolfram* (Hrsg.), Verfassung und Verwaltung von Elsaß-Lothringen 1871-1918, 2 Bde., S. 1-230; *S. Harp*, Learning to be German: Primary Schoaling in Alsace-Lorraine, 1870-1918, Ph.D. Disseration, Indiana University.

[17] Die Arbeit stützt sich vor allem auf den Nachlaß des Oberschulrates, der obersten Schulbehörde im Reichsland, der sich im Departementalarchiv in Straßburg befindet. Sie werden im Folgenden als ADBR, Al 105 oder Al 87 abgekürzt. Als die Arbeit 1989 begonnen wurde, gab es kein gültiges Archivverzeichnis, was die Suche erschwerte. Außerdem wurden die teilweise zerstörten Nachlässe der Bezirkspräsidenten in Straßburg, Metz und Colmar verwendet sowie die persönlichen Nachlässe der Statthalter und des ersten Oberpräsidenten.

[18] *F. von Aretin*, Die Schulpolitik der obersten Schulbehörde im Reichsland Elsaß-Lothringen 1871-1914, Florenz 1992.

politik gegeben hat. Die Integration der preußischen West- und Ostprovinzen[19] verlief vielmehr unterschiedlich und spiegelt die Einschätzung wider, die Regierung und Beamtenschaft[20] über die nationale Zuverlässigkeit der Bevölkerung.

Im Reichsland orientierte sich die Schulverwaltung vor allem an der vorsichtigen Integrationspolitik der Westprovinzen[21]. Die in Teilen rücksichtsvolle Verwaltungsarbeit zeigte nach 1890 auch deshalb ihre Früchte: Die Bevölkerung begann, die Zugehörigkeit zum Deutschen Reich langsam zu akzeptieren, ohne sich jedoch als Deutsche zu fühlen. Denn bei aller Vorsicht blieb das Verhalten der deutschen Regierung ambivalent, ambivalenter als beispielsweise in der Rheinprovinz[22]. Die Reichsländer wurden bis 1918 nicht als gleichwertige Deutsche anerkannt, was sich an der juristischen Sonderstellung des Reichslandes, bis hin zur Schulpolitik verfolgen läßt.

Schule im Kaiserreich war damit auch in Elsaß-Lothringen – wie Thomas Nipperdey in einem kurzen Vortrag brillant belegt hat – beides[23]: eine Schule des Obrigkeitsstaates, die autoritäre Strukturen förderte und einen Hurrapatriotismus begrüßt und eine moderne Schule, die sich – wenn auch vorsichtig – den veränderten sozialen Bedingungen anpaßte.

2. Rahmenbedingungen

Als der erfahrene preußische Bildungspolitiker Ludwig Wiese die Schulen des späteren Reichslandes visitierte und dabei auch an das Lyzeum von Metz kam, erklärte ihm der Proviseur der Schule: „Wenn Sie glauben, für Ihre Saat hier bald einen empfänglichen Boden zu finden; so irren Sie sich: Das ganze Volk ist französisch geworden. Sie mögen sich mit Ihrer Disziplin und Ihren Methoden noch so sehr anstrengen – il faudra des siècles pour en venir àbout". Damit hatte der Proviseur wichtige Punkte angesprochen, die einer Integration der Bevölkerung im Reichsland, stärker noch als beispielsweise in Hannover, im Wege standen: nämlich einerseits die religöse, die sprachliche Situation, andererseits die politische Einstellung der lokalen Elite.

---

19 Hierzu noch immer am besten: *O. Hauser*, Grundsätze preußischer Integrationspolitik, in: *P. Baumgart* (Hrsg.), Expansion und Integration, S. 476 ff.

20 Vgl. *T. Süle*, Preußische Bürokratietradition, Göttingen 1988; *H.J. Henning*, Die deutsche Beamtenschaft im 19. Jahrhundert zwischen Stand und Beruf, Stuttgart 1984.

21 Bislang hat die pädagogische Literatur den Aspekt des Vergleiches vernachläßigt. Vgl. deshalb die Beiträge, in dem von Peter Baumgart herausgegebenen Band Expansion und Integration: zur Eingliederung neugewonnener Gebiete in den preußischen Staat, Köln 1984; außerdem Blätter für deutsche Landesgeschichte, Bde. 121, der sich ebenfalls mit Integrationspolitik beschäftigt. Zudem: *H. Barmeyer*, Hannovers Eingliederung in den preußischen Staat. Annexion und administrative Integration 1866-1868, Hildesheim 1983; *W. Rädisch*, Die evangelisch-lutherische Landeskirche Hannovers und der preußische Staat (1866-1885), Hildesheim 1972.

22 Vorbildhaft für eine vergleichende Bildungspolitik ist: *M. Lamberti*, State. Society, and the Elementary School in Imperial Germany, New York / Oxford 1989.

23 *T. Nipperdey*, Wie modern war das Kaiserreich? Das Beispiel Schule, Opladen 1986.

1871 lehnte die Bevölkerung eine Annexion mehrheitlich ab. Das überwiegend katholische Land[24] fürchtete die Dominanz des preußischen Protestantismus. Vor allem die Notablen besaßen eine große Abneigung gegenüber der Monarchie der Hohenzollern. Die jüdische Bevölkerung ängstigte sich vor einem schwelenden deutschen Antisemitismus[25]. Einer raschen Integration stand zudem im Wege, daß es sich bei dem Reichsland Elsaß-Lothringen um ein künstlich geschaffenes Gebilde handelte, die Verwaltung somit auf regionale Unterschiede eingehen mußte. Die Teile des Departements Meurthe und Moselle, die zu Lothringen zusammengefaßt wurden, und das Elsaß hatten eine unterschiedliche Tradition. Während in Lothringen die französische Sprache[26] dominierte und der größte Teil der Bevölkerung katholisch war, gehörte die elsässische Bevölkerung zu einem Drittel der protestantischen Konfession an.

Außerdem sprach man im Elsaß überwiegend deutsch beziehungsweise einen allemanischen Dialekt. Sprache war zudem Ausdruck politischer Gesinnung: Vor allem die lokale Führungsschicht, die Notablen, bedienten sich des Französischen, zumal wenn sie in Paris Karriere machen wollten. In der Bildungspolitik mußte die deutsche Verwaltung somit regionale Verschiedenheiten berücksichtigen und der unterschiedlich starken Anbindung der einzelnen Bevölkerungskreise an Frankreich Rechnung tragen.

3. Die Schulverwaltung in den Anfangsjahren: Kontrolle versus Toleranz

Das Reichsland Elsaß-Lothringen nahm im deutschen Reichsverband bis zum ersten Weltkrieg eine Sonderstellung ein[27]. Im Gegensatz zu den von Preußen annektierten Gebieten wie Hannover, dem Rheinland oder Posen unterstand das Reichsland seit 1871 als unmittelbare Gebietskörperschaft direkt dem Deutschen Reich, vertreten durch den deutschen Kaiser. Mit der Einführung der Statthalterverfassung 1879 verlagerte sich die Verwaltungsarbeit des Landes zwar verstärkt nach Straßburg, ohne daß jedoch der Bund seine Kontrollrechte vollständig verlor.

---

[24] 1871 waren 79,1 Prozent der Bevölkerung katholisch, 1910 76,2 Prozent. Der Anteil an Protestanten stieg bis 1895 bedingt durch die Einwanderung von deutschen Staatsangehörigen von 6,2 Prozent 1875 auf 13 Prozent an. Ausführlich: *H. Hiery*, Reichstagswahlen, S. 46 ff.

[25] Vgl. hierzu: *V. Caron*, Between France and Germany. Jews and National Identity in Alsace Lorraine, 1871-1918, Stanford University Press 1988.

[26] Die deutsche Regierung hat erst 1900 die erste Sprachstatistik veröffentlicht, wonach in Lothringen 22,3 Prozent der Bevölkerung kein Deutsch beherrschte. Im Elsaß lag der Anteil deutlich niedriger. 1905 sprachen noch 3,6 Prozent im Unterelsaß und 5,7 Prozent im Oberelsaß nur Französisch; *H. Hiery*, Reichstagswahlen, S. 39 ff.

[27] Zur juristischen Sonderstellung: *H. Hiery*, Reichtagswahlen, S. 72 ff; *E.R. Huber*, Verfassungsgeschichte, S. 437-478; *H.U. Wehler*, Elsaß-Lothringen, S. 133-199; *R. Morsey*, Die oberste Reichsverwaltung unter Bismarck 1867-1890, Münster 1957.

Im Bereich der Schulverwaltung orientierte sich die Beamtenschaft ausschließlich an der preußischen Schulgesetzgebung. Außerdem wurden wichtige Posten mit preußischen Beamten besetzt, so daß eine vergleichende Analyse mit Preußen gerechtfertigt erscheint.

Die Schulverwaltung war von der juristischen Sonderstellung des Reichslandes geprägt, was bedeutete, daß an Gesetzgebung und Verwaltung unterschiedliche Kräfte beteiligt waren. Schon dies verhinderte eine einheitliche Bildungspolitik mit autoritären Zügen. Beim Aufbau der Schulverwaltung befolgte man den Grundsatz preußischer Integrationspolitik der Westprovinzen, die Spitze nach preußischem Vorbild zu reformieren und auf den unteren Ebenen Vielfalt zuzulassen[28]. Die Bevölkerung sollte genügend Zeit erhalten, sich an die neuen Verhältnisse zu gewöhnen. Das wichtigste Schulgesetz, das Gesetz von Falloux, blieb deshalb weiterhin in Kraft. Auf der unteren und mittleren Verwaltungsebene fungierten häufig die gleichen Organe mit anderen Namen, so wurde aus dem Präfekten der Bezirkspräsident. Fürchtete die deutsche Verwaltung jedoch einen zu großen Einfluß regionaler Kräfte, verstand sie es – wie im Falle des Ortsschulvorstandes[29] – französische Gesetze rigoros umzuinterpretieren und deutschen Vorstellungen gefügig zu machen.

Die deutsche Regierung verhielt sich im Reichsland damit besonders vorsichtig, ein Zeichen dafür, wie stark man an der nationalen Zuverlässigkeit der neuen Mitbürger zweifelte. Der Aufbau der Schulverwaltung ist im hohen Maße von dieser Ambivalenz geprägt und schwankt zwischen staatlicher Eingriffsverwaltung und schulpolitischer Toleranz. Dies zeigt sich besonders deutlich an dem Schulaufsichtsgesetz von 1873[30], das die Direktiven in der reichsländischen Schulverwaltung auf das Reichskanzleramt in Berlin übertrug. Damit bestimmte Berlin bis 1879 den Gang der reichsländischen Schulpolitik. Die wichtigsten Schulgesetze entstanden unter dem persönlichen Einfluß Bismarcks.

1879 gingen die Rechte des Reichskanzlers auf den neu eingesetzten Statthalter von Elsaß-Lothringen über. Erst zwei Jahre später entstand eine eigene Sektion im Ministerium, die für das Unterrichtswesen zuständig war. Mit dem Gesetz vom 21. April 1882 wurde ein neues Organ, der Oberschulrat, geschaffen, das vom Staatssekretär als unmittelbarem Mitarbeiter des Statthalters geleitet wurde. Mit der Schaffung des Oberschulrates war die Reform der Unterrichtsverwaltung bis zum 1. Weltkrieg abgeschlossen. Es blieb kennzeichnend für die ambivalente Integrationspolitik der Regierung, daß es ihr bis 1918 nicht

---

[28] *O. Hauser*, Grundsätze preußischer Integrationspolitik, in: *P. Baumgart* (Hrsg.), Expansion und Integration, S. 476 ff.

[29] Bereits im Sommer 1871 und damit vor Preußen wurde die lokale Schulaufsicht verstaatlicht. Wie zur französischen Zeit nahm die Visitation der Schulen ein staatlicher Beamter wahr. Gleichzeitig wurde aber der Ortspfarrer um sein Recht beschnitten, die Schulen seines Pfarrsprengels besuchen zu dürfen; *F. Igersheim*, Politique, S. 281 ff.

[30] Ausführlich: *F. von Aretin*, Die reichsländische Schulpolitik während des Kulturkampfes 1872-1873, in: Archiv für Sozialgeschichte, 32 (1992), S. 181 ff.

gelang, ein eigenständiges Unterrichtsministerium aufzubauen, obgleich der Bildungspolitik eine große Rolle bei der Integration der Bevölkerung beigemessen wurde.

4. Einbindung durch Bildung: Schulpolitik im höheren Schulwesen

Seit der Annexion 1871 bemühte sich die deutsche Verwaltung um eine gute Zusammenarbeit mit der lokalen Elite, den Notabeln[31] und dem Mittelstand. Denn auf Dauer sollten sie auf der mittleren und unteren Verwaltungsebene die altdeutschen Beamten und Angestellten ersetzen. Damit verhielt sich die deutsche Verwaltung anders als in Posen, wo sie eine Ausgrenzung der Oberschicht anstrebte[32].

Vor 1871 gehörte zumindest die Notablenschaft zu der Bevölkerungsgruppe, die am stärksten nach Innerfrankreich ausgerichtet war[33]. Viele sind deshalb nach der Annexion nach Frankreich emigriert, andere verweigerten die Zusammenarbeit mit der deutschen Verwaltung. Es hätte „beaucoup d'heroïsme" bedeutet, erzählte eine reichsländische Mutter dem altdeutschen Oberschulrat Baumeister, um ihren Sohn in eine deutsche Schule zu schicken[34]. Im Herbst 1871 besuchten 3350 Schüler[35] die privaten Gymnasium der Bischöfe (kleine Seminare)[36], die erst 1873 unter staatliche Aufsicht gestellt wurden. Tausend weitere Söhne wurden nach Nancy, Reims oder Pont à Mousson in die Schule gesandt[37]. Für alteingesessene reichsländische Familien wurde es bis in die neunziger Jahre hinein zur festen Regel, ihre Söhne im Alter von 14 nach Frankreich in die Schule zu geben. Damit ließ sich der ungeliebte Wehrdienst im Deutschen Reich vermeiden[38]. Im November 1872 besuchten 1375 reichsländische Schüler eine

---

[31] Hierzu am besten: *F. Igersheim*, L'Alsace des notables (1870-1914). La bourgeoisie et le peuple alsacien, Strasbourg 1981.

[32] *W. Molik*, Assimilation der polnischen Intelligenz im preußischen Teilungsgebiet durch Bildung 1871-1914, in: Archiv für Sozialgeschichte, 32 (1992), S. 81-95.

[33] Hierzu: *A. Wahl*, L'option et l'émigration des Alsaciens-Lorrains (1871-1872), Paris 1974.

[34] *A. Baumeister*, Der höhere Unterricht. Bemerkungen und Vorschläge weiteren Kreisen vorgelegt, Straßburg 1878, S. 139.

[35] Oberpräsident Eduard von Möller an Bismarck, 24. September 1871, ADBR, Al 105, 1531.

[36] Im Zuge des Kulturkampfes wurden die kleinen Seminare der Bischöfe der staatlichen Schulaufsicht unterstellt. Während der Bischof von Straßburg die Oberaufsicht nicht akzeptierte, beugte sich sein Metzer Amtskollege und konnte damit die Schließung der Schulen verhindern; *F. von Aretin*, Die reichsländische Schulpolitik während des Kulturkampfes 1872-1873, in: Archiv für Sozialgeschichte, 32 (1992), S. 181-207.

[37] *Ch. Rey*, Les élèves du Lyzée de Nancy (1870-1890), Nancy 1971, S. 166.

[38] Bereits im Oktober 1872 fanden die ersten Aushebungen statt. Die meisten reichsländischen Rekruten kamen nach Altdeutschland; *H. Hiery*, Reichstagswahlen, S. 75, Anm. 89.

höhere Schule und 2339 altdeutsche. Auch für die Töchter der reichsländischen Oberschicht bürgerte sich der Internatsbesuch in Frankreich ein[39].

Bei der Schulbesuchverweigerung der höheren Anstalten lassen sich wichtige regionale Unterschiede erkennen, die zum einen mit dem Optionsverhalten[40], zum anderen mit dem Wahlverhalten bei der ersten Reichstagswahl von 1874 übereinstimmen. Der Widerstand im Unterelsaß war wesentlich höher als im katholischen Lothringen. Im Elsaß war die Schulbesuchsverweigerung eine Form des politischen Protestes, während in Lothringen häufig Sprachschwierigkeiten eine Rolle spielten.

Die deutsche Schulverwaltung hat sich um die Integration der Sekundärschüler besonders bemüht, was in einer rücksichtsvollen, an den Bedürfnissen der Bevölkerung orientierten Politik zum Ausdruck kam. Schwierigkeiten bereitete der Verwaltung, die Unterschiede im deutschen[41] und französischen Schulwesen[42]. Während in Frankreich der Privatschulsektor eine große Bedeutung hatte, spielte er in Deutschland kaum eine Rolle. Außerdem gab es in Frankreich vor 1870 keinen dem deutschen Schulwesen vergleichbaren Realschulsektor. Zudem mußte die Schulverwaltung mit den Sprachschwierigkeiten der reichsländischen Schüler rechnen.

Die deutsche Verwaltung kam den reichsländischen Söhnen in den höheren Schulen entgegen. In den Anfangsjahren konnte ein Französisch sprechender Schüler ein fast ausschließlich in Französisch abgelegtes Examen machen[43]. Außerdem wies Schulrat Baumeister die Gymnasien an, besonders rücksichtsvoll zu prüfen und anstelle deutscher Geschichte und Literatur elsässische Geschichte abzufragen[44]. Mit der Einführung der deutschen Schularten: Gymnasien, Realgymnasien und Realschulen ließ sich die Verwaltung ebenfalls Zeit[45], damit

---

39 *A. Baumeister*, Schulwesen, S. 152 f.

40 Am besten: *A. Wahl*, L'option et l'émigration des Alsaciens-Lorrains (1871-1872), Paris 1974.

41 *K.E. Jeismann*, Das preußische Gymnasium in Staat und Gesellschaft, Stuttgart 1974; *P. Lundgreen*, Höheres Knabenschulwesen, in: *C. Berg*, Handbuch der deutschen Bildungsgeschichte, IV, S. 228-266; *M. Kraul*, Das deutsche Gymnasium 1780-1980, Frankfurt a.M. 1984; *J.C. Albisetti*, Secondary School Reform in Imperial Germany, Princeton 1983.

42 *M.-M. Compère*, Du collège au lycée (1500-1850), Paris 1985; *M. Gontard*, L'enseignement secondaire en France de l'Ancien Régime à la loi Falloux, Aix 1984; *S. Horvath-Peterson*, Victor Duruy and French Education. Liberal Reforms in the Second Empire, Baton Rouge / London 1984; *J. Rohr*, Victor Duruy, ministre de Napoléon III; essai sur la politique de l'instruction publique au temps de l'Empire libéral, Paris 1967; *P. Gerbod*, La vie quotidienne dans les lycées et collèges au XIX siècle, Paris 1968; *F.K. Ringer*, Education and Society in Modern Europe, Bloomington / London 1979.

43 Verordnung, betr. die Prüfung nach der Vollendung der Gymnasial und Realgymnasial-Studien, 6. Juni 1872. Abgedruck in Amtsblatt für den Bezirk Unterelsaß, Nr. 23, 24. Juni 1872, S. 81 ff.

44 Baumeister, Einige Winke, 9. September 1871, ADBR, Al 105, 1558.

45 Die deutschen Schularten wurden erst zwischen 1874 und 1876 eingeführt. Grundsätzlich bemühte sich Baumeister dem Wunsch der Gemeinden nach Umwandlung ihrer

sich die Bevölkerung an den Wechsel gewöhnen konnte. Außerdem bestanden wichtige Ausnahmeregeln für den Unterricht im französischen Sprachgebiet. Dort war im Gymnasium nach dem Lehrplan von 1873 der Unterricht in Mathematik, Rechnen, Buchführung, Chemie und Physik auf Französisch erlaubt[46]. Entgegenkommen, auch bei der Behandlung der Schüler, deren Lebenswelt Baumeister beachtet wissen wollte:

> „Körperliche Züchtigungen duldet der französische Knabe gar nicht, er betrachtet sie als Ehrverletzungen, daher vorerst gänzlich davon abzusehen ist. Einsperren mit Beschäftigung ist zulässig; im Übrigen muß der Lehrer Milde und Freundlichkeit mit innerer Festigkeit verbinden und Takt für besondere Fälle besitzen"[47].

Gleichzeitig machte sich bei der deutschen Verwaltung aber ein deutlicher Wunsch nach Kontrolle bemerkbar. Die Beamtenschaft hielt das preußische Schulwesen für weiter entwickelt als das französische, weshalb man in der Frage der Lehrplaninhalte nur zu wenigen Kompromissen bereit war. Dahinter verbarg sich ein generelles Überlegenheitsgefühl gepaart mit Arroganz gegenüber der französischen Bildung und Kultur, die man zwar bewunderte, aber gleichzeitig für unseriös und lasziv hielt.

Die reichsländischen Schüler sollten über den Umweg des Neuhumanismus[48] im altsprachlichen Unterricht, in Geschichte und Deutsch zu guten deutschen Staatsbürgern erzogen werden, die dem Kaiser als obersten Landesvater verehrten und dem neuen Vaterland mit patriotischen Gefühlen begegneten.

Lehrer an höheren Schulen wurden deshalb vorzugsweise aus dem deutschen Reich rekrutiert, was nicht zuletzt daran lag, daß viele französische Lehrkräfte an den höheren Schulen nach 1871 ihre Mitarbeit verweigerten. „Nous sommes français avant tout", lehnten viele das Angebot Baumeisters ab, im deutschen Schuldienst zu verbleiben[49]. Selbst während der Phase des Kulturkampfes berief die Schulverwaltung gerne katholische und französischsprechende Lehrer[50]. Doch auch die reichsländischen Lehrer sollten genau dem deutschen

---

Schule in ein Gymnasium oder eine Realanstalt zu entsprechen. Bereitwilliger war die Verwaltung jedoch bei der Einrichtung von Realanstalten. Außerdem machte die Beamtenschaft regionale Unterschiede: Lothringen erhielt nur sechs höhere Schulen, das Unterelsaß aber zehn.

46 Regulativ für die höheren Lehranstalten in Elsaß-Lothringen, 10. Juli 1873. Abgedruckt in: Amtliche Nachrichten für Elsaß-Lothringen. Verordnungen und Bekanntmachungen des General-Gouverneurs, des Civilcommissars und des Ober-Präsidenten. August 1870 – Ende März 1879, Straßburg 1879, S. 64-68.

47 Baumeister, Einige Winke, ADBR, Al 105, 1558.

48 Hierzu: *U. Preuße*, Humanismus und Gesellschaft. Zur Geschichte des altsprachlichen Unterrichts in Deutschland 1890-1933, Frankfurt a.M. 1988; *M. Landfester*, Humanismus und Gesellschaft im 19. Jahrhundert. Untersuchung zur politischen und gesellschaftlichen Bedeutung der humanistischen Bildung in Deutschland, Darmstadt 1988.

49 *A. Baumeister*, Schulwesen, S. 130.

50 1877 war die Hälfte der Lehrkräfte höherer Schulen katholisch. Außerdem wurden als Französischlehrer keine altdeutschen Schulmänner eingestellt. Möller an Bismarck, 11. Januar 1877, ADBR, Al 105, 505.

Anforderungsprofil entsprechen. Die Prüfungsordnung für die Oberlehrer an der Universität Straßburg[51] lehnte sich deshalb strikt an die preußischen Bestimmungen an und kannte keine Ausnahmeregelungen für französischsprechende Reichsländer[52].

5. Einbindung durch Kontrolle: Schulpolitik im niederen Schulwesen

Im niederen Schulwesen und damit für die Mehrheit der Bevölkerung setzte die Verwaltung auf eine solide, an christlichen Werten orientierte Ausbildung. Die Integration der mittleren und unteren Bevölkerungsschichten erwies sich als unproblematisch, da die Schüler meist deutsch sprachen und die Unterschiede zwischen dem französischen[53] und preußischen Volksschulwesen seit der Reform von Victor Duruy nicht mehr sehr groß waren.

Im Bereich des Primärschulwesens setzte die Verwaltung besonders auf Kontrolle. So wurde bereits 1871 die allgemeine Unterrichtspflicht eingeführt. Für das Schulversäumnis ihrer Kinder hafteten die Eltern, die mit Geldstrafen, Entzug der Armenunterstützung oder Gefängnisstrafe geahndet wurde[54].

Das kontrollierende Moment in der Bildungspolitik zeigt sich auch gegenüber dem Volksschullehrer. Die deutsche Verwaltung bemühte sich von Beginn der Annexion, die Lehrerschaft aus dem Reichsland zu rekrutieren. Um Erziehung nach dem deutschen Bildungsidealen zu gewährleisten, war die Verwaltung an einer guten, aber beschränkten Ausbildung interessiert. Die private Vorbereitung der Lehreraspiranten wurde abgeschafft. Dafür entstanden in jedem Bezirk mindestens zwei Lehrerseminare mit entsprechender Vorschule, der Präparandenanstalt[55], die sich anders als in Preußen ebenfalls in staatlicher Hand befanden[56]. Während in Preußen die Ausbildung der künftigen Lehrer in Inter-

---

[51] Am besten: *J. Craig*, A Mission for German Learning.

[52] Reglement für die Candidaten des höheren Schulamts vom 28. Oktober 1872. Abgedruckt in: Amtsblatt des Bezirkes Unterelsaß Nr. 48, 8. Dezember 1872.

[53] Am besten: *M. Gontard*, L'enseignement primaire en France de la Révolution à la loi Guizot, 1789-1833: des petites écoles de la monarchie d'Ancien Régime aux écoles primaires de la monarchie bourgeoise, Paris 1959; *M. Gontard*, Les écoles primaires de la France bourgoise, 1833-1875, Toulouse 1957; *S. Horwarth-Peterson*, Vicotor Duruy.

[54] Verantwortlich für das Verhängen der Strafe waren die Bürgermeister. Sie kamen jedoch häufig aus dem Reichsland und weigerten sich deshalb, die Eltern zu bestrafen. Erst durch die Verordnung vom 15. Mai 1886 wurde die Schulversäumnisstrafe für die deutsche Regierung zufriedenstellend geregelt; *F. Igersheim*, Politique, S. 267 ff.

[55] 1871 bestanden drei staatliche Lehrerseminare in den drei Bezirkshauptstädten. Außerdem bestand ein „Evangelisches Lehrerinnenseminar" in Straßburg. In den Anfangsjahren kamen Seminare in Colmar, Oberehnheim und Pfalzburg und Präparandenanstalten in St. Avold, Lauterburg und Neudorf hinzu; *B. Baier*, Lehrerbildungswesen, S. 112 ff.

[56] Am besten informiert: *M. Sauer*, Volksschullehrerbildung in Preußen. Die Seminare und Präparandenanstalten vom 18. Jahrhundert bis zur Weimarer Republik, Köln / Wien 1987.

naten zurückging[57], wurde im Reichsland jedes Seminar und jede Präparandenanstalt als Internat eingerichtet. Dies erlaubte der Schulverwaltung, die Zöglinge ständig zu überwachen und zu maßregeln. Besondere Angst hatten die Bezirkspräsidenten, die Zöglinge könnten zu sehr unter französischen Einfluß geraten. Der Vorschlag des Oberpräsidenten, die Seminaristen mittags bei Bürgerfamilien essen zu lassen, stieß deshalb auf herbe Kritik[58]. Auch sahen die Hausordnungen vor: „Unterhaltungen mit dem Hauswart, dessen Angehörigen und dem Küchenpersonal" streng zu verbieten[59].

In der Frage des 1874 erlassenen Lehrplans überwog die Vorsicht[60]. Eigenständiges Denken war in den reichsländischen Seminaren noch weniger als in den preußischen verlangt. Im Reichsland legte die Verwaltung größeren Wert auf den Praxisbezug und vermied jede Wissenschaftlichkeit.

6. Moderne Eingriffsverwaltung als Ergebnis der Annexion

In der Konsequenz führte die staatliche Eingriffsverwaltung jedoch auch zu einem in einigen Punkten vorbildlichen Bildungswesen im Reichsland. Vielfach wurden in Elsaß-Lothringen Verordnungen erlassen, die in Preußen nur diskutiert wurden. Dies lag nicht zuletzt an der noch geltenden französischen Gesetzgebung, die die Zentralgewalt ebenfalls gefördert hatte. Besonders in der Finanzpolitik kam das staatliche Engagement Lehrern und Schülern entgegen. Der reichsländische Volksschullehrer erhielt beispielsweise bereits 1872[61] beziehungsweise 1873[62] ein staatlich garantiertes Mindestgehalt und eine Pension, worauf sein Kollege in Preußen bis 1897[63] warten mußte. Im Bereich des höheren Schulwesens wurde die staatliche Bezuschussung auch auf die Realanstalten[64] ausgedehnt, was bedeutete, daß sich der Staat besonders für die mittleren

---

[57] 1899 gab es in Preußen 42 Internate, 42 Externate und 41 gemischte Einrichtungen; *M. Sauer*, Volksschullehrerbildung, S. 80 f.

[58] Arnim an Möller, 17. Juli 1873, ADBR, Al 105, 2209.

[59] Hausordnung der Präparandenanstalt in Colmar, ADBR, Al 105, 2228.

[60] Regulativ für die Elementarlehrer- und Elementarlehrerinnen-Seminare, 4. Januar 1874. Abgedruckt in: *Blum*, Gesetze, S. 22 ff.

[61] Gesetz, betr. die Besoldung der Lehrer und Lehrerinnen an öffentlichen Elementarschulen, 4. Juli 1872. Abgedruckt in: Gesetzblatt für Elsaß-Lothringen, Nr. 12 (1872), S. 169 ff.

[62] Gesetz, betr. die Rechtsverhältnisse der Beamten und Lehrer, 23. Dezember 1873. Gesetzblatt für Elsaß-Lothringen, Nr. 39 (1873), S. 479 ff.

[63] Der preußische Staat garantierte erst mit dem Diensteinkommensgesetz vom März 1897 ein garantiertes Mindestgehalt. Lehrerbesoldungsgesetz vom 3. März 1897. Abgedruckt in: *E. von Bremen*, Die preußische Volksschule. Gesetze und Verordnungen, Stuttgart / Berlin 1905, S. 394 ff.

[64] Im Reichsland unterstützte das Land alle höheren Schulen mit entsprechenden Summen. Der finanztechnische Unterschied zwischen Realanstalten und Gymnasien fiel fort. Möller an Bismarck, 20. Februar 1878, ADBR, Al 105, 1682.

Bevölkerungsschichten engagierte, die ihre Kinder auf die Realschulen schickten. In Preußen kam das entsprechende Gesetz erst 1892 zustande.

Die Modernität des reichsländischen Schulwesens läßt sich nicht auf die Finanzpolitik reduzieren. Vor Preußen verstaatlichte man im Reichsland die Vorbereitungskurse für Lehrer. Außerdem handelte es sich bei den Kreisschulinspektoren im Reichsland um erfahrene und landeskundige Pädagogen. In Posen wurden hingegen Angestellte gesucht, die kein Polnisch konnten und in Sachsen wurde das Amt vom Pfarrer wahrgenommen.

7. 1890: Eine neue Generation wird erwachsen

Wie reagierte die Bevölkerung auf den Wandel im Schulsystem? Die schärfsten Kritiker der Annexion waren, wie gesagt, die Notablen und die katholische Landbevölkerung, die der Kulturkampf im höchsten Maß verärgert hatte. Der Widerstand äußerte sich auch in der Weigerung mancher Eltern, ihre Kinder der deutschen Schule anzuvertrauen.

Zwischen 1890 und 1910 wandelte sich die Situation grundlegend: der Widerwille gegenüber den deutschen höheren Schulen ließ deutlich nach. Auch die Notablen und die katholische Landbevölkerung schickten ihre Kinder auf die Gymnasien und Realanstalten. Verantwortlich für die veränderte Situation war ein Bündel unterschiedlicher Motive. Dabei muß man sich hüten, Bildungspolitik isoliert zu betrachten. 1890 war eine neue Generation herangewachsen, die die Zugehörigkeit des Reichslandes zu Frankreich nur aus den Erzählungen ihrer Eltern kannte. Der langsame Abbau der Kulturkampfmaßnahmen Ende der siebziger Jahre führte zu einer vorsichtigen Annäherung der Katholiken[65]. Die kleinen Seminare des elsässischen Bischofs öffnete wieder[66], der Pfarrer durfte als Ortsschulvorstand erneut die Schulen seines Sprengels begutachten[67]. Gleichzeitig brach in Frankreich der Kulturkampf aus, der mit der Trennung von Staat und Kirche endete. Für die jüdische Bevölkerung bedeutete die Dreyfus-Affäre eine große Enttäuschung. Viele Juden empfanden profranzösisch, da sie das deutsche Reich für latent antisemitisch hielten. Nun mußten sie erleben, was in Frankreich dem Elsässer Dreyfus geschah.

Außerdem läßt sich das Schulbesuchverhalten mit den verbesserten Bildungsmöglichkeiten erklären. Wie im übrigen deutschen Reich blieb die Schülerschaft auch im Reichsland zweigeteilt in die Mehrheit der Volksschüler und die kleine Zahl der Oberschüler. Doch die Grenzen wurden durchlässiger. Der Ausbau des

[65] Der Abbau der Kulturkampfmaßnahmen ging auf den ersten Statthalter von Elsaß-Lothringen, Edwin von Manteuffel, zurück. Ausführlich: *F. von Aretin*, Die Schulpolitik des Edwin Freiherr von Manteuffels im Reichsland Elsaß-Lothringen, München 1988.

[66] Am 1. Mai 1880 eröffnete das kleine Seminar von Zillisheim, 1883 genehmigte die Verwaltung die Einrichtung eines zweiten, bischöflichen Gymnasiums, St. Stephan.

[67] Verordnung über die Ortsschulvorstände vom 7. Mai 1881. Manteuffel an Hofmann, 7. Mai 1881, ADBR, Al 105, 2065.

Eisenbahnnetzes machte den Besuch höherer Schulen auch für Söhne der unteren und mittleren Bevölkerungsschichten möglich. 1890 stammten 53,6 Prozent der Gymnasiasten aus dem Mittelstand und 2,8 Prozent aus den unteren Schichten[68]. 1910 waren es bereits 62 Prozent aus dem Mittelstand und 4,6 aus den unteren Schichten. Im Volksschulwesen wurde die zweiklassige Volksschule die Regel. Die Zahl der Volksschüler stieg von 256.431 1873 auf 328.101 1910 an[69]. Fortbildungsschulen und Mittelschulen[70] boten wichtige, wenn auch beschränkte, Möglichkeiten der Weiterbildung.

Der Anteil von Notablen und katholischer Landbevölkerung, die ihre Kinder auf die Sekundärschulen schickten, stieg denn auch zwischen 1890 und 1910 statistisch nachweisbar an[71]. Prozentual blieben die katholischen Schüler zwar in der Minderheit. In der Zeit zwischen 1892 und 1906 wuchs ihr Anteil jedoch von 45,32 auf 51,6 Prozent[72], während er in Preußen stagnierte. Auch die Zahl katholischer Abiturienten nahm zu. 1890 machten 31,8 Prozent der Katholiken Abitur, 1910 waren es schon 49,7[73]. Ähnliche Aussagen lassen sich auch für die Notablenschicht und die Söhne von Bauern machen, wobei angemerkt werden muß, daß die Jahresberichte der höheren Schulen lediglich den Beruf des Vaters der Abiturienten verzeichnen[74], also nur ein bis zwei Prozent der Angehörigen eines männlichen Geburtsjahrgangs. So erhöhte sich der Prozentsatz der bäuerlichen Schichten auf den Gymnasien von 1890 bis 1910 von 4,2 auf 11,1 Prozent, obgleich der Anteil der Bevölkerung, der von der Landwirtschaft lebte, gesunken war. Das gleiche gilt für die Kinder des Besitzbürgertums: 2,8 Prozent Notablensöhne besuchten 1890 ein Gymnasium, während es 1900 bereits 10 Prozent waren[75].

Doch genug der Zahlen: Ein gutes Beispiel für die gelungene Integrationspolitik der deutschen Verwaltung ist der Volksschullehrer, der meist im Reichsland geboren war. Seit 1870 wurde aus dem profranzösisch denkenden *maître d'ecole* ein deutschliberal denkender Lehrer. Häufig standen sich in kleineren

---

[68] Jahresberichte der höheren Schulen.

[69] Statistisches Jahrbuch von Elsaß-Lothringen, 5 (1911), S. 230 ff.

[70] Im Reichsland spielte das Mittelschulwesen jedoch keine große Rolle. 1907 gab es 44 Mittelschulen mit 6953 Schülern. Statistisches Jahrbuch von Elsaß-Lothringen, 1 (1907), S. 189.

[71] Nicht immer läßt sich in den Jahresberichten die Nationalität der Schüler ausmachen. Denn viele Söhne altdeutscher Beamte kamen im Reichsland zur Welt.

[72] Statistisches Jahrbuch von Elsaß-Lothringen, 7 (1913), S. 227.

[73] Jahresberichte der höheren Schulen. In Altkirch, Diedenhofen, Saarburg, Saargmünd und Zabern verzichtete die Schulleitung darauf, die Religionszugehörigkeit aufzuführen.

[74] Am überzeugensten problematisieren Kraul und Ditt anhand der beiden Einzelfälle Duisburg und Minden die methodischen Probleme einer Untersuchung über soziale Mobilität und Bildungschancen; *P. Lundgreen / M. Kraul / K. Ditt*, Bildungschancen und soziale Mobilität in der städtischen Gesellschaft des 19. Jahrhunderts, Göttingen 1988.

[75] Jahresberichte der höheren Schulen.

Gemeinden der Pfarrer als Zentrumsmitglied und der Lehrer als Mitglied der Nationalliberalenpartei gegenüber. Statthalter Carl von Wedel lobte in einem Brief die zuverlässige Einstellung der Lehrerschaft:

> „Die Haltung der Volksschullehrer ist eine der erfreulichsten Erscheinungen des politischen Lebens des Reichslandes, denn sie stehen in ihrer großen Majorität auf nationalem Boden und bekennen sich offen zum Deutschtum“[76].

Besonders Aufsehen erregte der Wettholsheimer Schulfall, der beispielhaft für die politische Einstellung eines großen Teiles der Lehrerschaft steht und die angespannte Situation vor dem Ersten Weltkrieg charakterisiert[77]. Ein Lehrer Hildwein, Mitglied der liberalen Partei, schrieb die Sonntagspredigt des Pfarrers Blondé mit. Dieser hatte sich von der Kanzel herunter bitter über den deutschen Lehrerverein erregt. Hildwein schickte daraufhin die Predigt an den Oberschulrat, was den Bischof von Straßburg zur Beschwerde veranlaßte[78]. Sie stützte sich auf Aussagen eines von der Kirche bestochenen Kreisschulinspektors, wonach Hildwein im Religionsunterricht die Unsterblichkeit der Seele bestritten haben soll[79]. Der Wettholsheimer Schulstreit führte zu einem erregten Briefwechsel zwischen Statthalter und Bischof[80] und beschäftigte schließlich sogar das Parlament, wo weitere Verstrickungen zutage traten[81].

Hinter der Auseinandersetzung verbarg sich der Streit um den Beitritt der drei bis 1909 unabhängigen Bezirkslehrervereine[82] zum deutschen Lehrerverein, der für seine nationalliberale Grundeinstellung bekannt war. Dieser Schritt war vor allem von den beiden deutschen Bischöfen von Metz und Straßburg kritisiert worden[83]. Auch der altdeutsche Seminardirektor Nigetiet redete den

---

[76] Statthalter-Briefe aus Elsaß-Lothringen. Unveröffentlichte Briefe des Grafen Wedel an einen deutschen Professor, in: Der Türmer, 26 (1913), S. 302 ff.

[77] Bezeichnenderweise legte der Oberschulrat kurz vor dem Ersten Weltkrieg eine eigene Akte über Konflikte zwischen Lehrern und Pfarrern an.

[78] Fritzen an Wedel, 15. Juni 1912. ADBR, Al 105, 537.

[79] Munsch war Mitglied der Zentrumspartei und hatte bei der Untersuchung des Wettholsheimer Schulfalls die befragten Schulkinder zu entsprechenden Aussagen über Hildwein veranlaßt. Die deutsche Schulverwaltung verurteilte Kreisschulinspektor Munsch zu einer milden Ordnungsstrafe, um Aufsehen zu vermeiden. Albrecht an Wedel, 25. April 1914, ADBR, Al 105, 537.

[80] Bischof und Statthalter stritten, ob der Pfarrer oder der Lehrer zuerst versetzt werden sollten. Fritzen an Wedel, 4. Oktober 1912, ADBR, Al 105, 537.

[81] Im Parlament versuchte der Nationalist Kübler, den Oberschulrat und die nationale Lehrerschaft zu denunzieren, in dem er Hildwein Ammoralität vorwarf. Angeblich soll die Frau des Lehrers eine Affäre mit dem Stellennachfolger ihres Mannes gehabt haben. Hierfür machte Kübler die Parteizugehörigkeit ihres Mannes verantwortlich. Kübler am 10. April vor der 2. Kammer des Landtags, 66. Sitzung, Sten. Ber. Lgs., S. 4240.

[82] Die drei Bezirksvereine waren am 29. Dezember 1909 beigetreten. „Elsaß-lothringische Schulzeitung“, 13 (1910), S. 214 ff. und „Der Schulfreund“, 15 (1909), S. 406-412.

[83] Fritzen bezeichnete den deutschen Lehrerverein als katholikenfeindliche Organisation. Fritzen an Wedel, 10. Januar 1910. Abgedruckt in: *E.R. Huber / W. Huber*, Staat und Kirche im 19. und 20. Jahrhundert. Dokumente zur Geschichte des deutschen Staatskirchenrechts, S. 182 ff.

reichsländischen Lehrern ins Gewissen: Zu Weihnachten erhielt jeder Lehrer einen Brief, in der Nigetiet die Todesstunde dramatisch inszenierte:

> „Der große deutsche Lehrerverein hat es mir angetan. Er hat die Lehrer Deutschlands groß gemacht und eröffnete eine Ära für Lehrerglück und Lehrergröße. So heute, und im Lichte meiner Sterbekerze. Kennst Du den großen katholischen Lehrerverein. Du nanntest ihn in lügnerischer Weise Pfarrerknechte Verein und schämtest Dich seiner. Ob auch Christus sich Deiner schämen wird"[84].

Sichtlich hatten sich im Reichsland die Fronten verändert: Die reichsländische Bevölkerung begann, sich für das Deutsche Reich zu engagieren, während altdeutsche Kirchenmänner national deutsche Gefühle zugunsten ihrer politischen Auffassung zurückstellten.

8. Das Ende der Euphorie oder die Schulpolitik des *status quo*

Die verbesserten Aufstiegschancen und die Akzeptanz der reichsländischen Eltern für das deutsche Bildungswesen standen um die Jahrhundertwende in einem deutlichen Gegensatz zu der unbefriedigenden rechtlichen und politischen Stellung der reichsländischen Bürger. In den preußischen Westprovinzen besaß die Bevölkerung 25 Jahre nach der Eingliederung die gleichen Rechte wie im preußischen Kernland. Im Reichsland war dies nicht der Fall. Die Statthalterverfassung galt bis 1911. Doch auch die neue Verfassung für Elsaß-Lothringen konnte den Sonderstatus nicht beseitigen[85], was bei der reichsländischen Bevölkerung den Eindruck verstärkte, Bürger zweiter Klasse zu sein.

Das Mißtrauen an der nationalen Zuverlässigkeit zeigte sich auch in der praktischen Verwaltungsarbeit. In der Bildungspolitik hatte die Verwaltung nach 1890 wenig Interesse, innovativ zu wirken. Der Oberschulrat förderte vielmehr eine Politik des status quo. Damit sollten gesellschaftspolitische Prozesse nicht zu sehr beschleunigt werden, die die Stellung der Altdeutschen im Reichsland hätten gefährden können.

So weigerte sich die Verwaltung beispielsweise, das dritte, in Preußen durchgesetzte, Seminarjahr für Volksschullehrer einzuführen[86]. In den Seminaren herrschten teilweise katastrophale hygienische Zustände, die den Seminardirektor des Schlettstädter Lehrerinnenseminars zu der Bemerkung hinreißen ließ, das Taktieren der Schulverwaltung sei ein „Verbrechen an 138 jungen Menschenle-

---

[84] Nigetiet an die reichsländischen Lehrer, 22. Dezember 1909, ADBR, Al 105, 283.

[85] Kaiser Wilhelm II. hatte beispielsweise nachdrücklich auf dem kaiserlichen Prärogativrecht bestanden und blieb formell oberster Landesherr. Ausführlich: *J.-M. Mayeur*, Autonomie et Politique en Alsace. La Constitution de 1911, Paris 1970. Den lothringischen Aspekt behandelt *F. Roth*, La Lorraine annexée, S. 556-563; den katholischen Baechler, Parti, S. 119-126.

[86] In Preußen trat am 1. Juli 1901 ein neuer Lehrplan in Kraft, der größeren Wert auf die pädagogische und psychologische Schulung der künftigen Lehrer legte. Im Reichsland kam die Lehrerreform nicht über einen Modellehrplan 1910 hinaus. Denkschrift Albrechts, ADBR, Al 105, 2197.

ben"[87]. Auch im Gehalt blieben Volksschul-[88] und Oberlehrer[89] hinter ihren preußischen Kollegen zurück. In Lothringen weigerte sich der Oberschulrat, neue Realanstalten einzurichten, obgleich die Bevölkerung dies verlangte[90].

Das Festhalten am status quo wurde dadurch gefördert, daß höhere Posten in der Schulverwaltung in der Regel mit Altdeutschen besetzt blieben. Die Präsidenten des Oberschulrates kamen bis 1918 nicht aus dem Reichsland[91]. Zum ersten elsässischen Staatssekretär wurde 1908 Hugo Zorn von Bulach gewählt. Von den über 255 Oberlehrern stammten 1904 nur 37 Lehrer aus dem Reichsland[92], ihre Zahl nahm jedoch in den Jahren vor dem Weltkrieg sprunghaft zu[93].

Die Modernisierungsbestrebungen verlagerten sich dafür in das Landesparlament: Schulpolitik wurde Parteienpolitik. So übertrafen sich die Abgeordnete der drei Großen Parteien: Zentrum, SPD, Liberale darin, Verbesserungsvorschlägen für das Schulwesen zu unterbreiten[94]. Dies kann als Zeichen der Akzep-

---

[87] Seminardirektor des Schlettstädter Lehrerinnenseminars an Albrecht, 8. August 1911, ADBR, Al 105, 2370.

[88] Selbst das Lehrereinkommensgesetz von 1913 blieb hinter dem preußischen Gesetz von 1909 zurück. Im Reichsland umfaßte das Einkommen wie in Preußen Grundgehalt, Alterszulage und Dienstwohnung. Die einzelnen Posten waren aber niedriger als in Preußen angesetzt. Auch wurde die Mietsentschädigung im Gegensatz zu Preußen nicht festgelegt, was den Lehrer in der Abhängigkeit von der Gemeinde beließ. Gesetz, betr. die Besoldung der Lehrer und Lehrerinnen an der öffentlichen Elementarschulen, 21. Juni 1913. Gesetzblatt für Elsaß-Lothringen, 13 (1913), S. 73 ff.

[89] Die reichsländischen Oberlehrer wandten sich daraufhin in einer Petition im Jahre 1900 an den deutschen Reichstag, was der Oberschulrat als „Pflichtverletzung" tadelte und die Oberlehrer scharf kritisierte. Nach 1900 kam es zu bescheidenen Verbesserungen, so wurde 1902 die Zulage in eine Dienstalterszulage umgewandelt, 1904 verkürzte sich die Zeit bis zum Aufrücken in das Höchstgehalt. Petition der 259 Oberlehrer, Februar 1900, ADBR, Al 105, 286.

[90] Die Verwaltung hätte hierzu das Finanzgesetz von 1878 neufassen müssen, das die genaue Anzahl reichsländischer Schulen in den einzelnen Bezirken festlegte. Auf Initiative des Militärs und der Industrie entstanden an einzelnen Orten wie in Rombach und Algeringen privat finanzierte Realschulen. Der Oberschulrat geriet schließlich unter Druck des Militärs, das für seine Söhne entsprechende Realanstalten verlangte und unterstütze die Privatanstalten finanziell. Eine Neufassung des Finanzgesetzes wurde nicht ins Auge gefaßt. So aber konnte die Verwaltung die Unterstützung jederzeit rückgängig machen. Denkschrift Wedels, 2. Juni 1910, 37. Session des Landesausschusses von 1910, Drucksache Nr. 11.

[91] Bis 1918 gab es nur zwei Präsidenten des Oberschulrates, Heinrich Richter, der eine Verwaltungskarriere im Rheinland gemacht hatte und Paul Albrecht, der vor seinem Eintritt in die Schulverwaltung am Protestantischen Gymnasium in Straßburg gearbeitet hatte.

[92] Statistik des Oberschulrates von 1904, ADBR, Al 105, 1617.

[93] Dies läßt sich besonders gut an dem Anstieg der einheimischen Philologiestudenten verfolgen, die die Lehrerprüfung ablegten. 1892 befanden sich unter den 30 Examenskandidaten vier aus dem Reichsland, 1912 hatte sich der Prozentsatz von reichsländischen Prüflingen auf 43,5 Prozent erhöht. Ausführlich: *H. Hiery*, Zwischen Scylla und Charybdis. Carl Graf von Wedel als Statthalter im Reichsland Elsaß-Lothringen (1907-1914), in: ZGO, 134 (1986), S. 299-328.

tanz für das deutsche Bildungswesen verstanden werden. Lange Jahre hatten die Mitglieder des Landesausschusses die Schulpolitik boykottiert, indem sie Gelder nicht bewilligten[95].

Als Zeichen für eine zunehmend konservativer werdende Bildungspolitik ist die gute Zusammenarbeit von Schulverwaltung und katholischer Kirche zu bewerten. Die beiden Bischöfe von Straßburg und Metz unterhielten in ihren Diözesen fünf höhere Schulen, die sich seit der Jahrhundertwende in großen finanziellen Engpässen befanden. Die Schulverwaltung hatte die Krise der Bischofsschulen zunächst mit einer gewissen Häme zur Kenntnis genommen. Albrecht erklärte 1894 seinem Staatssekretär: „Freie Schulen zu unterstützen, hat nicht einmal das klerikale belgische Ministerium gewagt". Seit 1909 erhielt das bischöfliche Gymnasium von St. Stephan 25.000 DM aus Landesmitteln[96].

9. Erziehung zum Hurrapatrioten?

Nach 1890 wollte die Verwaltung am *status quo* des Reicheslandes festhalten. Dazu gehörte, daß die Schulpolitik zwar zunehmend in nationales Fahrwasser geriet, ohne jedoch unter dem Diktat aggressiver Germanisierungspolitik zu stehen. Damit unterschied sich die Politik des Oberschulrates von dem Vorgehen der Verwaltung in den Preußischen Ostprovinzen. Dort stand die Bildungspolitik seit der Jahrhundertwende ganz im Kampfe einer aggressiven Germanisierung[97].

Natürlich lernten reichsländische Volksschüler und Gymnasiasten überall im Deutschen Reich Geschichte und Geographie auch im Reichsland aus der preußischen Perspektive kennen, lernten den Kaiser als gütigen „Landesvater verehren". Bezeichnenderweise legte die Schulverwaltung jedoch großen Wert auf die Entwicklung eines spezifisch elsässischen beziehungsweise lothringischen Regionalbewußtseins, das die Grundlage für Zugehörigkeitsgefühl zum Deutschen Reich bilden sollte[98].

---

[94] Die Neufassung des Ortschulvorstandes von 1907, die den Einfluß der Pfarrer auf die Lehrer beschränkte, ging auf einen Antrag des lothringischen Abgeordneten Ditsch zurück. Ditsch am 2. Mai 1907 vor dem Landesausschuß, 34. Session, 20. Sitzung, Sten. Ber. L., S. 482.

[95] Dies wurde beispielsweise bei der Diskussion um die Volksschullehrergehälter 1898 im Landesauschuß deutlich. So erreichten die Konservativen, daß das Grundgehalt der Lehrer gegenüber der Regierungsvorlage herabgesetzt wurde. Kommissionsbericht, 16. März 1898, Drucksache 34, 25. Session, S. 544 f.

[96] Zorn von Bulach an Benzler, 19. Juni 1910, ADBR, Al 105, 1764.

[97] Ausführlich: *R. Korth*, Die preußische Schulpolitik und die polnischen Schulstreiks. Ein Beitrag zur preußischen Polenpolitik in der Ära Bülow, Würzburg 1963; *J. Kulczycki*, School Strikes in Prussian Poland 1901-1907: The Struggle over Bilingual Education, New York 1981; *M. Lamberti*, State, Society and Elementary School in Imperial Germany, New York / Oxford 1989.

[98] Hiervon waren zunächst 183 Schulen in dem Bezirk Bromberg und zwanzig Elementarschulen in Posen betroffen. Die Maßnahmen der Verwaltung stießen bei der

Besonders deutlich werden die Unterschiede zwischen den preußischen Ostprovinzen und dem Reichsland in der Sprachpolitik. In den Bezirken Posen und Bromberg zielte die Verwaltung darauf ab, das Polnische aus dem Unterricht zu verbannen, selbst der Religionsunterricht fand in einer Reihe von Schulen nicht mehr in der Muttersprache, sondern auf Deutsch statt[99].

Im Reichsland erhielten Kinder in überwiegend französischsprachigen Gebieten in der Volksschule Französischunterricht. Mit der Verfügung von 1910 unterteilte der Oberschulrat die Volksschulen in Lothringen in zwei Gruppen[100]. In Klassen, in denen weniger als zwanzig Prozent der Kinder als Muttersprache Französisch hatten, fiel der Fremdsprachenunterricht fort. In Klassen mit mehr als zwanzig Prozent französischsprachigem Anteil fand weiterhin ein regelmäßiger Französischunterricht statt. Dabei muß man allerdings in Rechnung stellen, daß die Verwaltung mit der Festsetzung der Muttersprache bisweilen sehr locker umging, wie dies ein Dr. Krichel in seinem Bericht an den Oberschulrat nahelegt: „Der Ausdruck deutschredende Eltern darf nicht so verstanden werden, als ob die betreffenden Eltern tatsächlich sich der deutschen Sprache im Verkehr mit ihren Kindern bedienten“[101].

Offiziell wurde aber auch der Religionsunterricht an reichsländischen Schulen in der Muttersprache erteilt. Albrecht legte in einem Schreiben an den Bezirkspräsidenten von Lothringen die Grundsätze seiner Sprachpolitik dar:

> „Es kommt nicht so sehr darauf an, daß die deutsche Sprache möglichst schnell zur alleinigen Schulsprache in möglichst vielen Gemeinden gemacht werde, sondern daß sie durch die Schule möglichst sicher und zum thätigen Besitztum der Bevölkerung werde“[102].

Selbst in den höheren Schulen lag die Zahl der Französischstunden über dem preußischen Durchschnitt. Rücksichtnahme auf die nationalen Gefühle der reichsländischen Bevölkerung zeigt sich auch bei einer Untersuchung der Aufsatzthemen[103], der Gedenktage und Schulausflüge.

In den Abituraufsätzen blieb eine Thematisierung des deutsch-französischen Verhältnisses die Ausnahme[104]. Die Verherrlichung von Krieg oder Gewalt wur-

---

polnischen Bevölkerung auf einen von der katholischen Geistlichkeit unterstützten Widerstand. Es kam daraufhin zu längeren Schulstreiks.

99 Ausführlich: *S. Harp*, Learning to be German.

100 Albrecht am 7. April 1910 vor dem Landesausschuß; 37. Session, 19. Sitzung, Sten. Ber. L., S. 508.

101 Krichel an Richter, 21. Mai 1891, ADBR, Al 105, 2097.

102 Albrecht an Zeppelin, 15. Juli 1907. ADM 9 Al 15.

103 Die Jahresberichte der höheren Schulen verzeichnen in der Regel die Themen der Abituraufsätze.

104 Natürlich gab es Ausnahmen. Der Direktor des Straßburger Gymnasiums stellte 1913 im Abitur das Thema: „Inwieweit lehrt uns die napoleonische Zeit, daß ein großes Unglück auf eine große Schuld hinweist“, in: Jahresbericht des Straßburger Gymnasiums, 1913/14, S. 14. Bei den meisten Themen handelt es sich um literaturhistorische Fragestellungen.

de vermieden, der Sedantag[105] in reichsländischen Schulen nicht gefeiert. Als der Vorsitzende des Zentralausschusses für Volks- und Jugendspiele darum bat, auf dem Turnfest in Straßburg einen Vortrag über die nationale Bedeutung des Sedantages zu halten, wies ihn der Direktor des Oberschulrates freundlich aber bestimmt in seine Grenzen, um einheimische Familien, die „gute Kontakte zu Frankreich haben, nicht zu brüskieren"[106].

Bis 1890 waren militärische Paraden zu Kaisers Geburtstag unüblich[107]. Die Schuldirektoren bemühten sich jedoch, den Kaiser zum „väterlich-gütigen" Landesvater zu stilisieren, um patriotische Gefühle der Schüler zu wecken. In einer Rede des Direktors des Hagenauer Gymnasiums von 1890 wird die Bedeutung Wilhelms II. folgendermaßen herausgestellt:

> „Der Herrscher ist nicht bloß des Volkes, das Volk nicht bloß des Herrschers wegen da, sondern beide sind aufeinander angewiesen und unzertrennlich voneinander, wie der Vater und die Familie"[108].

Bei der Feier monarchischer Gedenktage verhielt sich die Schulverwaltung ähnlich wie im katholischen Rheinland. Dabei waren die Direktoren besonders angestrengt, die religösen Gefühle der katholischen Schüler nicht zu verletzen. In den staatlichen Schulen wurden an Kaisers Geburtstag keine protestantischen Kirchenlieder gesungen[109]. 1903 erhielten katholische Schüler schulfrei, um an den Gedenkfeiern für den verstorbenen Papst teilzunehmen[110].

Die Vorsicht der Schulverwaltung zeigte Erfolg. Ab 1895 berichteten die Direktoren von einem regen Besuch der Eltern an den Feiern zu Kaisers Geburtstag. Dies legte sich vor dem Ersten Weltkrieg. Denn die reichsländische Bevölkerung hat wie ein Seismograph auf Spannungen reagiert. So stießen vor allem die Turn- und Jugendspiele auf Mißtrauen der Eltern. Einige Direktoren haben deshalb die Turnspiele ausfallen lassen. Auch die Pfadfinderbewegung oder der Wandervogel konnte im Reichsland nicht wirklich Fuß fassen. Die Rücksichtnahme auf die nationalen Gefühle der Bevölkerung ging von den häufig aus Altdeutschland stammenden Lehrern und Beamten aus. Auf der anderen Seite gab es unter den Oberlehrern aber auch eine Gruppe überzeugter deutscher Nationalisten, wie Karl Gneisse, die die Schulpolitik im deutsch-nationalen Sinn zu instrumentalisieren suchten.

Nach 1900 sah sich der Oberschulrat vermehrt Forderungen gegenüber, die eine Nationalisierung der Schulpolitik forderten. Diese Überlegungen gingen vor allem auf das im Reichsland stationierte Militär, Wihelm II. und die altdeut-

---

105 Ausführlich: *F. Schellack*, Nationalfeiertage in Deutschland von 1871-1945, Frankfurt a.M. / Bern / New York / Paris 1990; *T. Schieder*, Das deutsche Kaiserreich als Nationalstaat, Köln 1961.

106 Albrecht am 12. Dezember 1906, ADBR, Al 105, 1585.

107 Vgl. hierzu die Jahresberichte der höheren Schulen von 1871 bis 1914.

108 Jahresbericht Hagenau, 1890, S. 22 ff.

109 Verordnung, Februar 1873, ADBR, Al 105, 2693.

110 Verordnung, 24. Juli 1903, ADBR, Al 105, 1643.

schen Verbände[111] zurück. Von reichsländischer Seite geriet die Bildungspolitik des Oberschulrates hingegen von einem kleinen Kreis französischer Nationalisten um Abbé Wetterle unter Beschuß. Zwischen Scylla und Charybdis sich zu bewegen, bleibt das entscheidende Verdienst des Statthalters Carl Graf von Wedel, der sich beiden Gruppen freundlich aber entschieden widersetzt hat, letztlich aber scheiterte[112].

10. Erste Schlußfolgerungen

Die Schulpolitik des Oberschulrates läßt deshalb Aussagen über die Beamtenschaft des Kaiserreiches im allgemeinen zu. Die Wehlersche These von der „Beamtenschaft als einer Gruppe autoritätshöriger Erfüllungsgehilfen" findet im Reichsland keine Bestätigung[113]. Im Gegenteil. Bis zum ersten Weltkrieg gehörten die Beamten vielmehr zu der gesellschaftlichen Gruppe, die die geistigen Traditionen der preußischen Reformen am eindeutigsten bewahrten. Bei aller patriotischen Grundeinstellung bemühte sich die Beamtenschaft, die Schulpolitik weitgehend aus den nationalen Spannungen herauszuhalten.

Deutlich wird dieses Bestreben an der Debatte über den Französischunterricht in den deutschsprachigen Volksschulen. Die französischen Nationalisten um den Abbé Wetterle warfen der deutschen Regierung in regelmäßigen Abständen vor, die französische Sprache systematisch ausrotten zu wollen, mit der Begründung, daß es in überwiegend deutschsprachigen Gebieten keinen Fremdsprachenunterricht gäbe[114]. „Man will", bekannte Wetterle im Landesausschuß, „zweifellos eine chinesische Mauer zwischen dem Elsaß und Frankreich bauen"[115].

Die Kübler'schen Sprachanträge wurden von der Verwaltung jedoch keineswegs rundweg abgelehnt, sondern jedesmal genauestens im Oberschulrat und Parlament diskutiert. Nach 1911 gelang es der Schulverwaltung nicht mehr, die Sprachenfrage zu entpolitisieren. Aus der Frage des Französischunterrichts in den deutschen Volksschulen wurde eine Grundsatzdebatte[116] um den franzö-

---

[111] Der deutsche Flottenverein organisierte beispielsweise jährliche Fahrten für die reichsländische Schülerschaft an die Nordsee. Der Vorsitzende des elsaß-lothringischen Landesverbandes des deutschen Flottenvereins an Albrecht, 16. Mai 1913, ADBR, Al 105, 2695.

[112] Am besten: *H. Hiery*, Zwischen Scylla und Charybdis.

[113] *H.-U. Wehler*, Das deutsche Kaiserreich 1871-1918, Göttingen 1985, S. 257 ff.

[114] Der oberelsässische Notar Joseph Kübler forderte den Landesausschuß seit 1908 alljährlich auf, auch in den deutschsprachigen Volksschulen Französischunterricht zuzulassen. Kübler am 10. März vor dem Landesausschuß, 35. Session, 11. Sitzung, Sten. Ber. L., S. 237.

[115] Wetterlé am 10. März 1909 vor dem Landesausschuß, 36. Session, 12. Sitzung, Sten. Ber. L., S. 230.

[116] Die Agitation ging vor allem von Nationalisten aus Altdeutschland aus, wobei sich die Angriffe Wetterles und die Angriffe altdeutscher Nationalisten gegenseitig hoch-

sischen Charakter des Reichslandes, die schließlich sogar während der Verfassungsberatung im Reichstag eine Rolle spielte[117].

Die Bürokratie im Reichsland bildete keine Einheit. Es ist sinnvoll, zwischen den bürgerlichen Beamten der Sonderverwaltung und den meist adligen Beamten der höheren Verwaltung zu differenzieren. Beiden Gruppen war gemeinsam, daß sie an einer nationalen Schulpolitik kein Interesse besaßen, sondern es vorzogen, gute Verwaltungsarbeit zu leisten. Die in der Regel bürgerlichen Beamten des Oberschulrates haben die Ausrichtung der Schulpolitik entscheidend mitbestimmt. Stellvertretend können die beiden Präsidenten des Oberschulrates Richter[118] und Albrecht[119] stehen. Sie verkörperten den neuen Typus von Beamten, der sich in erster Linie seiner Aufgabe, in zweiter Linie dem Staat oder gar der Nation verpflichtet fühlte. Beide können als typische Vertreter des Bildungsbürgertums gelten, die Leistung für das alleine bestimmende Kriterium hielten. Ihr Einfluß auf die reichsländische Schulpolitik weist daraufhin, daß die These von den generellen Defiziten an Bürgerlichkeit[120] im Kaiserreich überdacht werden muß. Die wilhelminische Gesellschaft wurde nicht von dem Bündnis industrieller Eliten und einer aristokratisch-argrarischen Führungsschicht dirigiert. Das Bürgertum konnte durchaus seine Stellung geltend machen, auch wenn seine Integrationskraft Schwächen aufwies[121]. Dies unterstreicht die Aus-

---

schaukelten. Nach der Jahrhundertwende wurde die Sprachenfrage zunehmend kontroverser diskutiert und als Beweis für den „urdeutschen" Charakter des Reichslandes bewertet; *H. Ruland*, Deutschtum und Franzosentum in Elsaß-Lothringen. Eine Kulturfrage, o.O. 1908; *H. Spieser*, Elsaß-Lothringen als Bundesstaat, Berlin 1908; *W. Rein*, Zur Schulpolitik im Reichsland (Extr.), Berlin 1906.

117 Am 23. März brachte die konservative Deutsche Reichspartei einen Antrag im Reichstag ein, der Deutsch verfassungsmäßig als allgemeine Geschäfts- und Unterrichtssprache im Reichsland festschreiben sollte. Schließlich einigten sich die Abgeordneten darauf, wonach der Statthalter gemäß der bisherigen Übung die Unterrichtssprache bestimmen dürfe. Dies löste im Reichsland starke Verärgerung aus und gab dem Eindruck, als Bürger zweiter Klasse behandelt zu werden, neue Nahrung.

118 Zur Person Richters: *A. Sachse*, Erinnerungen aus der Elsaß-Lothringischen Schulverwaltung, in: Elsaß-Lothringisches Jahrbuch, 6 (1927), S. 207-240. Außerdem die Personalakte: ADBR, Al 87, 1175.

119 Zur Person Albrechts: *A. Sachse*, Erinnerungen, S. 226 ff.; „Albrecht, Paul", NDB, 1, S. 184; *M. Spahn*, Paul Albrecht, in: Elsaß-Lothringisches Jahrbuch, 2 (1923), S. 175 ff.

120 Die These vom deutschen Sonderweg wurde vor allem von Wehler, Sauer und Böhme vertreten. Vgl. u.a. *H. Böhme*, Deutschlands Weg zur Großmacht. Studien zum Verhältnis von Wirtschaft und Staat während der Reichsgründungszeit 1848-1881, 3. Aufl., Köln 1974; *W. Sauer*, Das Problem des deutschen Nationalstaates, in: *H.-U. Wehler* (Hrsg.), Moderne deutsche Sozialgeschichte, 4. Aufl., Köln 1973, S. 407-436; *H.-U. Wehler*, Kaiserreich.

121 Die Sonderwegtheorie wird von der neueren Forschung auf ihren Kernbereich beschränkt. Grundlegend: *D. Blackbourn / G. Eley*, Mythen deutscher Geschichtsschreibung. Die gescheiterte bürgerliche Revolution von 1848, Berlin 1980; *Th. Nipperdey*, 1933 und die Kontinuität deutscher Geschichte, in: Historische Zeitschrift, 227 (1978), S. 86-111; *J. Kocka*, Deutsche Geschichte vor Hitler. Zur Diskussion über den „deutschen Sonderweg". Geschichte und Aufklärung, Göttingen 1989, S. 101-113; *K.-D. Bracher / H. Möller* (Hrsg.) Deutscher Sonderweg – Mythos oder Realität?, München 1982; *H. Grebing*,

sage von David Blackbourne, wonach neben einer Feudalisierung der Gesellschaft auch eine Verbürgerlichung im Kaiserreich stattgefunden hat[122]. Mit Jürgen Kocka gesprochen scheint der vielzitierte „deutsche Sonderweg" vor allem in der Existenz eines effizient arbeitenden Berufsbeamtentums gelegen zu haben[123].

Die Schulpolitik des Oberschulrates ging auf die Statthalter, Staatssekretäre und Bezirkspräsidenten zurück. Die meisten von ihnen stammten aus traditionsreichen Adelsfamilien. Dies unterstützt die Aussage Mommsens, der für das deutsche Kaiserreich feststellte, daß die preußische Führungsschicht keineswegs der Träger eines übersteigerten Nationalismus gewesen sei, sondern die mittleren Bevölkerungsschichten[124].

Die Beamtenschaft im Reichsland hat sich im besonderen Maße mit der Region und nicht mit der abstrakten Idee der Nation identifiziert, was auf die „Unsicherheit des nationalen Erbes" hinweist[125].

Dies lag nicht zuletzt an der langen Amtsdauer einzelner Beamte. Die beiden Direktoren des Oberschulrates übten ihre Tätigkeit beispielsweise über fünfzehn Jahre aus. Heinrich Richter von 1871 bis 1900, Paul Albrecht bis zum Kriegsbeginn 1914. Der gebürtige Leipziger, der bereits 1871 in das Reichsland übergesiedelt war, empfand Straßburg so sehr als seine zweite Heimat, daß er bis zu seiner Vertreibung durch die Franzosen 1918 in der Reichslandhauptstadt wohnte.

Die Identifizierung der altdeutschen Beamtenschaft mit der Region traf sich mit dem Heimatgefühl der reichsländischen Bevölkerung. Nach 1890 erhielt der Regionalismus großen Auftrieb. Die eigene Heimat wurde in Theaterstücken, der Literatur gefeiert, die Mundart gefördert. Viele Elsaß-Lothringer fühlten sich nicht mehr als französische Staatsbürger und noch nicht als Deutsche, sondern als Elsässer oder Lothringer[126].

Doch bliebe das im Vergleich mit den preußischen Ostprovinzen moderate Verhalten der Beamtenschaft unverständlich, würde man die unterschiedliche nationale Einschätzung der slawischen und französischen Bevölkerung nicht in

---

Der „deutsche Sonderweg" in Europa 1806-1945. Eine Kritik, Stuttgart / Berlin / Köln / Mainz 1986. Dort findet sich umfangreiche Literatur.

[122] *D. Blackbourne*, Mythen, S. 124 ff.

[123] *J. Kocka*, Geschichte, S. 111.

[124] *W. Mommsen*, Preußisches Staatsbewewußtsein und deutsche Reichsidee. Preußen und das Deutsche Reich in der jüngeren Geschichte, in: *W. Mommsen* (Hrsg.), Der autoritäre Nationalstaat, S. 78 ff.

[125] Hierzu: *Th. Schieder*, Kaiserreich; *W. Hardtwig*, Bürgertum, Staatssymbolik und Staatsbewußtsein im Deutschen Kaiserreich 1871-1914, in: Geschichte und Gesellschaft, 16 (1990), S. 269-295; *E. Fehrenbach*, Über die Bedeutung der politischen Symbole im Nationalstaat, in: Historisches Zeitchrift, 213 (1971), S. 296-357.

[126] Hierzu ausführlich: *R. Poidevin / J. Bariéty*, Frankreich und Deutschland. Die Geschichte ihrer Beziehung 1815-1975, München 1982. Dort wird nachdrücklich auf das veränderte Nationalgefühl der reichsländischen Bevölkerung verwiesen.

Rechnung stellen. Die Integrationspolitik im Reichsland war von der nationalen Achtung geprägt, die man den annektierten Bürgern entgegenbrachte. Die polnische Bevölkerung Preußens und die dänische Bevölkerung in Nord-Schleswig[127] wurde als Minderheit im preußischen Staatsverband behandelt. Die Reichsländer nicht. Elsaß-Lothringen galt wegen der Sprach- und Kulturzugehörigkeit als deutsch, auch wenn die Argumentation sich als Professorenidee im Bismarckschen Sinne entpuppte[128]. Denn Teile von Lothringen waren rein französischsprachig und ohne Bezug zur deutschen Kultur. Hinzu kam, vergleicht man Polen, Dänen und Elsaß-Lothringer, daß die französische Kultur in der öffentlichen Meinung des Kaiserreiches zwar als leichtlebig und dekadent, keineswegs aber als minderwertig wie die slawische betrachtet wurde. Bei aller preußischen Arroganz zählte Frankreich als europäische Kulturnation, Polen nicht. Hinter Elsaß-Lothringen stand Frankreich, während es den polnischen Staat seit der dritten polnischen Teilung nicht mehr gab.

Während des ersten Weltkrieges setzten sich auch in der reichsländischen Schulpolitik die nationalistischen Kräfte durch, die die preußische Germanisierung im Osten zum Vorbild nahmen[129]. Die Bildungspolitik geriet in das nationale Fahrwasser. Letzendlich scheiterte die Integrationspolitik damit an Widersprüchen, die dem Kaiserreich im allgemeinen immanent waren: Demokratisierungs- und Modernisierungstendenzen gefördert zu haben, aber gleichzeitig an starren politischen Formen festzuhalten.

---

[127] Ausführlich: O. *Hauser*, Preußen und Schleswig-Holstein. Staatsgedanken und Landesbewußtsein 1866, in: Blätter für deutsche Landesgeschichte, 121 (1985), S. 355-370.

[128] Ausführlich hierzu unter Verweis der älteren Literatur: *E. Kolb*, Der Weg aus dem Krieg. Bismarcks Politik im Krieg und die Friedensanbahnung 1870-1871, München 1990.

[129] Zur veränderten Situation während des Ersten Weltkriegs: *F. Roth*, La Lorraine annexée, S. 593-653; *Ch. Baechler*, L'Alsace entre la guerre et la paix. Recherches sur l'opinion publique (1917-1918), Thése, Strasbourg 1969.

Die Elsässer Katholiken und der Heilige Stuhl zwischen nationaler Identität und universalistischem Selbstverständnis

Die „Querelen" um den Straßburger Koadjutor 1879-1881

Von Andrea Ciampani

Häufig wirken auf die sehr komplexen – und für die historische Forschung äußerst interessanten – Realitäten in „Grenzlandschaften" zwischen zwei verschiedenen Kulturräumen Kräfte und Interessen ein, die, auch wenn sie über den lokalen Rahmen hinausgehen, dazu beitragen, hier ausgesprochen eigentümliche Gegebenheiten hervorzubringen. Dies trifft bekanntlich auf den besonders starken Einfluß der katholischen Kirche und des Heiligen Stuhls auf die politische Haltung der Bevölkerung sowie die politischen Entscheidungen der kommunalen Verwaltungen jener katholischen Orte zu, die während und nach den bürgerlichen Revolutionen bis in die Zeit der letzten Nationalstaatsgründungen in Gebieten lagen, auf die sich, wie in einem Schmelztiegel, die „nationalen" Besitzansprüche verschiedener Völker konzentrierten. Die lokalen Kirchenverwaltungen waren hier sowohl in internen Auseinandersetzungen als auch in ihren Beziehungen zur Weltkirche in starkem Maße darauf ausgerichtet, die eigene Identität zu bewahren, und man hat häufig den Eindruck, daß die Dynamik, mit der dies angestrebt wurde, mehr Aufmerksamkeit verdient, als ihr tatsächlich gewidmet wird. Die Tatsache, daß die „katholische" Kirche verschiedenen Notwendigkeiten, geopolitischen, sozialen, wirtschaftlichen und religiösen Erfordernissen gleichermaßen entsprechen muß, welche allesamt wiederum die „religiösen Interessen" des Heiligen Stuhls als solche mitbedingen, macht es zusätzlich schwer, die Beziehungen einer lokalen Kirchenverwaltung zur Universalkirche darzustellen. Im vorliegenden Aufsatz soll deshalb vor allem aufgezeigt werden, wie nützlich die Dokumente des Archivs der Heiligen Kongregation für die außerordentlichen kirchlichen Angelegenheiten des Heiligen Stuhls (heute Kongregation für die Öffentlichen Angelegenheiten der Kirche) für weitergehende Untersuchungen sein können, die sich darum bemühen, die bestehenden Lücken in der historiographischen Aufarbeitung der betreffenden Fragen aufzufüllen. Das genannte Archivmaterial stellt nur einen Teil des umfangreichen Materials dar, welches in den Vatikanischen Archiven vorzufinden ist[1]. Es

[1] Vgl. die entsprechenden Angaben in: *G. Martina*, Die Archivdaten des Vatikans über die erste Phase des Kulturkampfes, in: *R. Lill / F. Traniello* (Hrsg.), Der Kulturkampf in Italien und in den deutschsprachigen Ländern, Berlin 1992, S. 167-220, hier S. 167 f.

ist jedoch in einzigartiger Weise dazu geeignet, die Schnittstellen zwischen der lokalen kirchlichen Tätigkeit und der übernationalen Aktivität der katholischen Kirche genauer zu erforschen. In diesem Sinne und ohne Anspruch auf Vollständigkeit sollen hier unter Bezugnahme auf die Quellen, die sich in diesem Archiv befinden, einige Grundzüge der Situation in der katholischen Kirche im Elsaß, so, wie sie sich etwa ein Jahrzehnt nach der Annexion durch das Deutsche Reich darstellte, nachgezeichnet werden[2]. Insbesondere soll auf die Auseinandersetzungen eingegangen werden, die damals in der Straßburger Diözese um die Ernennung eines Koadjutors *cum iure successionis* geführt wurden.

Wohlwissend, daß die vorliegende Arbeit in den zeitlichen Dimensionen und bezüglich des Ereignisses, von dem sie handeln soll, eng begrenzt ist, und in der Erkenntnis, daß das in Betracht gezogene Archivmaterial einige methodologische Probleme aufwirft, scheint es uns von erheblichem Interesse zu sein, zuerst einmal die vielfältigen Fragen aufzuzählen, die diese Quellen aufwerfen. Hier sind vor allem zu nennen: die Beziehung zwischen der „nationalen" Kultur des Elsaß und der deutschen Kultur; die Rolle, die die kirchlichen Institutionen bei der Heranbildung des Klerus und der katholischen Führung spielten; die Frage der Sprache in Verbindung mit den Problemen der Beziehungen zwischen den Konfessionen sowie den Germanisierungstendenzen im Elsaß; und schließlich die Beziehung zwischen nationaler und regionaler Identität, in die die Veränderungen von einer Generation zur anderen sowie die Dynamik übernationaler Ideen hineinspielen. Doch insbesondere soll die vorliegende Untersuchung zu einem besseren Verständnis darüber beitragen, wie sich das Verhalten der Katholiken in „Grenzregionen" wie dem Elsaß gegenüber den Positionen weiterentwickelt hat, die die katholische Kirche und der Heilige Stuhl ergriffen, um für die Wahrnehmung der eigenen „religiösen Interessen" in einem sich in

---

Ein Überblick über die bekannten Archivquellen zur elsässischen Kirche findet sich in: *Cl. Muller*, Dieu est catholique et alsacien. La vitalité du diocèse de Strasbourg au XIXe siècle (1802-1914), II, Strasbourg o.J. [1987], S. XI-XXII. Muller berichtet u.a. über die Quellen, die sich in den Archives de l'Evêché de Strasbourg und in den Archives Départementales du Bas-Rhin befinden. Was die Wahl der Bischöfe betrifft, so verweist er auf einige Akten im Archivio segreto vaticano (ASV). Die hier vorliegende Dokumentation leistet also einen Beitrag dazu, die schon beachtlichen Quellenkenntnisse zu ergänzen. Es sei an dieser Stelle Msgr. Marcello Camisassa gedankt, der mir mit Freundlichkeit und Hilfsbereitschaft bei der Einsicht ins Archiv der Kongregation für außerordentliche kirchliche Angelegenheiten behilflich war.

[2] Für einen Gesamtüberblick über die elsässische Kirche verweise ich auf den von *F. Rapp* unter Mitarbeit von *L. Châtellier / R. Epp / C. Munier / R. Winling* herausgegebenen Band Le Diocèse de Strasbourg, Paris 1982 (Bd. XIV der unter der Leitung von *B. Plangeron / A. Vauchez* herausgegebenen Histoire des Diocèses de France). Biographische Angaben über einzelne Protagonisten des elsässischen Katholizismus finden sich in dem von *B. Vogler* herausgegebenen Band über das Elsaß aus der Reihe des Dictionnaire du monde religieux dans la France contemporaine, hrsg. von J.-M. Mayeur / Y.-M. Hilaire, Paris 1987. Was die Straßburger Bischöfe betrifft, vgl. außerdem insbesondere die Artikel von Erwin Gatz über Raess, Stumpf und Fritzen in: *E. Gatz* (Hrsg.), Die Bischöfe der deutschsprachigen Länder, 1785/1803-1945, Berlin 1983. Eine großangelegte Bibliographie findet sich, neben entsprechenden Angaben in den genannten Werken, in: *Cl. Muller*, Dieu est catholique et alsacien, S. XXIII-XLVIII.

seiner Gesamtheit verändernden internationalen Kontext einzutreten. Die Handlungen und Entscheidungen des Heiligen Stuhls sind unter unserem Gesichtspunkt auch dann von Bedeutung, wenn sie sich in Untätigkeit oder stillschweigendem Einvernehmen mit den Stellungnahmen der elsässischen katholischen Kirche ausdrückten.

Es bleibt jedenfalls wünschenswert, daß weitere Untersuchungen über den Entscheidungsbildungsprozeß innerhalb der katholischen Hierarchie im 19. Jahrhundert durchgeführt werden, um so genauere Vergleiche zwischen dem Verhalten der katholischen Führung in verschiedenen Gebieten anstellen zu können (so, wie im Falle unseres Seminars die Kirchen in Elsaß-Lothringen, im Trentino und in den adriatischen Gebieten verglichen werden). Damit könnte dann möglicherweise eine Überlegung, die auch während dieser Tagung geäußert wurde, klarerer verifiziert werden, nämlich die Vorstellung von dem Vorhandensein einer Kultur des Ausgleichs und der Vermittlung, die die katholische Kirche aufgrund ihrer ‚Latinität' und entsprechend ihrem universalen Charakter verbreitet habe.

So sehr sich auch die für verschiedene Gebiete getroffenen Entscheidungen der kirchlichen Führung unterschieden, eine grundlegende Kontinuität in der methodischen Herangehensweise würde in jedem Fall eine klarere Erkenntnis darüber hervorbringen, wie im Inneren der katholischen Kirche die nationalen Gegensätze aufgenommen wurden. Dies werden auch die hier nachgezeichneten Ereignisse zeigen.

1. Die Frage nach der zukünftigen Nachfolge auf dem Straßburger Bischofsstuhl

In der Kongregation für außerordentliche kirchliche Angelegenheiten[3] wurde seit 1879 damit begonnen, systematisch die Dokumente über die Ereignisse um den Straßburger Bischofsstuhl sowie über die Vorstellungen und das Verständnis von Katholizismus unter der elsässischen Bevölkerung zu sammeln. Inzwischen hatte, nach einem Jahr der Sondierungen[4], die Überlegung konkrete

---

[3] Für historische Hinweise zur Kongregation für außerordentliche kirchliche Angelegenheiten sei verwiesen auf: *L. Pasztor*, La Congregazione per gli Affari ecclesiastici straordinari tra il 1814 e il 1850, in: Archivum historiae pontificiae, 6 (1968), S. 191-318; *C. Weber*, Quellen und Studien zur Kurie und zur Vatikanischen Politik unter Leo XIII., Tübingen 1973.

[4] Mindestens seit 1878 wurden verschiedenen Prälaten im Vatikan sowie und dem Papst selbst Äußerungen und Nachrichten über entsprechende Intentionen der zivilen und kirchlichen Verwaltung im Elsaß zugeleitet. Hinweise auf die damaligen Bestrebungen enthält eine Eingabe, die der Pfarrer Xavier Haeusler aus dem Pfarrsprengel von Friesenheim am 29. November 1881 an Leo XIII. sandte; in diesem Brief brüstete sich der Pfarrer unter anderem damit, daß er schon seit 1878 für die Kandidatur Stumpfs gewesen sei. Der Text befindet sich im Archivio storico della Sacra Congregazione per gli Affari ecclesiastici straordinari (AA EE SS), Germania, pos. 1196, fasc. 663, Alsazia Strasburgo, 1881-1882.

Gestalt angenommen, dem alten Bischof Msgr. Andreas Raess[5], einen Koadjutor *cum iure successionis* zur Seite zu stellen. Doch die delikate Vorarbeit zur Nominierung eines Nachfolgers für diesen langlebigen Prälaten sollte sich noch über die gesamten achtziger Jahre hinziehen und fand nach dem kurzen Episkopat Msgr. Peter Paul Stumpfs[6] erst mit der Ernennung Msgr. Adolf Fritzens zum Bischof, und Msgr. Carl Marbachs zum Weihbischof ihren Abschluß[7].

Die katholische Kirche der Diözese Straßburg, der ein unmittelbar dem Heiligen Stuhl unterstellter residierender Bischof vorstand, befand sich zum Zeitpunkt der Einverleibung in das Deutsche Reich unter der Leitung des elsässischen Bischofs Raess. Dessen Verbleiben in der Leitung der Diözese garantierte die Kontinuität in der kirchlichen Führung und bewirkte, daß sich die bald aufkommenden Gegensätze zwischen Kirche und staatlicher Macht nicht über die Region selbst hinaus ausweiteten. Doch die heftigen Spannungen, die die Frage nach der nationalen Identität unter den Katholiken auslöste, waren durch die erfahrene Führung durch den inzwischen fünfundachtzigjährigen Bischof bestenfalls überdeckt, jedoch keinesfalls gelöst worden.

Im Laufe der Zeit rief jedoch das konziliante Entgegenkommen Raess' gegenüber den staatlichen Instanzen, welches man anfangs mehr seinem Alter als persönlichen Schwächen zuschrieb, unter dem elsässischen Klerus zunehmend Bestürzung hervor. Dies ging soweit, daß im Frühjahr 1879 der Abbé Brunck in einem Brief aus der elsässisch-französischen Stadt Belfort sich dazu verstieg, die Tatsache anzuprangern, daß „Monseigneur Raess, de concert avec le gouvernement allemand, vient de proposer à l'acceptation du Saint-Siège un aumônier militaire et un proffesseur allemands qui resident à Strasbourg, et son neveu, l'abbé Raess, curé de Rosheim“[8]. Diese Nachricht, so fuhr der Abbé fort, habe

---

[5] Msgr. Andreas Raess (1794-1887) war am 4. Dezember 1840 zum Titularbischof von Rhodiapolis ernannt worden. Aufgrund seiner Stellung als Koadjutor mit dem Recht der Nachfolge ging die Leitung der Diözese Straßburg am 26. August 1843 an ihn über.

[6] Es muß allerdings darauf hingewiesen werden, daß Msgr. Peter Paul Stumpf (1822-1890), der in Eguisheim in der Diözese Straßburg geboren war, im Mai 1881 zum Titularbischof von Caesaropolis und Koadjutor des Straßburger Bischofs mit dem Recht der Nachfolge ernannt und am 24. August desselben Jahres geweiht worden war. Zum Episkopat Stumpfs vgl. *Cl. Muller*, Mgr. Pierre Paul Stumpf, enfant d'Eguisheim. Un épiscopat dans l'alternative (1887-1890), Eguisheim 1987.

[7] Seit der zweiten Hälfte der siebziger Jahre war der katholische Klerus im Elsaß vollständig in die „querelle“ um seine Bischöfe verstrickt, welche sich mindestens bis zu den inneren Kämpfen um die Bischofsnachfolge des Jahres 1890 hinzog; vgl. hierzu auch die auf das kirchliche Leben im Elsaß bezogenen Abschnitte der Histoire de Strasbourg, publiée par G. Livet / F. Rapp, Toulouse 1987, S. 388-392. Die historiographischen Lükken, die in dieser Überblicksdarstellung und in den kurzen bibliographischen Anmerkungen (S. 403) beklagt werden, können zumindest zum Teil durch das materialreiche Werk von *Cl. Muller*, Dieu est catholique et alsacien, aufgefüllt werden. Vgl. zu den Bischofsernennungen nach 1887 in den Bistümern Metz und Straßburg auch *E. Gatz*, Kirchliche Personalpolitik und Nationalitätenprobleme im Wilhelminischen Deutschland, in: Archivum Historiae Pontificiae, 18 (1980), S. 357-382.

[8] Brief ohne Adressaten des Abbé Brunck, Collège de La Chapelle sous Rougemont, den 22. März 1879, in: AA EE SS, Germania, pos. 1163, fasc. 629, Alsazia Strasburgo

allgemeine Verwunderung hervorgerufen. Und in der Tat gingen in der römischen Kurie auch andere Protestbriefe ein, die sich über Raess' Vorhaben beschwerten, den Militärkaplan Hauptmann[9] zu seinem Koadjutor zu ernennen. Im August wurde mitgeteilt, daß der „candidat prussien"[10] in Rom eingetroffen war, um sich um die Protektion durch die Kardinäle Ledochowski, Hergenroether und Hohenlohe zu bemühen. Es waren nicht nur unbedeutende persönliche Motive, die die verschiedenen Absender dazu veranlaßten, Protestbriefe nach Rom zu senden, wo sie sich an Kardinal Nina sowie an die Monsignores Czacki, Cretoni und Roncetti wandten[11]. Unter anderem wurde in diesen Briefen immer wieder darauf hingewiesen, daß große Teile der elsässischen Katholiken ausgesprochen deutschfeindlich eingestellt waren. Auch in Straßburg selbst stehe man der geplanten Ernennung eines Deutschen zum Koadjutor ausgesprochen negativ gegenüber. Abbé Brunck ging in seinem schon zitierten Brief an den Heiligen Stuhl auch auf die möglichen Auswirkungen ein, die die „pression du gouvernement" auf den „vieil evêque" ausüben konnte. Nachdem er die Überzeugung zum Ausdruck gebracht hatte, daß der Vatikan sicherlich dem Vorschlag, einen Deutschen zum Bischof zu ernennen, nicht zustimmen werde, äußerte er seine Besorgnis darüber, wie sehr auch der zusätzliche Vorschlag des Bischofs, den eigenen Neffen zum Koadjutor zu ernennen, unter den Katholiken eine innere Zerreißprobe hervorrufen werde:

> „On ne doute pas que le Saint-Père ne regrette les deux candidats allemands: ce serait un coup trop cruel pour le clergé et la population d'Alsace. Mais serait-il possible qu'on agrée ce bon curé de Rosheim à que personne n'aurait jamais songé, à l'exclusion de tant de prêtres éminents du diocèse de Strasbourg, à la tête desquels se trouve incontestablement Monsieur Stumpf, vicaire général et supérieur du Grand Séminaire?"[12].

1879-1880. Einige historische Angaben über das Collège de La Chapelle sous Rougement in der Zeit vor der Annexion finden sich bei *A.M. Burg*, Histoire de l'Eglise d'Alsace, Colmar 1946, S. 304.

[9] In einem Brief aus Paris vom 30. März 1879, dessen Absender möglicherweise E. Keller war, wurde der Kongregation für außerordentliche kirchliche Angelegenheiten in Abschrift ein Ausschnitt aus einem Brief zugesandt, den man einen Tag zuvor von dem Mülhausener Pfarrer und patriotischen elsässer Abgeordneten Winterer erhalten hatte (auf der ersten Seite findet sich die Notiz: „beantwortet am 4. April 1879"); der Ausschnitt des Briefes befindet sich nun in: AA EE SS, Germania, pos. 1163, fasc. 629, Alsazia Strasburgo, 1879-1880.

[10] „Extrait d'une lettre d'un Prêtre Alsacien", 20. August 1879, ebd.

[11] Vgl. ebd. Die kontaktierten Persönlichkeiten waren durchaus nicht unbedeutend: Kardinal Lorenzo Nina (1812-1885) war zwischen 1878 und 1880 Vatikanischer Staatssekretär; der Pole Msgr. Wladimir Czacki (1834-1888), der am 12. August 1879 zum Titularbischof von Salamis gewählt worden war, verließ in jenem Sommer die Kongregation für außerordentliche kirchliche Angelegenheiten, um die Nuntiatur in Paris zu übernehmen. Er stand beim Papst in hohem Ansehen. Der Bischof von Seleukeia, Msgr. Cesare Roncetti (1834-1881), wurde später päpstlicher Nuntius in München und der Prosubstitut im vatikanischen Staatssekretariat und Konsultor des Hl. Offiziums, Msgr. Cretoni (1833-1909), wurde Sekretär der Congregatio de propaganda fide.

[12] Brief des Abbé Brunck vom 22.3.1879. Zum Wirken Stumpfs im Straßburger Priesterseminar und zur theologischen Ausbildung des elsässischen Klerus vgl.: La for-

Es gab Stimmen, die sich breit und in dramatisierender Weise über die verheerenden Auswirkungen auf Klerus und Gesellschaft im Elsaß ausließen, falls die Wahl eines Koadjutors auf einen auswärtigen, von den Elsässern allgemein abgelehnten Kandidaten wie Hauptmann fiele („un évêque étranger universellement antipathique aux indigènes"), der für das Bistum ausgesprochen schädlich sei, ganz unabhängig davon, daß man an seiner persönlichen Eignung Zweifel hegen müsse[13]:

> „Ce seraient des divisions inévitables dans le Clergé, dont actuellement déjà l'esprit laisse à desirer, ce serait la répulsion au reste des uns, le decouragement absolu des autres. Déjà depuis plusieurs années le gouvernement est parvenu par son terrorisme à intimider le Clergé, qui n'ose plus assez faire son devoir, un evêque allemand et gouvernemental serait à la fois la persecution et l'aplatissement de ce qu'il y avait de meilleur, et de plus digne parmi le Clergé. Ce serait un désaveu et par conséquent un absolu discredit pour cette grande majorité du Clergé, qui a fait de son mieux pour neutraliser l'influence anticatholique du régime gouvernemental, pendant que le flutteur et le conseiller de ce régime depuis 9 ans deviendrait son Evêque. Ce serait évidemment considéré comme une récompense et une prime donnée au régalisme et à la souplesse politique en détriment de la fidélité sacerdotale et de la fermeté catholique du plus grand nombre.
>
> D'autrepart – so fuhr der Brief dieses ‚Prêtre Alsacien' fort – l'effet sur les laiques et les fidèles serait plus disastreux encore. Il est certain que par antipathie politique ils perderaient absolument le respect de l'Evêque et du Clergé et se trouveraient ipso facto éloignés de la politique du sens religieux. Tout s'en ressentirait aussitôt, la vie catholique comme les oeuvres Catholiques, qui jusqu'à présent, comme la Propagation de la Fois, le Denier de S. Pierre etc., étaient très florissants. S'il faut un coadjuteur (ce qui serait effectivement bien utile) que ce soit un indigène. La tendence du pontificat actuel c'est de dégager les questions religieuses de l'alliage politique: or, un Evêque allemand c'est par [sic] ce pays une question politique au dernier chef, tandis que le choix d'indigène laisse la politique en dehors. Et si un alsacien en ce moment n'est pas possible, eh bien ce sera un moindre mal de laisser les choses au gré de la Providence jusqu'à la mort de l'Evêque"[14].

Es schien uns sinnvoll, diesen langen Abschnitt vollständig zu zitieren. Deutlich und explizit wird hier der Zusammenhang zwischen politisch-nationalen Gesichtspunkten und den innerkirchlichen Notwendigkeiten im Elsaß dargelegt. In einem Satz ausgedrückt, galt für die elsässische Bevölkerung: „Leur patriotisme a été jusqu'ici le plus ferme boulevard pour leur foi"[15].

---

mation du clergé dans les diocèses de Strasbourg et de Metz de 1871 à 1918. Actes de la journée d'études de Strasbourg, 13 mars 1985, Strasbourg 1987. Vgl. allgemein auch *N. Trippen*, Die katholisch-theologischen Fakultäten Deutschlands im 19. Jahrhundert zwischen staatlichem Anspruch und kirchlichem Mißtrauen, in: *R. Lill / F. Traniello* (Hrsg.), Der Kulturkampf in Italien und in den deutschsprahigen Ländern, S. 299-320.

[13] „Monsieur l'abbé Hauptmann est orthodoxe si vous le voulez; mais il est un aumônier militaire, fumant comme un dragon ...". So drückte sich Winterer in jenem schon zitierten Ausschnitt seines Briefes aus, der in Kopie aus Paris am 30. März 1879 an Czacki gesandt worden war.

[14] „Extrait d'une lettre d'un Prêtre Alsacien".

[15] Auch dieser Satz findet sich in dem Briefausschnitt, von dem Winterer am 30. März 1879 aus Paris eine Abschrift an Czacki geschickt hatte.

Innerhalb des elsässischen Katholizismus wurden auch andere Stellungnahmen geäußert, die sich zwar nicht vollständig mit den oben zitierten Positionen deckten, sich aber zugleich als ausgesprochen wirksame Formen des Widerstandes gegen die Pläne des Bischofs Raess erweisen sollten. Mit durchaus anderen Untertönen drückte sich beispielsweise der Theologe an der französischen Botschaft beim Heiligen Stuhl, der Elsässer Abbé Guthlin, in einem vertraulichen Schreiben aus[16]. Abbé Brunck selbst hatte Guthlin der Römischen Kurie als einen Mann beschrieben, der bestens in der Lage sei, über die tatsächliche Situation zu berichten.

In seiner Denkschrift unterteilte Guthlin seine Argumentationslinien unter zwei Gesichtspunkte. Einerseits beschäftigte er sich mit der Frage danach, welche persönlichen Qualitäten der zukünftige Bischof mitbringen mußte, und auf der anderen Seite ging er auf allgemeinere Fragen ein, die er unter der Kategorie „intérêts religieux dans le Diocèse" zusammenfaßte.

Natürlich fehlten auch in Guthlins Denkschrift Bezugnahmen auf politische Fragen nicht; nach einigen Ausführungen über den besonders starken Wunsch der Elsässer nach einem einheimischen Bischof[17] setzte der Abbé seine Darstellung mit Bemerkungen darüber fort, daß die Wahl eines Bischofs deutscher Nationalität gerade in der damaligen politischen Situation eine Beleidigung für das „sentiment provincial et ‚autonomiste'" der Bevölkerung bedeutet hätte[18]. Dadurch wäre außerdem die „résistance passive" geschwächt worden, die die Bevölkerung bis dato gegenüber Einflüssen und Propaganda gegen Kirche und Religion geleistet hatte[19]. Guthlin nahm außerdem die Gelegenheit wahr daran zu erinnern, daß das Elsaß „en droit politique" einen „Etat à part dans l'ensemble de l'Empire allemand" darstelle. Daher, so fuhr er unter Verweis auf entsprechende Vorschläge der elsässischen Abgeordneten fort, erhoffe sich die Bevölkerung, daß diese Ausgangslage auch entsprechende konkrete Resultate her-

---

16 „Note confidentielle sur la Question d'un Coadjuteur en Alsace", undatiertes Dokument, in: AA EE SS, Germania, pos. 1163, fasc. 629, Alsazia Strasburgo, 1879-1880. Auf dem Deckblatt findet sich die Notiz: „NB. Fu esibito dal teologo dell'Ambasciata Francese" (Notabene. Überbracht vom Theologen der französischen Botschaft).

17 Auch Raess selbst hatte die Tatsache, daß er aus Sigolsheim in der Diözese Straßburg stammte, etliche Sympatien eingebracht.

18 Ohne hier in den Details auf die politische Entwicklung des Elsasses nach der Annexion eingehen zu wollen, erscheint es doch angebracht, daran zu erinnern, wie heftig nach der provisorischen Verwaltung durch Klein 1871 der Oberpräsident des Reichslandes, Eduard von Möller (1814-1880) mit dem Straßburger Bürgermeister Lauth zusammengestoßen war. Die Kraftprobe endete schließlich mit der Amtsenthebung Lauths und der Auflösung des Stadtrates. Unter der Regierungszeit des ehemaligen Leiters der Straßburger Polizei, Otto Back (1873-1880), sah man dann allgemein das „Ende der kommunalen Freiheiten" heraufziehen und es entwickelte sich eine starke Autonomiebewegung.

19 „Note confidentielle". Im Anschluß daran ließ sich der Elsässer Theologe darüber aus, welch schwere Schäden eine fast vollständig protestantische Verwaltung, eine antikirchliche und antireligiöse Politik, sowie die der Kirche feindlich gesonnene offiziöse Presse in den vergangenen neun Jahren schon verursacht hatten. Nur die feste Treue der Bevölkerung zum Klerus und zu ihrem Bischof habe die schädlichen Auswirkungen zum Teil abschwächen können.

vorbringe, nämlich eine „autonomie gouvernementale correspondante et conforme à la logique, aux désirs et aux intérêts particuliers du pays". Es sei zu bedenken, so bemerkte Guthlin weiter, daß die Einsetzung eines deutschen Bischofs im Elsaß eine ähnliche Wirkung auslösen würde, wie beispielsweise die Einsetzung eines preußischen Bischofs in Bayern oder in Württemberg. Mit diesen Bemerkungen ging Guthlins Beschwerde gegen die Einsetzung eines Deutschen zum Koadjutor scheinbar vollkommen vom damaligen Status quo in Europa aus. Zugleich jedoch spielte er auch auf mögliche Veränderungen der politischen Situation an. Unter gewissen Voraussetzungen („dans certaines éventualités"), so betonte die „note confidentielle", sei es denkbar, daß ein ausländischer Bischof in Schwierigkeiten geraten könne, während ein elsässischer Bischof dann immer noch vollkommen recht am Platze sei – eine Bemerkung, die Bände spricht über die Hoffnungen oder Bestrebungen des Theologen an der französischen Botschaft und seines Umfeldes.

Nationale und politische Gesichtspunkte spielten also auch bei Guthlin eine vorrangige Rolle. Auch in seinen Hinweisen darauf, daß ein neuer Bischof in der praktischen Führung seiner Amtsgeschäfte mit Umsicht („prudence") vorzugehen habe, tauchten sie wiederum auf. Unter umsichtiger Vorgehensweise verstand Guthlin beispielsweise, ein Verhalten zu vermeiden, welches Raess in den letzten Jahren an den Tag gelegt hatte, der, um keine Kandidaten vorzuschlagen, die der Regierung nicht genehm waren, auf wichtige Posten, wie Dekanats- und Kanonikerstellen, obskure und völlig ungeeignete Personen versetzt habe[20]. Je mehr man die politisch-nationalen Argumente für die Notwendigkeit der Einsetzung eines Elsässers auf den Straßburger Bischofsstuhl dadurch abmilderte, daß man sie mit den Missionsaufgaben der katholischen Kirche selbst in Einklang brachte, um so stichhaltiger konnten diese Argumente erscheinen. Die Forderung nach Umsicht und Klugheit als wichtigster Tugend des neuen Bischofs, durch die man am besten vor unverantwortlichen Entscheidungen gefeit sei, stellte insofern eine ausgesprochen ausgeglichene Argumentationslinie dar. Sie lief auf die These hinaus, daß nur eine Entscheidung, die die politisch-nationalen Gegebenheiten berücksichtigte, der Wahrung der „religiösen Interessen" der Kirche dienlich sein könne.

Genau in diesem Sinne entwickelte Guthlin seine Argumente in einem zweiten Memorandum, welches offenkundig auf der Grundlage des ersten aufbaute[21]. Möglicherweise hatte ihn die Kurie selbst um diese Ausarbeitung gebeten, welche dann der Kongregation für außerordentliche kirchliche Angelegenheiten vorgelegt wurde. Darin betonte der Theologe der französischen Botschaft, daß man auf keinen Fall durch die Ernennung eines Bischofs „preußischer Nationalität" („de nationalité prussienne") die tiefsten Gefühle der elsässischen Bevölkerung treffen dürfe, und dies insbesondere nicht in der gegebenen Situation, in der es

---

[20] Vgl. ebd.

[21] „La question de la succession épiscopale dans le diocèse de Strasbourg", in: AA EE SS, Germania, pos. 1163, fasc. 629, Alsazia Strasburgo, 1879-1880. Der Text wurde den Kardinälen wahrscheinlich in der Zeit zwischen Dezember 1879 und Januar 1880 vorgelegt.

aufgrund der Schließung der Kleinen Seminare ausgesprochen schwierig geworden sei, Menschen für das Priesteramt zu gewinnen und diese auszubilden. Und Guthlin konnte wiederum der Versuchung nicht widerstehen, daran zu erinnern, daß es unter bestimmten Bedingungen für die Zukunft nicht ausgeschlossen sei („en certaines conjutures [sic] possibles"), daß sich ein elsässischer Bischof gleichermaßen auf seinem Bischofsstuhl und in seinem Vaterland wiederfinden könnte. Im übrigen würde es doch ungewöhnlich erscheinen, so äußerte sich Guthlin in einem zentralen Passus seines Memorandums, wenn genau in dem Moment, in dem sich die Gewährung einer politischen und administrativen Autonomie anzubahnen beginne, die kirchliche Autonomie abgeschafft würde, eine kirchliche Autonomie, die sich nicht von derjenigen in anderen Ländern des Deutschen Reiches oder auch im französischen Korsika unterscheide[22].

Doch die Betonung der Zusammenhänge zwischen den religiösen und den politischen Gesichtspunkten des Problems lief darauf hinaus, daß deren unterschiedliche Charakter um so deutlicher zum Vorschein kam. Seinen zweiten, umfangrei-cheren, Text hatte Guthlin differenzierter unterteilt und in drei Kapitel gegliedert:

> „I° Importance au point de vue des intérêts religieux à ce qu'on donne à l'Alsace un Evêque alsacien; II° Importance de donner à l'Alsace un Evêque alsacien, qui soit en même temps un homme de valeur qui unisse à la science et au zèle la prudence dans la conduite des affaires; III° Importance d'un sérieux examen des titres des candidats, qui seraient éventuellement proposés au point de vue de ce que reclament les intérêts et les besoins actuels du diocèse de Strasbourg"[23].

Durch diese vorrangig an den kirchlichen Interessen orientierte Ausrichtung konnte die Forderung nach nationaler Identität leichter mit den Erfordernissen pastoraler Tätigkeit in Einklang gebracht werden.

Und genau in dieser Sichtweise wurde auch das zweite Memorandum Guthlins verstanden und der Kongregation für die außerordentlichen kirchlichen Angelegenheiten vorgestellt. Zur Einführung für die Sitzungen der Kardinäle verfaßte der Sekretär der Kongregation, Msgr. Domenico Maria Jacobini, eine Zusammenfassung[24]. Eingangs hob Jacobini hervor, daß das Ziel des Memorandums darin

---

[22] „La question de la succession épiscopale".

[23] Ebd. Im dritten Abschnitt seines Schreibens lehnte Guthlin die Kandidaten Hauptmann und Raess (den Neffen des Bischofs), die er unter verschiedenen Gesichtspunkten als Kandidaten der Regierung qualifizierte, explizit ab: Hauptmann unterhalte enge Verbindungen zu Personen, deren Treue zum Katholizismus zweifelhaft war, sowie zu Protestanten. Außerdem stehe er in Kontakten zu Regierungs- und Militärkreisen (weswegen der Elsässer Klerus ihn als „informateur ecclésiastique" und zugleich als „conseiller du Gouvernement" bezeichnete, der in den vergangenen acht Jahren allzuviele Maßnahmen gegen die Kirche ergriffen habe); Raess wurde als kranker Mann geschildert, der keine Persönlichkeit habe. Sein Ansehen beim Klerus sei gering.

[24] Vgl. den Bericht „Sulla eventuale successione al Vescovato di Strasburgo", in: AA EE SS, Germania, pos. 1163, fasc. 629, Alsazia Strasburgo, 1879-1880. Auf dem Deckblatt findet sich die Bleistiftnotiz: „Germania Strasburgo 1879". Zu Domenico Maria Jacobini (1837-1900) sowie den anderen mit der Angelegenheit befaßten Persönlichkeiten der römischen Kurie vgl. *C. Weber*, Quellen und Studien; *M. Casella*, Il Cardinale Domenico Maria Jacobini (1837-1900), in: Rassegna storica del Risorgimento, LVIII (1971), S. 557-617.

bestehe, „in jedem Fall die Einsetzung eines Auswärtigen" zu verhindern, insbesondere die Ernennung Hauptmanns oder des Neffen des Bischofs Raess. Im Anschluß daran ging er auf die Argumente Guthlins ein:

„[Guthlin] untersucht die Frage vor allem unter dem Gesichtspunkt der religiösen Interessen der Diözese und stellt die Schäden, die unter der Leitung auswärtiger Bischöfe in der Vergangenheit verursacht worden sind, den enormen Verbesserungen gegenüber, die unter der Regierung von einheimischen Bischöfen erreicht wurden, insbesondere unter dem gegenwärtig amtierenden Bischof. Der Grund dafür liege in dem besonderen Charakter der Bevölkerung.

Zweitens legt er dar, daß insbesondere die Einsetzung eines preußischen Bischofs in der gegenwärtigen Situation das Volk in seinen nationalen Gefühlen, die engstens mit dem religiösen Empfinden verknüpft seien, verletzen würde. Dies würde den Einsatz der Bevölkerung für den Schutz der Rechte der Kirche schwächen. Und diese sind ohnehin schon stark durch die protestantischen Einflüsse seitens der neuen Regierung bedroht, denen sich die Elsässer bisher heftig widersetzt haben.

Drittens legt er dar, daß ein preußischer Bischof, selbst wenn er dies wollte, nicht in der Lage wäre, das Gefühl der Zusammengehörigkeit im Klerus aufrecht zu erhalten könnte, welches, auch nach den politischen Veränderungen, in bewundernswerter Weise erhalten geblieben ist. Der elsässische Klerus zeichne sich weiterhin durch Standhaftigkeit und zugleich durch Umsicht aus. Schon die Einsetzung auswärtiger Priester auf kirchliche Ämter des Bistums, die Abschaffung irgendeiner lokalen Tradition, die Reform des Priesterseminars o.ä. würden ein Auseinanderdriften im Klerus hervorrufen. [Guthlin] glaubt außerdem, daß die Zuneigung zum Kirchenstaat abnehmen könnte.

Anschließend gibt er zu bedenken, daß es nicht günstig wäre, wenn das Elsaß durch Entscheidungen des Heiligen Stuhls seine religiöse Autonomie verlieren würde, und dies, während es gerade dabei ist, seine politische Autonomie einzufordern. Er fügt hinzu, daß in den anderen deutschen Staaten einheimische Bischöfe regieren.

Zum Schluß verweist er darauf, daß ein Bischof auswärtiger Nationalität im Falle denkbarer politischer Veränderungen in eine heikle Lage geraten könnte, während ein Elsässer von seinem Vaterland nichts zu befürchten hätte"[25].

Wie man sieht, hebt der Sekretär der Kongregation für die außerordentlichen kirchlichen Angelegenheiten in seiner Zusammenfassung einige Gesichtspunkte gegenüber anderen hervor: während jene Argumente, die eher politisch-nationalen Forderungen gleichkommen und die mit den Positionen des Heiligen Stuhls nicht übereinstimmen können, in sehr abgemilderter Form angeführt werden, stellt Jacobini Fragen der Seelsorge gehaltvoller und schlagkräftiger heraus. Jedenfalls jene Fragen der Seelsorge, die aus Sicht der vatikanischen Diplomatie wichtig waren. In der Tat geht Jacobini in seiner Zusammenfassung auf den allgemeinen Teil des Memorandums nur flüchtig ein, um gleich zur Beschreibung der notwendigen Charaktermerkmale eines neuen Bischofs überzugehen, wobei er den zweiten und den dritten Abschnitt des Memorandums in einem zusammenfaßt. Guthlin sei der Meinung, daß ein Kandidat, der in jedem Falle Elsässer sein müsse,

„1. neben Weisheit und Eifer auch eine große Umsicht in der Behandlung der Angelegenheiten der Diözese an den Tag legen sollte ... Er glaubt, daß auf die angespro-

[25] „Sulla eventuale successione al Vescovato di Strasburgo".

chenen Qualitäten Weisheit, Eifer und Umsicht, keinesfalls verzichtet werden könne, und zwar 1. wenn man die große Ausdehnung der Diözese berücksichtigt, die mehr als eine Million Einwohner zählt, wobei hier 800.000 Katholiken 300.000 Protestanten, Juden und Dissidenten jeglicher Art gegenüberstehen, die zumeist reich sind und hohe soziale Positionen innehaben. Schon in normalen Zeiten sei es also schwierig, die Diözese zu leiten.

2. müsse man sich die gegenwärtigen politischen Bedingungen, die Agitationen der von der Regierung unterstützten protestantischen Partei, vor Augen führen. Dem kann nur eine Persönlichkeit entgegentreten, die in sich die Gabe der Weisheit mit derjenigen der Umsicht vereint.

3. müsse man das Wohlergehen des Klerus und die Ausbildung der jungen Seminaristen berücksichtigen, für die durch den Generalvikar und Leiter des Priesterseminars, Msgr. Stumpf, ausgesprochen gut gesorgt sei.

4. sei zu bedenken, daß die Bevölkerung der Diözese ein hohes Bildungsniveau habe. Einen mittelmäßigen Bischof würde sie nicht schätzen und sich von einem wenig gebildeten Klerus, der unter dessen Leitung herangebildet würde, abwenden. Dies würde nur der gegenwärtigen Regierung nutzen, die bestrebt ist, in Pfarrstellen und andere kirchliche Positionen wenig gebildete Personen einzusetzen. Es ist sogar anzunehmen, daß die Regierung nun deshalb einen Preußen als Kandidaten vorschlägt, um Msgr. Raess dazu zu zwingen, sich mit einem Elsässer zufrieden zu geben, der nicht das geringste Format hat"[26].

Diese Zusammenfassung, welche die politischen Forderungen zugunsten der Fragen der Seelsorge in den Hintergrund stellte und damit das Memorandum auf jene Gesichtspunkte zuschnitt, an denen der Führung des Vatikans am meisten gelegen war, kam den Intentionen Guthlins selbstverständlich entgegen. Damit erhielt das Problem, welches den Kardinälen zur Diskussion vorgelegt wurde, jedoch einen vollkommen anderen Inhalt und vollkommen andere Bedeutung; von Guthlins Ausführungen unterschied es sich keineswegs mehr nur in Nuancen. Die Art und Weise, wie der Heilige Stuhl sich der Frage annahm, führte zu dem Ergebnis, daß diese in einen vollkommen neuen Rahmen gestellt wurde. Die römische Kurie, die über die territorialen Grenzen des Elsaß hinausblickte, stellte das Problem letztlich in das übergeordnete Blickfeld der Kirche in ihrer Gesamtheit und betrachtete es unter dem Gesichtspunkt der inneren Gleichgewichte innerhalb der Kirche sowie ihrer Beziehungen zur „Welt".

Trotz der Aufforderungen von seiten der Frankophilen zögerte die kirchliche Führung eine Entscheidung hinaus. Sie war bestrebt, innere Spaltungen im elsässischen Klerus zu vermeiden. Einerseits hatte Guthlin mit Ausnahme seiner Hinweise auf das hohe Alter des Straßburger Bischofs keine konkrete Kritik an Raess geübt. Aus Sicht der Kurienkongregation waren folglich keine ausreichenden Anhaltspunkte gegeben, um die allzu entgegenkommende Haltung des Bischofs gegenüber der deutschen Regierung anzuprangern. Konnte nicht Raess selbst die Eigenschaften – elsässische Nationalität, Eifer, Weisheit, Umsicht – für sich reklamieren, welche alle als notwendige Charaktereigenschaften für einen „eventuellen" Nachfolger forderten? Auf der anderen Seite war, während sich gerade zwischen Ende 1879 und Anfang 1880 ernsthaftere Verhandlungen zwischen Leo XIII. und Bismarck anbahnten, um zu einer „Eintracht zwischen

---

[26] Ebd.

Sacerdotium und Imperium" zu gelangen, die Kulturkampfstimmung[27] in den elsässischen Territorien noch deutlich lebendig. Selbstverständlich konnte dem Vatikan nicht daran gelegen sein, dem Reichskanzler Gelegenheit zu bieten, die hierarchische Struktur sowie den universalistischen Anspruch der Kirche als Argumente zu nutzen, um sein Beharren auf der autonomen Entscheidungsbefugnis des Staates zu bekräftigen oder weitere Aktionen gegen die deutschen Bischöfe zu unternehmen[28]. So verzichtete der Vatikan also auf die Forderung nach der Ernennung des von Brunck und Guthlin befürworteten[29] Msgr. Peter Paul Stumpf zum Koadjutor, der nach seiner Amtszeit als Leiter des französischen Seminars in Rom zum Generalvikar im Straßburger Bistum und zum Regens des dortigen Priesterseminars ernannt worden war. Doch ebenso ließ die römische Kurie die Ernennung eines der „beiden Kandidaten für den Straßburger Bischofssitz, mit denen die Regierung liebäugelt"[30], im Sande verlaufen.

Noch im Dezember 1879 verbreitete sich jedoch die Nachricht, daß die deutsche Regierung einen neuen Kandidaten vorgeschlagen habe, nämlich den Kanoniker und Sekretär des ehemaligen Bischofs von Nizza, Msgr. Pierre Sola, Kaiser. Und eben aus Nizza, einer weiteren französischen Stadt in einer „Grenzregion", erreichten den Vatikan einige in italienischer Sprache verfaßte Briefe, die besorgt danach fragten, ob die von der liberalen Presse mit Schadenfreude und Ironie verbreitete Nachricht, wonach der „preußische Kanoniker Kaiser"[31] zum Koadjutor des Bischofs Raess gemacht werden solle, tatsächlich zutraf. Der Kandidat stand durchaus nicht im Rufe, dem französischen Katholizismus geholfen zu haben: der aus einem kleinen Dorf bei Köln stammende Kaiser war, obwohl er kein Latein sprach, Sekretär des Bischofs von Nizza geworden. Es kam nun der Verdacht auf, seine Ernennung zum Koadjutor des Bischofs Raess sei eine

---

[27] Zur Problematik des Kulturkampfes sei hier nochmals auf den schon zitierten Band von *R. Lill / F. Traniello* (Hrsg.), Der Kulturkampf in Italien und in den deutschsprachigen Ländern, verwiesen; vgl. dort auch die angeführten Literaturhinweise.

[28] Vgl. *W. Becker*, Otto von Bismarcks Rolle bei Ausbruch, Verschärfung und Beilegung des preußischen Kulturkampfes, ebd.

[29] Offiziell war Stumpf nie als Kandidat aufgestellt worden, doch der gewiß auch über direkte Kanäle informierte Jacobini beendete seine Zusammenfassung mit den Worten: „Aus den Informationen des Herrn Guthlin und einem Brief des Abbé Brunck läßt sich der Wunsch entnehmen, man möge den gegenwärtigen Generalvikar von Straßburg zum Bischof einsetzen"; vgl. „Sulla eventuale successione al Vescovato di Strasburgo", in: AA EE SS, Germania, pos. 1163, fasc. 629, Alsazia Strasburgo, 1879-1880.

[30] Ebd.

[31] So drückte sich der Jesuit Sanna in einem Brief aus Nizza vom 10. Dezember 1879 an den Kardinal Oreglia aus. Befürchtungen über die Folgen der Ernennung des „Kanonikers Kaiser aus Köln, derzeit Kanoniker an der Kathedralkirche von Nizza marittima", wurden in einem Brief geäußert, der ebenfalls aus Nizza am 18. Dezember 1879 von einem „einfachen Gläubigen" nach Rom gesandt worden war. Der Absender äußerte darin seine Besorgnis über die Propaganda, die bezüglich dieser Angelegenheit von „den Feinden der Kirche" betrieben würde, die diese Gelegenheit nutzten, um die katholischen Bischöfe als „ignorant und unfähig" zu beschimpfen. Beide Briefe befinden sich in: AA EE SS, Germania, pos. 1163, fasc. 629, Alsazia Strasburgo, 1879-1880.

Belohnung für die Dienste, die er der preußischen Regierung geleistet habe[32]. Die Beobachter aus Nizza waren gut informiert: sie benachrichtigten den Vatikan darüber, daß Kaiser vorhabe, nach Rom zu kommen, um für seine Ernennung zu werben[33]; daß dieser tatsächlich plante, sich in Rom zu präsentieren, scheint sich aus einem kurzen Empfehlungsschreiben zu seinen Gunsten zu ergeben, welches der Kurie übermittelt wurde[34].

2. Die Situation in der Straßburger Diözese im März 1880

Dieser erneute Vorstoß konnte nicht unbeantwortet bleiben: Am 23. März 1880 ließ der Hausprälat seiner Heiligkeit und Sekretär der Heiligen Konzilskongregation, Msgr. Isidoro Verga, Papst Leo XIII. direkt einen weiteren „Bericht" Guthlins über die „schlimmen Verhältnisse in der Diözese Straßburg" zukommen[35].

---

[32] „Es wird behauptet, daß Preußen ihn zum Bischof ernennen wolle, um ihn für die Dienste zu entschädigen, die er jenem Land während des vergangenen Krieges geleistet hat. Ich habe vielfach gehört, daß er als Spion bezichtigt wurde, weiß allerdings nicht, wie weit dieser Vorwurf tatsächlich begründet ist"; so der Brief Sannas an Kardinal Oreglia, Nizza, 10. Dezember 1879.

[33] Vgl. ebd. Auch Brunck hatte im März des vorhergehenden Jahres auf die „römische Reise" von Msgr. Raess angesichts der möglichen Ernennung eines Koadjutors verwiesen. Im August 1879 sollte, wie Brunck wußte, auch Hauptmann nach Rom reisen, um sich um die Unterstützung durch die Kardinäle Ledochowski, Hergenroether und Hohenlohe zu bemühen; vgl. „Extrait d'une lettre d'un Prêtre Alsacien".

[34] „Der Überbringer dieses Briefes ist der Herr Kanoniker Kajser (Deutscher), der 22 Jahre lang Privatsekretär des Bischofs Sola von Nizza war, welcher vor drei Jahren wegen seines Alters von 89 Jahren zurückgetreten ist. Dieser Kanoniker Kajser soll, soweit ich unterrichtet bin, Koadjutor des Bischofs von Straßburg werden und bittet um ein Gespräch mit Eurer Eminenz. Ich selbst kenne ihn nicht, aber meine gute Freundin, die Gräfin von Salm, hat mich gebeten, ihn bei Eurer Eminenz zu empfehen. Sie hat mir versichert, daß es sich um eine ausgesprochen würdige Person handelt" (Empfehlungsschreiben von Cecilia Serlupi vom 17. Dezember 1879 an einen Kardinal, in: AA EE SS, Germania, pos. 1163, fasc. 629, Alsazia Strasburgo, 1879-1880). Die Markgrafen Serlupi hatten gute Verbindungen zur „päpstlichen Familie": 1879 waren die Markgrafen Luigi Serlupi Crescenzi und Francesco Serlupi päpstliche geheime Kammerherren mit Schwert und Mantel; ersterer war außerdem auch in der Verwaltung des päpstlichen Palastes tätig.

[35] Der Sekretär der Konzilskongregation, Msgr. Isidoro Verga, der daneben auch Sekretär mehrerer anderer Kardinalskongregationen war, schrieb folgendes: „Der Kanonist der französischen Botschaft beim Heiligen Stuhl, welcher mich hin und wieder mit seinem Besuch beehrt, hat mir mehrfach über die schlimmen Verhältnisse in der Diözese Straßburg berichtet, der er angehört. Ich hielt es für angebracht, ihn um einen Bericht zu bitten und gestern Abend hatte ich mir vorgenommen, diesen dem Heiligen Vater untertänigst zu Füßen zu legen. Da mir jedoch die Ehre einer Audienz nicht zuteil wurde, übergebe ich selbigen Bericht nun Ihnen mit der Bitte, ihn an Seine Heiligkeit gemeinsam mit meinen untertänigsten und inbrünstigsten Wünschen zum kommenden Osterfest weiterzuleiten. Ich hielt es nicht für angebracht, mit der Überbringung des betreffenden Dokumentes zu zögern, da mir der oben löblich erwähnte Kanonist mitteilte, daß in wenigen Tagen ein elsässischer Abgesandter in Rom eintreffen wird, welcher mit Sicherheit darum bitten wird, die Füße Ihrer Heiligkeit küssen zu dürfen, und wahrscheinlich über die schmerzliche Lage der Straßburger Diözese sprechen, oder weitere Erklärungen zu dieser Angelegenheit abgeben wird" (der Text des Briefes befindet sich

Es handelte sich um einen ausgesprochen umfangreichen Bericht, der die Gedanken wiederholte, die schon den Kardinälen der Kongregation für die außerordentlichen kirchlichen Angelegenheiten vorgetragen worden waren. Dem fügte Guthlin einzelne Beispiele und neue Einzelheiten hinzu und drückte sich in einzelnen Punkten deutlicher aus, als in seinen vorherigen Berichten. So leitete er seine Ausführungen mit einem Einspruch gegen die Kandidaturen der Deutschen Hauptmann, Kaiser und Berlage ein – letzterer war zum Schulinspektor im Elsaß ernannt worden – und schloß sein Schreiben mit einer Auflistung der Kandidaten, welche die „opinion du pays" für die wünschenswertesten hielt[36]. Die Liste dieser Kandidaten leitete er mit den Namen von drei Priestern ein, die zugleich Reichstagsabgeordnete waren: des Kuraten von Mülhausen, Winterer, des Oberen einer Bruderschaft, Simonis, sowie des ehemaligen Leiters des inzwischen geschlossenen Knabenseminars, Guerber. Diesen dreien rechnete er jedoch wegen ihrer politischen Tätigkeit keine große Erfolgsaussichten zu[37]. Danach folgte auf der Liste der Erzpriester am Straßburger Dom, Spitz, der jedoch wahrscheinlich eine Ernennung wegen seines Alters abgelehnt hätte; des weiteren wurden noch der Kurat Kieffer und der Theologe und Volksprediger Zwicky genannt. Doch als den unter allen Gesichtspunkten geeignetsten und allgemein erwünschtesten Kandidaten präsentierte Guthlin den Regens des Straßburger Priesterseminars, Msgr. Stumpf: ihn beschrieb er als umsichtigen, weisen und fähigen Priester sowie als hervorragenden Verwalter, Theologen und Kirchenrechtler[38]. Zudem, so schloß Guthlin, konnte man erwarten, daß ihn die preußische Regierung, die ihn schließlich als Generalvikar akzeptiert hatte, wohl

---

in: AA EE SS, Germania, pos. 1163, fasc. 629, Alsazia Strasburgo 1879-1880). Der Brief war an einen Prälaten adressiert, über den Verga seine Ostergrüße an Msgr. Laurenzi weiterleitete, damals Auditor im vatikanischen Staatssekretariat und seit dem 13. Dezember 1880 Prälat „in pectore"; über Laurenzi und den damals in der Kurie sehr einflußreichen sogenannten „gruppo dei perugini" vgl. *C. Weber*, Quellen und Studien.

[36] Vgl. „Diocèse du Strasbourg (Alsace)", in: AA EE SS, Germania, Pos. 1163, fasc. 629, Alsazia Strasburgo, 1879-1880. Guthlin erinnerte daran, daß die elsässischen Priester so weit gegangen waren, Bischof Raess einmütig einen Brief zu schreiben, in dem sie ihn aufforderten, der Wahl eines Bischofs deutscher Nationalität nicht zuzustimmen. Auf der anderen Seite betonte der gut informierte Theologe der französischen Botschaft beim Heiligen Stuhl aber auch, daß der Vatikan es offenbar weise vermieden hätte, Hauptmann und Kaiser während ihrer Besuche in Rom bei ihren ehrgeizigen Plänen zu ermutigen. Jedenfalls erinnerte er dann in seiner Denkschrift daran, daß es auch in anderen Gegenden wegen des besonderen Nationalgefühls der Gläubigen, so wie bei den Elsässern, unumgänglich sei, einheimische Bischöfe zu ernennen: dies war der Fall in einigen Ländern des Deutschen Reiches, aber ebenso in der Bretagne, der Normandie und in Korsika, deren Hinneigung zur politischen Einheit mit dem Staat, zu dem sie gehörten, nämlich dem französischen, erheblich größer war („bien plus intime") als die der Elsässer zum Deutschen Reich.

[37] Vgl. zu den Priestern und zugleich elsässischen Reichstagsabgeordenten L. Winterer (1832-1911), J. Guerber (1824-1909) und J.I. Simonis (1831-1903) die entsprechenden Artikel von *Cl. Muller / C. Baechler*, in: Dictionnaire du monde religieux dans la France Contemporaine, II: L'Alsace.

[38] Vgl. „Diocèse du Strasbourg (Alsace)". Übrigens war der Text in weiten Passagen genau darauf ausgerichtet darzulegen, wie notwendig es wäre, daß der zukünftige Bischof Kirchenrechtler, Theologe und fähiger Verwalter gleichermaßen sein müsse.

nicht als Bischof ablehnen würde. Für den Fall, daß dennoch Probleme bei der Wahl Stumpfs aufgetreten wären, nannte Guthlin gleich auch einen geeigneten Ersatzmann: es handelte sich um den damals vierzigjährigen jungen Theologieprofessor am Priesterseminar, Korum. Dieser sei ein guter Theologe und Redner, allgemein sehr beliebt und ausgesprochen aktiv. Er sei auch für seinen Einsatz zur Unterstützung der Arbeiter bekannt[39].

Doch insbesondere unterschied sich dieser Text von den vorherigen Denkschriften Guthlins darin, daß er hier ein breiter angelegtes, zugleich aber auch pessimistischeres Bild von der Situation in der Diözese Straßburg zeichnete und die Arbeit des Bischofs Raess direkter angriff, als er dies bisher getan hatte. Seit der Annexion habe das vorrangige Ziel der Regierung in der Assimilierung der Bevölkerung an das Deutsche Reich bestanden. Diese Politik sei dadurch betrieben worden, daß mit allen zur Verfügung stehenden Mitteln die „décatholisation" der zutiefst im Glauben an die Kirche verwurzelten Bevölkerung betrieben wurde. Dies wiederum habe dazu geführt, daß die Elsässer die Regierung inzwischen als antipatriotisch, weil preußisch und protestantisch zugleich, einschätzten.

Obwohl die Protestanten – insgesamt etwa 250.000 Menschen – eine Minderheit darstellten, sei ihr politischer Einfluß sehr groß. Unter ihnen befänden sich die wohlhabendsten Industriellen und Landbesitzer, Rechtsanwälte, Professoren, Notare und Ärzte. Dank der großen Zahl regierungsnaher Zeitungen, die flächendeckend und wirksam in Erscheinung träten, beherrschten sie zudem einen Großteil der öffentlichen Meinung. Aber ganz besonders könnten die Protestanten auf einen großen Teil des Personals der öffentlichen Verwaltungen zählen. Diese fähigen, intelligenten, hartnäckigen und zudem gut bezahlten Verwaltungsangestellten, so fuhr Guthlin fort, erfreuten sich in allen Bereichen, von der Stadtverwaltung bis zur Schulverwaltung, der Unterstützung durch die Reichsregierung. In ihrer Geisteshaltung hingen die Vertreter dieser Oberschicht überwiegend einem „rationalen Protestantismus" an. Und dennoch gäben sie sich dazu her, sich für einen „faux libéralisme incrédule et franc-macon"[40] einzusetzen. Da es schließlich kaum möglich wäre, die Bevölkerung zum Protestantismus zu bekehren, liefen, so Guthlin, die Bemühungen der Regierung darauf hinaus, religiöse Indifferenz zu fördern. Zugleich seien sämtliche zivilrechtli-

[39] Vgl. ebd. Unter Hinweis darauf, daß es notwendig und zweckmäßig wäre, bald zu entscheiden, schlug Guthlin auch noch drei Möglichkeiten vor, wie man in dieser Angelegenheit vorgehen könne: erstens könne das Straßburger Domkapitel dem Heiligen Stuhl eine Namensliste vorlegen, aus der die von der Regierung abgelehnten Kandidaten bereits gestrichen wären; zweitens könne der Heilige Stuhl den Bischof auffordern, sich mit der Regierung zu verständigen, um diese zur Zustimmung zu dem für geeignet gehaltenen Kandidaten zu bewegen; und drittens könne der Heilige Stuhl einen Weihbischof ernennen, ohne diesem zugleich das Recht der Nachfolge zuzusprechen.

[40] Ebd. Das heftige Klima, aus dem derartige Gedanken entsprangen, beschreibt zutreffend R. Lill: „Die der preußischen Staatsidee nahestehenden protestantisch-norddeutschen Liberalen, die überzeugtesten Kulturkämpfer in Deutschland, begrüßten die volle Einsetzung der Staatsmacht zur Unterdrückung hierarchischen, d.h. in ihren Augen anachronistischen Kirchentums", so in der Einführung zu: *R. Lill / F. Traniello* (Hrsg.), Der Kulturkampf in Italien und in den deutschsprachigen Ländern, S. 10.

chen Kirchenvorschriften aus der gallikanischen Zeit, der revolutionären Phase der Jahre 1789-93, sowie der Herrschaftszeit Napoleons und Karls X. veröffentlicht und für gültig erklärt worden. Hinzu käme mit den preußischen „Maigesetzen" von 1873 eine noch weitergehende Machtanmaßung des Reiches im kirchlichen Bereich sowie die diktatorische Herrschaftsausübung durch eine mit umfassenden Vollmachten ausgestattete Regierung[41].

Alle diese Faktoren gemeinsam, so bemerkte Guthlin, hätten eine umfassende Einschränkung der Kirche und des kirchlichen Lebens zur Folge: die Schließung der kirchlichen Schulen und Priesterseminare, die Vertreibung religiöser Orden aus dem Lande, das Verbot der katholischen Presse, die Einberufung der Priester zum Militärdienst, das Verbot von Prozessionen, die Behinderung des Einflusses des Klerus in tausenderlei Art und Weise. Insbesondere drücke sich außerdem die Kirchenpolitik der Regierung darin aus, daß sie die Ernennung von Priestern behindere, indem sie den Kandidaten ihre Zustimmung verweigere.

Gewiß, seit einigen Monaten schien die Reichsregierung dem Elsaß wieder ein Minimum an Eigenständigkeit und ein gewisses Maß an religiöser Toleranz einzuräumen. Diese Zugeständnisse seien dem neuen Statthalter im Elsaß, Freiherrn von Manteuffel, zuzuschreiben[42], der den Klerus mit größerem Entgegenkommen behandelte. Doch in seiner christlichen, orthodox-protestantischen Haltung, die in einigen Punkten (insbesondere in der Schulpolitik) dem Rationalismus geradezu feindlich gesonnen sei, halte auch er im Grunde an der Politik der Beschränkung der Rechte der Kirche fest, von der er die strikte Unterwerfung unter die Hoheitsansprüche des Reiches fordere. Letztlich gehe die Regierung, so urteilte der Theologe der französischen Botschaft, nur noch geschickter und hinterhältiger vor. Durch das Belassen der Angestellten der bisherigen Kommunalverwaltung in ihren Ämtern und vor allem mit Hilfe der Schulpolitik und der Förderung von Mischehen[43], würde sie es innerhalb der nächsten 40-50 Jahre erreichen, daß die Mehrheit der elsässischen Bevölkerung protestantisch werde. Natürlich befinde sich die katholische Kirche in einer schweren Krise, auch wenn es bisher z.T. gelungen sei, den protestantischen Einfluß in Grenzen zu halten. Dazu habe im gesellschaftlichen Leben insbeson-

---

[41] Zu der Bedeutung, die die Bestätigung des französischen Konkordats von 1801 in den annektierten Gebieten für die Ernennung der Bischöfe hatte, vgl. den Artikel von *H. Hilderscheid*, Bénéfices en Allemagne, in: Dictionnaire de Droit Canonique, t. II., dir. par R. Naz, Paris 1937, S. 629-658. Für allgemeinere Hinweise vgl. auch *B. Favrot*, Le gouvernement allemand et le clergé catholique lorrain de 1890 à 1919, Wiesbaden 1981. Vielfälige Beispiele für die Schwierigkeiten, die die Aufrechterhaltung dieser Gesetze im täglichen Wirken der Kirche und des Klerus verursachte, finden sich in den Memoranden, die Haeusler gegen Anfang der achtziger Jahre an den Papst versandte (vgl. AA EE SS, Germania, pos. 1196, fasc. 663, Alsazia Strasburgo, 1881-1882).

[42] Zeitgleich mit der Einsetzung des Freiherrn Edwin von Manteuffel (1809-1885) zum Statthalter wechselte auch die Leitung der Straßburger Kommunalverwaltung. Der 1880 gewählte Bürgermeister Stempel trat dann 1886 seinen Posten wieder an Back ab.

[43] 1874 war die Zahl der geschlossenen Mischehen (342) mehr als doppelt so hoch wie 1860 (140); 1878 wurden 356 Mischehen geschlossen; vgl. „Diocèse du Strasbourg (Alsace)", in: AA EE SS, Germania, pos. 1163, fasc. 629, Alsazia Strasburgo 1879-1880.

dere jener Teil des katholischen Großbürgertums beigetragen, der im Elsaß geblieben war und nicht – wie viele der bedeutendsten katholischen Familien und die unabhängigsten und regsten Persönlichkeiten des Landes – von dem Recht auf eine Option für Frankreich Gebrauch gemacht hatte[44]. Gemeinsam mit diesen Eliten habe die fromme, weise, intelligente und emsige Geistlichkeit darauf hingewirkt, die Landbevölkerung und, was ein seltener Erfolg sei, sogar auch die Arbeiter in den Städten in ihrer Treue zur Kirche zu erhalten.

Und dennoch sei die katholische Bewegung uneinig, insbesondere gegenüber der starken Dominanz der protestantischen Presse. Den Katholiken war es nicht nur nicht gelungen, eine eigene Zeitung zu organisieren. Darüber hinaus konnten sie auch nicht mehr auf die französische katholische Presse, die an der Grenze der Zensur anheim fiel, oder auf die deutsche katholische Presse, die formal verboten war, zurückgreifen. Und wenn auch nun die neue elsässische Regierung eine katholische Zeitung zulasse, so stehe dieser doch die gesamte offiziöse Presse vollkommen feindselig gegenüber. Aus all diesen Gründen befinde sich der Klerus in einer ausgesprochen schwierigen Lage und die inneren Gegensätze spitzten sich ständig zu, was wiederum zum größten Teil durch das Verhalten des Bischofs verursacht worden sei. Zwar hielt Guthlin dem Bischof sein hohes Alter zugute und betonte dessen daraus resultierende schlichte Gutmütigkeit, für die man Nachsicht und Verständnis haben müsse. Doch ging er anschließend, wenn auch in recht vagen Formulierungen, zu regelrechten Anklagen gegen Raess über.

Zuerst einmal wurde herausgestellt, wie sehr seine langjährige Amtszeit neben guten Ergebnissen auch von einer Fülle kleiner Unregelmäßigkeiten und Unachtsamkeiten geprägt gewesen sei. Der Bischof, der über eine mangelhafte theologisch-religiöse Bildung verfüge[45], könne sich nicht von Launen und momentanen Eindrücken freimachen und sei daher unfähig, Menschen und Dinge richtig einzuschätzen. Sowohl im kirchlich-spirituellen als auch im weltlichen Bereich habe er sich als schlechter Verwalter erwiesen. In seiner Liebe zum Geld habe er nebenher recht große persönliche Reichtümer angehäuft und sei moralisch und intellektuell isoliert[46].

Zum Schluß wurde ihm auch noch explizit sein Verhalten gegenüber der Regierung vorgeworfen. Selbstverständlich, so führte der elsässische Abbé im einzelnen aus, würde niemand wünschen, „que l'évêque se monstre hostile au nouveau pouvoir, la population est d'un tempérament fort calme". Doch hätte man nach der Annexion wohl erwarten dürfen, daß der Bischof angesichts der

---

[44] 5,4% der Straßburger Bevölkerung, die aus den gebildeten und wohlhabenden Oberschichten stammten, hatten die Stadt verlassen; vgl. Histoire de Strasbourg, S. 377.

[45] Vgl. „Diocèse du Strasbourg (Alsace)", in: AA EE SS, Germania, pos. 1163, fasc. 629, Alsazia Strasburgo 1879-1880. In der Bibliothek des Bischofs, der für die Veröffentlichung einer historisch-apologetischen Schrift an einer schwierigen Untersuchung über zum Katholizismus übergetretene Protestanten arbeitete, befinde sich noch nichteinmal die Summa theologica des Hl. Thomas von Aquin.

[46] Vgl. ebd. Übrigens verwaltete der Bischof die Gelder selbst, ohne daß dies in irgendeiner Form kontrolliert wurde.

patriotischen Forderungen der Bevölkerung und der allgemeinen Kirchenverfolgung in Deutschland gegenüber den staatlichen Autoritäten mit einer gewissen umsichtigen und würdevollen Distanz aufgetreten wäre („montrât une certaine réserve plein de prudence et de dignité"), wie dies beispielsweise der Bischof von Metz tue. Statt dessen habe Raess selbst während der bewegtesten Zeiten des Kulturkampfes mit den deutschen Regierungsstellen regelmäßige Kontakte unterhalten. Nachdem er unter dem Druck „patriotischer" Kräfte zum Abgeordneten gewählt worden war, habe er sich sogar dazu verstiegen zu erklären, daß die Elsässer die Annexion akzeptiert hätten[47]. Indem er die Protestanten so behandelte, als wären diese alle bereit, zum Katholizismus überzutreten, schwäche der Bischof die Widerstandskraft des Klerus gegenüber der Ausbreitung des Bösen, fördere gegenseitigen Neid innerhalb der Geistlichkeit und bringe die katholische Bewegung insgesamt in Verlegenheit[48]. Die Gefälligkeit, mit der er den Wünschen der Regierung bei der Besetzung wichtiger Ämter der Diözese entgegenkam, vergrößere zudem die Machtlosigkeit des Klerus. Durch die Ernennung ehrgeiziger und hinterlistiger Priester werde die Zerrissenheit im Klerus weiter gesteigert. Es sei zu erkennen, daß der Bischof vertraulichen Umgang mit Hauptmann und dem preußischen Laien Grimm pflege, den Guthlin geringschätzend als gefährlich bezeichnete. Diesen beauftrage Raess, seine Briefe zu schreiben und übergehe dabei den kirchlichen Sekretär.

Diesem tadelnswürdigen Verhalten, so fuhr Guthlin fort, seien Fehler in der Verwaltung der Kirche und der kirchlichen Güter hinzuzufügen. Insbesondere wurde dem Bischof sein Verhalten im Zusammenhang mit der Frage der Behandlung der Knabenseminare in den Jahren 1873-1874 vorgeworfen. Diese waren, nachdem sich der Bischof geweigert hatte, sie der Aufsicht durch die Reichsregierung zu unterstellen, geschlossen worden. Anstatt sich das zurückhaltendere und umsichtigere Verhalten des Bischofs von Metz, dem es gelungen war, die Knabenseminare aufrecht zu erhalten, zum Vorbild zu nehmen, habe Raess sie bis dato immer noch geschlossen gelassen. Das gleiche gelte für das kirchliche Kolleg in Colmar, der zweitwichtigsten Stadt des Bistums. Bisher sei es, nachdem man sich den Bedingungen der Regierung gebeugt hatte, gerade einmal gelungen, das unbedeutendste Knabenseminar, das Kleine Seminar des Hochelsaß, wieder zu öffnen. Die Wiedereröffnung des Knabenseminars in Straßburg sei sogar vollkommen unmöglich, nachdem Raess dessen Gebäude inzwischen vor vier oder fünf Monaten der Reichsregierung vermietet hätte, die darin den Sitz des Oberpräsidenten eingerichtet habe[49].

---

47 Über diese Begebenheit, die damals große Irritationen auslöste, berichtet *Cl. Muller*, Dieu est catholique et alsacien.

48 Vgl. „Diocèse du Strasbourg (Alsace)". Zum Beispiel überlasse Raess Priester, die mit der Regierung in Konflikt geraten waren, ihrem Schicksal, sogar dann, wenn diese vor Gericht gestellt wurden. Ebenso lasse er die Appelle der Geistlichen, die ihn aufforderten, seine bischöfliche Autorität für bedrohte Priester einzusetzen, unbeantwortet. Sein Verhalten stelle das wichtigste Hindernis dar, welches den Geistlichen und den Laien in ihren Bemühungen um die Gründung einer katholischen Zeitung entgegenstehe.

49 Vgl. ebd. Der Priester Haeusler gab in einem Brief an den Hl. Vater vom 24. November 1882 eine Zusammenfassung über Raess' Vorgehen in dieser Frage: Im Jahre

Nicht einmal seinem Generalvikar Stumpf erlaube Raess, sich mit der Verwaltung des Bistums zu befassen; noch viel weniger setze er sich dafür ein, daß die kanonischen Regeln befolgt würden. Die von der Reichsregierung aus Deutschland herbeigeholten Geistlichen, die als Kapläne bei den Garnisonstruppen und in Krankenhäusern bzw. als Assistenten oder als Religionslehrer in den Schulen eingesetzt wurden, würden der Aufsicht durch die Diözesanverwaltung entzogen und könnten in völliger Unabhängigkeit walten. Beispielsweise sei nichts gegen jene Militärgeistlichen unternommen worden, die die Soldaten veranlaßten, das Gebet *pro papa* mit dem gleichen Wortlaut auch für den Kaiser zu sprechen: „Deus omnium fidelium pastor et Rector, respice famulum tuum Guglielmum quem pastorem populi tui constituisti...!“[50].

Diese Anklage Guthlins erreichte nun also tatsächlich den Papst, welcher sie später an den Nachfolger Domenico Jacobinis[51] als Sekretär der Kongregation für außerordentliche kirchliche Angelegenheiten, Rampolla[52], weiterleitete. Dieser glaubwürdige und ausführliche dritte Bericht Guthlins trug gewiß dazu bei, den Vatikan zu veranlassen, die neuerlichen Kandidatenvorschläge der Regierung zu blockieren. Allein hätte er jedoch vermutlich nicht ausgereicht, um eine grundlegende Richtungsänderung im vorsichtigen Verhalten des Hl. Stuhls in der Frage der möglichen Ernennung eines Koadjutors für den Straßburger Bischof zu bewirken.

Sicherlich hatte der damalige vatikanische Staatssekretär, Kardinal Nina, Guthlins Memorandum im Kopf, als er im Juli 1880 den Nuntien in Paris und München schrieb, daß die Probleme, die durch den Straßburger Bischof und seine Unzulänglichkeiten aufgeworfen würden, „den Hl. Stuhl gegenüber den vielfältigen Beschwerden nicht gleichgültig lassen können“. Deshalb forderte er die beiden Nuntien auf, Informationen über die Kandidaten einzuholen, die in

---

1861 habe der Straßburger Bischof für eine Summe von 1 Million Francs das bischöfliche Kolleg von S. Etienne erbauen lassen, in dem auch das Knabenseminar untergebracht wurde. Nachdem er sich geweigert hatte, das Kolleg der Aufsicht der Regierung zu unterstellen, folgte die Schließung am 24. Juni 1874. 1879 war Raess so weit gegangen, die Gebäude, in denen sich das Knabenseminar befunden hatte, der elsässisch-lothringischen Landesregierung zu vermieten, welche diese zu ihrem Verwaltungssitz umfunktionierte. Diesen Beschluß rechtfertigte der Bischof damit, daß dadurch die Wiedereröffnung des Kollegs von Zillisheim erleichtert würde, welches am 17. Juli 1874 geschlossen und 1880 wieder geöffnet wurde (vgl. AA EE SS, Germania, pos. 1196, fasc. 663, Alsazia Strasburgo, 1881-1882).

[50] Vgl. „Diocèse du Strasbourg (Alsace)“.

[51] D.M. Jacobini war am 4. August 1881 Titularbischof von Tyros geworden.

[52] Msgr. Mariano Rampolla del Tindaro (1843-1913) wurde vermutlich im Herbst 1880 zum Sekretär der Kongregation für außerordentliche kirchliche Angelegenheiten ernannt. Nachdem er am 1. Dezember 1882 zum Bischof von Herakleia und zum päpstlichen Nuntius in Spanien ernannt worden war, wurde er einige Jahre später (am 14. März 1887) Kardinal und Staatssekretär des Heiligen Stuhls. Auf dem Deckblatt des Memorandums „Diocèse du Strasbourg (Alsace)“, findet sich die mit Feder verfaßte Notiz: „Consegnata da Mgr. Rampolla nel dicembre 1882 per averla ritirata dal S. Padre“ (Dokument durch Msgr. Rampolla, der es vom Hl. Vater zurückerhalten hat, im Dezember 1882 überreicht).

einer beigefügten Liste aufgeführt wurden. Es handelte sich um die erste Liste, die der Vatikan selbst erstellt hatte[53]. Neben Guthlins Denkschrift waren jedoch inzwischen zahlreiche weitere Beschwerden eingegangen, die schließlich im Dezember 1880 den Hl. Stuhl und den Nuntius in München, Msgr. Roncetti, zum Eingreifen bewogen. Nachhaltig wirkten diese nun auf Straßburg ein, um den inzwischen herangereiften Entschluß des Vatikans, Raess einen Koadjutor mit dem Recht der Nachfolge in der Leitung der Diözese beizuordnen, durchzusetzen und den Widerstand des Bischofs gegen diese Entscheidung zu brechen[54].

3. Die Gebete für den deutschen Kaiser

Zwei weitere Ereignisse, die sich während des Jahres 1880 mit der Frage nach der Ernennung eines Koadjutors im Bistum Straßburg verknüpften, hatten den Vatikan zusätzlich bewogen, nun entschiedener vorzugehen und seine abwartende Haltung aufzugeben: gemeint sind einerseits die an den Hl. Stuhl gerichtete Bitte des Bischofs Raess nach einer Genehmigung, für den deutschen Kaiser beten zu dürfen, und andererseits die Bitte des Bischofs von Metz, Dupont, daß auch für sein Bistum ein Koadjutor mit dem Recht der Nachfolge ernannt werden möge. Beide Fragen wären es wert, aufmerksam und umfassend analysiert zu werden; an dieser Stelle soll jedoch die Betrachtung auf jene Ereignisse beschränkt bleiben, die mit den Entwicklungen in der Frage eines Koadjutors in Straßburg verknüpft waren, und die daher dazu dienen können, die politische und kirchliche Situation im Elsaß sowie das Bild, welches sich der Vatikan von den dortigen Verhältnissen machte, besser zu verstehen.

Kurze Zeit nach Guthlins letzter Denkschrift erhielt der damalige Staatssekretär, Kardinal Nina, einen Brief des Bischofs von Straßburg, welcher darin über den Besuch berichtete, den ihm der neue Statthalter Elsaß-Lothringens, Freiherr von Manteuffel, abgestattet hatte[55]. Darin berichtete Raess, Manteuffel hätte ihm versichert, daß er beabsichtige, das Reichsland in herzlichem Einvernehmen („de cordial accord") mit dem Bischof und in Einklang mit seinen eigenen politischen und religiösen, zutiefst christlichen („profondément chrétiens") Vorstellungen zu regieren. Insbesondere habe der Freiherr angeboten, das Übel zu beheben, welches durch die Schließung der Knabenseminare hervorgerufen

---

[53] Entwurf eines Briefes des Staatssekretärs Kardinal L. Nina an die Nuntien in Paris, Msgr. W. Czacki und in München, Msgr. C. Roncetti, vom 19. Juli 1880, in: ASV, Segreteria di Stato (Sds), 1881, 255, fasc.1; Unter den auf der Liste aufgeführten Personen befanden sich fast alle Kandidaten, die Guthlin vorgeschlagen hatte.

[54] Vgl. Depesche Nr. 255 des Nuntius in München, Msgr. Roncetti, an den Staatssekretär Kardinal L. Jacobini, München, den 24. Dezember 1880, in: AA EE SS, Germania, pos. 1185, fasc. 653, 1880-1881, Lorena-Metz. Msgr. Roncetti war am 26. Juni 1876 zum Titularbischof von Seleukeia prekonisiert und, wie schon erwähnt, 1880 zum Nuntius in München ernannt worden.

[55] Brief des Bischofs von Strasburg, Msgr. Raess, an den Staatssekretär Kardinal L. Nina, Straßburg den 14. April 1880, in: AA EE SS, Germania, pos. 1183, fasc. 653, Alsazia Strasburgo, 1880-1881.

worden war. Als erstes solle das Knabenseminar von Zillisheim bei Mülhausen wieder eröffnet werden, während das Straßburger Kleine Seminar ja noch von den derzeitigen Mietern benutzt werde („[le petit séminaire] de Strasbourg étant pour le moment occupé par des locataires"). Man habe sich somit darauf geeinigt, schon für den 20. desselben Monats die Wiedereröffnung des Zillisheimer Seminars vorzusehen, welches aus dem Stand 100 Internatsschüler aufnehmen werde:

> „Cette faveur réparatrice nous la devons à la bienveillance, à la justice, aux sentiments chrétiens et à la rectitude du jugement de M. le Baron de Manteuffel qui fait un excellent usage des pouvoirs de chancelier que l'Empereur lui a confiés pour l'Alsace-Lorraine"[56].

Aus diesen Gründen, so fuhr Raess fort, könne er sich den ständigen Aufforderungen des Statthalters nicht mehr entziehen, den Hl. Stuhl um die Erlaubnis zu bitten, daß öffentlich und offiziell in allen katholischen Kirchen der Diözese für den Kaiser gebetet werde. Er, Raess, habe bisher seine Weigerungen insbesondere mit den politischen und kirchlichen Zuständen in seiner Diözese begründet, worauf Manteuffel mit geduldiger Eindringlichkeit erwidert habe, daß eine solche Erlaubnis von seiten des Hl. Stuhls einen wohlwollenden Eindruck („une utile impression") auf den Kaiser machen würde und damit die Verhandlungen zwischen Kirche und Reich über die friedliche Beilegung der Gegensätze positiv beeinflussen würde. Außerdem würden solche Gebete überall im Deutschen Reich in den Pfarrkirchen an Sonntagen und kirchlichen Feiertagen vor oder nach den Messen gesprochen[57]. Nachdem dieses Ersuchen an den Papst gelangt war, setzte sich die Verwaltungsmaschinerie des Vatikans in Bewegung. Am 26. April 1880 beauftragte Kardinal Nina den apostolischen Pronuntius in Wien, Lodovico Jacobini[58], festzustellen, ob die Ausführungen Manteuffels zuträfen, wonach es in Deutschland üblich sei, für den Kaiser zu beten[59]. Nachdem aus Wien Antworten mit entsprechenden Angaben eingegangen waren[60], wurden

---

[56] Ebd.

[57] Ebd.

[58] Der 1874 zum Bischof von Thessaloniki gewählte Lodovico Jacobini (1832-1887) war später in den Jahren 1880-1887 Staatssekretär Ihrer Heiligkeit. In der Römischen Kurie gab es insgesamt drei Jacobinis: Msgr. Angelo Jacobini (1825-1886), der Cousin von Lodovico, war Beisitzer im Hl. Offizium. Ein Verwandschaftsverhältnis zwischen diesen beiden und Domenico Jacobini liegt indes nicht vor; vgl. auch *C. Weber*, Quellen und Studien.

[59] Entwurf für eine Depesche an den apostolischen Pronuntius in Wien vom 26. April 1880, in: AA EE SS, Germania, pos. 1183, fasc. 653, Alsazia Strasburgo, 1880-1881. Neben dem Verlangen nach Aufklärung über die Darstellungen des deutschen Statthalters bezüglich der Gebete *pro imperatore* schimmerten in einigen später herausgestrichenen Passagen auch Zweifel über eine tatsächliche Durchführung von Verhandlungen über die Wiedereröffnung des Straßburger Knabenseminars durch.

[60] Vgl. die Berichte des apostolischen Pronuntius in Wien, L. Jacobini, die dieser am 2. und 11. Mai 1880 an den Staatssekretär L. Nina, abgesandt hatte, ebd.: der erste Bericht schilderte die Gepflogenheiten in dem an das Straßburger Bistum angrenzenden Erzbistum Trier (wo die Formen, wie die Gebete gesprochen wurden, von Kirche zu Kirche und zu verschiedenen Gelegenheiten sehr unterschiedlich waren), in den Diözesen Württ-

die Akten dem Hl. Offizium übergeben, welches seinerseits beschloß, „da es sich um eine schwerwiegende Angelegenheit handelt(e)“[61], einen Konsultor mit einer eingehenderen Untersuchung dieser Frage zu beauftragen[62].

Nach dem Wechsel in der Leitung des Staatssekretariats im Sommer 1880 (Nachfolger Ninas wurde der ehemalige Pronuntius in Wien, Lodovico Jacobini) wurde das Problem seit November 1880 wieder mit größerer Dringlichkeit behandelt. Die Kardinäle des Hl. Offiziums hatten beschlossen, nachdem sie das Urteil des Konsultors begutachtet hatten, den Bischof von Metz um weitere Informationen und um seine „weise Meinung“ zu bitten. Am 2. Dezember wurde er mit dem Problem betraut[63]. Doch zu einer Lösung kam es erst durch den direkten Eingriff des Papstes, der im Januar 1881 eine Sonderkommission[64] ernannte; am 8. Januar kamen die entsprechenden Kardinäle („specialiter designati in Cong.ne speciali et extraordinaria“) zu einem Entschluß, der am gleichen Tage von Leo XIII. bestätigt wurde:

> „Tollerari posse remoto scandalo, et praesertim ne ista occasione reputetur Imperator uti membrum Catholicae Ecclesiae, et monitis fidelibus ut orent pro vera felicitate Imperatoris, et pro pace et felici statu in illis regionibus“[65].

Auf Anweisung des Papstes selbst wurden die Bischöfe von Metz und Straßburg sofort von diesem Beschluß in Kenntnis gesetzt[66]. Raess veröffentlichte die

---

tembergs (wo ausdrücklich nicht nur für den König, sondern auch für den Kaiser gebetet wurde), in Preußen (wo regelmäßig Gebete für den Landesherrn gesprochen wurden), und in Bayern (wo hingegen der Vorschlag ein Gebet für den Kaiser einzuführen, in den vergangenen Monaten heftige Diskussionen ausgelöst hatte); der zweite Bericht kam nochmals auf das Erzbistum Trier zurück und schilderte anschließend die Situation in Köln und Münster.

[61] Vgl. die Nachricht des Sekretärs der Kongregation für außerordentliche kirchliche Angelegenheiten, D. Jacobini, an den Beisitzer im Hl. Offizium, A. Jacobini, vom 25. Mai 1880, ebd. Noch am 11. Juni 1880 beeilte sich D. Jacobini, das Hl. Offizium über die „neuerlichen Bemühungen“ des Bischofs Raess in Kenntnis zu setzen, der auf eine Antwort auf jenen Brief wartete, „mit dem er im Namen des Statthalters Elsaß-Lothringens um die Erlaubnis nachgesucht hatte, öffentliche Gebete für den Kaiser in allen Kirchen des Bistums veranlassen zu dürfen“.

[62] Vgl. die Notiz des Beisitzers im Hl. Offizium, A. Jacobini, an den Sekretär der Kongregation für außerordentliche kirchliche Angelegenheiten, D. Jacobini, vom 19. Juni 1880, in: AA EE SS, Germania, pos. 1183, fasc. 653, Alsazia Strasburgo, 1880-1881.

[63] Vgl. den Entwurf des Briefes des Sekretärs der Kongregation für außerordentliche kirchliche Angelegenheiten an den Bischof von Metz, P. Dupont, vom 2. Dezember 1880 und das Antwortschreiben des Bischofs von Metz an den Sekretär der Kongregation für außerordentliche kirchliche Angelegenheiten, Metz, den 11. Dezember 1880, ebd.

[64] Vgl. den Entwurf eines Schreibens des Sekretärs der Kongregation für außerordentliche kirchliche Angelegenheiten an den Beisitzer des Hl. Offiziums, A. Jacobini, vom 3. Januar 1881, ebd.: die vom Papst eingesetzte Kommission setzte sich zusammen aus den Kardinälen Bilio, Ferrieri, Monaco, Nina und Jacobini.

[65] Vgl. die Notiz des Beisitzers des Hl. Offiziums, A. Jacobini, an den Sekretär der Kongregation für außerordentliche kirchliche Angelegenheiten vom 11. Januar 1881, ebd.

[66] Vgl. den Entwurf eines Briefes des Sekretärs der Kongregation für außerordentliche kirchliche Angelegenheiten an den apostolischen Nuntius in München vom 13.

nun erhaltene Genehmigung in einem Hirtenbrief vom 12. Februar 1881[67]. Der gesamte Prozeß der Entscheidungsfindung und die schließlich getroffene Entscheidung selbst zeigten deutlich, daß die kirchliche Führung im Vatikan bestrebt war, diese lokale kanonisch-liturgische Frage, in der ja auch zwei delikate politische Problemfelder – das der zwischenstaatlichen Beziehungen und das der Forderungen nach nationaler Identität – enthalten waren, unter dem Gesichtspunkt originär religiöser und kirchenrechtlicher Probleme des Katholizismus zu behandeln. Letztlich bedeutete die Entscheidung des Vatikans nichts anderes als eine erneute Bestätigung der traditionellen katholischen Auffassungen von den Beziehungen zwischen Kirche und staatlicher Macht, die in jener eigentümlich realistischen Weise von dem Grundsatz ausgingen, daß es zur Wahrung der „religiösen Interessen" der Kirche notwendig sei, für das Wohl des jeweiligen Machthabers sowie für den Frieden unter den Menschen zu beten. Im übrigen hatte schon Lodovico Jacobini, als er noch Pronuntius in Wien war, in den Schlußfolgerungen seiner Berichte die Bemerkung eingefügt, daß nach der Gesetzgebung des Deutschen Reiches „die staatliche Autorität im Elsaß und in Lothringen vom Kaiser ausgeübt wird"[68]. Gewiß, das genannte katholische Prinzip mußte dann noch der spezifischen historischen Situation im Elsaß angepaßt werden. Doch es läßt sich nicht übersehen, daß der in dieser Weise in Rom getroffene Entschluß nur scheinbar mit den Vorstellungen übereinstimmte, die der Straßburger Bischof in seinem Schreiben zum Ausdruck gebracht hatte.

4. Zwei Bischöfe im Vergleich: Welche Freiheit der Kirche in Elsaß-Lothringen?

Es wird nun zu fragen sein, welches konkrete Ergebnis auf lokaler Ebene die Verkündung dieser Grundsatzentscheidung hervorbrachte, durch die der bestehende Widerspruch zwischen nationaler Identität und Untertanenloyalität gegenüber dem Herrscher eingeebnet werden sollte. Um dies ermessen zu kön-

---

Januar 1881, in: AA EE SS, Germania, pos. 1183, fasc. 653, Alsazia Strasburgo, 1880-1881; dem waren in lateinischer Sprache verfaßte Entwürfe für Briefe beigefügt, die den Msgr. Raess (mit Datum 12. Januar 1881) und Dupont (mit Datum 13. Januar 1881) zugesandt werden sollten. Dem Straßburger Bischof wurde die Bewilligung seiner Bitte mit folgenden Worten mitgeteilt: „Post mutationem rerum puplicarum [sic] quae Alsatiae et Lotharingiae provinciis facta est, Amplitudo Tua iteratis litteris exquiserat essetne licitum votis obsecundare civilis Gubernii instanter postulantis ut a populo tuae dioeceseos, more aliorum Germaniae locorum, preces publicae pro Imperatore eiusque domo augusta haberuntur". Dem folgte ein Vorschlag für den Gebetstext und anschließend weitere Empfehlungen sowie nähere Bestimmungen über den Inhalt der erteilten Genehmigung.

[67] Vgl. Lettre Pastorale et Mandement de Carême de Monseigneur l'Evêque de Strasbourg, Straßburg, den 12. Februar 1882, ebd.; neben dem französischen Text liegt auch ein gedruckter deutscher Text des Hirtenbriefes vor. Daß daneben eine weitere Aufzeichnung vorliegt, die den Schlußteil des Hirtenbriefes mit verschiedenen Varianten enthält, deutet darauf hin, daß der Hl. Stuhl auch diesen Abschnitt des Hirtenbriefes vor der Veröffentlichung einer vorsorglichen Kontrolle unterzogen hat.

[68] Vgl. den Bericht des apostolischen Pronuntius in Wien, L. Jacobini, an den Staatssekretär Ihrer Heiligkeit, L. Nina, Wien, den 11. Mai 1880.

nen, wird es notwendig sein zu betrachten, welche Bedeutung die Mitteilung über die Entscheidung des Vatikans an den Bischof von Metz hatte. Daraus läßt sich wiederum erkennen, wie sehr sich für Raess, dessen Bitten der Vatikan stattgegeben hatte, diese Entscheidung letztlich als ein Pyrrhussieg gegen den ihm feindselig gestimmten elsässischen Klerus darstellte.

Mit ihrem Brief an den Bischof von Metz teilte die römische Kurie mit, daß sie dessen Schreiben vom 11. Dezember 1880, welches das Hl. Offizium angefordert hatte[69], erhalten habe. Zugleich beeilte sie sich, den Text des Briefes, der an den Bischof von Straßburg übersandt worden war, hinzuzufügen, in welchem die Erlaubnis für die Gebete *pro Imperatore* gegeben, aber zugleich auch die Bedeutung und der Sinn dieser Erlaubnis erläutert worden waren.

Man wollte auf keinen Fall, daß der Bischof von Metz, Msgr. Dupont, die Bedeutung jener Erlaubnis mißverstünde. Und gerade indem der Text erkennen ließ, daß man einige seiner Auffassungen teilte, übertrug die römische Kurie Msgr. Dupont in gewissem Sinne die Rolle eines angesehenen Garanten[70] für die richtige Interpretation der getroffenen Entscheidung. In dem Begleitbrief, der dem Genehmigungsschreiben an Bischof Raess beigefügt war, war dieser insbesondere aufgefordert worden, sehr genau die Bedeutung und das Prinzip zu erklären, aus dem sich die Notwendigkeit ergebe, für das „wahre" Glück der Herrscher, für den Frieden, sowie für das Wohl der Kirche und des Volkes zu beten: „Nam est igitur cur fideles Tibi concrediti inde admirentur aut offensionem ullam patiantur"[71]. Es muß hier darauf hingewiesen werden, daß Msgr. Dupont in seinem Brief vom 11. Dezember 1880 unter anderem sein Mißfallen über die Tatsache zum Ausdruck gebracht hatte, daß die Landesregierung Elsaß-Lothringens die Bitte um Genehmigung der Gebete für den Kaiser nicht selbst an den Hl. Stuhl gerichtet habe. Zugleich bemerkte Dupont, daß angesichts der damaligen Situation eine Ablehnung seitens des Hl. Stuhls einen erfolgreichen Abschluß der Verhandlungen zwischen Papst und Deutschem Reich zur Beilegung des Kulturkampfes gefährdet hätte. Deshalb, so hatte der Bischof von Metz erklärt, wolle er sich über eine so schwerwiegende Frage kein Urteil anmaßen. Dennoch könne er nicht umhin darauf hinzuweisen, daß, falls der Hl. Vater der Bitte des Straßburger Bischofs stattgäbe, diese Maßnahme (die ja unvermeidlicher-

---

[69] Vgl. oben, Anm. 63.

[70] Der aus Rennes stammende Bischof von Metz, Msgr. Paul Georges Maria Dupont de Loges (1806-1886), war am 27. Januar 1843 prekonisiert worden. Auf dem Vatikanischen Konzil gehörte er zur gallikanischen Opposition, war geradezu der Liebling der Bischöfe Darboy und Dupanloup. Er stand unter den Gallikanern als derjenige da, „der dieser Partei einen gewissen heiligen Glanz verlieh". Doch war er zugleich der Kirche immer gehorsam und unterwarf sich „mit Herz und Geist der vatikanischen Definition von der Unfehlbarkeit des Papstes". So beschrieb ihn der Jesuitenpater Ambrogio Robillon in einer undatierten [aber im Jahr 1880 verfaßten] Notiz, die sich im vatikanischen Archiv befindet; vgl. AA EE SS, Germania, pos. 1185, fasc. 653, Lorena-Metz, 1880-1881.

[71] Entwurf des Textes, der an Msgr. Raess versandt wurde, 12. Januar 1881. Der Text ist dem schon zitierten Entwurf des Briefes des Sekretärs der Kongregation für außerordentliche kirchliche Angelegenheiten an den apostolischen Nuntius in München vom 13. Januar 1881 beigefügt.

weise für das Elsaß und Lothringen zugleich getroffen werden müsse) von der Bevölkerung seiner Diözese mit Bedauern aufgenommen werden würde und erneut Wunden aufreißen würde, die noch nicht lange genug zurücklagen, um inzwischen verheilt zu sein. Die lothringischen Gläubigen würden sich jedoch, so schloß Dupont seine Darlegung, auf jeden Fall der Entscheidung des Papstes unterwerfen, „respectant les motifs qui l'auraient déterminée“[72]. Mit wenigen Worten hatte Msgr. Dupont damit die Überlagerung diplomatischer und pastoraler Gesichtspunkte in dieser komplexen Frage angedeutet, wobei aus seiner Sicht der Dinge eine klare Ablehnung der Initiative des Bischofs Raess zu entnehmen war[73].

Auch noch aus einem anderen Grund kam dem Brief Duponts eine besondere Bedeutung zu: nur einen Tag zuvor hatte der Statthalter von Manteuffel seine Zustimmung[74] zur Einsetzung eines vom Bischof von Metz vorgeschlagenen Kandidaten als Koadjutor mit dem Recht der Nachfolge, des Abbé François Louis Fleck[75], gegeben. Kurze Zeit später, am 21. Dezember, übersandte der Bischof von Metz über den Nuntius in München, Msgr. Roncetti[76], den offiziellen

---

[72] Vgl. den Text des an Msgr. Dupont adressierten Briefes, der dem Entwurf für den Brief des Sekretärs der Kongregation für außerordentliche kirchliche Angelegenheiten an den apostolischen Nuntius in München vom 13. Januar 1881 beigefügt ist.

[73] Auch die Darlegungen des damaligen Kanonikers und Erzpriesters am Straßburger Dom, Korum, der sich mit der Bitte um Aufklärung über die Frage nach der Erlaubnis öffentlicher Gebete für den Kaiser an den Vatikan gewandt hatte, hatten den gleichen Tenor wie die Ausführungen Duponts. Auch Korum widersetzte sich nicht prinzipiell einer entsprechenden Genehmigung. Ganz im Gegenteil hob er hervor, daß nichts Außergewöhnliches daran zu finden sei, daß für den Kaiser gebetet werde, wie dies ja auch in Preußen mit Genehmigung des Hl. Vaters getan werde. Im Elsaß lägen die Dinge jedoch anders: da die Regierung sich mit ihrem Wunsch nicht direkt an den Vatikan gewandt habe und zudem die Unterdrückungsmaßnahmen durch den Kulturkampf weiter andauerten, würde eine einseitig vom Vatikan getroffene Entscheidung die Widerstandskraft der elsässischen Gläubigen untergraben; viel eher wären die Gläubigen bereit, eine derartige Entscheidung zu respektieren, wenn eine für das Elsaß und für Lothringen allgemein gültige Vorschrift in direkten Verhandlungen zwischen dem Hl. Stuhl und der deutschen Regierung beschlossen würde; vgl. den Brief F. Korums, ohne Adressaten, Straßburg, den 18. Februar 1881, in: AA EE SS, Germania, pos. 1185, fasc. 653, Lorena Metz, 1880-1881.

[74] Das Genehmigungsschreiben, welches das Datum des 10. Dezember 1880 trägt, wurde später im „Reichsanzeiger“ veröffentlicht. Der Text ist außerdem widergegeben in einem Zeitungsausschnitt der Zeitung „L'Univers“ vom 2. Februar 1881.

[75] Francois Louis Fleck (1824-1899) stammte aus Niederbron im Bistum Straßburg, einer mehrheitlich protestantischen Gegend, die an das Bistum Metz angrenzt (vgl. *A.M. Burg*, Histoire de L'Eglise d'Alsace, S. 199). Fleck wurde aufgrund seiner Stellung als Koadjutor mit dem Recht der Nachfolge am 18. August 1886 zum Nachfolger Duponts erhoben.

[76] Vgl. den Brief des Bischofs von Metz, P. Dupont, an den Heiligen Vater, Metz, den 21. Dezember 1880, der einem Brief des Nuntius in München, C. Roncetti, an den vatikanischen Staatssekretär, L. Jacobini, vom 24. Dezember 1880 beigefügt ist, in: AA EE SS, Germania, pos. 1185, fasc. 653, Lorena Metz, 1880-1881. Dupont wies bei dieser Gelegenheit darauf hin, daß es keinerlei „convention“ zwischen Hl. Stuhl und der Berliner Reichsregierung über die Ernennung der Bischöfe in Eslaß-Lothringen gebe; man könne also

Antrag um die Einsetzung eines Koadjutors an den Hl. Stuhl. Wenn man bedenkt, daß Fleck, ebenso wie Stumpf in Straßburg, das Amt des bischöflichen Generalvikars in Metz innehatte, und daß Dupont vor allem wegen seines fortgeschrittenen Alters (er war inzwischen 77 Jahre alt und leitete seit 37 Jahren die Diözese) die Kandidatur Flecks als notwendig erachtete, dann wird deutlich, wieviele Parallelen es zwischen den Fällen Straßburg und Metz gab. Daß Dupont seinen Generalvikar zum Koadjutor zu erheben plante, war zumindest seit August 1880 bekannt[77]. Die Parallele zwischen der Situation in Metz und in Straßburg wurde übrigens ausdrücklich vom Nuntius in München hervorgehoben, der in seinem Brief an den vatikanischen Staatssekretär, mit dem er die förmliche Bitte Duponts um die Einsetzung eines Koadjutors weiterleitete, schrieb:

> „Diese Maßnahme scheint mir nicht nur wegen des fortgeschrittenen Alters des ehrwürdigen Herrn Bischof angebracht, sondern vor allem wegen der ungünstigen Lage, in der sich derzeit die Kirche im Deutschen Reich befindet.
>
> Ich hoffe außerdem, daß die Ernennung des Koadjutors für den Herrn Bischof auch die vom Heiligen Stuhl beabsichtigte Ernennung eines Koadjutors für den Straßburger Bischof, von dem ich allerdings bisher noch keinerlei Vorschlag in diesem Sinne erhalten habe, erleichtern wird. Indem ich diese Hoffnung zum Ausdruck bringe, habe ich die Ehre, mich zum Kusse des Heiligen Purpurs zu verbeugen"[78].

Am 14. Januar 1881, also einen Tag nach der Bekanntgabe der Genehmigung, für den Kaiser Gebete zu sprechen, erhielt der Nuntius in München die Nachricht, daß der Papst nach einigen Erkundigungen über Fleck[79], die positive

nicht ausschließen, daß nach seinem Tod Verwirrungen und Schwierigkeiten auftreten würden, die dazu führen könnten, daß der Bischofssitz über längere Zeit unbesetzt bleibe. Jedoch seien, so schloß der Bischof seinen Brief, nun keine Schwierigkeiten oder Auseinandersetzungen mit der Regierung mehr zu befürchten, nachdem er vom deutschen Kaiser die offizielle und von seiner Hand gezeichnete Erlaubnis erhalten hätte, „de demander à Votre Sainteté le sujet en question pour mon Coadjuteur *cum futura successione* avec un titre d'évêque *in partibus infidelium*".

[77] Der seit drei Jahren seines Amtes enthobene Priester Haeusler hatte seinem Brief an den Papst vom 29. November 1881, in dem er sich über Raess beklagte, einen „Rapport spécialement recommandé à la très Haute bienveillance de Sa Sainteté, le Pape Léon XIII au Vatican à Rome" beigefügt, der das Datum Rhinau, den 26. November 1881 trägt. Die Hauptintention Haeuslers war es, sich selbst in ein gutes Licht zu rücken. Doch ist dieser „Rapport" wegen der vielen Angaben und Informationen, die er enthält, von einem gewissen Interesse. Unter anderem berichtete Haeusler darin über seinen Briefwechsel mit Manteuffel und betonte dabei, daß er mit diesem in engen Verbindungen stehe. Am 27. August 1880 habe er dem Statthalter Elsaß-Lothringens über die Notwendigkeit geschrieben, dem Bischof Raess einen Koadjutor zur Seite zu stellen und dabei auch auf das Beispiel des Bischofs aus der Nachbardiözese Metz verwiesen, der um die Erlaubnis gebeten habe, seinen Generalvikar zum Koadjutor zu ernennen; vgl. AA EE SS, Germania, pos. 1196, fasc. 663, Alsazia Strasburgo, 1881-1882.

[78] Brief des Nuntius in München, C. Roncetti, an den Staatssekretär L. Jacobini, München, den 24. Dezember 1880.

[79] In den Berichten über Msgr. Fleck, der seit 1848 Priester war, wurde vor allem hervorgehoben, wie sehr dieser sich für die katholischen Schulen eingesetzt und diese vor Angriffen durch die Regierung in Schutz genommen habe, was ihm schließlich die Mißgunst der deutschen Verwaltung unter dem Oberpräsidenten Eduard von Moeller

Resultate erbracht hatten, der Bitte Duponts stattgab[80]. Damit ließ der Vatikan klar erkennen, wie er die Frage der Einsetzung eines Koadjutors einschätzte und signalisierte Bischof Raess, der immer noch ausweichend taktierte, daß auch er sich den Wünschen des Vatikans zu beugen habe. Nun sah sich auch der Bischof von Metz in der Lage, die im Dezember 1880 vom Hl. Stuhl an ihn gerichtete Anfrage unbefangen zu beantworten. Mit einem Brief vom 28. Januar 1881 legte er dem Vatikan eine Liste mit elsässischen Priestern vor, die für die Ernennung zum Koadjutor des Straßburger Bischofs in Frage kämen. Auch hier wurden an erster Stelle Korum und Stumpf genannt[81].

Doch war es der Erzpriester des Straßburger Domes, Korum[82] selbst, der seinen ehemaligen Regens im Priesterseminar, Stumpf, als Kandidaten vorschlug. Mit seinen Schilderungen über die Zustände im Straßburger Bistum, die er in zwei Briefen vom Februar und März 1881 an den Vatikan übersandte, verlieh er den Vorwürfen gegen Raess weitere Glaubwürdigkeit und legte dar, wie groß weiterhin die Besorgnis derjenigen Gruppierungen sei, die die Einsetzung eines Koadjutors wünschten. Korum erinnerte an die schmerzliche Lage, in die das Land durch das Alter des Bischofs und aufgrund jener politischen Ereignisse geraten war, die es vollkommen verändert hatten, und beklagte sich über Raess, der sogar so weit gegangen sei vorzuschlagen, die besonderen Gebete für den Papst vollkommen abzuschaffen, während er zugleich für die Einführung der Gebete für den Kaiser eintrat; nur durch seinen eigenen Einspruch und den des Domkapitels sei es gelungen, eine so gefährliche Entscheidung für die Moral der Gläubigen zu verhindern. Diese hätten ohnehin die Ernennung des Neffen des Bischofs zum Domherrn mit Schmerz und Entrüstung aufgenommen, die

---

eingebracht habe. Fleck, der vor seiner Einsetzung zum bischöflichen Vikar auf dem Land und in verschiedenen Städten als Vikar und Kurat tätig gewesen war, wurde beschrieben als „parfaitement au courant de tout". Vgl. neben der schon zitierten Informationsschrift von Ambrogio Robillon den anonym verfaßten Bericht über Fleck in: AA EE SS, Germania, pos. 1185, fasc. 653, Lorena-Metz, 1880-1881. Im übrigen hatte auch Dupont in seinem Gesuch an den Vatikan auf Flecks makelloses Leben, seine überdurchschnittliche Bildung und Gelehrsamkeit, sowie seine hervorragende Kenntnis der deutschen Sprache, die inzwischen „presque indispensable" sei, verwiesen; vgl. den Brief des Bischofs von Metz, P. Dupont, an den Heiligen Vater, Metz, den 21. Dezember 1880.

80 Vgl. den Entwurf der Depesche des Staatssekretärs L. Jacobini vom 14. Januar 1881 an den Nuntius in München, dem in lateinischer Sprache der Text der Genehmigung zur Einsetzung des Koadjutors beigefügt war, den der Nuntius an den Bischof von Metz weiterleiten sollte.

81 Vgl. *C. Muller*, Dieu est catholique et alsacien, I, S. 129.

82 Michael Felix Korum, geboren in Vickerschwihr in der Diözese Straßburg am 2. November 1849, hatte während der Verhandlungen zwischen Dupont und dem Vatikan die Einsetzung als Koadjutor, zuerst in Metz, später in Straßburg dankend abgelehnt; vgl. ebd. Kurze Zeit später (am 12. August 1881) wurde er jedenfalls zum Erzbischof von Trier ernannt; Leo XIII. hatte ihm die Leitung einer Diözese übertragen wollen, die in dramatischer Weise die Auseinandersetzungen zwischen Staat und Kirche während des Kulturkampfes erlebt hatte; vgl. *G. Martina*, Die Archivdaten des Vatikans zur ersten Phase des Kulturkampfes 1871-1878, in: *R. Lill / F. Traniello* (Hrsg.), Der Kulturkampf in Italien und in den deutschsprachigen Ländern, S. 177.

Raess einen Tag nach der Verlesung des Hirtenbriefes, welcher die Genehmigung zum Gebet für den Kaiser verkündete, vorgenommen hatte[83].

Konzessionen mache der Bischof, so fuhr der Erzpriester in seinen Schilderungen fort, immer erst, wenn es zu spät sei und gegenüber dem Druck, den die Regierung auf ihn ausübe, schwanke er ständig in seiner Haltung. Dies mindere seine Autorität noch zusätzlich. Immer wieder schlage er Kandidaten vor, die unannehmbar seien, denn in dem Bestreben, das Bistum ausschließlich nach eigenem Gutdünken zu leiten, versuche er in Wirklichkeit, die Ernennung eines Koadjutors überhaupt zu verhindern. Doch wenn der Bischof seine Hinhaltetaktik fortsetze, „le bon vouloir du Maréchal se lassera. Ce sera le triomphe de la bureaucratie qui veut un Evêque allemand, et qui dira qu'elle a tout fait pour nommer un Alsacien, mais que l'Evêque s'y est toujours opposé"[84]. Korum bat um die Hilfe des Hl. Stuhls und appellierte an diesen, möglichst bald den für geeignet befundenen Kandidaten einzusetzen. Noch könne man von der entgegenkommenden Haltung Manteuffels profitieren.

Und tatsächlich wurde in Rom nicht geschlafen: Am 5. März berichtete der Nuntius in München, Msgr. Roncetti, daß Raess die Anweisungen des Hl. Stuhls über die Art und Weise, wie er die erhaltene Genehmigung zum Gebet für den Kaiser in seinem Hirtenbrief anzukündigen habe, vollends befolgt habe. Dem fügte er hinzu:

> „Unglücklicherweise habe ich jedoch bisher noch keine Antwort zu der wichtigen Frage des Koadjutors erhalten. Ich habe es auch nicht versäumt, mich weiterhin mit größtem Eifer um die Angelegenheit zu bemühen: ich hoffe, die eingeforderten Informationen jeden Moment zu erhalten, und sobald diese bei mir eingegangen sein werden, werde ich keinen Augenblick verstreichen lassen und sie sofort telegraphisch an Eure Eminenz weiterleiten"[85].

Inzwischen war die Entscheidung, einen Koadjutor einzusetzen, endgültig getroffen worden. Doch der Straßburger Bischof war nicht geneigt, sich dieser zu beugen, sondern versuchte weiterhin Zeit zu gewinnen, indem er wenig aussichtsreiche Kandidaten wie z.B. Winterer vorschlug. Auch Korum nannte Raess nun als möglichen Kandidaten[86]. Während sich die elsässischen Priester in Briefen an Roncetti wandten und damit „offensichtlich einer unausweichli-

---

[83] In seinem Brief an einen „Monseigneur" vom 18. Februar 1881 äußerte Korum daß es möglich sei, daß die Ernennung stattgefunden habe. In seinem Brief an den Staatssekretär L. Jacobini, der von Straßburg am 16. März 1881 abgesandt wurde, wurde dann diese Ernennung heftig beklagt. Beide Briefe befinden sich in: AA EE SS, *Germania*, pos. 1185, fasc. 653, Lorena Metz, 1880-1881.

[84] Brief F. Korums an den Staatssekretär L. Jacobini, Straßburg, den 16. März 1881; zum Schluß seines Briefes entschuldigte sich Korum für seine Verwegenheit. Diese entspringe jedoch dem Wunsch, zum Wohl einer Kirche beizutragen, die so viel gelitten habe.

[85] Depesche des Nuntius in München, C. Roncetti, an den Staatssekretär L. Jacobini, München, den 5. März 1881, in: AA EE SS, Germania, pos. 1185, fasc. 653, Lorena Metz, 1880-1881.

[86] Vgl. *Cl. Muller*, Dieu est catholique et alsacien, I, S. 130 f. Auch die Art und Weise, wie Raess Msgr. Stumpf beschrieb, von dem er behauptete, dieser würde von seiten der

chen Notwendigkeit" gehorchten, begab sich am 27. März der Auditor der Nuntiatur, Msgr. Tarnassi, nach Straßburg, um Raess dazu zu drängen, dem Statthalter „entsprechend den Anweisungen des Hl. Stuhls Korum vorzuschlagen"[87]. Raess äußerte Einwände gegen diese Kandidatur, der sich natürlich auch Manteuffel höflich aber entschlossen widersetzte. In einem Brief Roncettis an den Staatssekretär des Hl. Stuhls vom 15. April 1881 wird geschildert, wie die Frage ihren Abschluß fand: „Nachdem der Auditor Eurer Ehrwürdigen Eminenz von der ganzen Angelegenheit berichtet hatte, erhielt er die Anweisung, für den Fall, daß der Statthalter Korum weiterhin ablehnen sollte, den Bischof anzuweisen, Stumpf als seinen Koadjutor vorzuschlagen. Der Auditor sprach daraufhin mit dem Bischof, um dessen Ansichten immer besser kennenzulernen, sagte ihm aber nichts von den erhaltenen Anweisungen..."; Raess zögerte daraufhin nicht zu erklären, „daß er Stumpf nur akzeptieren würde, wenn ihm dies vom Hl. Stuhl befohlen würde". Daraufhin habe sich Tarnassi zu Manteuffel begeben, um diesem nochmals Msgr. Korum vorzuschlagen. Nachdem er auch dieses Mal keinen Erfolg hatte, habe er Raess aufgefordert, sich mit der Regierung auf Stumpf zu einigen, ohne dem Hl. Stuhl weitere Schwierigkeiten zu bereiten[88].

Während im April die kirchenrechtliche Veränderung des Status der Diözese Metz zum Abschluß gebracht wurde, die für die Ernennung Flecks zum Koadjutor notwendig war, erhielt Stumpf aus Berlin die Genehmigung, eine Ernennung zum Bischof *in partibus infidelium* anzunehmen[89]. Schließlich wurden die beiden elsässischen Generalvikare am gleichen Tag, dem 13. Mai 1881, als Koadjutoren mit dem Recht der Nachfolge auf dem jeweiligen Bischofssitz präkonisiert.

Mit der Genehmigung öffentlicher Gebete *pro imperatore* waren somit die Ziele des Nuntius Roncetti nicht nur nicht durchkreuzt worden, sondern diese Genehmigung bildete in gewissem Sinne geradezu eine Voraussetzung, um diese Ziele zu verwirklichen. Das Entgegenkommen der Regierung, welches sich in der Ernennung des Neffen des Straßburger Bischofs zum Domherrn ausdrückte, bedeutete nicht so sehr einen definitiven Erfolg des Bischofs, sondern stellte vielmehr die Grenze der von ihm eingeschlagenen Vorgehensweise dar. Der Hl. Stuhl hatte nämlich die neue Haltung, die die Regierung unter Manteuffel der

---

Regierung als möglicher Kandidat mit allzu großem Wohlwollen betrachtet, könnte als ein weiterer Versuch gedeutet werden, neuerliche Zweifel in Rom aufkommen zu lassen.

[87] Brief des Nuntius in München, C. Roncetti, an den Staatssekretär L. Jacobini, München, den 8. April 1881, in: ASV, Sds, 1881, 255, fasc. 1.

[88] Brief des Nuntius in München, C. Roncetti, an den Staatssekretär L. Jacobini, München, den 15. April 1881, in: ASV, Sds, 1881, 255, fasc. 1.

[89] Vgl. ebd.; vgl. auch *Cl. Muller*, Dieu est catholique et alsacien, I., S. 132. Nachdem am 9. April 1881 der Statthalter von Manteuffel den Kaiser über die Vereinbarung mit Raess informiert hatte, wurde eine kaiserliche Verfügung erlassen, die Stumpf berechtigte, die Ernennung zum Koadjutor anzunehmen (wobei Manteuffel am 11. April unterstrich, daß mit dieser Vereinbarung nichts für die Zukunft präjudiziert sei). Am 12. April bestätigte Jacobini Bischof Raess die Billigung des Kandidaten durch den Hl. Stuhl; für die Ernennung Flecks vgl. den Briefwechsel zwischen der römischen Kurie und dem Nuntius in München im April 1881, in: AA EE SS, Germania, pos. 1185, fasc. 653, Lorena-Metz, 1880-1881.

Kirche entgegenbrachte, in einer anderen Weise aufgegriffen und bewertet, als dies Raess tat[90], der weiterhin für den inzwischen nicht mehr glaubwürdigen Weg des weitestgehenden Entgegenkommens gegenüber der weltlichen Macht eintrat, in dem er das wirksamste Mittel für die Erlangung größerer Freiheiten für die Katholiken sah.

5. Die „religiösen Interessen" zwischen Patriotismus und Germanisierung

Die Anhänger Stumpfs, zu denen auch Guthlin zählte, hatten sich also durchgesetzt, auch wenn Raess ständig versuchte, diesen zu bekämpfen[91]. Dennoch hatten die Gründe, die den Vatikan bewogen hatten, den Straßburger Generalvikar zum Koadjutor zu ernennen, nichts mit der Unterstützung nationaler Forderungen zu tun. Vielmehr ergab sich aus der Tatsache, daß der Katholizismus im Elsaß fest in traditionellem Gehorsam gegenüber Rom verankert war, geradezu zwangsläufig die Notwendigkeit, den Dialog mit einer Regierung zu suchen, die bereit war, die besondere regionale Identität der Elsässer anzuerkennen. Daß der neue Koadjutor (der seit 1883 auch als apostolischer Administrator fungierte) seine Tätigkeit objektiv am universalistischen Selbstverständnis der katholischen Kirche orientierte und sich zu allererst für die spezifischen „religiösen Interessen" der katholischen Kirche einsetzte, brachte ihm sogar die Kritik der nationalistischeren Teile des elsässischen Klerus ein.

Im Januar 1887 wurde dem Papst in einem von Paul Clément gezeichneten Brief über die deutschfreundliche Haltung Stumpfs berichtet, welcher, so drückte sich der Absender aus, die „traurige Lage des Bistums"[92] noch weiter verschlimmert habe. Clément beschrieb den Koadjutor als charakterschwach und unfähig, die Disziplin unter den Geistlichen zu stärken. Der als schlechter Verwaltungsmann kritisierte Stumpf sei auch dafür verantwortlich, daß die gute Zeitung,

---

[90] Die Haltung, die der Hl. Stuhl vertrat, wurde vielmehr durch den Bischof von Metz vertreten, der in Rom als „verdientermaßen vorbildlich und heilig" eingeschätzt wurde, wie Robillon vermerkt hatte; vgl. Robillons Notiz über Msgr. Dupont.

[91] Negative Berichte über Raess wurden jedoch weiterhin nach Rom gesandt, wie die beiden schon zitierten Briefe Haeuslers belegen. In seinem Bericht an den Papst vom 29. November 1881 beschuldigte Haeusler Raess u.a., er habe seine Ernennung zum Bischof nur den Intrigen der Ehefrau des damaligen kalvinistischen Präfekten und seinem großen Reichtum zu verdanken. Und noch in seinem Brief vom 24. November 1882 erkühnte sich der elsässische Priester, den Vorschlag zu machen, Msgr. Raess die geistliche und weltliche Jurisdiktion über sein Bistum zu entziehen. Weiterhin betrachte er Stumpf als einen „Homme de paille" und verhalte sich wie ein neuer Ludwig XIV., nach dem Motto: „Le Diocèse c'est moi"; vgl. AA EE SS, Germania, pos. 1196, fasc. 663, Alsazia Strasburgo, 1881-1882.

[92] So die italienische Zusammenfassung des Briefes P. Cléments an den Heiligen Vater, Straßburg, den 6. Januar 1887, in: AA EE SS, Germania, pos. 1294, fasc. 744, Alsazia Strasburgo, 1887. Zu dem Einfluß, den der Vorwuf der „Germanophilie" gegen Stumpf auf die Historiographie ausgeübt hat, vgl. die Überlegungen bei *Cl. Muller*, Dieu est catholique et alsacien, S. 146-150.

deren Gründung man mit großen Mühen und nach vielen Opfern zustande gebracht hätte, zu einer „petite pauvre feuille hebdomadaire" verkümmert sei. Insbesondere wurde auch ihm seine Nachgiebigkeit gegenüber der Regierung bei der Übertragung kirchlicher Ämter vorgeworfen: so habe Stumpf für den Posten des „assistent général du trône pontifical" den Abbé Scherer, „un misérable espionnateur de la Lorraine", dem Kuraten in Mülhausen und Reichstagsabgeordneten Winterer vorgezogen. Ebenso habe er auch den Reichstagsabgeordneten und Superior des Ordens der Töchter der Nächstenliebe, Guerber, bekämpft und sich den feindseligen Äußerungen des Kaplans des Mutterhauses dieses Ordens in Straßburg, Abbé Keller, angeschlossen. Auch der dritte im Reichstag sitzende elsässische Priester sei durch die Tätigkeit Stumpfs in Bedrängnis geraten. Ebenso wurde Guthlin von den Angriffen Cléments nicht verschont: von Stumpf beauftragt, dessen Geschäfte in Rom zu erledigen und dem Hl. Stuhl seine „Lügen" zu unterbreiten, warte Guthlin nur darauf, zum Koadjutor ernannt zu werden, sobald Stumpf in das Amt des Diözesanbischofs nachrücken werde[93].

Es fällt beim Lesen dieses Schreibens ein wichtiger Aspekt auf: eben jene drei Kandidaten, die Guthlin 1880 als mögliche Koadjutoren vorgeschlagen, aber zugleich wegen ihrer politischen Tätigkeit wiederum verworfen hatte, wurden hier nun als die Opfer der Angriffe Stumpfs dargestellt. Ganz unabhängig davon, ob diese Vorwürfe zutrafen, muß festgestellt werden, daß die Beschwerde Cléments auf Gegensätze verwies, die über mögliche persönliche Reibereien weit hinausgingen: die ursprünglich einheitliche Partei der Gegner der Annexion Elsaß-Lothringens durch das Deutsche Reich war auseinandergebrochen und der Koadjutor bemühte sich darum, den am stärksten politisierten Flügel seines Diözesanklerus zu bremsen.

Im übrigen war der Hl. Stuhl über die Ereignisse im Elsaß mit Sicherheit auf dem laufenden, ebenso wie ihm die engen Verbindungen zwischen Stumpf und Guthlin bekannt sein mußten. In einem Brief vom Juni 1887 sandte der Koadjutor des Straßburger Bischofs seine Glückwünsche an Rampolla, dem soeben die Kardinalswürde übertragen worden war, und brachte zugleich seine Freude über dessen Erhebung zum vatikanischen Staatssekretär zum Ausdruck. Damit sei eine Persönlichkeit in dieses Amt eingesetzt worden, über deren Unterstützung mit Rat und Tat bei der Bewältigung der schwierigen Situation im Elsaß man sicher sein könne, gerade jetzt, wo das Land neuen politischen Problemen ausgesetzt sei. Stumpf hatte das ihm von Rampolla während seiner vorletzten Romreise entgegengebrachte Wohlwollen noch lebhaft in Erinnerung[94].

---

[93] Brief P. Cléments an den Heiligen Vater, Straßburg, den 6. Januar 1887, in: AA EE SS, Germania, pos. 1294, fasc. 744, Alsazia Strasburgo, 1887.

[94] Vgl. den Brief des Koadjutors P. Stumpf an den Staatssekretär M. Rampolla, Straßburg, den 17. Juni 1887, in: AA EE SS, Germania, pos. 1310, fasc. 750, Alsazia Strasburgo, 1887. Außerdem hatte sich, wie schon gesagt, Rampolla als Sekretär der Kongergation für außerordentliche kirchliche Angelegenheiten für die Ernennung Stumpfs zum Koadjutor mit späterem Sukzessionrecht eingesetzt; in einem weiteren Brief an Rampolla vom Juli 1887 betonte Stumpf nochmals die „Haute sollecitude de Votre Eminence pour les intérêts de notre Alsace catholique" (Brief des Koadjutors von Straßburg, P. Stumpf, an den Staatssekretär M. Rampolla, Straßburg, den 5. Juli 1887, ebd.).

Ermutigt durch eine herzliche Antwort aus Rom, entsandte Stumpf am 5. Juli einen weiteren Brief an Rampolla, in dem er den vatikanischen Staatssekretär darum bat, die Statuten des von ihm 1882 als Ersatz für das weiterhin geschlossene Knabenseminar eingerichteten katholischen Gymnasiums zu begutachten. Diese Statuten waren zwischen dem Bistum und der Elsässisch-Lothringischen Landesverwaltung in einer gemischten Kommission vereinbart worden, mit dem Ziel, das Gymnasium den anderen bestehenden Schulen gleichzustellen[95]; bevor die Vereinbarung nun in ihrer definitiven Fassung unterschrieben werden sollte, wollte Stumpf sie durch den Hl. Stuhl begutachten lassen und eine entsprechende Genehmigung einholen. Besagte Statuten waren nun dem Staatssekretär Rampolla „par l'intermédiaire de Msgr. Guthlin" übergeben worden, der seinerseits wiederum den Theologen an der französischen Botschaft als Übermittler seiner Antwort an Msgr. Stumpf benutzte, dem er bei dieser Gelegenheit die Gabe großen Eifers und großer Umsicht („zelus et prudentia") bescheinigte[96].

---

[95] Zu den Bemühungen Stumpfs um die Gründung katholischer Schulinstitutionen in Straßburg seit 1882 vgl. seinen Brief an den Staatssekretär M. Rampolla, Straßburg, den 5. Juli 1887, sowie die „Note présentée au nom de l'Evêque-Caodjuteur de Strasbourg", in der keine Angabe über den Verfasser gemacht wurde, die aber mit Sicherheit von Guthlin geschrieben worden ist. Diesem lassen sich ebenfalls einige andere Dokumente über die Schulstatuten zuschreiben, die sich im vatikanischen Archiv befinden, vgl. AA EE SS, Germania, pos. 1310, fasc. 750, Alsazia Strasburgo 1887. Da es unmöglich gewesen war, das Knabenseminar S. Etienne in Straßburg wieder zu eröffnen, hatte Stumpf in der Tat 1882 in großer Eile ein Gymnasium errichtet, in dem deutsche examinierte Lehrer, die Laien waren, unterrichteten. Und dennoch wurden diesem Gymnasium, ebenso wie dem Knabenseminar in Zillisheim Rechte und Privilegien verwehrt, die Schulinstitutionen dieser Art sogar nach dem Schulgesetz von 1873 zustanden. Es handelte sich dabei insbesondere um zwei Privilegien, die hier verwehrt wurden, während sie dagegen dem Knabenseminar von Montigny in der Diözese Metz eingeräumt worden waren, nämlich erstens um das Recht auf Zulassung zum einjährigen freiwilligen Militärdienst ohne weitere Prüfungen für diejenigen, die die Sekundareife erlangt hatten, und zweitens um das Recht auf ein Reifezeugnis, welches zum Studium an den Universitäten berechtigte, für diejenigen, die das humanistische Gymnasium bis zum Abschluß durchlaufen hatten. Durch diese Einschränkungen war es für die Schüler, die eine kirchliche Laufbahn anstrebten, kaum möglich, an die Universität zu gelangen; und damit erhielten die jungen Priester, die zur Universität nicht zugelassen waren, auch keine *facultas docendi* welche das Schulgesetz als Voraussetzung für den Schulunterricht vorschrieb, weswegen die katholischen Schulen wiederum gezwungen waren, Laien als Lehrer anzustellen. Diese Zustände veranlaßten viele Eltern, ihre Söhne auf staatliche oder protestantische Schulen zu schicken, wo jedoch, wie Stumpf betonte, ihr Glaube und ihre Moral großen Gefahren ausgesetzt waren. Daher die vielfältigen Versuche des Straßburger Koadjutors, von der Regierung die Gleichbehandlung des Gymnasiums in Straßburg zu erlangen. Die getroffene Vereinbarung stellte einen Kompromiß dar, der es erlaubte, dieses Ziel zu erreichen: innerhalb des Gymnasiums (welches die Bezeichnung „Gymnase Episcopal de S. Etienne" erhielt) wurde unterschieden zwischen einem „Etablissement d'Enseignement", dessen Direktor von der Diözese ernannt wurde und von der Regierung zu bestätigen war, und welches das offizielle Schulprogramm mit examinierten Lehrern durchführte, und einem „Etablissement d'Education-Convict", dessen Leiter vom Bischof frei ernannt werden und dessen Erzieher unter dem Diözesanklerus frei ausgewählt werden durften.

[96] Vgl. den Entwurf des Briefes des Staatssekretärs M. Rampolla an den Koadjutor von Straßburg, P. Stumpf, Rom, den 22. Juli 1887, ebd.: „Accepi suo tempore litteras

Die Einwände Cléments und seiner Freunde mußten also wirkungslos bleiben. Zudem hatte sich das politische Klima erneut verändert: Auch die praktischen Lösungen, durch die die heftigste Phase des Kulturkampfes zum Abschluß gebracht worden war, hatten es nicht verhindern können, daß die Gegensätze latent weiter schwelten und durch Bismarcks Haltung in den Jahren 1886-1887 erneut genährt wurden, als der Reichskanzler das Verlangen des Hl. Stuhls nach Gleichberechtigung und Reziprozität in den Verhandlungen mit dem deutschen Kaiser entschieden zurückwies[97]. Zugleich wurde in dieser Zeit die Nationalitätenpolitik im Elsaß erneut Gegenstand von Auseinandersetzungen im Reichstag[98].

Aus diesen Gründen hatte Stumpf in seinem Brief an Rampolla vom 17. Juni 1887 diesem die, wie er es ausdrückte, schmerzliche Situation darlegen wollen, in der sich das Elsaß befand. Dies hinge alles damit zusammen, so wurde hier erneut hervorgehoben, daß die sehr fromme und dem Hl. Stuhl eng verbundene Bevölkerung auch nach der Annexion von ihrem Zugehörigkeitsgefühl zum

---

Amp. Tuae, quibus Statuta Institutorum Catholicorum pro iuventutis educatione in ista Dioecesi mihi trasmittis [sic] meamque circa eorum opportunitatem sententiam exquiris. Iamvero dum gratias tibi ago de novo quod mihi exhibes tui zeli et prudentiae argumento, haud cunctor te certiorem facere me quamprimum rem huiusmodi esse ad examen revocaturum et per D. Gütlin [sic], quid senserim, Amplitudini Tuae esse significaturum. Interea occasionem accipio ut omnia fausta tibi a Domino augerer". Die Statuten wurden vom Hl. Stuhl sorgfältig und detailliert überprüft. Insbesondere wurde Stumpf darauf hingewiesen, daß man die Knabenseminare nicht mit den preußischen bischöflichen Seminaren vergleichen könne, welche „auch nach den neuesten Gesetzten der Jahre 1886-1887" nicht zugelassen seien. Indem man den „großen Vorteil" hervorhob, „der der Kirche und der Gesellschaft in Elsaß-Lothringen durch die Einrichtung von regelrechten katholischen Gymnasien" erwachse, forderte Rom deshalb, daß beim Verfassen der betreffenden Statuten auf folgendes geachtet werden möge: erstens möge man dafür sorgen, daß der Weg zu einer in näherer oder fernerer Zukunft erhofften Wiedereröffnung der *seminarii puerorum* im engeren Sinne nicht verbaut werde; zweitens möge man bei der Anerkennung des Zustimmungsrechts der obersten Schulbehörde zur Ernennung des Schuldirektors die Berufung auf irgendwelche Gesetze oder Verordnungen vermeiden, die dieses Recht einräumten; drittens solle man durchsetzen, daß dem Bischof ausdrücklich die völlige Freiheit der Auswahl der Lehrer zugestanden werde, die schließlich durch das staatliche Examen die Berechtigung hätten, überall zu lehren; da Fragen der Aufsicht und Inspektion des Gymnasiums im Text nicht erörtert würden, müsse dies so ausgelegt werden, daß ein solches Recht ausschließlich dem Bischof zustehe. Sollte die Regierung dagegen Kompetenzen dieser Art einfordern, dann dürfe es sich dabei nur um Rechte zur Kontrolle der Hygiene und der öffentlichen Sicherheit handeln, „während jeglicher Eingriff in die interne Disziplin ausgeschlossen" werden müsse. Vgl. die verschiedenen undatierten und nicht numerierten Vermerke (insbesondere denjenigen mit der Überschrift „Desiderata"), in: AA EE SS, Germania, pos. 1310, fasc. 750, Alsazia Strasburgo, 1887.

97 Vgl. *W. Becker*, Otto von Bismarcks Rolle bei Ausbruch, Verschärfung und Beilegung des preußischen Kulturkampfes, S. 75.

98 Ausgesprochen aufschlußreich sind Beckers Ausführungen darüber, wie sehr sich in den Überlegungen Bismarcks konfessionelle Fragen mit den Fragen der nationalen Minderheiten verknüpften. In der Tat befürchtete Bismarck, das Zentrum könne in seinem Bündnis „mit wirklich staatsfeindlichen Elementen" wie dem „Polonismus" und dem „Welfentum", bei der Errichtung des neuen Staates „konkurrierende Gestaltungsansprüche" geltend machen; vgl. ebd., S. 68-70.

früheren Vaterland nicht abgerückt sei. Daher scheine die deutsche Regierung davon überzeugt zu sein, daß der katholische Klerus das Haupthindernis gegen die Germanisierung des Landes darstelle: „C'est une erreur", betonte der Straßburger Koadjutor mit Nachdruck. Ganz im Gegenteil habe sich der katholische Klerus, während sich der Protestantismus gemeinsam mit der Germanisierung im Lande ausbreite, in politischen Fragen weise zurückgehalten („a mantenu une sage réserve sur le terrain politique")[99].

Doch nach dem für die Regierung ungünstigen Ergebnis der letzten Reichstagswahlen habe diese dem Klerus die Schuld für ihre Stimmenverluste anlasten wollen. Indes hätten die Untersuchungen, die die Regierung durchgeführt hätte, um ihre Behauptungen zu untermauern, selbst derartige Vorwürfe widerlegt. Nur einer kleinen Gruppe von Priestern hätte man überhaupt Wahlagitationen vorwerfen können und schon bald hätten sich diese Vorwürfe als verleumderische Denunziationen erwiesen. Mit derartigen Darlegungen versuchte Stumpf natürlich, das Wahlkampfengagement des elsässischen Klerus zu verschleiern, der, wie sämtliche im Vatikan eingegangenen Briefe bezeugten, durchaus den Autonomieforderungen der Bevölkerung nahestand. Doch aus den Wirkungen der politischen Äußerungen und persönlichen Aktivitäten einzelner Priester konnte man selbstverständlich noch lange nicht schließen, daß der Klerus in seiner Gesamtheit eine geschlossene, die Regierung aktiv bekämpfende Gruppierung darstellte.

Jedenfalls konnte der Straßburger Koadjutor nicht umhin anzudeuten, daß unter den Katholiken möglicherweise Mißverständnisse in diesem Sinne aufgetreten seien. In dieser Äußerung steckte eine unterschwellige Kritik gegen die drei elsässischen „députés prêtres et protestataires", deren Wahl in den Reichstag die Überzeugungen der Regierung zu bestätigen schien. Die Verbindungen zu den ehemaligen Gesinnungsgefährten waren also inzwischen endgültig auseinandergebrochen. Gerade nach dem Ausgang der Wahlen hatte sich die Situation wieder verhärtet: selbst auf das Priesterseminar übte die Regierung Druck aus, indem sie neun der Seminaristen als wehrdiensttauglich bezeichnete und forderte, daß im Seminar der Gebrauch der französischen Sprache abgeschafft werde[100].

Das Ende des Briefes an den mächtigen Kardinal in Rom läßt einen Stumpf erkennen, der im Zentrum der Konflikte und Gegensätze stand, wobei er sich durchaus der Tatsache bewußt war, daß er damit vor allem seine eigene Stellung gefährdete. Sein Hauptanliegen bestand darin, die Gegensätze zwischen Kirche und Regierung von der politischen Ebene auf die Ebene der „religiösen Interessen" zu verschieben. Damit versuchte er, eine in gewissem Sinne vermit-

---

[99] Vgl. den Brief des Straßburger Koadjutors P. Stumpf an den Staatssekretär M. Rampolla, Straßburg, den 17. Juni 1887.

[100] Gegen diese Forderung wehrte sich Stumpf, der betonte, daß die Kurse selbst ohnehin inzwischen in Latein und Deutsch abgehalten würden. Die französische Sprache nun vollkommen zu verbieten, sei angesichts der Tatsache, daß viele Personen im Lande ausschließlich Französisch sprächen, praktisch unmöglich.

telnde Position einzunehmen, von der aus er mit Umsicht und Festigkeit eventuellen Forderungen der Regierung, der Klerus solle ihre Germanisierungspolitik unterstützen, entgegentreten konnte: „je suis disposé à faire les concessions que ma conscience ne réprouve pas“, legte der Koadjutor dar, der damit seine vollständige Bereitschaft signalisierte, die Nachfolge im Bischofsamt anzutreten, „mais je ne puis prendre des mesures contraires au bien religieux du pays“. Er war sich im Klaren darüber, daß die Regierung zur Erreichung ihrer Ziele einen deutschen Bischof wünschen würde, doch würde dies, so betonte er, eine „malheur incalculable pour notre Eglise d'Alsace“ bedeuten[101].

Rampollas Antwort ließ nicht lange auf sich warten: Mit seinem Brief vom 23. Juni 1887 bedankte er sich bei Stumpf für die erhaltenen Informationen über die elsässische Diözese. Diese befinde sich zwar in Schwierigkeiten doch werde er, Rampolla, dem Bistum durch seine seelsorgliche Hilfe Erleichterung verschaffen. Der Staatssekretär versicherte Stumpf, er werde sich persönlich um die Ereignisse im Elsaß kümmern[102]. Nur wenige Monate später, am 17. November 1887, übernahm Stumpf dann die Leitung des Straßburger Bistums.

Und doch schien sich gegen Ende seines kurzen Episkopats genau das abzuzeichnen, was Stumpf zu verhindern versucht hatte: mit Msgr. Adolf Fritzen wurde ein Deutscher zum Bischof ernannt, dem allerdings in dem Weihbischof Msgr. Carl Marbach ein Elsässer zur Seite gestellt wurde[103]. Doch auch bei dieser Bischofsernennung stand für den Hl. Stuhl das Motiv im Vordergrund, die vermittelnde und auf Ausgleich bedachte Tätigkeit, die der elsässische Vorgänger betrieben hatte, weiterhin zu unterstützen.

---

[101] Ebd.

[102] Vgl. den Entwurf des Briefes des Staatssekretärs M. Rampolla an den Koadjutor des Straßburger Bischofs P. Stumpf, Rom, den 23. Juni 1887, in: AA EE SS, Germania, pos. 1310, fasc. 750, Alsazia Strasburgo 1887: „Gratias tibi ago maximas ob eos humanitatis sensus, quibus mihi gratularis de officio nuper a Summo Pontifice mihi cessato. Gratum quoque fuit a te certiorem fieri de statu istius Diocesis [sic] quae licet magnis difficultatibus in praesentiarum [sic] detineatur, tamen prudentis Pastoris solatium persensit. Ceterum non cunctabor de istis difficultatibus suo tempore specialem habere rationem; interim vero...“.

[103] Der aus Kleve im Bistum Münster stammende Msgr. Adolf Fritzen (1838-1919) wurde am 1. Juni 1891 zum Bischof von Straßburg präkonisiert. Fritzen leitete die Diözese auch noch während des Ersten Weltkrieges, nach dessen Ende das Elsaß wieder an Frankreich fiel. Ihm folgte der am 24. September 1873 in Nancy geborene Msgr. Charles Joseph Eugène Ruch. 1913 zum Titularbischof von Gerasa ernannt, übernahm dieser aufgrund seines Amtes als Koadjutor der Diözese Nancy mit dem Recht der Nachfolge 1918 die Leitung dieser Diözese, um kurz danach (am 1. August 1919) nach Straßburg versetzt zu werden. Das Bistum Straßburg leitete er bis 1945. Msgr. Karl Marbach (1841-1916) dagegen war in Weißemburg in der Diözese Straßburg geboren und wurde nur drei Tage nach der Amtsübernahme Fritzens zum Titularbischof von Pafo und Koadjutor in Straßburg ernannt. 1901 trat er, während er weiterhin in Straßburg residierte, das Amt des Weihbischofs an den gebürtigen Straßburger und zum Titularbischof von Eritre gewählten Msgr. Franz Zorn de Bulach ab; vgl. neben *A.M. Burg*, Histoire de l'église d'Alsace, auch *Cl. Muller*, Dieu est catholique et alsacien, I., und *E. Gatz*, Kirchliche Personalpolitik.

So wurden beispielsweise in dem veränderten politischen Kontext, der sich nach der Beilegung des Kulturkampfes und dem Abgang Bismarcks von der politischen Bühne ergab, schwierige und langwierige Verhandlungen um das Vorhaben der Regierung geführt, das Straßburger Priesterseminar zu einer theologischen Fakultät der Universität umzuwandeln. Einen ersten Vorschlag legte die Reichsregierung 1894 vor, jedoch weigerte sich der Hl. Stuhl vorerst, überhaupt in Verhandlungen einzutreten. Als dann Reichskanzler Hohenlohe-Schillingsfürst[104] erneute Verhandlungen vorschlug, glaubten die Kardinäle der Kongregation für die außerordentlichen kirchlichen Angelegenheiten, sich auf einen Austausch der Standpunkte einlassen zu können. Das Ziel der katholischen Kirche in den 1898 begonnenen und von dem Zentrumsmitglied Baron von Hertling geführten Verhandlungen bestand darin zu erreichen, daß die Ausbildung der Priester geschützt und gewährleistet würde. Zugleich sollte der Prädominanz des protestantischen Elements innerhalb der Universität ein Gegengewicht entgegen gestellt werden. Bekanntlich wurde schließlich im Dezember 1902 eine Vereinbarung zwischen dem Hl. Stuhl und der deutschen Reichsregierung getroffen, die die Errichtung einer Fakultät für katholische Theologie an der Universität Straßburg vorsah[105]. Hier muß betont werden, daß, während Fritzen an verschiedenen Phasen der Verhandlungen beteiligt war, die politisierteren Teile des elsässischen Klerus von diesen ausgeschlossen wurden. So wies Winterer die römische Kurie 1899 darauf hin, daß das elsässische Zentrum über den Stand der Verhandlungen nicht auf dem Laufenden gehalten werde. Die Proteste, die Guerber nach Rom sandte, wurden dort nur als die Frucht unreflektierter Haltungen eines alten Reichstagsabgeordneten angesehen, der weiterhin nicht bereit war, von den Zielen der Protestbewegung der ersten Zeit nach der Annexion abzurücken[106]. So stand also in Wirklichkeit die 1891 vom Hl. Stuhl getroffene Entscheidung bezüglich der Leitung der Straßburger Diözese nicht im Widerspruch zu den Bischofsernennungen von 1881 und 1887. Auch dieses Mal hatte Rom sich darum bemüht, übernationale Interessen und nationale Identität der Elsässer miteinander zu vereinbaren. Und nur, weil sich kein Elsässer fand, der in der Lage gewesen wäre, den Willen zu politischem Ausgleich und eine eindeutig unabhängige Position als Bischof in seiner Person zu vereinigen, hatte man auf Fritzen zurückgegriffen. Es zeigte sich sogar, daß mit der Bischofsernennung Fritzens im inzwischen veränderten historischen Kon-

---

[104] C. Hohenlohe-Schillingsfürst war zwischen 1885 und 1894 Statthalter Elsaß-Lothringens gewesen.

[105] Vgl. zu Entstehung und Tätigkeit der theologischen Fakultät die verschiedenen Beiträge im Mémorial du Cinquantenaire de la Faculté de théologie catholique 1919-1969, I, in: Revue des Sciences religieuses, 43 (Juli-Oktober 1969) 3-4, S. 195-393. Siehe insbesondere *C. Vogel*, La Faculté de théologie catholique de 1902 à 1918, ebd., S. 225-263.

[106] Die Briefe Winterers an den Regens des französischen Seminars in Rom (Berlin, den 21. November 1899) und Guerbers an den vatikanischen Staatssekretär (Straßburg, den 29. November 1899) sind in einer Stellungnahme vom November 1899 abgedruckt, die für die folgende Sitzung der Kongregation für außerordentliche kirchliche Angelegenheiten am 4. Dezember des gleichen Jahres ausgearbeitet worden war. Diese befindet sich in: AA EE SS, Germania, pos. 1522, fasc. 805, Alsazia Strasburgo, 1898-1902. Eine Forschungsarbeit über diese Angelegenheit befindet sich zur Zeit in Vorbereitung.

text in gewisser Hinsicht an die Versuche Stumpfs angeknüpft wurde, den Ausbruch direkter Konflikte zwischen dem elsässischen Klerus und der deutschen Verwaltung zu verhindern[107].

Selbst wenn man von einem umfassenden Vergleich zwischen den Episkopaten Stumpfs und Fritzens absieht, was den Rahmen der vorliegenden Arbeit sprengen würde, so scheint doch eine grundsätzliche Kontinuität in den Methoden gegeben zu sein, mit denen sich die Weltkirche den lokalen Problematiken des Katholizismus widmete, auch wenn die jeweils angestrebten Lösungen den Veränderungen des politischen Umfeldes Rechnung trugen und somit nicht immer identisch waren. Auf der anderen Seite muß gerade bei der Betrachtung der Beziehungen zwischen Rom und dem Elsaß deutlich beachtet werden, wie stark doch in dieser katholischen Diözese, die sich durch spezifische regionale Eigenschaften auszeichnete, unter scheinbarer Einmütigkeit und Einheitlichkeit erhebliche Gegensätzlichkeiten durchschimmerten.

Die dargelegten Ereignisse werden, auch wenn sie nur aus der begrenzten und völlig eigentümlichen Sichtweise der hier heragezogenen Quellen herausgearbeitet wurden, gewiß Anregungen zu weiteren Forschungen über wichtige Aspekte des zivilen und kirchlichen Lebens im Elsaß geben. Auch bleibt zu hoffen, daß sie dazu beitragen werden, den allgemeineren Gesichtspunkt des Ineinanderspielens von nationalen und universalen Einflüssen innerhalb des elsässischen Katholizismus und der daraus resultierenden Konsequenzen für das soziale und politische Leben im Elsaß eingehender zu betrachten. Es waren der Einfluß der „Interessen" der Weltkirche und des Hl. Stuhles sowie dessen Zusammenstoß mit der staatlichen Macht, die darüber entschieden, wie weit einzelne lokale Ausrichtungen auf die Orientierungen der elsässischen Kirche insgesamt einwirken konnten. In dem Maße, wie der Prozeß der Säkularisierung fortschritt und der Hl. Stuhl seine weltliche Macht verlor, orientierte sich die elsässische Kirche immer stärker auf eine Seelsorgetätigkeit, deren wichtigstes Anliegen der Erhalt der Einheit war. Zugunsten des Zusammenhalts der Gemeinschaft der Gläubigen waren ihre Anstrengungen darauf gerichtet, jene Kräfte zu schwächen, welche insbesondere in solchen Orten Zwietracht und Gegensätze hervorbrachten, die spezifische räumliche und kulturelle Grenzen darstellten. Die „Grenze" selbst verschob sich somit von einer rein geographisch zu verstehenden Trennlinie hin auf die umfassendere Ebene eines „Terrains", innerhalb dessen die wiedererweckte „Ecclesia", wenn auch vielfach mit Umsicht und Pragmatismus, ihre Konfrontation gegen die weltliche Macht zu führen hatte.

Es erscheint hier angebracht, einige Ausführungen Carl Schmitts ins Gedächtnis zu rufen. In dem Versuch, die „Macht" des Katholizismus als ein historisches System und als Erbe des römischen Universalismus in den Bedrängnissen sich verändernder politischer Situationen zu begreifen, betonte dieser,

---

[107] Vgl. in diesem Sinne auch *J.-P. Blatz* (in: Dictionnaire du monde religieux dans la France contemporaine, II: L'Alsace, S. 149-151), der in einem biographischen Abriß über Fritzen darauf hinweist, daß sich der Bischof nicht für die von der Regierung betriebene Germanisierungspolitik einspannen ließ.

„... wie sehr die katholische Kirche eine *complexio oppositorum* ist. Es scheint keinen Gegensatz zu geben, den sie nicht umfaßt ... Ihre Geschichte kennt Beispiele erstaunlicher Anpassung, aber auch starrer Intransigenz, der Fähigkeit zu männlichstem Widerstand und weiblicher Nachgiebigkeit, Hochmut und Demut seltsam gemischt“[108].

Und wie wir sahen, zeigte selbst der nationale Klerus, der sich in einzelnen Momenten des Übergangs seinen eigenen „religiösen Interessen“ widmete, unvermutete Fähigkeiten, Erneuerung und Tradition miteinander in Einklang zu bringen, also zwei Elemente zu vereinbaren, die auf den ersten Blick unvereinbar scheinen.

In seinen Überlegungen über die allgemeine und unerwartete Rückwendung zur Religion, die sich nach der Revolution von 1848 in Frankreich abzeichnete, was sich auch an der starken Präsenz einer katholischen Partei in der Constituante erkennen ließ, führte Tocqueville aus:

„Der Klerus selbst hat diese Rückbesinnung bewerkstelligt, indem er sich von allen alten politischen Parteien loslöste. Er besann sich auf die alte und einzig aufrichtige Haltung, die den Klerus zu allen Zeiten und überall beseelt hat, nämlich allein und ausschließlich der Kirche anzugehören. So konnten die Priester gut und gerne auch republikanische Meinungen äußern, vertrauten es zugleich aber den althergebrachten Interessen der Kirche an, den Bestand ihrer Traditionen, ihrer Gebräuche und ihrer Hierarchien zu garantieren“[109].

---

[108] *C. Schmitt*, Römischer Katholizismus und politische Form, München 1925, S. 10 (erst kürzlich wurden diese Ausführungen als Vorbemerkung wieder aufgegriffen in der interessanten Studie von *E. Fattorini*, Germania e Santa Sede. Le nunziature die Pacelli fra la Grande guerra e la Repubblica di Weimar, Bologna 1992, S. 11). Zur „Einzigartigkeit“ der „vatikanischen Diplomatie“ vgl. *P.C. Kent / J.F. Pollard* (Hrsg.), Papal diplomacy in the Modern Age, Westport 1994.

[109] *A. de Tocqueville*, Memorie, Roma 1989, S. 107 f.

Die Trientiner Kirche und die nationale Frage 1870-1914

Von Sergio Benvenuti

Parallel zu den politischen Aktivitäten der Trientiner Nationalliberalen im Innsbrucker Landtag und im Wiener Reichsrat, die auf das Ziel ausgerichtet waren, für das Trentino eine vom Land Tirol unabhängige Verwaltung zu erhalten, entstand in der zweiten Hälfte des 19. Jahrhunderts im Trentino eine diffuse Bewegung, die für eine umfassende Verteidigung des italienischen nationalen Charakters der Region eintrat. Diese Bewegung verschob ihre Aktivitäten nach und nach von der kulturellen und sprachlichen Ebene auf die politische und erhob schließlich auch im engeren Sinne irredentistische Forderungen. Seit 1861 hatte sie zum Ziel, das Trentino dem italienischen Königreich anzugliedern.

Nationale Rechte auf sprachlicher und kultureller Ebene einzufordern, war vollkommen legal, seitdem der Artikel 19 des Staatsgrundgesetzes über die Bürgerrechte (eines jener fünf ‚Grundgesetze' der österreichischen Verfassung vom 21. Dezember 1867) vorschrieb, daß „alle Volksstämme des Staates ... gleichberechtigt [sind], und jeder Volksstamm ... das unverletzliche Recht auf Wahrung und Pflege seiner Nationalität und Sprache [hat]". Dagegen wurde die irredentistische Forderung nach dem Anschluß des Trentino an das italienische Vaterland als Hochverrat betrachtet, weswegen Vertreter solcher Positionen mit den entsprechenden rechtlichen Konsequenzen rechnen mußten, die das österreichische Strafrecht dafür vorsah.

Was die Kirche im Trentino betrifft, die ja von der dem Katholizismus eigenen universalistischen Weltanschauung ausging, so konnte ihre Haltung zur nationalen Frage nur diejenige einer auf übernationalen Prinzipien beruhenden Institution sein. Die moralische Bedeutung der Nation bestritt sie durchaus nicht. Nationalität verstand sie als Bewußtsein einer gemeinsamen Zugehörigkeit zu einem Volke mit seiner eigenen Sprache, Geschichte und Kultur. Territoriale Forderungen, also der Irredentismus, waren ihr jedoch fremd; derartige Haltungen gehörten zum programmatischen Erbe des Liberalismus.

Die kirchliche Führung, insbesondere die Bischöfe von Trient, von Tschiderer bis Riccabona, von Della Bona bis Valussi bezeugten während ihrer Episkopate vielfach ihre Loyalität gegenüber dem Habsburgerstaat. Auch bemühten sie sich um die Deutschen in ihrer Diözese, welche sich damals im Norden bis Bozen und Meran ausdehnte und neben den 25 italienischsprachigen Dekanaten zehn deutschsprachige Dekanate umfaßte.

Die Masse der Bauern, auf die der Klerus einen starken Einfluß ausübte, war, was nationale Fragen betrifft, passiv. Überhaupt zeichneten sich die Trientiner Bauern in der Regel durch ruhigen Charakter, konservative Gesinnung und Respekt gegenüber den Autoritäten aus, waren geradezu „ein Ordnungsfaktor par excellence". Gegenüber der nationalen Bewegung, die vor allem vom städtischen Bürgertum getragen wurde, hegten sie Mißtrauen, jenes natürliche Mißtrauen, welches die ‚kleinen Leute' immer und überall gegenüber den sogenannten ‚Herren' hegen. Auch in den Dörfern war es die bürgerliche Minderheit, die die nationale Bewegung inspirierte und propagierte.

Nachdem im Anschluß an den dritten italienischen Unabhängigkeitskrieg von 1866 das Trentino unter österreichischer Herrschaft verblieben war, wurden nationale Stimmungen im Lande zunehmend lauter und der Irredentismus begann, sich in patriotischen Vereinigungen und in der liberalen Presse Gehör zu verschaffen.

Die Nachricht von der Besetzung Roms am 20. September 1870 wurde in Trient und den größeren Orten der Region (Rovereto, Riva, Levico usw.) mit Begeisterung aufgenommen, worüber die Zeitung „Il Trentino"[1] ausführlich berichtete. „Il Trentino" war das Organ der Nationalliberalen, in dem in der Vergangenheit v.a. der Abbé Baron Giovanni a Prato hartnäckige Pressekampagnen für die Trennung von kirchlicher und staatlicher Macht geführt hatte, und welches häufig gegen die katholische Zeitung „La voce cattolica" polemisierte.

> „Gestern abend" – so schrieb „Il Trentino" in seiner Ausgabe vom 21. September 1870 – „ist unsere Stadtkapelle musizierend durch die Hauptstraßen unserer Stadt gezogen, umringt von zahlreichen Sturmlichtern und von einer unendlichen Menge von Menschen, die die Nachricht, die gestern Nachmittag telegraphisch bei uns eintraf und in einer entsprechenden Sonderausgabe unserer Zeitung verbreitet worden war, mit langen und wiederholten Applausstürmen und Jubelrufen begeistert aufnahmen. Straßen und Plätze wurden spontan von bengalischen Feuern erhellt, die von langanhaltenden ‚es lebe Rom'-Rufen begleitet wurden".

Aus diskreter Rücksichtnahme auf den Gesundheitszustand des Trientiner Bischofs Benedetto Riccabona, der kurz zuvor in Rom, wo er sich beim ersten Vatikanischen Konzil aufhielt, einen Schlaganfall erlitten hatte, habe sich, wie die Zeitung weiter berichtete, sowohl die Musikkapelle als auch die ihr folgende Menschenmenge vom bischöflichen Palais ferngehalten.

Auch in Rovereto und Riva hatte das Volk auf die Nachricht der Einnahme Roms mit ähnlichen Begeisterungsstürmen reagiert. In Mori wurde der Umzug, der die „Befreiung Roms" feierte zwar mit Steinen beworfen, doch konnte die Demonstration dennoch bis zum Ende durchgeführt werden.

Die Zeitung „La voce cattolica" wertete dagegen die Demonstrationen, die überall im Trentino und in ganz Italien stattfanden, als ein Anzeichen dafür, „daß das katholische Italien nun von der Gewalttätigkeit einer Minderheit überwältigt worden ist, daß es zu zurückhaltend und mutlos dasteht. Und dennoch

---

[1] Il Trentino, 21. September 1870, Nr. 214: Cronaca urbana – Trento 21. September 1870.

ist Italien immer noch katholisch, denn die Demonstrationen, die derzeit stattfinden, werden weder von der Mehrheit getragen, noch nimmt der ehrwürdigere Teil unseres Volkes daran teil"[2].

In den Auseinandersetzungen zwischen der „Voce cattolica" und anderen Trientiner Zeitungen, insbesondere „Il Trentino", herrschte zu dieser Zeit ein rauher Tonfall. Ideologische Gegensätze überschnitten sich mit Gegensätzen bezüglich der nationalen Frage und schlugen sich im politischen Leben der Region deutlich nieder. Die Einnahme Roms hatte bei denen, die darin einen wichtigen Fortschritt im Prozeß der nationalen Einigung sahen, große Begeisterung ausgelöst, führte aber zugleich zu noch tieferen Gegensätzen zwischen den Liberalen und den Katholiken im Trentino.

Auf Anweisung des Trientiner Bischofs führten alle Pfarrer der Diözese eine Sammlung von Protestunterschriften gegen die Besetzung Roms durch. Die Priester Gianbattista Zanella, Gianbattista Zambelli und Giuseppe Angeli sandten ihrem Bischof gar eine Unterschriftenliste, die von 91.520 Bewohnern des Bistums unterzeichnet worden war[3].

In ganz Österreich setzten sich die Proteste über mehrere Monate fort. Am 16. Mai 1871 überreichte eine Delegation der ‚Unione popolare cattolica' der österreichischen Regierung eine Liste mit 817.952 Protestunterschriften gegen die Ereignisse von Rom. Kurz darauf wurde der Regierung eine zweite Unterschriftenliste mit 405.500 Unterschriften (von denen 44.980 aus Südtirol kamen) überreicht. Schließlich übersandte der gesamte Episkopat Cisleithaniens ein Schreiben an den Kaiser, in dem Österreich aufgefordert wurde, auf Seiten des Papstes einzugreifen[4].

Gleichzeitig setzte der Klerus seine Opposition gegen die neuen, am Geiste des Josephinismus orientierten Kirchengesetze fort.

Die neue liberale Regierung, die Anfang 1868 in Österreich an die Macht gekommen war, hatte am 25. Mai desselben Jahres im Parlament neue Gesetze zum Eherecht, zur Schulbildung und zu den interkonfessionellen Beziehungen durchgebracht, die das Konkordat von 1855 zwischen dem Österreichischen Kaiser und dem Heiligen Stuhl schwer mißachteten und zu diesem gleich in mehreren Punkten in Widerspruch standen.

Am 2. Februar 1871 verlas der Trientiner Bischof Riccabona einen ‚Hirtenbrief zur Fastenzeit'. Darin forderte er, ähnlich wie er dies kurz zuvor bezüglich

---

[2] Le dimostrazioni per la presa di Roma, in: La voce cattolica, 25. September 1870, Nr. 111. In den Ausgaben vom 27. und 29. September veröffentlichte das Blatt einen Artikel unter dem bezeichnenden Titel: Il Papa è prigioniero [Der Papst ist Gefangener].

[3] Brief an den Bischof Benedetto Riccabona, „im Namen von 91.520 Gläubigen, deren Originalunterschriften hiermit in die heiligen Hände Eurer ehrwürdigen Hoheit übertragen werden". Der undatierte und gedruckte Brief liegt im Archivio della Curia Arcivescovile di Trento (ACAT), Acta Episcopi Riccabona, Nr. 108. Die beigefügten Unterschriften waren nicht aufzufinden.

[4] Vgl. Civiltà cattolica, 8. Folge, II, (1871), S. 636-638.

der Einnahme Roms getan hatte, den Klerus und die Gläubigen auf, sich im Namen des „göttlichen Gesetzes" gegen die Schulgesetzgebung zur Wehr zu setzen, die vorsah, die Schule der kirchlichen Kontrolle zu entziehen und sie staatlichen Behörden zu unterstellen. Der Hirtenbrief wurde sofort von der Polizei beschlagnahmt.

Am 10. August 1871 wurden das österreichische Parlament sowie die Landtage aufgelöst und Neuwahlen ausgeschrieben.

Im Trentino errangen die Liberalen in allen Städten, in den größeren Orten sowie in der Handelskammer einen klaren Wahlsieg. Nur in den ländlichen Wahlkreisen gewannen die Katholiken, die dort 8 von 12 Abgeordnetenmandaten erringen konnten.

Führer der nationalliberalen Bewegung war damals der Abbé Giovanni a Prato, der als Abgeordneter im Reichsrat unerbittlich für die Unabhängigkeit der staatlichen Autorität von der kirchlichen kämpfte, und zwar gerade im Namen der Freiheit der Kirche selbst. Schon 1848 hatte Giovanni a Prato mit Verve seine Stimme in der Frankfurter Nationalversammlung und dann im Wiener Parlament erhoben und die Unabhängigkeit des Trentino vom deutschsprachigen Tirol sowie dessen Austritt aus dem Deutschen Bund gefordert. Er hatte die nationale Bewegung angeführt und gegenüber der europäischen Öffentlichkeit die Frage des Trentino zu einem vorrangigen Problem erhoben.

Seit Anfang der 1870er Jahre, als im Trentino, wie überall in Österreich, der Einfluß der Liberalen auf Regierung und öffentliche Ämter zunahm, begannen die Trientiner Bischöfe, ihren Kampf gegen die fortschreitende Laisierung des Staates auch auf politischer Ebene zu führen. Zugleich spitzte sich die antiklerikale Haltung im liberalen Lager zu.

Am 19. August 1871 verlas Bischof Riccabona erneut einen Hirtenbrief, in dem er Anweisungen für die Wahl der Abgeordneten in den Innsbrucker Landtag erteilte. Es sei notwendig, so verkündete er, Männer zu wählen, die in der Lage wären, die Interessen der Kirche in den Parlamenten zu verteidigen. *De facto* wurde damit der bisherige Absentismus überwunden, den die Kirche seit langem auch in der Frage der Autonomie des Trentino an den Tag gelegt hatte, aber zugleich führte die Wahlempfehlung des Bischofs zu einem tiefen Bruch zwischen Katholiken und Nationalliberalen. Diese gründeten am 20. Oktober des gleichen Jahres die ‚Associazione nazionale liberale trentina'.

Auch die ‚Azione Cattolica' begann 1871 in der Diözese Trient, erste Aktivitäten zu entfalten und in eben diesem Jahr wurde die ‚Società della gioventù cattolica di San Vigilio' (‚Verein der katholischen Jugend von St. Vigil') gegründet, deren Statut das Datum des 2. Februars trägt.

Mit Gesetz vom 2. April 1873 wurde das Wahlrecht für die Abgeordneten des Reichsrates, die bisher von den Landtagen entsandt wurden, direkt auf die Wahlbevölkerung der einzelnen Kronländer übertragen. Zugleich wurden Neuwahlen ausgeschrieben. Bischof Riccabona, der sich zu dieser Zeit in Villazzano aufhielt, wo er erneut von einem Schlaganfall heimgesucht worden war, verlas am 18. Juli einen Hirtenbrief, in dem er den Ernst der Lage sowie die Wichtigkeit der bevorstehenden Wahlen betonte[5]. Er rief dazu auf, Personen zu wählen, „die in Fragen der Religion, in Fragen, die die Beziehungen zwischen Kirche und Staat betreffen", nicht von ihrem privaten Urteil ausgingen, sondern sich an die Lehren und Beschlüsse der Kirche hielten. „Ich werde Euch nicht Eure zukünftigen Abgeordneten vorschreiben", fuhr der Bischof fort, „ich bin nicht der Anführer einer Partei und möchte auch nicht als solcher angesehen werden". Doch die Zukunft des Landes hänge in entscheidendem Maße vom Ergebnis dieser Wahl ab, in der darüber entschieden werde, ob es weiterhin eine von christlichen Prinzipien beseelte Gesetzgebung geben werde, oder aber, ob diese vom „Geist dieses Jahrhunderts diktiert" sein werde, welches aus seiner Sicht von Grund auf antichristlich war.

In einem Schreiben vom 24. Oktober 1873[6] wandte sich Kardinal Antonelli an den päpstlichen Nuntius in Wien, Mariano Falcinelli, von dem er glaubte, er wisse um den Gesundheitszustand des Bischofs Riccabona, der infolge eines erneuten Schlaganfalls seine Sprache verloren hatte. Antonelli betonte, es sei dringend notwendig, dem kranken Bischof einen Auxiliarbischof zur Seite zu stellen und forderte den Nuntius auf, entsprechende Schritte einzuleiten, damit der Papst dann die geeignete Person ernennen könne. Man müsse, so empfahl der Kardinal weiter, „die besonderen Schwierigkeiten der Diözese" im Auge behalten, „die zum größeren Teil aus Italienern und zu einem kleineren Teil aus Deutschen zusammengesetzt ist". Es sei also notwendig, daß der zukünftige Bischof ausreichende Kenntnis beider Sprachen habe, „und vor allem über genügend Besonnenheit" verfüge, „die notwendig ist, um die Empfindlichkeiten der beiden verschiedenen Bevölkerungsgruppen nicht zu reizen".

Vorgeschlagen wurde der Kanoniker am Trientiner Dom, Msgr. Johannes Haller, über den der Nuntius berichtete, er habe bislang nur Gutes von ihm gehört und glaube, auch die Regierung hätte nichts gegen ihn einzuwenden.

„Wegen der verschiedenen Parteiungen ist es ausgesprochen schwierig, den richtigen Mann auszuwählen", schrieb Falcinelli.

> „Trient und Triest sind zwei Städte, in denen sich beide Volksgruppen, die deutsche und die italienische, festgefügt und selbstbewußt gegenüberstehen und der Klerus steht dabei unglücklicherweise in der ersten Reihe. Im übrigen kann man der Regierung nur zustimmen, wenn sie sich weigert, Revolutionäre zu akzeptieren, wie vor kurzem im Falle des Priesters Lange, eines ganz und gar revolutionären und der Idee der italienischen Nation anhängenden Geistlichen, dem sie die Ernennung zum Kanoniker verweigert hat ... Zudem muß beachtet werden, daß der italienische Teil des Trentino ständig von den feindlichen Schriften, Ideen und Kundgebungen der italienischen Revolution bedroht ist".

---

5 ACAT, Libro B, 1871, Nr. 371/145 Eccl. Eine Abschrift des Hirtenbriefes (22 Seiten) befindet sich in der Akte „Storia – 1871, 3". Der Hirtenbrief ist in Teilen abgedruckt bei U. *Corsini*, Il colloquio Degasperi-Sonnino. I cattolici trentini e la questione nazionale, Trento 1975, S. 129-130.

6 Brief des vatikanischen Staatssekretärs Kardinal Giacomo Antonelli an den apostolischen Nuntius in Wien, Mariano Falcinelli vom 24. Oktober 1871, in: Archivio Segreto Vaticano (ASV), Segreteria di Stato, 1874, fasc. III, Nr. 9711 [117-118].

Nachdem der Heilige Stuhl seine Bemühungen um die Einsetzung eines Weihbischofs an die Seite Riccabonas begonnen hatte, wandte sich auch die Gemeinde Trient in der Person ihres Bürgermeisters, des Grafen Ferdinando Consolati, an die Nuntiatur in Wien und bat darum, daß dieser Weihbischof italienischer Nationalität sein sollte.

Seinem Brief an den Nuntius[7] legte der Bürgermeister eine sieben Punkte umfassende Denkschrift bei. Darin betonte er: 1. Die Diözese Trient zählte, wie aus dem „Catalogus Cleri" von 1872 hervorging, insgesamt 497.680 Einwohner, von denen nur 118.979, also nicht einmal ein Viertel, deutscher Nationalität waren. Daher sei es notwendig, einen Italiener zum Bischof zu machen, der jedoch die deutsche Sprache beherrschen sollte; 2. Bis auf zwei Personen, nämlich Luschin und Tschiderer, waren seit über drei Jahrhunderten alle Bischöfe von Trient Italiener, worüber sich die deutschsprachige Bevölkerung, die es als gerecht betrachtete, daß der Bischof aus der zahlenmäßig stärkeren Volksgruppe stammte, nie beschwert habe; 3. Ein Bischof, der die Sprache seiner Gläubigen nicht beherrsche, könne ihnen die christliche Heilsbotschaft nicht predigen; 4. Da die Trentiner bis auf wenige Ausnahmen der deutschen Sprache nicht mächtig seien, werde es für einen deutschen Bischof unmöglich sein, sie zu verstehen, wenn sie sich an ihn wendeten; 5. Der derzeitige Bischof Riccabona habe sich von Msgr. Giovanni Battista Zwerger, dem früheren Kanoniker am Dom von Trient und jetzigen Bischof von Seckau „hintergehen und umgarnen" lassen. „Durch ihn gewann das deutsche Element die Oberhand und erlangte die Vorherrschaft im ehrwürdigen Domkapitel, in der ehrwürdigen Kurie und im bischöflichen Priesterseminar, sodaß man sagen kann, daß das italienische Element in der Diözese geradezu vernachlässigt und mit Füßen getreten wird". Entgegen der früher üblichen und immer eingehaltenen Praxis, daß dem Domkapitel nur ein Kanoniker deutscher Nationalität anzugehören hatte, werde seit einigen Jahren systematisch dafür gesorgt, daß dort gleich zwei deutsche Kanoniker säßen. Die bischöfliche Kurie sei zudem fast vollständig mit Personen deutscher Nationalität besetzt und im Priesterseminar, „wo die Leitung mehr deutsch als italienisch ist", erfreuten sich die deutschen Kleriker unzähliger Bevorzugungen und Privilegien, die den italienischen Klerikern vorenthalten würden. Das Priesterseminar sei in zwei Teile gespalten und diese Spaltung ließe sich nur schwer überwinden. Was würde erst geschehen, wenn zu allem Übermaß den Trientinern nun auch noch ein Deutscher als Bischof vorgesetzt würde? 6. Der Klerus des italienischen Teils der Diözese betrachte „diese deutsche Vorherrschaft mit ausgesprochenem Widerwillen und wünscht sehnlichst, daß es damit so schnell wie möglich ein Ende haben möge, was nur dann erreicht werden kann, wenn die Leitung der Diözese einem Bischof italienischer Herkunft und italienischer Nationalität anvertraut wird"; 7. Schließlich würde, indem man der Diözese einen italienischen Bischof gäbe, „eine berechtigte Erwartung der Bevölkerung des Trentino erfüllt und der Unterzeichnete ist der

[7] Brief des Bürgermeisters Ferdinando Consolati an den Nuntius Falcinelli, Trient, den 16. November 1873, in: Archivio del Comune di Trento (ACT), Atti Presidiali (AP), 1873, Nr. 3.

Meinung, daß dies auch ein Mittel ist, um die Trientiner enger an die höchste Gewalt der Kirche und des Staates zu binden".

Am 24. November wandte sich dann der Trientiner Bürgermeister in einem Brief an den Kultusminister Karl von Stremayr, in dem er „die Gefahr" hervorhob, „daß die Kurie durch das deutsche Element überrannt wird". Er bat im Namen der Trientiner Bevölkerung um die Einsetzung eines italienischen Bischofs, da die Mehrheit der Einwohner des Bistums Italiener seien und betonte zum Schluß, daß es „... der Staatsregierung sowie der Moral eindeutig schaden würde, wenn man einen Bischof ernennen wollte, der der Partei der Tiroler Klerikalen angehört"[8].

Im Anschluß an seine Briefe an den päpstlichen Nuntius und an den Kultusminister entsandte der Trientiner Bürgermeister den Stadtrat Faes als „Vertrauensperson" nach Wien, damit dieser dort nochmals die Forderungen vorbrachte, die Consolati für das Bistum Trient als unabdingbar betrachtete.

Anfang Februar 1874 wandte sich Bürgermeister Consolati abermals an den Nuntius in Wien. In seinem Brief schlug er als Weihbischof den Msgr. Pietro Castellani vor, einen Kanoniker aus dem Görzer Domkapitel. Eine erneute Bischofsernennung, die dem Trientiner Klerus und der Trientiner Bevölkerung nicht gefiele, so betonte er, würde „unseren nationalen und sprachlichen Rechten eine unheilbar tiefe Verletzung beibringen. Damit würde genau dort ein Keim von Aufregung und Unruhe gelegt, wo im Interesse des Staates ebenso wie der Kirche eigentlich immer der größte Friede und die größte Eintracht herrschen müßten"[9].

In der Zwischenzeit hatte die österreichische Regierung eine Entscheidung getroffen und dem Nuntius ihr Einverständnis mitgeteilt, daß der Papst den aus St. Martin im Passeier Tal stammenden und 1871 von Riccabona zum Provikar für den deutschen Teil des Bistums ernannten Johannes Haller zum Auxiliarbischof ernenne. Einer Amtseinsetzung „cum iure successionis" wollte sie jedoch nicht zustimmen, da sie das kaiserliche Recht, einen Nachfolger zu ernennen, wenn der Bischofsstuhl demnächst vakant sein würde, nicht antasten wollte. Der Nuntius dagegen bestand auf dem Sukzessionsrecht mit der Begründung, daß „... angesichts der Existenz einer deutschen und einer italienischen Volksgruppe, die sich im Trentino gegenseitig bekämpfen, der Elekt seine pastorale Tätigkeit nicht in dem gleichen Ausmaß und mit der gleichen Wirksamkeit würde ausüben können, die ihm die festere und unantastbarere Position eines Koadjutors gäbe, der als Nachfolger des derzeitigen Bischofs schon feststeht"[10].

---

8 Brief des Bürgermeisters Ferdinando Consolati an den Kultusminister Karl Stremayr, Trient, den 24. November 1873, in: ACT, AP, 1873, Nr. 2.

9 Brief des Bürgermeisters Ferdinando Consolati an den Nuntius Mariano Falcinelli, Trient, den 3. Februar 1874, in: ACT, AP, 1874, Nr. 8.

10 Brief des Nuntius Ludovico Jacobini an den Staatssekretär Giacomo Antonelli, Wien, den 11. Mai 1874, in: ASV, Segreteria di Stato, 1874, Nr. 151 [130-133].

Trotz verschiedener Eingaben des Nuntius Falcinelli beim Kultusminister Stremayr blieb die österreichische Regierung auf ihrer Position bestehen. Da es dringend notwendig war, die Bedürfnisse des Trentiner Bistums wenigstens zum Teil zu befriedigen, gab der Heilige Stuhl schließlich nach. Am 14. August 1874 ernannte der Papst Haller zum Weihbischof von Trient.

Mit dem Gesetz vom 2. April 1873 war festgelegt worden, daß fortan die Abgeordneten im Reichsrat direkt durch die wahlberechtigten Bürger und nicht mehr indirekt durch die einzelnen Landtage gewählt werden sollten. Kurz vor den Neuwahlen wiederholte Riccabona seinen Aufruf, nur solche Abgeordneten zu wählen, bei denen man sicher war, daß sie den Vorschriften der Kirche treu wären. Eine Wahlempfehlung, die er auch unter dem Gesichtspunkt abgab, daß es absehbar war, daß bald weitere Gesetze über Kirche und Religion vorgelegt würden, die, wenn sie angenommen würden, den Prozeß der Säkularisierung des österreichischen Staates noch beschleunigen würden.

Die neuen Kirchengesetze, die sich an die Kirchengesetzgebung Bismarcks im Deutschen Reich anlehnten, wurden dem Parlament am 21. Januar 1874 vom Minister Auersperg vorgelegt. Sie behandelten die „Außenbeziehungen" der katholischen Kirche. Gegen die heftige Opposition der katholischen Abgeordneten und den vom Klerus angeführten Protest der Gläubigen wurden sie zwischen März und Mai 1874 ratifiziert. Der Abbé Giovanni a Prato, der dafür gestimmt hatte, daß die Gesetzentwürfe dem Parlament vorgelegt würden, zog bald darauf seine Stimme zurück, nachdem ihm der Trientiner Bischof den Entzug des priesterlichen Amtes angedroht hatte.

Am 31. März 1879 verstarb der Trientiner Bischof Riccabona. Der Kaiser empfing am 21. Mai den päpstlichen Nuntius, um mit ihm die kirchliche Situation in Österreich zu besprechen. Insbesondere ging es um die wichtige Frage der Bischofsernennungen in Trient und Brixen, dessen Bischof Vinzenz Gasser ebenfalls soeben verstorben war. Bezüglich der Nominierung eines neuen Bischofs in Trient bemerkte der Kaiser, daß sich gegen Msgr. Haller, der den Tirolern nicht genehm war, Widerstand rege. Der Nuntius bestand jedoch auf der Ernennung Hallers[11].

Einige Tage später diskutierte der Nuntius die Frage der Bischofsernennung auch mit dem Kultus- und dem Innenminister, die ihm zu verstehen gaben, daß sie den aus Görz stammenden Msgr. Giovanni Giacomo Della Bona gegenüber Haller bevorzugten. Della Bona war vorher Schulrat bei der Statthalterei in Innsbruck und Inspekteur für Tirol gewesen. Die beiden Minister erklärten dem Nuntius, Msgr. Haller habe in der Vergangenheit nicht genügend Tatkraft bei der Bekämpfung separatistischer Tendenzen unter jenen Klerikern an den Tag gelegt, denen das bischöfliche Gymnasium unterstand und hinter denen die Trientiner Zeitung „La voce cattolica" stand. Zudem sei er der Bevölkerung nicht genehm.

---

[11] Brief des Nuntius Ludovico Jacobini an den Staatssekretär Lorenzo Nina, Wien den 23. Mai 1879, „Udienza imperiale" („Audienz beim Kaiser"), in: ASV, Segreteria di Stato, 1879, fasc. 2, Nr. 13092 [70-73].

Zu seinem Gespräch mit den beiden Ministern bemerkte der Nuntius Jacobini in einem Brief an den Vatikanischen Staatssekretär Lorenzo Nina: „Die Regierung vergißt allzu leicht, wie sehr sich gerade Haller in den vergangenen Jahren dafür eingesetzt hat, daß die verschiedenen Wahlen nicht zugunsten der ‚Italianissimi' ausgingen"[12].

Nach langem hin und her seitens des Vatikans, der auf der Ernennung Hallers bestehen wollte, setzte sich schließlich der Kandidat der Regierung durch. Am 30. November 1879 ernannte Kaiser Franz Josef Msgr. Della Bona zum Bischof von Trient wozu Papst Leo XIII. am 27. Februar 1880 seine Zustimmung gab.

Della Bonas kurze Amtszeit (1879-1885) war von politischer Loyalität gegenüber der österreichischen Regierung gekennzeichnet. Vorrangig bemühte er sich darum, die Deutschen in seiner Diözese zu begünstigen und italienisch-nationalistische Ambitionen im Trentino zu bremsen und im Zaum zu halten.

Mit einer Verordnung vom 2. April 1880 beauftragte der Minister für Kultus und Unterricht den Tiroler Statthalter Widmann, gemeinsam mit dem Trientiner Bischof unverzüglich die noch von dessen Vorgänger erlassenen Dekrete vom 9. Februar und 3. Juni 1878 in Kraft zu setzen, welche Anordnungen zur Förderung des deutschsprachigen Bevölkerungsteils in Südtirol beinhalteten.

Insbesondere handelte es sich hier um Anordnungen zum Schutz der deutschen Sprache gegenüber befürchteten italienischen Penetrationsversuchen entlang der Sprachgrenze sowie in den deutschen Sprachinseln im italienischen Teil des Bistums. Dies sollte nach Meinung des Statthalters vor allem durch die Förderung schon existierender deutschsprachiger Grundschulen in den vom Vordringen der italienischen Sprache bedrohten Gebieten sowie durch die Gründung neuer deutschsprachiger Grundschulen in jenen Orten, wo noch deutsch gesprochen wurde, erreicht werden. Und angesichts des Einflusses, den die Pfarrer in den betreffenden Gemeinden hatten, sah man in deren Verhalten eine wichtige Voraussetzung für die Verwirklichung der Pläne der Schulbehörde[13].

Der Statthalter nannte daraufhin die Namen einiger Pfarrer, die in die Orte Vádena, Palù, San Francesco und San Felice di Fierozzo, San Sebastiano, Roveda (Aichlait) und Ruffré entsandt werden sollten. Der Bischof wurde gebeten, mitzuteilen, wen er nach Neumarkt und Kaltern sowie in einige Orte der Valle dei Mocheni, nach Lauregno, Provés (Proveis), Tródena (Truden) und Anterivo (Altrei) zu verschicken gedachte. Gemäß den Anweisungen des Ministers wies der Statthalter den Bischof auf die Ordensgeistlichkeit italienischer Sprache hin und betonte, daß man gegen diese die strengsten Disziplinierungsmaßnahmen ergreifen müsse, falls von ihrer Seite irgendeine subversive Aktivität in den deutschsprachigen Orten entlang der Sprachgrenze ausgehen sollte. In den bedrohten Gebieten dürften auf keinen Fall italienische Ordensangehörige, seien

---

[12] Brief des Nuntius Jacobini an den Staatssekretär Lorenzo Nina, Wien, den 27. Mai 1879, in: ASV, Segreteria di Stato, 1879, fasc. 2, Nr. 13126 [96-98].

[13] Vgl. den Brief des Statthalters Bohuslaw von Widmann an den Bischof Giovanni Giacomo Della Bona, Innsbruck, den 8. Juli 1880, in: ACAT, AP, 1880, fasc. 4.

es Männer oder Frauen, zugelassen werden und die italienischen Klostergemeinschaften, die dort schon ansässig waren und für die italienische Volksgruppe Propaganda machten, sollten kraft Gesetzes entfernt oder zumindest streng überwacht und an propagandistischen Aktivitäten gehindert werden.

Als letzten Punkt sprach der Statthalter noch das Thema der „Heranbildung einer Generation von Priestern, die der deutschen Volksgruppe mit Sympathie gegenüber stehen und deren Sprache beherrschen sollten", an. Dieses Ziel sollte sowohl im Priesterseminar als auch im bischöflichen Gymnasium angestrebt werden.

In bezug auf das Priesterseminar wurde der Bischof gebeten, sich neben der Organisation des Ausbildungsbetriebes selbst auch mit größter Sorgfalt um die Auswahl zuverlässiger Ausbilder zu bemühen. Was das bischöfliche Gymnasium betraf, erbat der Schul- und Kultusminister die Vorlage eines detaillierten Planes darüber, wie und mit welchen Mitteln es möglich wäre, schon von dieser Stufe an gezielt auf die Heranbildung deutscher Priester hinzuarbeiten und erklärte seinerseits die Bereitschaft, auch finanziell zur Verwirklichung dieses „patriotischen Zieles" beizutragen. Der Bischof antwortete folgendermaßen auf den Brief des Statthalters:

> „Es wird jederzeit meine Sorge sein, mit allen mir zur Verfügung stehenden Mitteln gegen jegliche Bedrohung der deutschen Volksgruppe vorzugehen, wo immer eine solche stattfinden sollte. Ich werde es nicht versäumen, standhaft alles dafür zu tun, daß die Seelsorge in den Pfarrgemeinden von Neumarkt und Kaltern, wie auch in den genannten deutschen Sprachinseln von deutschen Priestern übernommen wird"[14].

Bezüglich der Aufforderung, für die Ausbildung einer Generation von Priestern zu sorgen, die der deutschen Volksgruppe mit Sympathie gegenüber stehen und deren Sprache beherrschen sollten, verwies Della Bona darauf, daß er seit dem Beginn seiner bischöflichen Tätigkeit wiederholt das bischöfliche Seminar besucht habe und sowohl aufgrund dieser Besuche als auch aufgrund von Informationen, die er über private Kontakte erhalten habe, der Meinung sei, daß es keinen Grund gebe, an der Zuverlässigkeit aller Mitarbeiter im Seminar, sowohl in der Leitung als auch unter den für die Ausbildung und Erziehung der Priester beauftragten Personen, zu zweifeln.

Nach dem Tod Della Bonas dachten der Erzbischof von Salzburg und seine Suffragane an den inzwischen zum Koadjutor des Erzbischofes aufgestiegenen Msgr. Johannes Haller als Nachfolger auf dem Trientiner Bischofsstuhl, der ja schon 1879 vorgeschlagen worden war, aber, wie wir gesehen haben, damals aufgrund des Widerstandes der Regierung nicht hatte ernannt werden können.

Ursprünglich sprach sich auch Papst Leo XIII. für die Ernennung Hallers aus. Doch in einem Brief vom 28. Dezember 1885 schrieb der vatikanische Staatssekretär Kardinal Jacobini an den Nuntius in Wien, Vannutelli, er habe durch Nachrichten aus Regierungskreisen vernommen, daß die Ernennung Hallers,

---

[14] Brief des Bischofs Giovanni Giacomo Della Bona an den Statthalter Bohuslaw von Widmann, Trient, den 15. August 1880, in: ACAT, AP, 1880, fasc. 4.

„die als solche durchaus annehmbar und löblich wäre", nicht allgemein akzeptiert werden würde. Daher empfahl Jacobini dem Nuntius, er möge, sobald er merke daß bei dem Verfahren zur Einsetzung Hallers Schwierigkeiten aufträten, die einen erfolgreichen Abschluß zweifelhaft machten, keine weiteren Schritte in diese Richtung unternehmen[15].

Seinerseits bestand der Kultusminister in seinem Bericht an den Kaiser darauf, daß der Trientiner Bischofsstuhl mit Msgr. Eugenio Carlo Valussi besetzt werden möge. Valussi war Vikar des Görzer Domkapitels und früher Abgeordneter für das Friaul im Wiener Reichsrat gewesen. Er werde sich, so betonte der Minister, mehr um die Interessen des Staates kümmern, während Haller ausschließlich die Interessen der Kirche im Blick habe.

Es vergingen sechs Monate nach dem Tod Della Bonas, bis der Kaiser am 24. April 1886 Valussi zum Bischof von Trient ernannte. Der Papst bestätigte die Ernennung am 7. Juni desselben Jahres.

1885 hatten sich liberale und katholische Trientiner Abgeordnete in einem ‚Autonomen Trentiner Club' zusammengeschlossen mit dem Ziel, für die ökonomischen und auch nationalen Interessen des Trentino einzutreten, was selbstverständlich den konservativer gesinnten Teil des Klerus heftig beunruhigte. Der neue Bischof erhielt daraufhin schon kurz nach seiner Amtsübernahme erregte Briefe von Pfarrern und Kaplänen, die eine Annäherung verschiedener Priester an die Ideen des Liberalismus und Nationalismus und deren politisches Zusammengehen mit den Liberalen befürchteten.

„Bis jetzt", so schrieb beispielsweise der Pfarrer von Vigo Rendena am 16. Juni 1886 an den Kapitularvikar des Trientiner Bistums[16], „fürchteten unsere Gläubigen einen einzigen Feind, nämlich die Liberalen. Doch nun kommt es noch schlimmer: die Liberalen sind die Verbündeten des Klerus: Die Regierung und alle, die hinter ihr stehen, das ist der Feind!". Weiter heißt es: „Die Priester stacheln das Volk auf, wer weiß, was für Rechte zu erkämpfen, und was noch schlimmer ist, sie setzen sich für die Gründung von Vereinigungen ein, und zwar keineswegs für die Gründung des Vereins der katholischen Jugend, sondern für einen gewissen ‚Schulverein' oder den ‚Pro Patria', von dem man wohl behaupten kann, ... daß er in verderbten freimaurerischen Traditionen steht".

Dann stellte der Pfarrer eine Reihe von Fragen: „Ist es dem Klerus der Diözese erlaubt, in den oben genannten Vereinen Mitglieder zu sein, mögen sie nun ‚Schulverein' oder ‚Pro Patria' heißen?"; „... trifft es zu, daß dieser Krieg gegen die tirolisch-italienische katholische Partei von einer Geheimclique geführt wird, die sich aus Klerikern aus Trient zusammensetzt?"; „... stimmt es, daß das ehrwürdige bischöfliche Ordinariat die Priester der konservativen Partei, die sich der nationalen Mode nicht anschließen, mit Unwillen betrachtet?".

---

15 Brief des vatikanischen Staatssekretärs Ludovico Jacobini an den Nuntius Severino Vannutelli, Rom, den 28. Dezember 1885, in: ASV, Segreteria di Stato, 1885, Nr. 65188 [8].

16 Brief des Seelsorgers Don Primo Ballardini aus Vigo Rendena an den Kapitularvikar, Vigo Rendena, den 16. Juni 1886, in: ACAT, Acta Episcopi Valussi (AEV), II, Nr. 14.

Schließlich warf der Pfarrer die Frage auf, ob, nachdem sich die katholisch-nationalen Kräfte anläßlich der Kommunal- und Reichsratswahlen nun schon mit den Liberalen zusammengeschlossen hatten, das bischöfliche Ordinariat nicht vielleicht der Meinung sei, daß „es die beste Lösung für die katholische Partei in Tirol wäre, den nationalen Kräften das Feld zu überlassen, anstatt Kämpfe in den eigenen Reihen zu führen".

Bischof Valussi antwortete am 27. Juni, daß „politische Agitationen jeglicher Richtung der priesterlichen Berufung zuwiderlaufen. Der Priester hat die Aufgabe Eintracht und Frieden zu fördern". In bezug auf den Verein ‚Pro Patria' betonte Valussi, daß dieser ihm „suspekt" sei, doch sei er nicht in der Lage ein Urteil abzugeben, da er über keine sicheren Erkenntnisse über diesen Verein verfüge. Priester hätten sich jedoch vom ‚Pro Patria' fernzuhalten![17]

Der Trientiner Klerus war also gespalten zwischen jenen, die der neuen ‚katholisch-nationalen' Richtung anhingen und auf parlamentarischer Ebene – jedoch keineswegs darüber hinaus – zu einer Zusammenarbeit mit den Liberalen bereit waren und denjenigen, die diese Richtung ablehnten. Die ‚katholisch-nationale' Strömung hatte durchaus nichts mit einem liberalen Katholizismus gemein. Liberales Ideengut wurde von ihren Vertretern in keiner Weise übernommen, ganz im Gegenteil, sie stand diesem offen ablehnend gegenüber. Wortführer der neuen Strömung und einer ihrer bedeutendsten Vertreter war Don Emanuele Bazzanella, der sich als „in religiösen Fragen *aufrichtig katholisch* gegenüber dem Papst und in politischen Fragen im *katholischen Sinne national* gegenüber dem Kaiser" bezeichnete.

Die Übernahme der nationalen Idee war für die Katholisch-Nationalen nur ein Mittel zum Zweck, um nämlich, wie sie sagten, den Liberalen „ihre gefährlichste Waffe" zu entreißen. Bedeutendere Vertreter dieser Richtung waren, neben dem schon genannten Bazzanella, der Abgeordnete im Tiroler Landtag, Don Antonio Brusamolin, der Professor am Priesterseminar in Trient, Don Giuseppe Lange und der Redakteur bei der Zeitung „La voce cattolica", Don Silvio Lorenzoni.

Obwohl es ziemlich klar war, daß Bischof Valussi angesichts seiner deutlich habsburgerfreundlichen Haltung keine Sympathien für die Katholisch-Nationalen hegte, zögerte er anfangs noch – auch, weil er mit den Verhältnissen in Trient noch nicht so recht vertraut war – und versuchte, zwischen den gegensätzlichen Tendenzen im Klerus zu vermitteln. Seine Hauptsorge war es, einen Bruch im Trientiner Klerus zu verhindern.

Eine breitangelegte und analytische Beschreibung der politischen Situation in Trient seit dem Jahr 1866 – dem Jahr der Gründung der Zeitung „La voce cattolica" – verfaßte 1886 Msgr. Bazzanella und legte diese im September desselben Jahres in Form einer Denkschrift dem Bischof vor[18]. Darin zeichnete er

[17] Brief des Bischofs Valussi an den Seelsorger Don Primo Ballardini, Trient, den 27. Juni 1886, in: ACAT, AEV, II, N. 14.

[18] Promemoria (15 handgeschriebene Seiten) von Don Emanuele Bazzanella, Trient, den 18. September 1886, in: ACAT, AEV, II, Nr. 14.

die Geschichte dieser katholischen Zeitung nach, die ursprünglich von Bazzanella und Brusamolin gemeinsam, und anschließend von Bazzanella allein geleitet wurde, und ordnete deren Entwicklung in die politischen Rahmenbedingungen der Zeit ein.

Die 1866 gegründete „La voce cattolica", so schrieb Bazzanella, hätte „der liberalen Partei die Waffe der nationalen Idee entrissen" und zugleich deren „religiösen Liberalismus" erfolgreich bekämpft, und zwar, gerade indem sie „die *legitime Idee der Nation* in ihr Programm aufnahm, so wie die katholischen Prinzipien sie definieren und wie sie die Grundgesetze der österreichischen Monarchie zulassen". Hätte die „La voce cattolica" nicht in dieser Weise der liberalen Partei „ihre schrecklichste Angriffswaffe" aus der Hand genommen, so hätte man überhaupt nichts erreicht.

Die katholische Zeitung, „die von den kirchlichen Autoritäten unter der Hand mit stillschweigendem Einverständnis unterstützt wurde, hatte im Lande eine Partei hervorgebracht, die in religiösen Fragen *aufrichtig katholisch* gegenüber dem Papst und in politischen Fragen im *katholischen Sinne national* gegenüber dem Kaiser eingestellt war. Es war für sie ein leichtes, mit Hilfe der meisten Seelsorger – nur wenige ließen sich von liberalen Ideen anziehen –, die Katholiken zu organisieren, welche inzwischen fast geschlossen hinter ihren Pfarrern standen". Doch nach 1877 habe sich die Situation geändert. Die deutsche katholische Partei forderte, daß zur Wahrung der „Einheit des Glaubens" auch die Trientiner Katholiken im Innsbrucker Landtag vertreten sein sollten, die daraufhin ihren bisherigen Absentismus sowohl im Landtag als auch im Reichsrat in Wien aufgaben. Seitdem führten die liberalen Zeitungen ihre Attacken gegen die Geistlichkeit.

Die „Rosmini-Fraktion" habe sich mit den Liberalen verbündet, um gegen die „Voce cattolica" anzukämpfen. Da es ihm unmöglich geworden sei, sein Programm gegen den „rosminianischen Liberalismus" und den „Vormarsch der Germanisierung" fortzuführen, habe Don Bazzanella sich daraufhin von der Leitung der Zeitung verabschiedet. In der Folge erkannte man die Notwendigkeit, die nationalen Kräfte des Trentino in einem Bündnis zu vereinigen und so wurden in Wien der ‚Club trentino' und in Innsbruck der ‚Club italiano' gegründet. „Es handelte sich", so schrieb Bazzanella, „um eine Verbindung zwischen Katholiken und Liberalen, mit dem einzigen Ziel der Verteidigung der nationalen Interessen, verstanden im berechtigten und legitimen Sinn des Wortes, doch der Graben innerhalb des Bündnisses blieb immer bestehen, jener tiefe Graben, der die katholische von der grundlegend antichristlichen liberalen Weltanschauung trennt". Wegen der Zwiegespaltenheit unter den Katholiken sei es nicht einfach gewesen, dieses Bündnis zustande zu bringen. Nun könne jedoch in kurzer Zeit auch eine Einbeziehung der wenigen Andersdenkenden erreicht werden, vorausgesetzt, daß der Bischof und das Ordinariat „kein einziges Wort" von sich gäben, aus dem hervorginge, „daß der Bischof das erfolgte Bündnis der Trientiner Abgeordneten und weitere Schritte, die zu dessen Erhaltung und Entfaltung nötig sein werden, verurteile oder mißbillige".

Am Ende seines Memorandums stellte Bazzanella noch einige Fragen an den Bischof: Sollte er den eingeschlagenen Weg fortsetzen? War die Forderung nach einer Autonomie für das Trentino und der Versuch, der Germanisierung des Landes entgegenzutreten, gerechtfertigt? Und wenn dieser Weg gerechtfertigt wäre, warum sollte sich dann die Geistlichkeit dagegen stellen? Und schließlich: Durfte die Geistlichkeit insgesamt an diesen Aktivitäten aktiv teilhaben?

Es ist uns nicht gelungen, im Archiv der bischöflichen Kurie in Trient irgendeine Antwort auf Bazzanellas Fragen zu finden. Möglicherweise antwortete ihm der Bischof mündlich bei einem Gespräch, um welches Bazzanella gebeten hatte.

In der Zwischenzeit beunruhigten die Artikel der „La voce cattolica", die für die Autonomie des Trentino gegenüber dem Kronland Tirol und für die Verteidigung der italienischen Sprache und Kultur eintraten, den Kultusminister, welcher bei Bischof Valussi intervenierte und diesen aufforderte, den Chefredakteur der Zeitung, Don Lorenzoni, dazu zu bringen, seine Haltung zu ändern oder gar seine journalistischen Aktivitäten vollkommen aufzugeben. Um die Regierung zu beruhigen, sorgte der Bischof zwar dafür, daß die Zeitung ihre Polemiken mäßigte, aber er weigerte sich, Don Lorenzoni die Ausübung seiner journalistischen Tätigkeit zu verbieten.

Doch stetige Einwirkungsversuche der Regierung, die darauf drängte, der „Voce cattolica" zu untersagen, als Sprachrohr nationalen Ideenguts aufzutreten, führten schließlich dazu, daß Don Lorenzoni im Juni 1888 von seinem Amt zurücktrat. Sein Nachfolger wurde der dem konservativen Flügel zugehörige Don Urbano Depeder. Unter seiner Leitung wurde die Zeitung von ihrer bisherigen nationalen Ausrichtung abgebracht und auf eine regierungsnahe Position ausgerichtet.

Während der Amtszeit Della Bonas waren in den Landtags- und Reichstagswahlen der Bischof selbst und die Priester mit deutlichen Wahlempfehlungen eingeschritten und hatten den katholischen Wählern sogar einzelne zu wählende Kandidaten anempfohlen. Im Vergleich dazu wurden während Valussis Episkopat Wahlempfehlungen zwar weiterhin eifrig gegeben, aber man ließ den Wählern doch eine größere Freiheit, unter verschiedenen Kandidaten selbst auszuwählen. Es ist offensichtlich, daß die Existenz zweier verschiedener politischer Flügel innerhalb der Geistlichkeit – auf der einen Seite die Katholisch-Nationalen, auf der anderen Seite die Konservativen – den Bischof und das Generalvikariat zu größerer Zurückhaltung veranlaßten, aus Furcht, man könnte ansonsten Gegensätze heraufbeschwören, die die Einheit der Katholiken im Trentino gefährden würden.

Auf die Haltung der Trientiner Kirche übten möglicherweise auch jene Ereignisse einen gewissen Einfluß aus, die zur gleichen Zeit das politische Geschehen im italienischen Königreich prägten, wo ein päpstliches Rundschreiben soeben verkündete, das *non expedit* habe obligatorische Gültigkeit, während es, als es anläßlich der Wahlen von 1874 ursprünglich verkündet worden war, nicht mehr dargestellt hatte, als eine nicht verbindliche Empfehlung. Der Bischof selbst äußerte sich in der folgenden Zeit, nachdem ihn die nationalen Katholiken immer massiver zu einer offenen Stellungnahme in ihrem Sinne drängten, im Sinne der Auffassungen der römischen Kirche zu Fragen der Beteiligung der Gläubigen an der Politik.

> „Es ist die Pflicht der kirchlichen Führung, sich selbst zu mäßigen und ihre Meinungen nur dann zu äußern, wenn triftige Gründe dafür sprechen – schrieb der Bischof – Bei manchen Gelegenheiten äußert die Kirche ein ‚non expedit', was einem ‚non licet' gleichkommt, doch so verhält sie sich keineswegs immer. Viel häufiger erläßt die kirchliche Führung überhaupt keine Vorschriften und zieht es vor, Duldsamkeit gegenüber verschiedenen Meinungen an den Tag zu legen. Lange Zeit herrschte die Meinung vor, der Bischof sei nachgiebig, man unterstellte ihm, er äußere keine Gegenvorschläge und gebe keine Ratschläge, die anderen Meinungen widersprechen, oder wenn er so etwas schon täte, dann unterwerfe er sich mit solchen Äußerungen den Einflüsterungen einer Art Camarilla, in deren Fängen er mehr oder weniger unbewußt eingebunden sei"[19].

Am 5. Juni 1886, kurz vor den Wahlen zum Innsbrucker Landtag, sandte der Generalvikar Simone Baldessari den Dekanen des Bistums einen Rundbrief, in dem er betonte, es sei von größter Bedeutung, daß die Mandate in den Parlamenten des Staates und des Kronlandes an „aufrichtig katholische" Männer übertragen würden. Die Dekane sollten demzufolge „darauf einwirken, daß die Wähler von ihrem Wahlrecht Gebrauch machen, und sich an dem wohlbekannten Rundschreiben der österreichischen Bischöfe orientieren". Und er fügte hinzu: „Es ist nicht meine Intention, eine Partei vorzuschreiben, um so weniger will ich einzelne Kandidaten nennen". Er beschränke sich darauf, „wärmstens zu empfehlen, daß die Wahlen im katholischen Sinne ausgehen sollten".

So sehr sich Bischof Valussi bisweilen unnachgiebig zeigte, beispielsweise gegenüber den Positionen Rosminis, die er für eine Gefahr für die reine Lehre des Katholizismus hielt und gegen die er den Gehorsam gegenüber dem Heiligen Stuhl durchzusetzen versuchte, so sehr war er auf der anderen Seite auch bereit, persönlich zugunsten einzelner Priester einzutreten, wenn diese wegen nationalistischer Äußerungen, die keineswegs den päpstlichen Vorstellungen entsprachen, mit Sanktionen durch die Regierung belegt wurden. So forderte er mit einem Brief vom 19. Mai 1889[20] den Statthalter in Innsbruck auf, das Dekret, welches dem Priester Savino Pedrolli seinen weiteren Einsatz im Schulunterricht verbot, wieder aufzuheben. Pedrolli hatte im bischöflichen Gymnasium in Trient gelehrt. Er war der Autor einer Schrift mit dem Titel „Sommario di storia contemporanea", die 1889 in Trient von dem Verlag Artigianelli herausgegeben worden war, und in der er seine patriotisch-italienischen Gefühle in einer Art zum Ausdruck gebracht hatte, die ihn irredentistischer Neigungen verdächtig machte. Mit seiner Intervention konnte Valussi seinen Priester vor dem Schlimmsten bewahren.

---

[19] Hirtenbrief des Bischofs Valussi, ausschließlich dem Diözesanklerus vorbehalten, Trient den 19. Mai 1889, in: ACAT, AP, 1889.

[20] Vgl. Brief des Bischofs Valussi an den Statthalter Bohuslaw von Widmann, Trient, den 19. Mai 1889, in: ACAT, AP, 1889.

In der folgenden Zeit war Valussi mehrfach gezwungen, sich mit Beschwerden der Statthalterei in Innsbruck zu befassen, unter anderem auch in der Frage der Kaiserhymne, die zu Weihnachten und an den Geburtstagen des Kaisers in den Kirchen gespielt werden mußte. Bedenkt man, wie sehr sich die Regierung darum bemühte, um die Figur des Kaisers eine religiöse Aura zu erhalten, dann ist ersichtlich, daß es sich hier keineswegs um ein nebensächliches Problem handelte. Diplomatisch versuchte Valussi, die betreffenden Priester, die sich dafür verantworten mußten, daß sie in ihren Kirchen die Kaiserhymne nicht hatten spielen lassen, zu entschuldigen. Als Rechtfertigungen führte er an, daß es in den betreffenden Kirchen keinen Chor gegeben habe und erinnerte daran, daß es überhaupt erst seit wenigen Jahren üblich war, die Kaiserhymne in den Kirchen spielen zu lassen. Bischof Valussi starb am 11. Oktober 1903.

Sein Nachfolger wurde Celestino Endrici, den der Kaiser am 3. Januar 1904 ernannte. Inzwischen hatten die politischen und nationalen Spannungen im Trentino erheblich zugenommen. Die Auseinandersetzungen um eine italienische Universität, das Erstarken der sozialistischen Kräfte, die Gegensätze, die im deutschsprachigen Teil der Diözese zwischen christlich-sozialen und Konservativen herrschten, die wachsende Aktivität des ‚Tiroler Volksbundes' in den italienischen Gebieten, all diesen aktuellen und drängenden Problemen mußte sich der neue Bischof stellen. Insbesondere eines der genannten Problemfelder, nämlich die Penetration des ‚Tiroler Volksbundes' in den italienischsprachigen Gebieten und die Versuche des Bischofs, dem entgegenzutreten, wurden prägend für Endricis Politik und für sein ganzes Leben. In der Tat haben die Führer jener pangermanischen Bewegung ihm nie verziehen, daß er ihre Pläne so entschieden bekämpft hat.

Der am 7. Mai 1905 in Sterzing gegründete ‚Tiroler Volksbund' hatte sich in seinen Statuten das Ziel gesetzt, „die alte und bewährte Treue Tirols zum Vaterland zu pflegen; diese zu allen Opfern bereite Treue zum Vaterland, zu allem, was unserer Nation entspricht, zu Sprache, Gesetzen und Rechten, zu Sitten und Gebräuchen, soll im ganzen Land und insbesondere entlang der nationalen Grenzen gefördert werden".

Die Aktivitäten des ‚Tiroler Volksbundes' wurden bald im italienischen Teil Tirols spürbar, insbesondere in den Orten entlang der Sprachgrenze, in den Höhenlagen des Nonstals, im Fleimstal, im gemischtsprachigen Gebiet zwischen Auer und Salurn und in den italienischen Sprachinseln des Fersentals, der Gegend um Pergine und auf der Hochebene von Folgaria. In der Tat trachtete der ‚Tiroler Volksbund' danach, diese Gebiete zu ‚germanisieren'. Diese Aktivitäten riefen eine starke Gegenwehr von seiten nationalpatriotischer Vereinigungen des Trentino – insbesondere der ‚Lega Nationale' – sowie der liberalen Partei hervor. Doch auch die Trientiner Kirche und die katholische Partei blieben gegenüber den kulturellen und sprachlichen Penetrationsversuchen des ‚Tiroler Volksbundes' nicht gleichgültig. Die Gefahren deutlich übertreibend, befürchteten sie, der Vormarsch der deutschen Kultur in jenen Gebieten werde dort die Ausbreitung des Protestantismus fördern.

In einem Telegramm, welches der Bischof am 17. September 1911 an die Studenten sandte, die am 14. Katholischen Studienkongreß in Levico teilnahmen, und in welchem er die Studenten dazu ermutigte, die christlichen Werte gegen die Angriffe der antiklerikalen Kräfte zu verteidigen, äußerte er den Wunsch, daß dieser Kongreß dazu beitragen möge, die Jugend entsprechend den stolzen christlichen Traditionen und im Bewußtsein der italienischen Nationalität zu erziehen, die von ungerechten fremden Angriffen durch den ‚Tiroler Volksbund' bedroht sei, welche den religiösen und nationalen Frieden störten[21]. So sehr das Telegramm in der katholischen und liberalen Presse mit Zustimmung aufgenommen wurde, so sehr stieß es in pangermanischen Kreisen auf lebhaften Widerspruch.

Im Laufe des Jahres 1909 faßte Endrici den Beschluß, die bischöfliche Internatsschule in Trient unter eine einheitliche Leitung zu stellen. Bis dahin war für den Bereich „Verwaltung und Disziplinarfragen" seit 1893 Don Nicolò Bettini zuständig gewesen, während den schulischen Bereich seit 1901 der „Studienpräfekt" Don Vigilio Zanolini leitete. Als Direktor wurde nun Don Carlo Sonn aus Mezzocorona eingesetzt, der im dortigen Gymnasium Lehrer für klassische Philologie war.

Für die Entscheidung Endricis, welche unter großen Teilen des Klerus und der Schüler, die die bisherige Arbeit der beiden verehrten Kleriker wertschätzten, deutliche Kritik hervorrief, spielten mit Sicherheit die Empfehlungen zweier besonders einflußreicher Priester, Don Guido de Gentili und Don Ludovico Eccheli, eine wichtige Rolle. Ihr Ziel war es, das Internat dahingehend auszurichten, daß in Zukunft die Zahl der aus dieser Schule hervorgehenden Laien erhöht würde, die eines Tages in der Lage wären als „laureati cattolici" Leitungspositionen in öffentlichen Ämtern einzunehmen. Damit sollte den überwiegend liberal gesinnten Trientiner Intellektuellen, die diese Ämter bekleideten, ein Gegengewicht entgegengestellt werden.

Doch für die Entscheidung des Bischofs gab es auch andere Motive. So vermerkt Msgr. Giovanni Bresciani in einer unveröffentlichten Arbeit aus dem Jahre 1954 über das erzbischöfliche Knabenseminar von Trient („Il Seminario Minore Arcivescovile di Trento")[22], daß damals die politischen und sozialen Vorstellungen im Internat kaum im Einklang mit denen der Kurie gestanden hätten. Don Bettini und Don Zanolini kamen aus der Schule des Abgeordneten im Tiroler Landtag und aktiven Befürworters einer trientinischen Autonomie, Antonio Brusamolin und „hegten wenig Sympathien für die dominierende ka-

---

[21] Eine Kopie des Telegramms befindet sich in: ACAT, Acta Episcopi Endrici (AEE), 1911, V, Nr. 30. Der Text des Telegramms ist veröffentlicht worden in: V. *Zanolini*, Il Vescovo di Trento e il governo austriaco durante la guerra europea, Trento 1934, S. [273]. Die katholischen Studenten antworteten auf dieses Telegramm aus Levico mit einem eigenen Telegramm, in welchem sie dem Engagement des Bischofs, zur legitimen Verteidigung der italienischen Nationalität gegen fremde Eingriffe aufzurufen, Beifall spendeten; vgl. ACAT, AEE, 1911, V, Nr. 30.

[22] Das maschinengeschriebene Werk Brescianis befindet sich in der Trentiner Diözesanbibliothek „A. Rosmini" beim Erzbischöflichen Priesterseminar in Trient.

tholische Volkspartei", die 1905 in Trient gegründet worden war (ein Jahr zuvor war die ,Unione Politica Popolare' gegründet worden). Als ein unscheinbares, aber bezeichnendes Beispiel für Zanolinis Unabhängigkeit vom Partito Popolare kann beispielsweise ein ihm zugesandter Verweis darüber gelten, daß er Vordrucke und Formulare für die Schule von städtischen Druckereien (wie z.B. der Fa. Scotoni & Vitti) bezog, anstatt sich an die „Werkstätten der Partei" zu wenden, die dem Bistum unterstanden.

In den deutschsprachigen Zeitungen wurde als Grund für den Wechsel in der Leitung der Internatsschule angeführt, die beiden bisherigen Leiter hätten sich irredentistischer Haltungen verdächtig gemacht. Das veranlaßte den Abgeordneten Alcide Degasperi, in einem Brief an Bischof Endrici offiziell anzufragen, wie die Dinge lagen, um gegebenenfalls in seiner Zeitung „Il Trentino" gegen diejenigen vorgehen zu können, die den Bischof in dieser Sache in eine politische Angelegenheit zu verwickeln versuchten.

Ermuntert durch den Kanoniker Giovanni Battista Zorzi, dachten auch einige Dekane daran, sich zusammenzuschließen, um öffentlich gegen den Eingriff des Bischofs in die Leitung des Internats zu protestieren, doch gelang es Endrici durch rasches und energisches Eingreifen, sie von voreiligen Aktionen abzuhalten. Im Juni 1912 wurde beim Auer-Verlag in Bozen anonym eine Broschüre mit dem Titel „Die Irredenta" verlegt. Autor dieses Heftes war der Direktor der Bozner Zeitung „Tiroler Volksblatt", Josef Burger, der in seiner Schrift dem Trientiner Bischof und ganz allgemein dem Trientiner Klerus insgesamt irredentistische Gesinnung vorwarf.

Bischof Endrici bezeichnete dieses Büchlein, welches von der deutschsprachigen Presse begrüßt worden war, als eine „schändliche und verleumderische Schmähschrift". Sowohl auf die deutschsprachige wie auf die italienische öffentliche Meinung machte das Buch erheblichen Eindruck. In der Tat war dies das erste Mal, daß der Klerus und der Bischof von Trient in einer solch heftigen Weise angegriffen wurden. Zudem hätte die Bezichtigung des Irredentismus die Polizei und selbst die Regierung zu extrem harten Eingriffen veranlassen können. Selbst in der Parlamentsdelegation in Budapest wurde über die Broschüre verhandelt, wo der Abgeordnete Alcide Degasperi die Unrichtigkeit und Unhaltbarkeit der in dem Büchlein enthaltenen Anklagen betonte.

Die von der deutschsprachigen Presse lancierten Irredentismusvorwürfe gegen den italienischen Klerus und den Bischof selbst sowie dann die Publikation des Heftes „Die Irredenta" erregten das Mißtrauen der Regierung gegenüber dem Trientiner Bistum. Am 13. September 1912 informierte der Statthalter des Kronlandes Tirol, Markus von Spiegelfeld, Bischof Endrici darüber, daß zwei seiner Pfarrer, aus Castelnuovo und aus Torcegno, der Aufforderung des ,Patriotischen Veteranenverbandes', am Geburtstag des Kaisers Franz Joseph die Kaiserhymne und das *Te Deum* zu spielen, nicht nachgekommen seien[23].

[23] Brief des Statthalters Markus von Spiegelfeld an den Bischof Endrici, Innsbruck, den 13. September 1912, in: ACAT, AEE, 1912, V, Nr. 125.

Zugleich forderte der Statthalter Endrici auf, an seine Priester die Anweisung zu geben, daß zum nächsten Weihnachtsfest sowie zum Namenstag des Kaisers ein von Gesängen des Te Deum und von der Kaiserhymne begleitetes Hochamt gelesen werden solle.

„Eine solche Anweisung" – so betonte der Statthalter – „würde zweifellos die betreffenden Pfarrer zu Loyalität und Treue verpflichten, sodaß jegliches bedauernswerte Mißverständnis in Zukunft ausgeschlossen wäre".

In seinem Antwortschreiben an den Statthalter[24] versuchte Endrici, die genannten Pfarrer von dem Vorwurf, sie würden sich zu wenig zum österreichischen Staate bekennen, zu entlasten. Er hob hervor, daß in vielen Kirchen weder Orgel noch Chor vorhanden wären, was es unmöglich mache, den liturgischen Anforderungen für besondere Festtage zu entsprechen. Mit einem Brief vom 10. Oktober bedankte sich dann Baron von Spiegelfeld „für das Verständnis, welches Sie mir in dieser delikaten Frage entgegengebracht haben".

Dieser erste Anlaß für Spannungen zwischen Bischof und Statthalter war damit behoben, doch sollte es bald zu einem heftigeren Zusammenstoß kommen.

Am 1. Oktober 1912 hatte das Polizeikommissariat von Trient der Statthalterei in Innsbruck mitgeteilt, daß am Abend des 16. Septembers im Jugendheim der Kirche Santa Maria Maggiore auf dem Klavier die Hymne der ‚Lega Nazionale' und sofort im Anschluß diejenige Garibaldis gespielt worden sei. Als danach der Pianist auch die Kaiserhymne habe spielen wollen, hätten die anwesenden jungen Leute lautstark protestiert.

Kurze Zeit später teilte das gleiche Polizeikommissariat der Statthalterei mit, daß im Pfarrsaal des Domes das Siegeslied auf die Annexion von Tripolis gespielt und von den Anwesenden mit Begeisterung aufgenommen worden sei. Auch dieses Mal versuchte der Bischof durch seinen Generalvikar Eugenio Mattevi, die Angelegenheit zu entschärfen und versicherte, daß er in Zukunft darüber wachen werde, daß ähnliche Ereignisse nicht wieder vorkommen würden[25].

Am 20. Januar 1913 mußte sich der Bischof für diese Ereignisse auch beim Minister für Kultus und Unterricht, Maximilian Hussarek, rechtfertigen[26].

Am 25. Juli 1913 veröffentlichte Endrici im „Foglio diocesano di Trento per la parte italiana"[27] eine Abhandlung über die „Pflichten der christlichen Bürger gegenüber der weltlichen Macht unter besonderer Berücksichtigung des Klerus". Angesichts der Menge an Zitaten, die die Freiheit und Eigenständigkeit der

---

[24] Brief des Bischofs Endrici an den Statthalter Markus von Spiegelfeld, Trient, den 5. Oktober 1912, in: ACAT, AEE, 1912, V, Nr. 125.

[25] Vgl. Brief des Generalvikars Don Eugenio Mattevi an den Statthalter Markus von Spiegelfeld, Trient, den 13. Oktober 1912, in: ACAT, AEE, 1912, V, Nr.126.

[26] Vgl. Brief des Bischofs Endrici an den Minister Maximilian Hussarek, Trient, den 20. Januar 1913, in: ACAT, AEE, 1912, V, Nr. 126.

[27] Vgl. „Foglio diocesano", 1913, Nr. 7, S. [475]-485.

Kirche hervorhoben, hätte dieses wichtige Dokument, welches die bischöfliche Haltung in Fragen der kirchlichen Vorschriften gegenüber dem Klerus darlegte, auch – so äußerte sich der Abgeordnete Alcide Degasperi in einem Brief an den Sekretär des Bischofs, Don Augusto Guadagnini[28] – den Titel „Über die Freiheit der Kirche gegenüber der weltlichen Macht" tragen können. Die Abhandlung erschien in einem Augenblick, als die Angriffe gegen den Bischof und den Klerus von Trient von seiten der Regierung und der deutschsprachigen nationalistischen Presse, in denen immer wieder der Vorwurf des Irredentismus erhoben wurde, ihren bisherigen Höhepunkt erreicht hatten. Der Bischof berief sich in seiner Schrift auf die Enzykliken Papst Leos XIII., die Enzyklika „Diuturnum" vom 29. Juni 1880 über die „weltliche Macht", die Enzyklika „Immortale Dei" vom 1. November 1885 über die „christliche Verfassung der Staaten" und die Enzyklika „Sapientiae christianae" vom 10. Januar 1890 über die wichtigsten Pflichten christlicher Staatsbürger gegenüber der „weltlichen Herrschaft".

Die staatsbürgerlichen Pflichten der Bürger und der Geistlichen, die Endrici auch „patriotische Pflichten" nannte, waren, so betonte er, integraler Bestandteil der christlichen Sozialmoral[29]. Vergleichbar den Pflichten der Kinder gegenüber ihren Eltern standen sie nach Endricis Vorstellung über allen politischen Gegensätzen und galten für alle Katholiken des Reiches, egal welcher Nation oder welcher Partei sie angehörten. Diesen Ausführungen schloß Endrici eine Verteidigung des Trientiner Klerus gegen die Verdächtigungen und Vorwürfe, den Staatsbürgerpflichten nicht genügend nachgekommen zu sein, an. Diese Vorwürfe und Verdächtigungen resultierten, so legte er dar, aus einem Klima leidenschaftlicher politischer und nationaler Auseinandersetzungen, welche vielen den ungetrübten Blick auf die tatsächlichen Gegebenheiten versperrt hätten.

Gemäß der christlichen Lehre, wie sie der Papst verkündet hatte, habe die Geistlichkeit gegenüber dem Staat insbesondere zwei Verpflichtungen, nämlich erstens, „der Bevölkerung in Kirche und Schule sowie in katholischen Bildungseinrichtungen das Gefühl für und die Pflicht zum Gehorsam und zur Treue gegenüber der weltlichen Macht und ihren Organen, deren oberste Führung der Souverän innehat, beizubringen und einzuschärfen", und zweitens, „gemeinsam mit dem Volke für die geheiligte Person des Kaisers und seiner erhabenen Familie zu beten daß Gott ihm aus der Höhe mit seinem Rat bei der Lenkung der Geschicke seiner Völker beistehe".

Was die erste der beiden genannten Pflichten betrifft, so lehrte die Kirche, daß die politische Macht von Gott gegeben sei, weswegen die Bürger verpflichtet seien, „ebenso wie gegenüber Gott, auch gegenüber den Fürsten folgsame Untertanen" zu sein und zwar nicht so sehr aus Angst vor Strafen, sondern vielmehr „aus pflichtbewußter Ehrfurcht gegenüber der Majestät". Christus selbst habe, wie das Matthäusevangelium überliefert, vorgeschrieben, „dem Kaiser zu

---

28 Brief A. Degasperis an A. Guadagnini, Predazzo, den 17. August 1913, in: ACAT, AEE, 1913, Nr. 284. Der Brief ist vollständig abgedruckt in: *U. Corsini*, Il colloquio Degasperi-Sonnino, Kap V., Anm. 54, S. 157-162.

29 Vgl. „Foglio diocesano", 1913, Nr. 7, S. [475].

geben, was des Kaisers ist und Gott zu geben, was Gottes ist". „Der legitimen Herrschaft nicht zu gehorchen, wer auch immer die Person sein mag, die sie bekleidet, ist genauso unzulässig, wie Gott selbst nicht zu gehorchen". Nur in dem Falle, daß etwas „Ungerechtes" angeordnet würde, habe man die Pflicht, mutig zu widersprechen, getreu dem Vorbild der Apostel: „gehorche eher Gott als den Menschen".

Der Klerus hatte also nach Endricis Einschätzung die Aufgabe, getreue Untertanen zu erziehen. Der christliche Glaube war für ihn „die beste und sicherste Garantie dafür, daß die Bürger ihre Pflichten gegenüber dem Fürsten erfüllen, er schafft die Voraussetzungen für die Sicherheit und die Autorität des Staates"[30]. Die gleichen Positionen hatte übrigens Papst Leo XIII. in seinem Pastoralbrief vom 22. August 1886 an die ungarischen Bischöfe klar zum Ausdruck gebracht und gegenüber österreichischen Pilgern, die zu seiner Huldigung am 16. April 1889 nach Rom gezogen waren, erneut bekräftigt.

Natürlich war es für den trientinischen Klerus ein schwieriges Unterfangen, auf der praktischen Ebene das Prinzip des „gebt dem Kaiser, was des Kaisers ist" zu befolgen. Dies implizierte die Loyalität gegenüber dem Habsburgerstaat, auch gegenüber dessen Maßnahmen zum Schutze der Nationalitätenrechte, welche zwar durch die österreichische Verfassung garantiert waren, aber dennoch bisweilen von der staatlichen Autorität selbst mißachtet wurden. Eben diesen Schutz sah der Bischof als seine vorrangige Aufgabe an, was vor allem in seiner festen und zähen Gegenwehr gegen die Penetrationsversuche des ‚Tiroler Volksbundes' in einigen Tälern des Trentino zum Ausdruck kam.

Aus Endricis Sicht hatte der seit über einem Jahrhundert währende Konflikt zwischen Kirche und Staat, den der Josephinismus hervorgebracht hatte, seine tieferen Ursachen in der politisch-nationalen Struktur des Habsburgerreiches selbst, nämlich „in dem Gemisch eines Duzend Völker verschiedener Nationalitäten". Diese Völker, denen, wie Endrici es sah, die eigentliche Grundlage für eine patriotische Gesinnung, nämlich „die Gemeinsamkeit des Blutes und der Sprache", fehlte, konnten folglich im österreichischen Staat nicht ihr gemeinsames Vaterland finden.

Die staatliche Einheit (der „eine Staat") bildete nach Endricis Auffassung nur eine äußerliche und unbedeutende Form der Einheit, die nichts mit der Einheit des „einen Vaterlandes" gemein hatte. Vollkommen ungerecht sei es folglich das Gefühl, welches jedes Volk naturgegebenerweise gegenüber der eigenen Nation empfand und welches sich in Liebe zur eigenen Sprache und Kultur ausdrückte, als Irredentismus zu bezeichnen, als ein Verbrechen also, welches in Österreich als Verrat gegen den Staat streng bestraft wurde. Es waren dies heftige Worte, mit denen der Bischof das System der Unterdrückung der nationalen Minderheiten im Habsburgerreich geißelte.

Welch ein Unterschied klaffte doch zwischen Endricis harten Anklagen gegen die Versuche der Unterdrückung des Nationalbewußtseins bei den nationa-

---

[30] Ebd., S. 480.

len Minderheiten und den Äußerungen, die ein halbes Jahrhundert zuvor Bischof Benedetto Riccabona gemacht hatte, als er in einem Brief an die Statthalterei in Innsbruck erklärte, er wolle dafür sorgen, daß das Deutschtum in seiner Diözese und auch in der Stadt Trient selbst geschützt und erhalten werde[31]! Und welch ein Unterschied zwischen Endricis Vorstellung vom Vaterland im Sinne der nationalen Einheit und den Vorstellungen, die Riccabonas Auxiliarbischof Johannes Haller in einem im „Foglio diocesano" des Bistums Trient 1879 veröffentlichten Hirtenbrief an den Klerus und die Gläubigen geäußert hatte:

> „Nur in Österreich, dessen Untertan du kraft Göttlicher Fügung bist, kann dein Vaterland sein, dort, wo der Nachkomme jenes Rudolf von Habsburg regiert, der sich nicht für würdig befand, auf ein Pferd aufzusteigen, welches er vorher einem Priester geliehen hatte, damit dieser einen wilden Fluß überwinde und es schaffe, einem Sterbenden die Heilige Eucharistie zu bringen. Nur dort ist dein Vaterland, wo dein erlauchter Kaiser regiert, dessen Wohltaten fast alle Täler und Dörfer, die von Not und Unglück heimgesucht werden, besingen. Treue und Zuneigung schuldest du diesem Kaiser und dem Reich, welches er beherrscht und es ist deine Pflicht, deine Kinder in dieser Treue und Zuneigung zu erziehen und zu bestärken.
>
> Wenn du dies nicht tust, wenn du in ihr junges Herz, welches allen Eindrücken offen steht, statt Treue und Liebe gar Entfremdung und Abneigung einpflanzt, so mache dir keine Illusionen: die Grundsätze des Katholizismus hätten in deiner Familie, in deinem Hause keineswegs ihre volle Entfaltung erreicht"[32].

Endrici sah im österreichischen Staate, diesem „Staate von Völkern", eine mit Macht erzwungene, abstrakte und unnatürliche gesellschaftliche Einheit. Zwar forderte er von seinen Gläubigen getreu den Lehren der katholischen Kirche die Loyalität der Untertanen gegenüber dem legitimen Herrscher, betonte eindringlich das grundlegende Prinzip des „gebt dem Kaiser, was des Kaisers ist, und Gott, was Gottes ist", doch gleichzeitig stand für ihn auch fest, daß die Treue zur Dynastie nicht mit der Treue zum Vaterland gleichzusetzen war. Inzwischen waren die Tendenzen, den Staat zu germanisieren und ihm einen deutschen Charakter zu geben, immer stärker geworden. Für den Bischof bedeutete dies logischerweise die Unterdrückung der anderen Nationalitäten. Seit etlichen Jahren schon hatte er die Versuche des ‚Tiroler Volksbundes', in einigen Gegenden des Trentino das italienische Nationalbewußtsein zu bekämpfen, aus nächster Nähe miterlebt und diese pangermanische Vereinigung, die ihre organisatorischen Zentren im deutschsprachigen Gebiet hatte, standhaft bekämpft.

Gegen Ende 1913, bis in die ersten Monate des folgenden Jahres flauten die Pressekampagnen der deutschsprachigen Zeitungen, die dem Bischof und seinen Geistlichen immer wieder vorgeworfen hatten, sie würden irredentistische Ambitionen fördern, etwas ab. Der „Tiroler Volksbund" setzte jedoch seine Aktivitäten fort, die darauf abzielten, in einigen Gegenden des Trentino deutsche Schulen einzurichten und gleichzeitig der Ausbreitung des Protestantismus Vorschub zu leisten. Vor allem in Folgaria versuchte der Verein damals, die Einrichtung einer deutschen Schule durchzusetzen.

---

[31] Vgl. Brief des Bischofs Riccabona an die Statthalterei in Innsbruck, Trient, den 16. Mai 1867, in: ACAT, Acta Episcopi Riccabona, Akte „1. Storia - Opuscoli 1-11", Nr. 9.

[32] „Foglio diocesano", 1879, Nr. 9, S. 75-78, zit. S. 77.

Als am 28. Juli 1914 mit dem österreichischen Angriff gegen Serbien der Erste Weltkrieg begann, wurden das Parlament und die Landtage aufgelöst und die Verfassung außer Kraft gesetzt.

Am 12. August wandte sich der Bischof an seine Priester[33] und forderte sie auf, der Bevölkerung Trost zu spenden und die am stärksten von den Kriegsfolgen heimgesuchten Familien durch „großzügige Werke der spirituellen und materiellen Nächstenliebe“ zu unterstützen. Auf Anweisung des Militärs wurden sowohl das Priesterseminar als auch das erzbischöfliche Internat zu Soldatenkrankenhäusern umfunktioniert.

Über Jahre erduldeten der Trientiner Klerus und sein Bischof die dramatischen Folgen des Krieges. Endrici wurde nach dem Kriegseintritt Italiens aus dem Bistum entfernt und nach Heiligenkreuz in den Wiener Wald versetzt; sechzig weitere Priester, denen irredentistische Haltungen vorgeworfen wurden, wurden des Landes verwiesen bzw. interniert, viele andere gingen zur „Seelsorge“ in die Flüchtlingslager im fernen Böhmen und Mähren oder in andere Regionen des Reiches, und wieder andere kümmerten sich um die Trientiner Flüchtlinge in Italien in den verschiedenen vom italienischen Königreich eingerichteten Sammellagern.

So teilten der Trientiner Bischof und sein Klerus die Leiden der ganzen Bevölkerung, bis das Trentino schließlich durch den Friedensschluß an das italienische Vaterland angeschlossen wurde.

---

33 Vgl. ACAT, AEE, 1914, Nr. 315.

Die Kirche und die nationale Frage in den adriatischen Gebieten 1870-1914

Von Paolo Blasina

Um die historische und religiös-kirchliche Situation in Triest und in Teilen Istriens im hier zu untersuchenden Zeitraum darzustellen, scheint es mir notwendig, zuerst einige kurze Informationen über die wichtigsten Aspekte dieser Situation zu geben. Insbesondere muß dabei auf die Frage der nationalen Gegensätze eingegangen werden, die hier eine absolut zentrale Rolle spielte.

Die wichtigste Gegebenheit, die dabei erwähnt werden muß, war, daß die Gläubigen dieser Region drei verschiedenen Nationalitäten angehörten: die Italiener lebten vor allem in der Stadt Triest und den Küstenstädten Istriens, sowie in den Stadtzentren der Orte im Landesinneren, die Slowenen bevölkerten den Karst im unmittelbaren Hinterland der Hauptstadt, die Vorstädte Triests – auch in Triest selbst waren sie seit Jahrhunderten präsent – und den Norden Istriens, während im Landesinneren Istriens, vor allem in den ländlichen Gebieten, Kroaten lebten. Diese Verteilung war selbstverständlich nicht statisch und unabänderlich. Ganz im Gegenteil war es genau die Dynamik der fortschreitenden Verstädterung, die mit den ihr eigenen Mechanismen dazu führte, daß sich die soziokulturellen Gegensätze aufluden. Diese wirkten sich auf das religiöse und kirchliche Leben in vielfacher Hinsicht aus, ebenso wie sie die Beziehungen zwischen Kirche und politischen Institutionen, insbesondere in Triest selbst, maßgeblich beeinflußten.

Das Konkordat von 1855 zwischen Österreich und dem Heiligen Stuhl war in seinen Grundsätzen auf die Wiederherstellung einer tiefgreifenden gegenseitigen Durchdringung der beiden Mächte ausgerichtet, weswegen man Österreich als die „katholische Monarchie" schlechthin betrachtete. Dieses Ziel entpuppte sich jedoch schon bald als ein „Traum"[1] der obersten Vertreter des Vatikans. Ihm war angesichts der davon abweichenden Wege, die Österreich seit den sechziger Jahren einschlug, nur kurze Dauer beschieden. Schon die Ergebnisse des Ersten Vatikanischen Konzils führten zu einem Bruch, und die Kirchengesetze der frühen siebziger Jahre verschärften die Gegensätze weiter.

Im übrigen konnte gerade in Triest angesichts der dortigen religiösen und konfessionellen Situation nur schwerlich von einem Wiedererstarken des Katholizismus die Rede sein. Dem standen die inzwischen konsolidierte Präsenz

---

[1] Vgl. *G. Martina* S.J., Pio IX (1867-1878), Roma 1990, S. 411-434.

verschiedener christlicher Konfessionen, von den „Schismatikern" bis hin zu mehreren protestantischen Kirchen, sowie die Stärke der jüdischen Gemeinde entgegen.

Unter religiösem Gesichtspunkt entsprach außerdem in Triest der Zugehörigkeit der überwiegenden Mehrheit der italienischen Bevölkerung zur katholischen Kirche keineswegs eine ebenso zahlreiche Teilnahme am religiösen Leben. Auch fühlten sich bei weitem nicht alle katholischen Italiener der Kirche verbunden oder befolgten die Vorschriften und Anweisungen, die diese erließ. Ganz im Gegenteil erwies sich religiöse Indifferenz in Triest inzwischen als weit verbreitet: was im Verlauf des 19. Jahrhunderts innerhalb des Katholizismus und in dessen Polemiken gegen die moderne Gesellschaft zunehmend zum vordringlichsten Thema wurde, war im Leben der Stadt inzwischen ein seit Jahrzehnten verbreitetes Phänomen. Und genau darauf, sowie auf die Gefahren, denen eine nicht mehr auf den christlichen Prinzipien begründete und von diesen geleitete Gesellschaft ausgesetzt war, konzentrierte sich etwa seit der Mitte des Jahrhunderts die Aktivität der kirchlichen Führung, deren Hauptanliegen darin bestand, den lokalen politischen Instanzen deutlich zu machen, daß die Kirche eine unersetzliche Rolle für die Aufrechterhaltung des geregelten zivilisierten Zusammenlebens spiele und den Bestand der gegebenen gesellschaftlichen Strukturen gegen einen möglichen sozialen Umsturz garantiere[2].

Ganz anders sah die Beziehung der Kirche zu den slawischen Gläubigen aus.

Die jahrhundertealte enge Bindung zwischen katholischem Klerus und der slowenischen und kroatischen Bevölkerung blieb, insbesondere in den ländlichen Gebieten, weiterhin bestehen. Die sehr enge Beziehung zwischen Ethnie bzw. nationaler Zugehörigkeit einerseits und Anbindung an die katholische Kirche andererseits war hier inzwischen seit Jahrhunderten eine unumstößliche Gegebenheit. Sowohl auf dem Karst, als auch im Landesinneren Istriens war es allgemein üblich, daß die Kirche und ihr Pfarrer den Mittelpunkt im Lebensalltag der Dorfbewohner bildeten, was im übrigen auch in angrenzenden Regionen wie dem Friaul nicht anders aussah.

Gerade weil die slowenischen und kroatischen Priester in dieser Weise in ihr Umfeld eingebunden waren, war ihre Funktion, die sie als Intellektuelle innehatten, so bedeutsam. Sie beschränkten sich nicht nur auf die Rolle von mit religiösen Fragen betrauten Seelsorgern. Ihre Aktivitäten gingen über die seit dem Josephinismus den Priestern zugedachte Funktion hinaus und erstreckten sich, entsprechend den Entwicklungen der bäuerlichen Gesellschaften und deren zunehmendem Alphabetisierungsgrad sowie fortschreitendem Bildungsniveau, auf ein breites Spektrum an Verwaltungs- und Zivilangelegenheiten.

Der rasante wirtschaftliche Aufschwung der Stadt Triest sowie der hohe Verstädterungsgrad, der damit einherging – die Einwohnerzahl Triests stieg von

---

[2] Zu diesen Aspekten, aber auch allgemein zum gesamten Zeitraum und den Fragen, die hier behandelt werden, vgl. *G. Valdevit*, Chiesa e lotte nazionali: il caso di Trieste (1850-1919), Udine 1979, insbesondere S. 12-27.

104.000 Einwohnern 1857 auf 224.000 Einwohnern 1909 – führten, insbesondere wegen der hohen Zahl an slowenischen und kroatischen Einwanderern, zum Aufleben nationaler Spannungen[3]. Während sich in der Vergangenheit die neuen Stadtbewohner in die vorherrschende italienische Kultur schnell eingepaßt hatten, wurde es seit der Mitte des 19. Jahrhunderts immer schwerer, die slowenischen und kroatischen Einwanderer zu assimilieren, die in zunehmendem Maße ein eigenes Nationalbewußtsein entwickelten und an ihrer eigenen Sprache sowie an einer eigenen Identität festhielten. Diese Veränderung trat nicht zufällig ein: seit Jahrhunderten lebte nicht nur in den angrenzenden Dörfern, sondern auch in Triest selbst eine slowenische Minderheit, die inzwischen eine immer stärker werdende bürgerliche Schicht hervorgebracht hatte, welche in einem weitverzweigten Netz von Vereinen organisiert war und beständig die Aufrechterhaltung der eigenen Sprache und der eigenen Traditionen verfocht.

Für die katholische Kirche stand also viel auf dem Spiel: sowohl aus der Sicht der kirchlichen Führung als auch der einzelnen Pfarrer in Triest führte die Assimilierung der vom Land zugewanderten Gläubigen ins städtische Leben unvermeidlich zum Verlust des christlichen Glaubens und der christlichen Lebensgewohnheiten, zur Anpassung an eine säkularisierte Kultur, zum Abgleiten in religiöse Gleichgültigkeit und Entchristlichung. Es war klar, daß das vorrangige Ziel der Kirche gegenüber den neuen Stadtbewohnern darin bestehen mußte, bei diesen, entsprechend der ethnischen Zugehörigkeit und den religiösen Gebräuchen ihrer Herkunftsgebiete, die Anbindung an die Kirche zu erhalten. Es ging also darum, Männer und Frauen, die aus stark von Religiosität geprägten und durch die Gebote der katholischen Kirche uniformierten Gesellschaften stammten und die nun Gefahr liefen, aus diesen Traditionen herauszufallen, weiterhin im Glauben an die katholische Kirche zu bewahren.

Es ist schon betont worden, wie eng die religiöse Identität mit der nationalen Zugehörigkeit zusammenhing. Menschen im christlichen Glauben zu bewahren, mußte also in Triest zugleich bedeuten, den Zusammenhalt und die Stärkung des Nationalbewußtseins der jeweiligen ethnischen Gruppe zu fördern, sich der entsprechenden Sprache und der entsprechenden Kommunikationsformen zu bedienen, an der jeweiligen Nationalität ausgerichtete Vereine ins Leben zu rufen und zu unterstützen usw. Zudem darf auch nicht unterschätzt werden, wie sehr die Wiener Regierung darauf ausgerichtet war, die Herstellung von Bindungen zwischen der katholischen Kirche und der slowenischen und kroatischen Bevölkerung zu begünstigen, um dadurch die südslawischen Völker auch enger an die Habsburgerdynastie selbst zu binden. Dies wurde beispielsweise durch die Ernennung slawischer Bischöfe angestrebt, die in nationalen Fragen eine gemäßigte Linie verfolgten. Objektiv mußten solche Bischöfe zwar schon aufgrund ihrer hervorgehobenen Rolle zur Stärkung des slawischen Na-

[3] Zur demographischen Entwicklung Triests vgl. *P. Luzzatto-Fegiz*, La popolazione di Trieste, Trieste 1929; über die Einwanderung, insbesondere im Hinblick auf die Entstehung eines städtischen Proletariats vgl. *M. Cattaruzza*, La formazione del proletariato urbano. Immigrati, operai di mestiere, donne a Trieste dalla metà del secolo XIX alla prima guerra mondiale, Torino 1979, insbesondere S. 5-55.

tionalbewußtseins beitragen, doch bemühten sie sich zugleich darum, die Geschlossenheit ihrer Gläubigen in der Treue zur Habsburgermonarchie zu fördern[4]. Seit den dreißiger Jahren des 19. Jahrhunderts waren auf den triestinischen Bischofsstuhl nur noch Slowenen und Kroaten eingesetzt worden.

Nach dem bisher Gesagten dürfte deutlich geworden sein, daß, unabhängig von den ohnehin recht umstrittenen zahlenmäßigen Proportionen zwischen italienischen und slawischen Gläubigen, in der Diözese Triest nicht so sehr eine bestimmte „politische“ Grundsatzentscheidung zu jener engen Verbindung zwischen der Kirche und den slawischen Gläubigen geführt hatte, sondern sich diese eher aus einer äußeren Notwendigkeit ergab. Sie war die natürliche Folge der gegebenen Situation, die die Kirche in dieser ausgesprochen laizistischen und kosmopolitischen Stadt vorfand, in der die Slowenen in bezug auf die Teilhabe am kirchlichen Leben, auf die Ausprägung des Vereinslebens und die Zahl der Bruderschaften für die katholische Kirche die wichtigste Basis darstellte.

Im Verlauf der zweiten Hälfte des Jahrhunderts verschlechterten sich die Beziehungen zwischen Kirche und Stadtverwaltung in Triest zunehmend. Aus der ursprünglich guten Zusammenarbeit wurde bald Konfrontation und schließlich ein immer härterer und gegensätzlicherer Kampf. Ganz allgemein und damit natürlich etwas schematisch verkürzt wird man sagen können, daß es bei dieser Auseinandersetzung um einen Kampf der Kirche gegen die inzwischen erreichte effektive politische und kulturelle Vorherrschaft der italienischen nationalliberalen Partei ging, deren politische Aktivität sich immer stärker auf den „nationalen Schutz“, d.h. die Verteidigung des italienischen Charakters der Stadt gegenüber der – wie man damals sagte – „slawischen Gefahr“ konzentrierte. Immer spürbarer versuchte die kommunale Verwaltung, die Kirche auf eine untergeordnete Existenz am Rande des politischen und gesellschaftlichen Lebens abzudrängen.

Die Orientierung an den gesellschaftlichen Entwicklungen in Europa ist bei dieser politischen Ausrichtung ebenso ersichtlich wie das Anknüpfen an die Kursänderungen der Wiener Regierungen hin zu einer gegen das Konkordat gerichteten liberalen Politik, auf die sich die Triestiner Nationalliberalen auch explizit beriefen. Die Wiener Maßnahmen gegen die bis dahin unumstrittene Führungsrolle der Kirche – insbesondere im Bereich der Schulbildung – fanden auch auf lokaler Ebene ihre Entsprechung. Das gleiche gilt für die allgemeine Tendenz, die Religion zu einer Privatsache zu reduzieren, die nur das individuelle Gewissen betreffe. Doch die spezifische Ausrichtung der Nationalliberalen in Triest, die ja den Schwerpunkt ihrer Politik auf die Verteidigung der italienischen Nationalität legten, führte dazu, daß ihr Kampf gegen die Kirche sich hier auf den gesamten komplexen Bereich der kirchlichen Organisationen und des religiösen Lebens erstreckte.

Bis etwa in die Mitte der siebziger Jahre war die Beziehung zwischen Kirche und kommunaler Verwaltung charakterisiert durch eine relativ reibungslose

---

[4] Vgl. *G. Valdevit*, Chiesa e lotte nazionali, S. 110-111, 125-126 sowie die entsprechenden Verweise.

Zusammenarbeit in verschiedenen Fragen, wie z.B. dem uralten Problem der Finanzierung neuer Kirchenbauten oder der Bezahlung von Priestern, die als Religionslehrer in den Schulen tätig waren. Doch nach und nach kristallisierte sich in dem Kampf, den die Verwaltung gegen die Kirchenführung führte, das Ziel heraus, die Fragen der finanziellen Unterstützung und der Gewährung öffentlicher Gelder mit dem Versuch zu verknüpfen, sich auch in innerkirchliche Angelegenheiten einzumischen und die Benutzung der slowenischen Sprache bei Predigten, Gebeten und Gesängen zu verhindern. Schließlich wurde gar versucht, slawische Kirchengemeinden aus der Innenstadt ganz zu vertreiben und sie in die Vorstädte abzudrängen.

Hier ist nicht der Ort, in detaillierter Form die verschiedenen Etappen dieser Auseinandersetzung nachzuzeichnen. Konkret ging es jedenfalls darum, unter Betonung des lateinischen Charakters der katholischen Kirche in Triest, ihrer Traditionen und ihrer Märtyrer, zu versuchen, alle Ausdrucksformen der slowenischen Kultur aus der triestinischen Kirche zu verbannen und die Teilhabe der Slowenen am kirchlichen Leben so weit wie möglich zu reduzieren. Die Nationalliberalen trachteten also danach, einen Zustand zu beseitigen, der zuvor über Jahre hinweg nicht den geringsten Anlaß zu Ärgernissen gegeben hatte. Die Zuspitzung der Auseinandersetzungen führte schließlich gegen Ende des Jahrhunderts zu einer Konfrontation auf allen Ebenen[5].

Schon A. Vivante hat über den Übergang von ursprünglich traditionellen triestinischen Autonomiebestrebungen hin zu einer nationalistischen Ausrichtung der kommunalen Politik scharfsinnige Beobachtungen gemacht[6]. Die Nationalliberalen beriefen sich dabei auf eine angeblich durch die Zuwanderer heraufbeschworene Bedrohung des italienischen Charakters der Stadt und waren bei ihren Versuchen, ihre Kräfte im entsprechenden Sinne zu bündeln, ausgesprochen erfolgreich. Das stärkste Hindernis, dem sich diese Politik gegenübersah, war selbstverständlich die katholische Kirche. Diese wurde als klerikal verschrien und mit all den bekannten Polemiken über die Gegnerschaft der Kirche und ihrer Mitstreiter gegen den Fortschritt und das wahre Allgemeingut angegriffen. Doch damit nicht genug: indem sich die Kirche objektiv zur Verteidigerin der Sprache und – um es mit einem Wort zu sagen – der gesamten religiösen und nationalen Kultur der slawischen Gläubigen machte, geriet sie zudem geradezu in eine Art Sackgasse, aus der sich ein Ausweg kaum noch finden ließ.

Die Politik Leos XIII., die sich gemäß seinem Ziel der Wiederannäherung an die mit Rom unierten Ostkirchen gerade gegenüber den Slawen darum bemühte, deren Bindungen an den Heiligen Stuhl zu betonen und zu stärken, begünstigte und stärkte selbstverständlich das Nationalbewußtsein dieser Völker sowie deren Zugehörigkeitsgefühl zur katholischen Kirche. Zugleich rief die Politik des Papstes bei vielen Pfarrern und Priestern, die sich durch das Gefühl

---

5 Vgl. ebd., S. 110-162.

6 Vgl. *A. Vivante*, Irredentismo Adriatico. Contributo alla discussione sui rapporti austro-italiani, Firenze 1912.

bestärkt fühlten, die höchste kirchliche Autorität hinter sich zu haben, großen Aktionismus hervor. Es ist bekannt, daß die Pläne des Papstes, die slawischen Völker an sich zu ziehen, nicht organisch durchdacht waren und nur andeutungsweise durchgeführt wurden; dürftig waren die Erfolge bei diesen Bemühungen zudem auch wegen der Beziehungen zur Habsburgermonarchie und der päpstlichen Haltung gegenüber deren Balkanpolitik.

In diesem Punkte wurden auch innerhalb der römischen Kurie selbst gegensätzliche Optionen geäußert und Meinungsverschiedenheiten ausgetragen, die sich kurzfristig jedenfalls nicht hätten überwinden lassen. So läßt sich, um ein Beispiel zu nennen, der Einfluß, den ein Bischof wie Msgr. Strossmayer in Rom hatte, wohl kaum in Einklang bringen mit der Entscheidung, Msgr. Taliani als Nachfolger Agliardis auf die Nuntiatur in Wien zu entsenden. Unter die Befürworter und Unterstützer eines Ausgleichs mit den Slawen wird man Taliani wohl kaum zählen können. Doch sogar unter den Slawen selbst traten, wie noch zu zeigen sein wird, immer wieder, wenn neue Dekrete über den Sprachgebrauch in der Liturgie erlassen wurden, Meinungsverschiedenheiten darüber auf, wie eng diese ausgelegt werden sollten. Natürlich waren die Auseinandersetzungen über diese Dekrete engstens mit den nationalen Spannungen im Küstenland verknüpft.

Doch nun zurück zur Betrachtung der lokalen Situation in Triest. Die aus Rom kommenden Signale führten nicht nur zu einem allgemeinen Aufleben des Selbstbewußtseins der „geschichtslosen Nationen“, bei dem der Klerus eine wichtige Rolle spielte, sondern wurden auch in breiten Teilen der slowenischen und kroatischen Geistlichkeit begierig aufgegriffen, die daran vielfach mit eigenen weit über den üblichen Rahmen der priesterlichen Tätigkeiten hinausgehenden Aktionen und Initiativen anknüpfte. Damit begaben sich die Priester auch auf politisches Terrain. Ihr Aktionismus verleitete sie aber gleichzeitig auch dazu, sprachliche Ausdrucksformen in Gebeten und Kirchengesängen in das kirchliche und religiöse Leben einzuführen, die in vieler Hinsicht nicht mit den kanonischen Vorschriften übereinstimmten. Es fehlte nicht an Priestern, die neben der Aufrechterhaltung althergebrachter Bräuche auch die nationale Emanzipation zu unterstützen versuchten, die also die kulturelle, soziale und politische Förderung ihrer jeweiligen Nation zu ihren Aufgaben zählten.

In der damaligen Zeit breitete sich nach und nach eine Vorstellung vom slowenischen oder kroatischen Pfarrer aus, die diesem unterstellte, daß er nur oder zumindest vorrangig auf die Gläubigen der eigenen Nationalität ausgerichtet sei, was in vielen Fällen durchaus mit der Realität übereinstimmte. Manch ein kroatischer oder slowenischer Priester betrachtete eine solche Ausrichtung geradezu als natürlichen Bestandteil seiner traditionellen Rolle. Im gespannten Klima der nationalen Gegensätze wurde jenes Bild jedoch häufig bis zum Exzeß überzeichnet und zu einem vollkommen negativen Stereotyp ausgemalt. „Slawophil“, „slawoman“, „Panslawist“, „Slawisierer“: dies waren Pauschalbezeichnungen, mit denen der slawische Klerus tituliert wurde, und zwar keineswegs ausschließlich, wie man vielleicht vermuten würde, von seiten der Liberalen und antiklerikaler Demokraten in propagandistischer Absicht, sondern auch von einem Teil der Vertreter des italienischen Klerus bis hin zu den obersten kirchlichen Stellen.

Damit gelangen wir zu dem wichtigen Gesichtspunkt der Verwicklung des Klerus in die nationalen Auseinandersetzungen, wobei sich sofort die Frage aufdrängt, ob dies auch auf den italienischen Klerus zutrifft, welche Rolle dieser hier gespielt hat, wie stark und in welcher Form er sich selbst in diesen Gegensätzen engagiert hat. Ein erstes Problem lag in der zahlenmäßigen Verteilung: unter anderem als Folge der sozialen und wirtschaftlichen Entwicklung wurde es für die Kirche ein immer größeres strukturelles Problem, auf welches auch vielfach in den Quellen hingewiesen wird, Italiener für das Priesteramt zu gewinnen. Der Zustrom ins Priesteramt aus den slawischen ländlichen Gebieten, hielt dagegen, auch wegen des sozialen Prestiges, welches mit der Position als Pfarrer verbunden war, nahezu unverändert an. Es ist folglich kein Zufall, daß die Nationalliberalen nach Wegen suchten, eine Zunahme der Zahl der italienischen Priester zu erzielen, von denen sie sich erhofften, daß sie aktiv in dem von ihnen erwünschten Sinne in die Verhältnisse eingriffen.

Vor allem wegen der organisatorischen Schwäche der italienischen Katholiken gegenüber der vorherrschenden nationalliberalen Bewegung war deren Einfluß äußerst gering und ließ ihnen nur einen sehr begrenzten Spielraum für die Propagierung alternativer politischer und sozialer Positionen. In Triest selbst führte zudem die hohe Zahl von priesterlichen Ämtern, die aufgrund von Patronaten oder anderen Verpflichtungen gleich in doppelter Weise an die Stadtverwaltung gebunden waren, zu Abhängigkeitsverhältnissen, durch welche die Priester nur allzu leicht zur Unterstützung der lokalpolitischen Autoritäten genötigt werden konnten. Doch auch unabhängig davon führten die Verschärfung der politischen Gegensätze und die Polarisierungen zwischen den verschiedenen Nationalitäten zu Frontbildungen, die der traditionellen katholischen Kultur bislang fremd gewesen waren.

Es ist klar, daß die Leitung der Diözese angesichts der Entstehung zweier gegeneinander gerichteter und in die nationalen Gegensätze verwobener Fronten innerhalb des Klerus ausgesprochen schwierig wurde. Über diese schon genügend komplizierten inneren Gegensätze hinaus gestalteten sich auch die Beziehungen zu den italienischen politischen Kräften immer schwieriger: die Kirche bekam nicht nur Pressionen von Liberalen und Konservativen zu spüren, sondern geriet zunehmend auch unter den Druck der demokratisch-irredentistischen Linken. Auch von hierher wurden bezüglich der Beziehungen zu den Slawen Stimmen laut, die die Kirche aufforderten, sich offen und entschieden für die Verteidigung der italienischen nationalen Identität Triests stark zu machen, wovon diese sich bis dahin in ihrer Programmatik distanziert hatte.

Es handelte sich also, wie Valdevit (in bezug auf die Amtszeit des Bischofs Glavina) schrieb, um ein „unmögliches Gleichgewicht"[7] zwischen zwei verschiedenen Positionen, die sich zutiefst gegensätzlich gegenüberstanden. Die eigent-

[7] Vgl. *G. Valdevit*, Chiesa e lotte nazionali, S. 136-144.

liche Basis der Kirche waren die slawischen Bevölkerungsteile. Ganz unmöglich war es, diese Verbindungen zu lösen, und die Verteidigung der slawischen Nationalitäten gegenüber den Attacken der Italiener wurde schließlich zu einer objektiven Notwendigkeit für die Kirche. Zugleich wurde damit jedoch aus einer ursprünglich unter rein seelsorgerischen Gesichtspunkten getroffenen Entscheidung etwas qualitativ vollkommen anderes. Vollkommen unbestreitbar schien jedenfalls damals, daß, wie der junge Kanzler des Triestiner Bistums, Don Carlo Mecchia, 1896 an Kardinal Rampolla schrieb, „Priester oder Slawe Synonyme geworden (sind); der Klerus erscheint in den Augen des triestinischen Volkes als ein Faktor der Slawisierung“[8].

Diese Auffassung mag vielleicht zutreffend gewesen sein, aber sie griff doch nur einen Aspekt der Gesamtsituation auf. Vielleicht wurde sie deshalb so einmütig von allen geteilt. Ganz unabhängig davon blieb die Tatsache bestehen, daß der italienische Klerus immer größere Schwierigkeiten hatte, auf die Gesellschaft einzuwirken und unter den Italienern Anklang und Anhänger zu finden. Sein schon sehr begrenzter Spielraum lief Gefahr, jetzt noch weiter reduziert und eingegrenzt zu werden. Es drängt sich der Eindruck auf, daß die italienischen Priester auch deshalb die Karte des nationalen Engagements zogen, weil sie sich erhofften, damit neue Möglichkeiten für eine Trendwende zu erlangen.

In den Beziehungen des Bischofs Glavina, der von 1882-1896 die Diözese leitete, zur Stadtverwaltung von Triest wechselten sich regelmäßig offene Zusammenstöße mit Versuchen, zu Kompromissen zu gelangen, ab. Dies führte unvermeidbar zu einem Kräfteverschleiß auf allen Ebenen und zu einem Verlust an Zustimmung von seiten der Slawen, die dem Bischof vorwarfen, zu häufig nachzugeben. Schließlich zog der Bischof die letzte Konsequenz und trat zurück[9]. Doch wie bereits angedeutet, beschränkten sich die Nationalitätenkämpfe nicht nur auf die Diözese Triest allein, sondern durchzogen das gesamte Küstenland. Dies geht deutlich aus den „Relationes ad limina“ hervor, die der damalige Bischof von Parenzo und Pula, der aus dem Friaul stammende Msgr. Flapp, in regelmäßigen Abständen an den Heiligen Stuhl sandte und in denen betont wurde, wie sehr die slawischen Priester nach und nach eine Rolle eingenommen hätten, die in allen Richtungen über ihre eigentliche seelsorgerische Funktion hinausging.

1885 beschrieb der Bischof beispielsweise, wie junge Priester den Gläubigen, die zwar Slawen waren, aber einen mit vielen kroatischen und italienischen Begriffen durchsetzten Dialekt sprachen, Reden in „gereinigter“ Sprache hielten. Zwar benutzten sie dabei eine reine Schriftsprache, aber, wie der Bischof schrieb, „cum fructu spirituali parvo aut dubio“. Außerdem finde die

---

8 Archivio Segreto Vaticano (ASV), Segreteria di Stato (SS), 1896, rubr. 247, fasc. 5, ff. 101-102, 7. Mai.

9 Vgl. *G. Valdevit*, Chiesa e lotte nazionali, S. 144-153; *P. Blasina*, Santa Sede, vescovi e questioni nazionali. Documenti vaticani sull'episcopato di A.M. Sterk a Trieste (1896-1901), in: Rivista di storia e letteratura religiosa, XXIV (1988), 3, insbesondere S. 471-477.

Zelebrierung von Messen „in lingua slavica vernacula" immer weitere Verbreitung. Man berufe sich dabei auf alte Gewohnheiten, die auf die Einwanderung slawischer Völkerschaften aus Dalmatien nach Istrien in den vergangenen Jahrhunderten zurückgehe. Überhaupt spiele der slawische Klerus eine Vorreiterrolle in den politischen und nationalen Auseinandersetzungen und rufe damit bei den italienischen Pfarrern Entrüstung und Wut hervor[10]. In einem Bericht von 1892 beklagte sich der Bischof darüber, daß das Verhalten der slawischen Priester, die den bischöflichen Anweisungen nicht folgten, auch auf Kosten der priesterlichen und bischöflichen Autorität gehe. Der Geist der Säkularisierung, die Forderung nach Loslösung von sämtlichen Bindungen, diese Krankheit, die sich inzwischen in den Kleinstädten ausgebreitet habe, stecke mittlerweile auch schon die von den Kroaten bewohnten ländlichen Gebiete an. Dieser Geist, der in der slawischen Presse verbreitet werde, sei es, welcher zu jener rebellischen Haltung, jener Verweigerung der Unterordnung unter die kirchliche Hierarchie beitrage. Die Hinwendung zur eigenen Nation und zur eigenen Sprache bringe die Gläubigen dazu, die Einführung der modernen Sprache in die Liturgie zu fordern[11].

1895 kam Msgr. Flapp in seinem Bericht an den Heiligen Stuhl nochmals auf die Kluft zu sprechen, die zwischen den Gebräuchen des Volkes und den Lehren der Kirche bestehe. War auch unter der ländlichen Bevölkerung, „praeprimis inter Slavos", weiterhin eine feste Anbindung an den Glauben und die Religion zu verspüren, so sah sich Msgr. Flapp zugleich veranlaßt, das zu beklagen, was er „den leidenschaftlichen politischen und nationalen Gegensatz der Slawen aus der Diözese gegen die Italiener aus der gleichen Diözese" nannte. Die „übermäßige" Hingabe, die die Kroaten zu ihrer Sprache und zu ihrem Volke verspürten, führe dazu, daß in der Liturgie immer wieder die Forderung nach Gebrauch der lateinischen gemeinsam mit der modernen Sprache erhoben würde und die Pfarrer ersetzten – ob aus eigenem Antrieb oder gedrängt von den Gemeindemitgliedern – unter klarer Mißachtung der kirchlichen Vorschriften die lateinische durch die kroatische Sprache[12].

Auch aus den Rundschreiben der Bischöfe von Triest, Parenzo und Veglia anläßlich der Wahlen für den Istrischen Landtag 1895, in denen bekräftigt wurde, daß die Priester sich aus dem Wahlkampf herauszuhalten hätten und in den Kirchen weder die Wahl noch nationale Fragen behandeln sollten, läßt sich erkennen, wie sehr der Klerus inzwischen in die politischen und nationalen Auseinandersetzungen verwickelt war[13]. In Istrien war die Situation also nicht grundlegend anders als in Triest. Übrigens handelte es sich auch in dieser Region um eine politisch-kulturelle Auseinandersetzung zwischen der vorherrschenden Gruppe der italienischen Liberalen und den aufstrebenden slawischen Kräften, die immer entschlossener ihre Rechte einzufordern begannen. Unablässig konzentrierte sich der Statthalter des Küstenlandes in den folgenden 15 Jahren auf

---

[10] Vgl. ASV, S. Congr. Concilii, Relationes, 621 B, ff. 284-285.

[11] Vgl. ebd., ff. 308-310.

[12] Vgl. ebd., ff. 322-323v.

[13] Vgl. *G. Valdevit*, Chiesa e lotte nazionali, S. 151.

diese Problematik. Bei seinen Versuchen, zwischen den beiden Parteien in Verwaltung und Wahlrecht Kompromisse zu erzielen, wechselten sich gegenseitige Zugeständnisse mit Starrsinn und Prinzipienreiterei ab[14].

Für die Zeit ab etwa Mitte der neunziger Jahre wird man sagen können, daß die Kirche inzwischen vollends in die Nationalitätengegensätze verwickelt war. Man bedenke nur, daß schon die Erwägung, Msgr. Flapp nach dem Rücktritt Glavinas auf den Triestiner Bischofsstuhl zu versetzen, unter Slowenen und Kroaten ein derartiges Aufbegehren hervorrief, daß der Bischof von sich aus auf diese Amtseinsetzung verzichtete. Daraufhin fiel die Wahl auf Msgr. Sterk, der seit zwei Jahren Bischof von Veglia war und viele Jahre in Triest gelebt hatte. Dies war eine unter nationalen Gesichtspunkten maßvolle Entscheidung, da Sterk für seine Unparteilichkeit in nationalen Fragen bekannt war. Doch selbst die kirchliche Führung war inzwischen in die nationalen Gegensätze involviert, die Zugehörigkeit zur jeweiligen Nationalität und Kultur hatte auch dort unvermeidliche Auswirkungen. Nicht einmal unter den Kirchenoberen, die eine Entscheidung für die eine oder die andere Partei kaum noch umgehen konnten, gelang es, sich aus den nationalen Gegensätzen herauszuhalten, was einen schwerwiegenden Image- und Autoritätsverlust mit sich brachte.

Die Bischöfe Flapp und Sterk sind in diesem Sinne emblematische Figuren: es ist schon gezeigt worden, wie sehr die Analysen des Bischofs von Parenzo nur die eine Seite der Medaille betonten, nämlich die Darstellung des Aktionismus und der Übertretung der kirchlichen Vorschriften seitens der slawischen Priester, ohne daß er gleichzeitig verstand (oder verstehen wollte), was diese nationalistischen Aktivitäten hervorgerufen hatte und weshalb sie gerade diese Form und Ausrichtung annahmen. Damit legte Flapp eine im Grunde zutiefst einseitige Sichtweise dar.

Das Beispiel des Msgr. Sterk sticht in dieser Hinsicht noch deutlicher, ja fast schon in paradoxer Weise hervor: ausgerechnet er, der seit der Verlesung seines Antrittshirtenbriefes mit Klarheit jeglichen Nationalismus verdammte und eine klare und eindeutige Unparteilichkeit als seine politische Linie verkündet hatte, gelangte schließlich zu einer entschlossenen Parteinahme für die slowenischen und kroatischen Gläubigen und ging über die ohnehin schon weitreichenden Ausnahmegenehmigungen, die Rom zugestanden hatte, hinaus, und zwar gerade um zu verhindern – so schätzte er die Situation ein –, daß die bestehenden engen Bindungen zu den Slowenen und Kroaten zerbrochen würden[15].

Ganz allgemein läßt sich feststellen, daß die Bischöfe immer wieder Schwierigkeiten hatten, sich zu orientieren und klare Standpunkte einzunehmen, so beispielsweise, wenn sich eine traditionelle Gewohnheit (wie z.B. das Predigen in der Sprache der Gläubigen) mit neuartigen Formen sozialer und politischer Aktivität, an denen der Klerus in hohem Maße beteiligt war, verband.

---

[14] Vgl. *A. Ara*, Le trattative per un compromesso nazionale in Istria (1900-1914), in: *A. Ara*, Ricerche sugli Austro-Italiani e l'ultima Austria, Roma 1974, S. 247-328.

[15] Vgl. *P. Blasina*, Santa Sede, vescovi e questioni nazionali, S. 477-498.

Nach und nach sah sich auch der Heilige Stuhl gezwungen, in die Nationalitätenfragen einzugreifen, um zu versuchen, zu einer allgemeinen Lösung der Situation zu gelangen. Vor allem bezüglich der liturgischen Vorschriften mußte sich der Vatikan zu klaren Entscheidungen durchringen und damit auf die Kampagnen reagieren, die die Wiederaufnahme bzw. die Einführung der alten kirchenslawischen (glagolitischen) Sprache forderten[16]. Daß man diese Kampagnen vor allem als kulturpolitische Forderungen wird ansehen müssen, die mit Fragen der Seelsorge kaum etwas zu tun hatten, ergibt sich allein schon aus der Tatsache, daß die Gläubigen das alte Kirchenslawisch ohnehin nicht verstanden. Mit diesem Wiederaufgreifen uralter Traditionen sollte an die Vergangenheit angeknüpft, das Bewußtsein historischer Kontinuitäten gefördert und ein originärer Rückbezug auf die eigene Nation hergestellt werden. Angesichts der Schwierigkeiten, eine auf historischer Quellengrundlage basierende Rückkopplung an die Vergangenheit zu bewerkstelligen, wurden außerdem auch Forderungen laut, den Gebrauch der modernen Volkssprache in der Kirche zuzulassen, der ohnehin schon seit Jahrzehnten üblich geworden war. Auch unechte liturgische Texte und Gesänge, – obwohl sie mit Sicherheit den kirchlichen Vorschriften zur Liturgie widersprachen – wurden inzwischen seit mehr oder weniger langer Zeit benutzt. Angesichts dieser Situation war es dringend nötig, eine einheitliche Regelung zu finden.

Doch auch hier traten die konkurrierenden Vorstellungen, die innerhalb des Vatikans in der Frage des Verhaltens gegenüber den slawischen Völkern aufeinandertrafen, zutage. Während den Katholiken Montenegros anläßlich der Unterzeichnung des Konkordates mit dem Heiligen Stuhl die glagolitische Liturgie gestattet wurde – die betreffenden Bände mit den liturgischen Texten wurden in Rom von der Kongregation zur Verteidigung des Glaubens veröffentlicht-, verschickte kurze Zeit später der päpstliche Nuntius in Wien, Galimberti, einen Rundbrief an die Bischöfe der Habsburgermonarchie, in dem diesen verboten wurde, sich mit ähnlichen Forderungen an Rom zu wenden. Dieser Vorstoß konnte selbstverständlich die Emotionen, die sich an dieser Frage aufluden, nicht beschwichtigen. Schon im November 1887 mußte der Episkopat des Küstenlandes einen gemeinsamen Hirtenbrief verkünden, der sich gegen jegliche Erneuerung der Liturgie wandte und unter anderem die Thesen der slowenischen Zeitung „Slovenski Narod" brandmarkte, die gefordert hatte, daß Kirche und Klerus sich für die Wiedereinführung der glagolitischen Liturgie aussprechen sollten[17].

In einem ersten Dekret der Ritenkongregation vom Februar 1892 wurde zwar der Vorrang dieser Liturgie anerkannt, aber zugleich wurden die Möglichkeiten seiner Anwendung eingeschränkt. Der Gebrauch moderner Sprachen

---

[16] Für allgemeine Hinweise auf die glagolitische Sprache in der Liturgie verweise ich auf den Artikel von *R. Aubert*, Glagolitique (Liturgie), in: Dictionnaire d'Histoire et de géographie ecclésiastiques, XXI, Paris 1986, Sp. 114-118. Eine umfangreiche Zusammenstellung von Dokumenten findet sich in *L. Jelić*, Fontes historici liturgiae glagolito-romanae a XIII ad XIX saeculum, Veglae 1906.

[17] Vgl. *G. Valdevit*, Chiesa e lotte nazionali, S. 137-139.

wurde vollends untersagt[18]. Ein Jahr später rief die von der Druckerei der Kongregation zur Verteidigung des Glaubens besorgte Veröffentlichung der Übersetzung des Römischen Ritus in die südslawische (kroatische) Sprache – das „Rimski Ritual“ – in einigen Kreisen der römischen Kurie heftige Reaktionen hervor. Im Namen „einiger kirchlicher Zensoren“, die eindeutig zum Vatikan gehörten, wurden einige „Cenni critici“ [kritische Anmerkungen] gedruckt und veröffentlicht, die sich in detaillierter Form über die Übersetzung von Begriffen und Ausdrücken ausließen, die nicht der klassischen lateinischen Bedeutung entsprächen. Die Polemik richtete sich gegen jene „Dummköpfe“, die „in weiteren slawischen Ländern die katholischen Riten und die katholische Liturgie“ ihrer ehrwürdigen lateinischen Sprache entblößen wollten. Es wurden also heftige Töne gegen die Versuche geäußert, die lateinische Sprache durch andere alte oder moderne Sprachen zu ersetzen, Sprachen die ohnehin, „größtenteils verstümmelt [wie beispielsweise das Altslawische] und ungeeignet“ waren, und mit denen, so fuhr der Text fort, „man die schändlichen Nationalitätenkämpfe selbst auf die kirchlichen Altäre überträgt. Mit Hilfe der Nationalsprachen wird darauf abgezielt, die Entstehung von Nationalkirchen vorzubereiten!“[19] Ebenso wie die Texte für die Montenegrinische Kirche wurde auch das „Rimski Ritual“, nachdem weitere Übersetzungsfehler ausfindig gemacht worden waren, dem Heiligen Offizium zur Begutachtung vorgelegt.

Auch das Erscheinen einer „Cronaca“ über die politisch-religiösen Gegensätze in Istrien und Dalmatien im Mai 1884 in der Zeitschrift „Civiltà Cattolica“ ließ erkennen, wie groß die Meinungsverschiedenheiten waren. Die „Cronaca“ kritisierte indirekt den kroatischen Klerus, was wiederum den lebhaften Protest einiger Professoren des Priesterseminars von Zadar hervorrief. Die Auseinandersetzung wurde allerdings nicht weitergeführt, insbesondere weil die Zeitschrift der Jesuiten sie auf Geheiß des Sekretärs der Kongregation für außerordentliche kirchliche Angelegenheiten, Msgr. Cavagnis, fallenließ. Pater Gallerani schrieb anschließend an Kardinal Rampolla: „Solange uns Ihre Eminenz nicht einen entsprechenden Hinweis gibt, werden wir uns in dieser Angelegenheit nicht mehr äußern, weder für die eine, noch für die andere Seite“[20].

Neben solchen Auseinandersetzungen wurden immer wieder Anfragen von Bischöfen, Priestern und einigen Kommunalverwaltungen aus dem Küstenland in Rom vorgebracht. Mehrfach erbat der Bischof von Parenzo, Msgr. Flapp, aus Rom genaue Anweisungen. In einem Brief an die Ritenkongregation vom Januar 1890, in dem er ein von ihm erlassenes Dekret erläuterte, stellte er zum ersten

---

[18] Das Dekret ist abgedruckt bei *L. Jelić,* Fontes historici, S. 89 f.

[19] Vgl. Archivio della S. Congregazione degli Affari Ecclesiastici Straordinari (AES), Austria-Ungheria, 1893, fasc. 288, ff. 4-5v.

[20] Vgl. AES, Austria-Ungheria, 1894, fasc. 300, ff. 29-31 mit dem Brief der Professoren aus Zadar; f. 33 mit der gedruckten Schrift des Kanonikers von Veglia, *F. Volarić,* Una rettifica (alla „Civiltà Cattolica“), vom 6. Juni, einer Erwiderung auf den Artikel in der Zeitschrift der Jesuiten; f. 34 r-v mit dem Brief des Paters Gallerani an Kardinal Rampolla vom 5. Juli, in dem dieser den Verlauf der Auseinandersetzungen zusammenfaßt und aus dem das Zitat entnommen ist.

Mal eine solche Anfrage[21]. Ohne eine Antwort zu erhalten, wiederholte er die Anfrage im November 1893 und nochmals im Sommer des folgenden Jahres. Im Dezember 1896 wandte er sich abermals an seine Vorgesetzten. Das Erwachen der nationalen Gegensätze zwischen den beiden Bevölkerungsgruppen, so betonte er wörtlich, habe dazu geführt, daß

> „die meisten slawischen Priester zu Vorreitern und Parteiführern des Nationalismus und zu Förderern von entsprechenden Agitationen geworden sind. Sie bedienen sich dabei des Vorwandes, daß die noch ungebildete Landbevölkerung Führer brauche, die sie aufklären und ihre Bürgerrechte gegenüber der italienischen Bevölkerung vertreten und einfordern. Die Priester seien diejenigen, die sich für all das einzusetzen hätten, was im – auch materiellen – Interesse der Bevölkerung liege".

Um das Nationalgefühl wach zu halten hätten diese Priester folglich sprachliche Formen in Gebete und Liturgie eingeführt, die nicht erlaubt waren. Diesen Äußerungen folgt in einer langen Auflistung von Mißachtungen der kirchlichen Vorschriften ein ausführlicher Katalog von inhaltlichen Verzerrungen, die inzwischen üblich geworden seien. All die scharfsinnigen Ausführungen des Bischofs, der in seinem Brief die komplexe Geschichte der verschiedenen Meßbucheditionen, der päpstlichen Genehmigungen u.a. aufrollt, konzentrieren sich schließlich auf die Frage danach, ob derartige Gebräuche erlaubt seien, wobei er selbst eine solche Erlaubnis als nicht gegeben ansah und hervorhob, daß das Dekret von 1892 seine Diözese, in der das Glagolitische nicht verwurzelt war, gar nicht betreffen konnte.

In vieler Hinsicht sei eine „babylonische Situation in den Fragen des Kultus" entstanden und eine von höchster Stelle kommende Regelung solle dazu dienen, hier eine klare Lösung zu finden. Außerdem müßte dafür gesorgt werden, daß

> „der italienische Teil der Bevölkerung, der zwar gebildeter, aber leider auch stärker dem Einfluß liberalen Ideenguts ausgesetzt ist, in Zukunft keine Gelegenheit mehr findet, die Kirche und ihre Führung einer übertriebenen und gar an Opportunismus grenzenden Zurückhaltung zu zeihen"[22].

Auch dieses Mal blieb der Brief des Msgr. Flapp unbeantwortet und erst auf eine entsprechende Aufforderung vom April 1897 reagierte der Vatikan im Juli mit dem Hinweis, eine Entscheidung könne jetzt noch nicht getroffen werden, die Fragen des Bischofs müßten erst einmal eingehend untersucht werden[23]. Im gleichen Monat forderte das Staatssekretariat die Ritenkongregation auf, die Frage eingehend zu untersuchen. Sehr interessant sind die Formulierungen dieser

---

[21] Vgl. AES, Austria-Ungheria, 1894, fasc. 305, ff. 97-102, Brief von Msgr. Flapp an die S. Congregatio Rituum, 10. Januar 1890.

[22] Vgl. AES, Austria-Ungheria, 1896-1898, fasc. 335, ff. 7-10v, Brief des Msgr. Flapp an Kardinal Rampolla vom 17. Dezember 1896. Bischof Flapp erinnerte hier auch an seine beiden Briefe von 1893 und 1894, die unbeantwortet geblieben waren.

[23] Vgl. ebd., f. 19r-v mit dem Brief des Msgr. Flapp an den Hl. Stuhl vom 27. April 1897; f. 25 mit Entwurf für einen Antwortbrief vom 16. Juli 1897, in der jegliche Entscheidung bezüglich der Fragen, die der Bischof von Parenzo in seinem Brief vom 17. Dezember 1897 vorgebracht hatte, vertagt wurde.

Anweisung, in der explizit auf die Existenz zweier gegensätzlicher Positionen angespielt wurde. Die Gegner von Konzessionen in liturgischen Fragen, so wurde erwähnt, befürchteten das Risiko einer unterwürfigen Anpassung an das „Heilige Rußland" sowie ein Schisma zwischen katholischer Kirche und unierten Ostkirchen, die Befürworter dagegen sähen in entsprechenden Konzessionen ein effizientes Mittel, die Dissidenten zum Katholizismus zurückzuführen. In jedem Fall sei es jedoch notwendig, eine Entscheidung zu treffen, „damit der gegenwärtigen Aufregung, welche schwere Schäden für das Ansehen der Kirche bei den slawischen Völkern mit sich bringen kann, ein Ende gesetzt wird"[24].

In die Sammlung von Informationen war inzwischen die Nuntiatur in Wien miteinbezogen worden und im gleichen Monat sandte Msgr. Taliani die Berichte des Bischofs von Veglia, Msgr. Mahnič, und den Bericht Msgr. Flapps ein. Doch „unglücklicherweise", so schrieb der Nuntius, „stimmen die Angaben der beiden Bischöfe sowie ihre Meinungen und Einschätzungen überhaupt nicht überein"[25].

In der Tat stellte Bischof Mahnič die Situation ganz anders dar. Unter Berufung auf Leo XIII. betonte er, die slawische Liturgie solle dort, wo sie traditionell verwurzelt war, auch beibehalten werden, um die Union mit den Ostkirchen zu fördern. In seiner Diözese sei diese Liturgie, die auf eine alte Tradition zurückblicken könne, in einigen Pfarrgemeinden als offiziell gültig erklärt worden. Dagegen protestierten beispielsweise in Neresine die italienischen Gläubigen, die die Rückkehr zur lateinischen Liturgie forderten. Doch der Bischof habe in Erwartung entsprechender Entscheidungen die bestehende Situation erst einmal aufrecht erhalten, um eine Anarchie in Fragen der Liturgie zu verhindern und weil er keine Veränderungen dekretieren wollte, die dann möglicherweise durch die Entscheidungen in Rom wieder rückgängig gemacht würden. Zwar nannte der Bischof keine einzelnen Namen, doch bezeichnenderweise identifizierte er die Wortführer einer Ablehnung der slawischen Liturgie mit den Mitgliedern der italienischen Freimaurerloge und den Liberalen, jenen frevlerischen Gotteslästerern und Feinden der Kirche[26].

Wiederum anders stellten sich die Probleme in der Diözese Triest dar, wo nicht nur die liturgischen Probleme diskutiert, sondern die Führung des Bistums selbst in Frage gestellt wurde. Die Stadtverwaltung hatte nämlich ihre eigenen Forderungen eingebracht und dem Heiligen Stuhl ein langes Memorandum vorgelegt, welches dem des Bischofs zuwiderlief. Sie ging tatsächlich so weit, vom Papst zu fordern, daß im Stadtzentrum alle Gottesdienste und Predigten in slowenischer Sprache verboten würden.

---

[24] Vgl. ebd., ff. 36-41, Entwurf eines Briefes der Kongregation für außerordentliche kirchliche Angelegenheiten an den Sekretär der S. Congregatio Rituum, Mons. Panici, vom 26. Juli 1897.

[25] Vgl. ebd., f. 42r-v, Brief des Msgr. Taliani an den Hl. Stuhl, 26. Juli 1897, mit dem er den Bericht des Bischofs Flapp einreichte. Der Bericht von Msgr. Mahnič war schon mit einem Brief vom 14. Juli 1897 eingesandt worden, Vgl. ebd., ff. 26-27v.

[26] Vgl. ebd., ff. 28-32, Bericht von Msgr. Mahnič aus Veglia vom 13. Juli 1897.

Und nicht nur von außerkirchlichen Institutionen wurde dieses Thema angeschnitten. In der gleichen Zeit übergab der italienische Klerus dem Triestiner Bischof eine Denkschrift, in der darauf verwiesen wurde, daß die Seelsorge für die italienischen Gläubigen verbessert werden müsse. In diesem Zusammenhang wurde auch die Forderung erhoben, die Zahl der Messen und Gebete in slawischer Sprache müsse in der Stadt (und ebenfalls in anderen Orten) reduziert werden, da diese angesichts des numerischen Verhältnisses zwischen Italienern und Slawen übertrieben hoch sei[27].

Für die römische Kurie waren die Berichte, die sie aus dem Küstenland und aus Dalmatien erhielt, die wesentliche Grundlage für die Behandlung des liturgisch-sprachlichen Problems, welches keineswegs nur isoliert betrachtet werden konnte, sondern, was selbstverständlich auch den Beteiligten bewußt war, im Gesamtkomplex der nationalen Auseinandersetzungen eine wesentliche Rolle spielte. Am 29. Oktober 1897 informierte Nuntius Taliani, der mit den Einschätzungen Flapps übereinstimmte und denen der Bischöfe Sterk und Mahnič ablehnend gegenüberstand, den Heiligen Stuhl darüber, daß die österreichische Regierung „einer übertriebenen Begünstigung des Slawentums kaum Sympathien und noch weniger Interesse" entgegenbringe. Das Slawentum „wird hier in den oberen Regierungskreisen als ebenso gefährlich für Österreich wie für den Katholizismus eingeschätzt, insbesondere, wenn es sich noch weiter entfalten sollte"[28]. Im März des folgenden Jahres wies der Nuntius in einem Kommentar zu der Einschätzung, die die Ritenkongregation von Pater Schober über die gesamte Angelegenheit eingefordert hatte, auf die Proteste und Einsprüche der Italiener im Küstenland hin. Der angebliche Einfluß der „Italianissimi und der Freimaurer" auf die Stimmung unter den Italienern sei, so führte der Nuntius bei dieser Gelegenheit aus, ganz im Gegensatz zu dem, was man glauben machen wolle, nur sehr gering. Deutlich hob er die Risiken hervor, die sprachliche Konzessionen „an die verschiedenen slawischen Völker Österreichs" mit sich bringen würden. Dies würde nur den anderen Völkern die Gelegenheit bieten, ihrerseits ebenfalls den Gebrauch ihrer Sprache zu fordern. Ebenso erinnerte der Nuntius in diesem Brief nochmals an die grundsätzlich ablehnende Haltung der österreichischen Regierung[29].

Indirekt beinhalteten die Ausführungen des Nuntius eine Kritik an der Option, die im vatikanischen Staatssekretariat befürwortet wurde. Seiner Meinung nach war die Hoffnung, man könne auf die slawische Liturgie setzen, um die unierten Ostkirchen der katholischen Kirche anzunähern, eine Illusion, die, wie jahrelange Erfahrungen zeigten, keine realistische Grundlage habe. Und wenn man schon die glagolitische Sprache dort zulassen müsse, wo aufgrund alter

---

[27] Vgl. *P. Blasina*, Santa Sede, vescovi e questioni nazionali.

[28] Vgl. AES, Austria-Ungheria, 1896-1898, fasc. 336 (ohne Blattnumerierungen), Brief des Msgr. Taliani an Kardinal Rampolla vom 29. Oktober 1897.

[29] Vgl. AES, Austria-Ungheria, 1896-1898, fasc. 337, ff. 95-97v, Brief des Msgr. Taliani an Kardinal Rampolla vom 2. März 1898; auf ff. 5-38 befindet sich in Druckschrift der Bericht von Pater Schober.

Traditionen ein Recht darauf bestehe, so stelle doch die Schwierigkeit, zuverlässige Informationen und historische Belege zu finden, diesem Unterfangen ein großes Hindernis entgegen. In diesem Punkt sei es außerdem nicht möglich, auf die üblichen Informationskanäle, nämlich die Berichte der kirchlichen Führung aus diesen Gebieten, zurückzugreifen. Denn, so die Einschätzung des Nuntius, die sich mit Sicherheit auch auf die Bischöfe von Triest und Veglia bezog, man könne nicht behaupten, daß die Bischöfe von den nationalen Leidenschaften nicht ergriffen seien. „Ganz im Gegenteil wird man sagen können, daß in vielen Fällen gerade sie es sind, die derartige Verwerflichkeiten überhaupt erst angefacht und begünstigt haben, anstatt sie zu gegebener Zeit zu unterdrücken". Dies war ein äußerst hartes Urteil, welches indirekt auch den Heiligen Stuhl kritisierte, der diese Bischöfe erst vor kurzem eingesetzt hatte. Wegen dieser Einschätzungen schlug Taliani schließlich vor, einen Apostolischen Visitator zu entsenden.

Dies war der Stand der Dinge, auf dessen Grundlage zwischen Juni und August 1898 die Ritenkongregation gemeinsam mit der Kongregation für außerordentliche kirchliche Angelegenheiten die delikate Frage behandelte. Zwei Sitzungen waren für den 16. Juni und den 4. August anberaumt. In der ersten wurden generelle Fragen erörtert, während auf der zweiten Sitzung, nachdem die behandelten Fragen in der Zwischenzeit weiter überdacht worden waren, konkret auf die Diözesen von Veglia und Triest eingegangen wurde. Auf einer weiteren Sitzung am 18. August wurde schließlich erneut über Triest debattiert, nachdem eine in Rom eingetroffene Denkschrift Msgr. Sterks eine weitere Vertagung der Verhandlungen notwendig gemacht hatte.

Zuerst einmal wurde auf der ersten Sitzung[30] allgemein die Notwendigkeit anerkannt, daß gewisse Rechte den Slawen zugestanden werden müßten. Würde man dies unterlassen, so riskiere man einen Zusammenstoß mit „dem allzu starken Nationalgefühl der Slawen" (Vannutelli). Agliardi hielt den Vorschlag für übertrieben, für die Genehmigung des Gebrauchs der glagolitischen Liturgie müsse nachgewiesen werden, daß diese seit 100 Jahren ununterbrochen benutzt worden sei und schlug eine pragmatische Linie vor: „um zu einer friedlichen Lösung zu kommen, muß der *status quo* anerkannt werden". Ferrata betonte, es gehe hier um die Anerkennung von Rechten, und nicht einfach nur um Genehmigungen. Damit schloß er sich der Linie Leos XIII. an, die Slawen „mit Respekt und Wohlwollen zu behandeln". Nach einer historischen Einordnung der Zusammenhänge unterstrich Steinhuber, daß man in Dalmatien, wo nur 16.000 Italiener lebten, relativ wenig Probleme haben werde. Doch in Istrien, wo 300.000 Italiener lebten, welche „die Einführung der slawischen Sprache

---

[30] Vgl. AES, Rapporti delle sessioni delle S. Con[gregazioni] 1898 I semestre, 47, Sessione 821. Anwesend waren die Kardinäle Vannutelli, Mazzella, Agliardi, Ferrata, Steinhuber, Rampolla sowie der Sekretär der Ritenkongregation, Msgr. Panici, und der Sekretär der Kongregation für außerordentliche kirchliche Angelegenheiten, Msgr. Cavagnis. Es handelt sich um die offziellen Protokolle der Sitzungen der beiden Kongregationen. Für die Erlaubnis, diese Quelle einzusehen, darf ich an dieser Stelle Msgr. Marcello Camisassa meinen herzlichen Dank aussprechen.

nicht tolerieren würden", war die Situation schon delikater. Rampolla legte einen Entwurf für ein Dekret vor[31]. Die Diskussion darüber wurde vertagt.

In der folgenden Sitzung[32] konzentrierte sich die Diskussion auf den Entwurf des Staatssekretärs. Wie man aus der in Druckschrift verfaßten Vorlage über Veglia und Triest entnehmen kann, waren die Kardinäle mit der Situation im Küstenland gut vertraut und wie das Protokoll verzeichnet, hoffte man, daß für die Lösung des Problems mit diesem Dekret „zu Genüge gesorgt" sei. Man hoffte also darauf, daß mit dem Dekret die Lage normalisiert würde. Es sollte, wie zum Schluß der vorangegangenen Sitzung betont worden war, der *status quo* in maßvolle Bahnen gelenkt und unter Kontrolle gebracht werden. Nur über die Stadt Triest selbst wurde in der dritten Sitzung vom 18. August[33] nochmals debattiert. Im Kern wurde hier die Rechtfertigungsschrift des Bischofs Sterk akzeptiert, obwohl die Kardinäle sehr verschiedene Auffassungen vorbrachten. So befand beispielsweise Vannutelli die Ausführungen des Bischofs als „schlüssig" und bezeichnete die Abschaffung von Predigten in slawischer Sprache in Triest als „schädlich". Agliardi dagegen sprach Sterk zwar „guten Willen" zu, fragte sich aber, ob dieser wohl seiner Aufgabe gewachsen wäre, die, wie er jedoch auch zugab, „schwierig" war. Einige seiner Vorwürfe müsse er jedenfalls aufrechterhalten. Auch Ferrati hielt manche der Ausführungen Sterks für nicht überzeugend. Dennoch hielt er es, ebenso wie Steinhuber, für angebracht, den Bischof zu ermutigen, seinen Einsatz für einen friedlichen Ausgleich fortzusetzen. Von großem Interesse ist schließlich die Position Rampollas, die das Protokoll folgendermaßen festhielt:

> „Ich halte es nicht für richtig, die Sache auf Vorwürfe und Verteidigungen einzuengen. Wir müssen uns der Gesamtfrage und der Zukunft des Problems zuwenden; nicht auf die Stadtverwaltung, sondern auf die Bevölkerung muß das Augenmerk gerichtet werden. Wir müssen dem Zwiespalt zwischen den Nationalitäten ausweichen und die Kirche muß, solange dies möglich ist, einen Zusammenprall mit dem nationalen Geist vermeiden, denn das hätte verheerende Folgen".

---

[31] Eine Kopie dieses Entwurfes in Druckschrift befindet sich in: AES, Austria-Ungheria, 1896-1898, fasc. 340, ff. 46-52. Er trägt den Titel: Progetto di istruzioni da inviarsi ai Vescovi delle regioni slave meridionali appartenenti alla Monarchia Austro-Ungarica [Vorschlag für Instruktionen, die den Bischöfen der zur Österreich-Ungarischen Monarchie gehörenden südslawischen Regionen zu übergeben sind].

[32] Vgl. AES, Rapporti delle sessioni delle S. Con[gregazioni] 1898 II semestre, 48, Sessione 829. Anwesend waren die gleichen Teilnehmer wie bei der ersten Sitzung. Von großem Interesse ist der Verlauf der Sitzung, in der verschiedene Hinzufügungen und Abänderungen zu der Vorlage Rampollas vorgeschlagen wurden. Zu betonen ist, daß, während Vannutelli vorschlug, die Präambel zu vereinfachen, „indem all die Lobesäußerungen gegenüber den Slawen entfernt" würden, die anderen Kardinäle der Meinung waren, daß solche Äußerungen des Wohlwollens notwendig wären, damit die dann im Text vorgesehenen Einschränkungen von den Slawen leichter angenommen würden.

[33] Vgl. ebd., Sessione 830, 18. August 1898. Diesmal tagte nicht mehr eine gemischte Kongregation, sondern nur noch die Vertreter der Kongregation für außerordentliche kirchliche Angelegenheiten. Es waren also anwesend: die Kardinäle Vannutelli, Agliardi, Ferrata, Steinhuber, Rampolla, sowie Msgr. Cavagnis.

Schließlich wurde eine von ihm vorgeschlagene Resolution angenommen, die vorsah, Bischof Sterk einen zustimmenden Brief zu schreiben, der seine Ausführungen bestätigte, ihn aber zugleich aufforderte, „ohne die Seelsorge für die Slawen einzuschränken, ... zugleich mehr für die Seelsorge unter den Italienern zu tun", d.h. zu versuchen, zu einer Einigung mit der kommunalen Verwaltung zu gelangen. Den Kardinälen entging durchaus nicht, daß die Forderung der Stadtverwaltung nach der lateinischen Liturgie und dem Gebrauch der italienischen Sprache in der Predigt aus nationalistischem Geist erwachsen war, doch hielt man es für nötig, unter allen Umständen ein „harmonisches Einvernehmen" mit ihr zu suchen und die Gegensätze einzuebnen[34].

Gemeinsam mit dem für die gesamte Region ausgegebenen Dekret vom 5. August „de usu linguae slavicae in Sacra liturgia"[35], welches den Bischöfen der Kirchenprovinzen von Görz, Zadar und Zagreb zugeleitet wurde, sollten diese spezifischen Beschlüsse für Triest nach der Vorstellung der kirchlichen Führung in Rom dazu dienen, die offenen Fragen zu klären und den Sprachgebrauch zu regeln. Das Dekret erlaubte den Gebrauch der glagolitischen Liturgie in allen Kirchen, in denen diese Liturgie in den vergangenen 30 Jahren ununterbrochen benutzt worden war. Damit war dieses Recht nicht an Personen, sondern an den Ort gebunden. Außerdem wurde gestattet, die Lesung und das Evangelium – nach einem ersten Vortrag in lateinischer Sprache – anschließend in der Volkssprache zu singen. Gegenüber der österreichischen Regierung wurde der Inhalt des Dekretes als sehr spezifiziert und maßvoll dargestellt: der Nuntius sollte dem österreichischen Außenminister darlegen, wie sehr der Heilige Stuhl mit seinen Entscheidungen für das geistliche Wohl einer großen Zahl von Gläubigen gesorgt habe, indem er sich darum bemüht habe, „die bestehenden Verhältnisse in einer möglichst engen Auslegung anzuerkennen und der zunehmenden Ausbreitung der slawischen Sprache in der Liturgie Grenzen zu setzen"[36].

---

[34] Vgl. ebd.

[35] Die Resolutionen der beiden zusammengesetzten Kongregationen vom 4. August, die der Papst am folgenden Tag annahm – es handelt sich im Kern um den Text des Dekretes (oder, wie man damals sagte, der Instruktionen) – wurden von der Kongregation für außerordentliche kirchliche Angelegenheiten an den Sekretär der Ritenkongregation, Msgr. Panici, weitergeleitet, unter dem Hinweis darauf, daß es in der Kompetenz dieser Kongregation liege, die entsprechend ihrer liturgischen Prinzipien und ihres „Stils" für notwendig erachteten formalen Modifikationen hinzuzufügen; vgl. AES, Austria-Ungheria, 1896-1898, fasc. 341, f. 88 (Brief an Msgr. Panici) und ff. 90-93 (Text des Dekrets).

[36] Vgl. ebd., ff. 117-118v. Entwurf des Briefes des Hl. Stuhls an Taliani vom 24. August 1898. Nachdem die Antwort des Nuntius eingetroffen war, wurde Msgr. Panici am 30. August darüber informiert, daß, nachdem der österreichische Außenminister vom Inhalt des Dekrets in Kenntnis gesetzt worden sei, nun ein definitiver Termin festgesetzt werden sollte, ab dem die betreffenden Instruktionen in Kraft treten sollten. Am 26. November übersandte die Ritenkongregation der Kongregation für außerordentliche kirchliche Angelegenheiten eine Kopie des Dekrets und bat zugleich um die Übermittlung der in Druckschrift erstellten Berichte der drei Sitzungen, auf denen das Thema verhandelt worden war. Mit einer gewissen Verzögerung, durch die indirekt die Rangordnung zwischen den verschiedenen Kongregationen unterstrichen wurde, antwortete die Kongregation für Außerordentliche Kirchliche Angelegenheiten, daß der „Heilige

In Wirklichkeit blieb jedoch das Dekret ein totes Stück Papier: in einem Bericht vom April 1899 legte der Nuntius dar, daß sich nur die Bischöfe von Parenzo und Zadar „in löblicher Weise" nach den Instruktionen der Ritenkongregation richteten, während diejenigen von Triest und Veglia, die, wie der Nuntius sich ausdrückte „in der Nichtbefolgung" des Dekretes gemeinsame Sache machten, mit ihrem „passiven Widerstand" weiteres Durcheinander in den betreffenden Fragen in der ganzen Region hervorriefen[37].

In den letzten Jahren seines Episkopats stellte sich Msgr. Sterk in der Tat immer deutlicher auf die Seite der slawischen Gläubigen in seinem Bistum. Auf der anderen Seite kam es tatsächlich zu einem Fall der so sehr befürchteten Abspaltung von der katholischen Kirche. Für eine kurze Zeit trat der Ort Ricmanje (bei Triest) aus lokalpolitischen Gründen zur russisch orthodoxen Kirche über und unterstellte sich der geistlichen Jurisdiktion des orthodoxen Bischofs von Crisio[38]. Erst 1909 konnte diese Abspaltung, die komplexe Hintergründe hatte und in vieler Hinsicht vollkommen ungewöhnlich war – bisher hatte es nur Übertritte von der orthodoxen zur katholischen Kirche gegeben –, wieder rückgängig gemacht werden. Mit dieser Abspaltung, die dem Nachfolger Sterks, Msgr. Nagl einige Schwierigkeiten bereitete, befaßte sich die Kongregation für außerordentliche kirchliche Angelegenheiten in einer Vielzahl von Sitzungen[39]. Die ganze Angelegenheit machte deutlich, daß tatsächlich die Gefahr bestand, daß sich vergleichbare Fälle wiederholen würden, was sich auch in einigen Pfarrgemeinden andeutete. Außerdem legte sie die Zähigkeit, mit der die slowenischen Gläubigen ihre Ziele verfolgten und nicht einmal vor einem offenen Bruch mit ihren Kirchenoberen zurückschreckten, offen zutage und ließ den ständig wachsenden Einfluß der slowenischen Liberalen auf die eigene nationale Bewegung erkennen.

Schwierigkeiten des Umgangs und der richtigen Entscheidungsfindung ergaben sich für die oberste kirchliche Führung im Vatikan nicht nur gegenüber den slawischen Gläubigen im Küstenland selbst. Vielmehr war es die gesamte Dynamik des in verschiedenen Regionen der Habsburgermonarchie immer heftiger werdenden Nationalismus, der dem Vatikan Probleme bereitete. So mußte sich beispielsweise die Kongregation für außerordentliche kirchliche Angelegenheiten im Verlauf des Jahres 1899 mit der in Entstehung begriffenen „Los-von-Rom"-Bewegung der Abgeordneten Schönerer und Wolf beschäftigen, in der

---

Vater" sich die Ehre gebe, die Kopien zusenden zu lassen, unter der Bedingung, daß sie im Geheimen Archiv abgelegt würden (vgl. ebd., ff. 119, 126, 134-136).

37 Vgl. AES, Austria-Ungheria, 1898-1899, fasc. 358, ff. 77-78; Brief vom 13. April 1899.

38 Vgl. *P. Blasina*, Santa Sede, vescovi e questioni nazionali, S. 491-498.

39 Vgl. AES, Austria-Ungheria 1878-1903. Zur Information sei hier auf einige Bestände des Archives der Kongregation für außerordentliche kirchliche Angelegenheiten verwiesen sowie auf einzelne Sitzungen, auf denen das Problem der Abspalung von Ricmanje debattiert wurde: pos. 863 und fasc. 391, pos. 864 und fasc. 391 bis, pos. 899 und fasc. 402 (sessione 952 II, 10. April 1902), pos. 921 und fasc. 407-408 (sessione 1012 vom 27. August 1903). Viele Quellen über die weitere Entwicklung der Angelegenheit finden sich in ASV, SS, 1909, r. 283, fasc. 4, ff. 3-105.

religiöse und konfessionelle Beweggründe in Wirklichkeit nur die politischen und nationalen Motivationen überdeckten und die in ihrer Ausrichtung auf das Deutschtum die deutsch-österreichische Hegemonie im Vielvölkerstaat zu stärken versuchte.

Das Gewicht und die spaltende Kraft der nationalen Gegensätze wurden immer stärker spürbar und der Kirche gelang es nicht, sich von diesen Tendenzen fernzuhalten oder zwischen den verschiedenen Parteien zu vermitteln. Der Klerus war inzwischen stark daran beteiligt, dem „Idol" des jeweiligen nationalen Geistes zu huldigen, dem vielfach die kirchlichen Interessen untergeordnet wurden. So ließen beispielsweise einige Antworten der Erzbischöfe von Breslau, Wien, Prag und Salzburg über die „Los-von-Rom"-Bewegung derartige Haltungen erkennen. Auch in einigen dieser Gebiete, wo ebenfalls verschiedene Nationalitäten zusammenlebten, zeichnete sich ein in vieler Hinsicht der Situation im Küstenland vergleichbares Bild ab: auf der einen Seite stand ein im Verhältnis zur Anzahl der Gläubigen stärkerer und geschlossener auftretender slawischer Klerus, dessen Gläubige offensichtlich kirchentreuer als die Deutschen waren und der auch von einigen Bischöfen unterstützt wurde, und auf der anderen Seite ein geschwächter deutscher Klerus, dem es immer weniger gelang, auf seine Gläubigen einzuwirken, und der sich einem fortschreitenden Rückgang der Religiosität gegenübersah, wozu auch die staatlichen Kirchengesetze beigetragen hatten, welche mittlerweile die Heranbildung eines festen katholischen Bewußtseins unmöglich machten[40].

Mit Sterks Tod zu Anfang des Jahrhunderts wurde der langjährigen Aufeinanderfolge von Slowenen und Kroaten auf dem Bischofsstuhl von Triest ein Ende gesetzt. Zwischen dem Vatikan und dem Nuntius in Wien bestand bezüglich der Wahl des Nachfolgers ein klarer Gegensatz: während der Heilige Stuhl einen Kandidaten wünschte, der der slawischen Sprachen mächtig sein sollte, forderte Msgr. Taliani das genaue Gegenteil für diese Stadt, die, wie er schrieb „seit mehr als 50 Jahren in verheerender Weise unter einer fanatisch und leidenschaftlich slawischen Kirchenleitung leidet"[41].

Nach längerem hin und her fiel die Wahl schließlich auf einen neutralen Kandidaten, den Deutschösterreicher Msgr. Nagl. Seine Tätigkeit war ganz auf den Versuch ausgerichtet, die Kirche von den Gegensätzen, die die Einheit der Gläubigen zersetzten, fernzuhalten und sie aus den Nationalitätenkämpfen herauszuhalten. Um dies zu erreichen, mußte, entsprechend den Prinzipien der Gehorsamspflicht des gesamten Klerus gegenüber dem Bischof und in voller Anwendung der Dekrete des Heiligen Stuhls – die der Vorgänger nur nach Gutdünken beachtet hatte –, vor allem die heilige bischöfliche Autorität wiederhergestellt werden. Diese Bemühungen des Bischofs zeitigten gute Ergebnisse. Seine Mahnungen zu Gehorsam und zur Wiederherstellung der hierarchischen

---

[40] Vgl. AES, Austria-Ungheria, 1898-1900, fasc. 367 (s. dort insbesondere den Bericht des Bischofs von Breslau, ff. 106-108v). Ich möchte hier Herrn Prof. Giovanni Miccoli danken, der mir diese Dokumente freundlicherweise hat zukommen lassen.

[41] Vgl. ASV, SS, 1902, r. 247, fasc. 2, ff. 172-173.

Ordnung paßten im übrigen gut in das Gesamtklima, welches in der Haltung des Vatikans gegenüber der krisenhaften modernen Gesellschaft herrschte. Noch enger wurde die Anbindung an den Heiligen Stuhl nach dem Amtsantritt Pius' X., was auch mit dessen objektiver Abkehr von der wohlwollenden politischen Linie Leos XIII. gegenüber den südslawischen Völkern zusammenhing.

Die strenge Durchsetzung der Beschlüsse des Vatikans und insbesondere des letzten Dekretes von 1906, welches neben einigen anderen Einschränkungen ein klares Verbot jeglicher weiterer Abänderung der Liturgie vorsah, bedeutete also eine eindeutige Wende in der triestinischen Kirchenpolitik. Durch die strenge Anwendung der Vorschriften und bald darauf die Bestätigung der Zugehörigkeit des Bistums zum lateinischen Ritus durch ein Dekret (1909) erreichte die nationalliberale Partei in gewissem Sinne das Ziel, auf das sie mit so viel Polemik hingearbeitet hatte. Es ist kein Zufall, daß die vielen Gegensätze in praktischen Fragen, die zwischen Kirche und Stadtverwaltung bestanden hatten, nun gelöst werden konnten. Insgesamt gelang es also, die Kirche von dem Image zu befreien, sie identifiziere sich vollkommen mit der slowenischen und kroatischen Bevölkerung.

Durch die Bemühungen des Bischofs, den politischen Einfluß der italienischen katholischen Bewegung zu stärken und sie aus der Unterlegenheit gegenüber den führenden liberalen Kräften herauszuführen, verschoben sich die Auseinandersetzungen auf die politisch-soziale Ebene. Das gleiche Ziel strebte der Bischof auch gegenüber den Slowenen an, indem er sich darum bemühte, das Bündnis zwischen Katholiken und Liberalen in der slowenischen Vereinigung „Edinost" zu zerbrechen. Seine Pläne konnten zwar nicht in vollem Umfang verwirklicht werden, denn die Berufung des Bischofs zum Erzbischof von Wien verhinderte die Fortsetzung dieser Politik, insbesondere in der Stadt Triest selbst; doch das Ergebnis der Reichstagswahl von 1907, in der es gelang, für den Wahlbezirk des nordwestlichen Istrien immerhin einen katholischen Abgeordneten zu entsenden, ist nicht zu unterschätzen[42].

Bei den Bischofsernennungen in Triest zwischen 1910 und 1911 und in Parenzo-Pula 1913 trat erneut das alte Problem auf, Kandidaten zu finden, die auch hinsichtlich der nationalen Gegensätze geeignet wären. Unerwarteterweise wurde mit Msgr. Karlin in Triest wieder ein slowenischer Bischof eingesetzt. Der Plan des Vatikans, mit dem die Wiener Regierung vollkommen einverstanden war, den Italiener und Rektor des Görzer Priesterseminars, Msgr. Castelliz, zu ernennen, ließ sich, obwohl der Papst persönlich mehrfach eingriff, nicht durchsetzen. Seine Weigerung begründete der Kandidat neben persönlichen Motiven vor allem mit Klagen von seiten liberaler Kreise aus Laibach, die sich gegen seine Ernennung wehrten[43].

---

[42] Zum Episkopat des Bischofs Nagl vgl. *C. Valdevit*, Chiesa e lotte nazionali, S. 212 ff.

[43] Alle Dokumente über die Nachfolge Nagls befinden sich in: ASV, SS, 1911, r. 283, fasc. 2, ff. 42-119.

Was Parenzo betrifft, so wurde, obwohl sich der Kandidat Pederzolli in nationalen Fragen als eindeutig neutral erwies, mit ihm nicht mehr als eine „gute Mittelmäßigkeit“ erreicht, wie der Nuntius es ausdrückte. Auch konnte Pederzolli die im politischen Leben aktiven italienischen Katholiken, die von ihrem Bischof eine energische Unterstützung der Katholischen Aktion erwarteten, nicht hinter sich bringen. Vielmehr kam die Wahl dieses eher schwachen und der weltlichen Macht ergebenen Bischofs den Interessen der Statthalterei in Triest entgegen[44].

Auch in Triest war mit Msgr. Karlin wieder ein in nationalen Fragen zurückhaltender Prälat zum Bischof erhoben worden, der sich aber im Gegensatz zu seinem Vorgänger auf dem Gebiet der politisch-sozialen Mobilisierung seiner Gläubigen nicht engagierte. In dieser Hinsicht bedeutete seine Einsetzung also einen Rückschritt. In den wieder aufflammenden nationalen Spannungen begann daraufhin der italienische organisierte Katholizismus erneut, für die Verteidigung des italienischen Charakters der Stadt einzutreten, nahm also wieder eine Haltung ein, die sich im Grunde von den Auffassungen des nationalliberalen Blocks nicht unterschied. Und die Nationalliberalen ihrerseits ließen sich nicht davon abhalten, wieder mit den alten Kampfparolen gegen den Bischof und den slowenischen und kroatischen Klerus vorzugehen. Der Weltkrieg schien dann unter den Katholiken die dynastischen Bindungen und den Zusammenhalt in gemeinsamer Waffenbrüderschaft wieder zu stärken. Zugleich nahm im kirchlichen Leben die Frömmigkeit wieder stark zu.

Doch diesen Vortrag wird man nicht abschließen können, ohne nicht kurz auf die Nachkriegssituation einzugehen. Die neue staatliche Einteilung des Gebietes bedeutete unter nationalitätenpolitischem Gesichtspunkt eine vollkommene Verkehrung der Situation. In der Tat fehlte es nicht an reinen Revancheakten, wie der Festnahme des Msgr. Mahnič und seiner Entfernung von seinem Bischofsstuhl. Ebenso zwangen die heftigen Angriffe der Triestiner Militärverwaltung gegen Karlin diesen binnen eines Jahres zum Rücktritt[45].

Heftig war der Druck auf solche slawischen und italienischen Priester, denen „Österreichfreundlichkeit“ vorgeworfen wurde. Die exponiertesten unter ihnen wurden am stärksten angefeindet und offene Rechnungen aus der Kriegszeit wurden nun beglichen. Doch gegenüber Slowenen und Kroaten, wird man, so scheint mir, sagen müssen, daß es sich hierbei um Anfeindungen handelte, die den Klerus in seiner Gesamtheit zur Zielscheibe erhoben. Dieser wurde *sic et simpliciter* als Faktor der Slawisierung angesehen und als solcher angegriffen und bekämpft. Insofern schien die nationalliberale Politik der vergangenen 30 Jahre ihr Ziel erreicht zu haben, nämlich die Kirche der eigenen politischen Linie zu unterstellen und sie zu einer Besinnung auf ihre Latinität zu veranlas-

[44] Vgl. ASV, SS, 1913, r. 283, fasc. 12, ff. 118-127.

[45] Vgl. *G. Valdevit*, Chiesa e lotte nazionali, S. 272 ff. und *P. Blasina*, Santa Sede, clero e nazionalità al confine orientale 1918-1920. Note e documenti, in: Qualestoria, XXI (1993), S. 29-50.

sen, die nur allzu leicht gleichbedeutend sein konnte mit Italianität und schließlich mit Italianisierung der Gläubigen.

Wie schon in den vorausgehenden Jahren wurden nun weitere Grundlagen für die Entnationalisierungspolitik gegenüber der slowenischen und kroatischen Bevölkerung gelegt, auf der dann der Faschismus aufbaute. Das Verdienst späterer – dieses Mal der italienischen – Bischöfe, insbesondere von Msgr. Bartolomasi und Msgr. Fogar, war es, sich darum bemüht zu haben, diese Tendenz zu bekämpfen und aufzuhalten.

Goethe, Bebel und Zola – Lehr- und Wanderjahre des Straßburger Sozialisten Jacques Peirotes (1869-1935) im katholischen Europa

Von Stefan Fisch

Jacques Peirotes wurde im Jahre 1869, noch unter dem *Second Empire* des Kaisers Napoleon III., in Strasbourg als Sohn eines Schreiners geboren[1]. Im 1870/71 deutsch gewordenen Straßburg hat er die deutsche Volksschule besucht und dann in einer Zeitungsdruckerei das Handwerk eines Schriftsetzers gelernt. Wie so viele später führende Männer der deutschen Arbeiterbewegung[2] wurde Peirotes in seinen Wanderjahren als junger Handwerksgeselle, die ihn vor allem durch das katholische Europa führten, erst mit den Ideen der Gewerkschaftsbewegung und dann auch mit denen des Sozialismus vertraut. Um die Jahrhundertwende hat er seine journalistische und politische Karriere im elsässischen Landesverband der deutschen Sozialdemokratie begonnen und sie nach dem Ersten Weltkrieg bei den französischen Sozialisten fortgesetzt. Hier soll zunächst diese Karriere und die Bedeutung des elsässischen Politikers Peirotes kurz dargestellt werden; darauf folgt die Vorstellung seiner handschriftlichen Memoiren als wichtiger Quelle, aus denen schließlich das Werden der Persönlichkeit des jungen Peirotes unter vier Aspekten herausgearbeitet werden soll, nämlich

1. der Bedeutung der katholischen Religion und Kirche für Peirotes als geistige Alternative zum Sozialismus,

2. den Hindernissen im deutschen Elsaß für sein Bildungsstreben,

3. der Etappen seines persönlichen Weges zum Gewerkschaftler und dann zum Sozialisten in der österreichischen Arbeiterbewegung und

---

[1] Zu seiner Biographie vgl. Encyclopédie d'Alsace, 10, Strasbourg 1985, S. 5905-5908 sowie *J.-C. Richez / L. Strauss / F. Igersheim / S. Jonas*, Jacques Peirotes et le socialisme en Alsace, 1869-1935, Strasbourg 1989. Für wertvolle Hinweise danke ich Herrn Dr. Peter Urbanitsch von der Kommission für die Geschichte der Habsburgermonarchie bei der Österreichischen Akademie der Wissenschaften in Wien und Herrn Dr. Hans Heiss, früher Stadtarchiv Brixen, jetzt Südtiroler Landesarchiv Bozen.

[2] In der Führung der SPD gab es einen hohen Anteil von gelernten Handwerkern, die fast alle auch gewandert waren, darunter Wilhelm Keil, Paul Löbe und Carl Severing auch im Ausland; *J. Loreck*, Wie man früher Sozialdemokrat wurde. Das Kommunikationsverhalten in der deutschen Arbeiterbewegung und die Konzeption der sozialistischen Parteipublizistik durch August Bebel (Schriftenreihe des Forschungsinstituts der Friedrich-Ebert-Stifftung, 130), Bonn 1977, S. 142-143.

4. schließlich seinem vor allem in Brixen geschärften Blick von außen auf das Elsaß zwischen Deutschland und Frankreich.

Nach seiner hier im Mittelpunkt stehenden Wanderschaft wurde der Schriftsetzer Peirotes 1901, im Alter von 32 Jahren, hauptberuflicher Redakteur der Straßburger sozialdemokratischen Tageszeitung „Freie Presse". Als Vertreter der SPD war er in der kommunalen Selbstverwaltung von Straßburg von 1902 bis 1908 und dann wieder ab 1914 als gewählter Gemeinderat tätig. 1911 wurde er als Abgeordneter von Straßburg in die zweite Kammer des durch die Verfassung von 1911 neu geschaffenen Landtags von Elsaß-Lothringen gewählt und seit 1912 war er für den Wahlkreis Colmar Abgeordneter im Deutschen Reichstag. Beide Abgeordnetenmandate übte er bis zum Ende der deutschen Monarchie 1918 aus; im Ersten Weltkrieg wurde er dabei im Frühjahr 1915 von den Militärbehörden durch Anweisung eines Zwangswohnsitzes in der preußischen Provinz Hannover behindert.

Bei der Parlamentarisierung der Landesverfassung von Elsaß-Lothringen im Oktober 1918 sollte Peirotes in die von dem katholischen Zentrumspolitiker Karl Hauß als Staatssekretär geführte Landesregierung als Unterstaatssekretär für Handel und öffentliche Arbeiten eintreten; angesichts der Kriegslage lehnte die SPD-Landtagsfraktion jedoch eine Regierungsbeteiligung ab[3]. Schon vor dem Waffenstillstand am 11.11.1918 begann in Straßburg in der Nacht vom 9. auf den 10.11.1918 die deutsche Novemberrevolution. Sie wurde ausgelöst durch Kieler Matrosen, die in ihre Heimat im Elsaß zurückkehrten, aber auch durch Soldaten des in Straßburg stationierten Sanitätsbataillons[4]. Der Elsässer und Sozialdemokrat Peirotes wurde am Sonntag, dem 10.11.1918, von den in der Stadt anwesenden 25 der insgesamt 36 im Jahre 1912 gewählten Gemeinderäte bei zwei Gegenstimmen zum neuen Bürgermeister von Straßburg gewählt. Dieses Amt war unbesetzt, seitdem der linksliberale Bürgermeister Dr. Rudolf Schwander am 18.10.1918 zurückgetreten war, um im Zuge der Parlamentarisierung der Landesverfassung das Amt des Kaiserlichen Statthalters zu übernehmen[5].

Einen Tag nach dem Waffenstillstand schlossen sich die elsässischen und lothringischen Abgeordneten des Landtags ohne die Altdeutschen am 12.11.1918

[3] Der Mülhauser Abgeordnete Jean Martin hielt in seinem Taschenkalender unter dem 29.10.1918 das Ergebnis dieser Abstimmung in der SPD-Landtagsfraktion fest; sie lehnte den Eintritt in die Regierung mit 8 gegen 2 Stimmen ab, diese beiden Stimmen kamen von den aus Baden stammenden Abgeordneten Böhle und Emmel; Mulhouse, Archives Municipales, 40 TT 6 (Fonds Jean Martin), Agenda 1918.

[4] Eine wichtige Quelle dazu die Berichte der von Dr. Pierre Bucher, bis zum Kriegsausbruch 1914 Führer der pro-französischen Kulturbewegung im Elsaß, geleiteten militärischen Geheimdienststelle; Vincennes, Service Historique de l'Armée de Terre, 16 N 1312 [Service de Renseignements de Belfort]; dieselben Nachrichten auch in den Papieren des britischen Verbindungsoffiziers General Spears, ebd., 7 N 680 [Résumés des renseignements parvenus dans les 24 heures].

[5] Strasbourg, Archives Départementales du Bas-Rhin (ADBR), AL 87 (3493) [Gemeindeverwaltung der Stadt Straßburg 1906-1918]; ebd., D 109 (250) [Bürgermeister und Beigeordnete der Stadt Straßburg II, 1913-1918].

im neuen, revolutionären Gremium des „Nationalrats von Elsaß-Lothringen" zusammen. Der Nationalrat erklärte sich für *souverain* und beschloß, in Permanenz zu tagen[6]. Mit ihrem revolutionären Anspruch auf das vom amerikanischen Präsidenten Wilson proklamierte Recht auf Selbstbestimmung stellten sich damit die elsässischen und lothringischen Politiker neben die autoritätszertrümmernde Revolution der Matrosen und Soldaten und der Arbeiter- und Soldatenräte, waren dabei jedoch durchaus uneins, was die Zukunft anging. Teils erstrebten sie die Unabhängigkeit und Neutralität ihres Landes als Pufferstaat an der Grenze zwischen Frankreich und Deutschland, teils erhofften sie nach 48-jähriger Bedrängnis unter preußisch-deutscher Herrschaft nichts sehnlicher als die Rückkehr zu Frankreich.

Peirotes wurde im Verwaltungsausschuß des Nationalrats, der die Aufgaben der Landesregierung übernahm, zuerst Mitglied ohne Portefeuille und dann bald Präsident. Damit wurde er zum interimistischen Regierungschef des deutschen Landes Elsaß-Lothringen – und setzte sich in dieser Position ebenso wie in der des Bürgermeisters der Landeshauptstadt mit aller Kraft dafür ein, einen reibungslosen Übergang des Landes an Frankreich zu sichern. Diese Zwischenphase war gerade in Straßburg so – relativ – lang, weil gemäß dem Waffenstillstandsabkommen die französische Armee in die Hauptstadt Strasbourg erst zuletzt, am 22.11.1918 einmarschieren sollte, um bis dahin den deutschen Soldaten und den aus Altdeutschland stammenden Beamten Zeit zum Räumen des Landes zu geben.

Bevor der *Président de la République* Poincaré und der *Président du Conseil* Clemenceau im Dezember 1918 zu ihrem ersten offiziellen Besuch nach Strasbourg kamen, löste die neue französische Verwaltung den gewählten Gemeinderat aus deutscher Zeit auf und ernannte an seiner Stelle eine interimistische *Commission Municipale.* Peirotes wurde am 1.12.1919 als „Bürgermeister" abgesetzt; zugleich wurde er in die neue *Commission Municipale* berufen, aber nur als deren *Vice-Président.* Zu ihrem *Président,* also *de facto* zum neuen Bürgermeister, ernannten die französischen Behörden einen Straßburger Notablen aus der *haute bourgeoisie,* den Konservenfabrikanten Ungemach. Er hatte auf französischer Seite noch den Krieg von 1870/71 und die zerstörerische Belagerung von Strasbourg miterlebt; seine Nominierung konnte patriotische Erinnerungen wecken. Ungemach hatte aber auch, wie Denunzianten bald zu wissen glaubten, mit seiner Firma im deutschen Straßburg am Krieg von 1914-1918 kräftig verdient.

Obwohl die französischen Behörden anfänglich eine Entscheidung für einen Vertreter der Sozialisten, die in Paris in der Opposition standen, vermieden hatten, ernannten sie dann doch im Frühjahr 1919 Peirotes zum *Président de la Commission Municipale.* Dazu hatte sicherlich auch beigetragen, daß er inzwischen seine schon immer recht internationalistisch und kirchenfern eingestell-

---

[6] Vgl. den Bericht des pro-französischen Zentrumsabgeordneten *J. Pfleger,* Le Conseil national, in: *E. Wetterlé / C. Fischer* (Hrsg.), Notre Alsace. Notre Lorraine, 2 Bde., Paris 1919-20, II, S. 255-260, hier S. 258.

ten elsässischen Parteifreunde auf den Kurs der völligen Integration des Landes in die *République Française* eingeschworen hatte. Dagegen bekämpfte der politische Katholizismus im Elsaß als Hauptgegner der Sozialisten erbittert die völlige Anpassung des Landes an das französische Prinzip der *Séparation*, der strikten Trennung von Kirche und Staat, das seit den Gesetzen von 1905 zur Laisierung des öffentlichen Lebens fast in Verfassungsrang stand.

Die ersten Gemeindewahlen fanden in Strasbourg erst mehr als ein Jahr nach der Rückkehr der Stadt an Frankreich statt, im Dezember 1919. Jacques Peirotes kam als erfolgreicher Kandidat der „Socialistes Français de l'Internationale Ouvrière" (SFIO) in den *Conseil Municipal*, den neuen Gemeinderat; der wählte ihn dann zum ersten französischen *Maire* von Strasbourg seit 1870. Bis 1929 blieb er in diesem Amt an der Spitze der Stadt Strasbourg; von 1924 bis 1932 war er auch *Député* in der Pariser Abgeordnetenkammer. Seit dem Frühjahr 1919 hatte er sich im Alltag der städtischen Verwaltungsarbeit von seiner deutschen Muttersprache abgewandt und war zum Französischen gewechselt, obwohl ihm das nicht ganz leicht fiel.

Schon als gewählter *Maire* und dann vor allem als *Député* setzte sich Peirotes aber dafür ein, im Rahmen des französischen Zentralstaats bestimmte deutsche Verwaltungsprinzipien und Institutionen im Elsaß beizubehalten, die aus der Sicht der sozialistischen Großstadtverwaltungen vorteilhaft waren[7]. Besonders intensiv kämpfte er für das Fortbestehen der kommunalen Selbstverwaltung nach deutschem Verständnis, die 1895 das elsaß-lothringische Landesgesetz über die Gemeindeordnung geschaffen hatte. Seitdem hatten die größeren Städte des Landes gerade im sozialen Bereich viel mehr Befugnisse und viel mehr Geldmittel als die restriktive französische *Loi municipale* von 1884 den innerfranzösischen Städten zugestanden hatte. Das war in der Praxis von herausragender Bedeutung für den kommunalen Wohnungsbau, die präventive Sozialhygiene oder die verschiedenen gemischtwirtschaftlichen Unternehmungen. Die Stadt Straßburg konnte so nach der Jahrhundertwende unter dem linksliberalen Bürgermeister (1906-18) Dr. Rudolf Schwander sozialpolitisch in eine Führungsrolle unter den sowieso sehr modern verwalteten Großstädten des deutschen Kaiserreichs hineinwachsen. Peirotes gelang es als *Maire*, nach der Rückkehr des Landes zu Frankreich vieles davon fortzusetzen und ein wenig weiterzuentwikkeln; vor allem aber verteidigte er in zäher Abwehr des Pariser Zentralismus gemeinsam mit seinen Kollegen aus den anderen größeren Städten des Elsaß die deutsche Konzeption von „Selbstverwaltung" als „autonomie communale vraiment démocratique"[8]. Als Politiker einer Arbeiterpartei kämpfte Peirotes

---

[7] Vgl. z.B. die große Rede von Peirotes am 7.2.1929 in der *Chambre des Députés* gegen Poincarés Plan zu einem Ausnahmegesetz gegen die elsässische Autonomiebewegung, gekürzt bei *J.-C. Richez u.a.*, Jacques Peirotes, S. 198-208.

[8] So initiierte die *Ville de Strasbourg* die *Résolution* der *Maires* der großen Gemeinden in *Alsace-Lorraine* vom 21.7.1923; Strasbourg, ADBR, D 280 (paquet 1, dossier 2) [Introduction de la Loi Municipale de 1884 I, 1921-35]; zum weiten Handlungsspielraum der *Ville Providence* im Elsaß vor allem nach 1918 siehe jetzt *A. Wahl / J.-C. Richez*, La vie quotidienne en Alsace entre France et Allemagne, 1850-1950, Paris 1993, S. 199-213.

zudem dafür, daß die Bismarcksche Sozialversicherung nicht abgeschafft wurde, durch die die meisten elsässischen Arbeiter obligatorisch gegen die Risiken von Krankheit, Unfall, Invalidität und Alter gesichert waren – anders als ihre Kollegen in Frankreich, wo noch immer das Prinzip der Freiwilligkeit vorherrschte, weshalb sich nur eine Arbeiter-Aristokratie von Gut-Verdienenden gegen diese Risiken versicherte.

Die kommunale Selbstverwaltung und die Sozialversicherung waren deutsche Institutionen, die Peirotes im französischen Staat für das Elsaß erhalten wollte, dazu wollte er noch – anders als in deutscher Zeit – eine gemäßigte Zweisprachigkeit in Schule und Justiz. Neben dem allgemeinen Recht des französischen Zentralstaats sollte im Elsaß und dem lothringischen *Département* Moselle ein gewisses regionales Sonderrecht bestehen bleiben, das heute so genannte „droit local alsacien-mosellan". Peirotes war ein gemäßigter Assimilationist; er war nicht prinzipiell für ein elsässisches Sonderrecht, wo immer es Besonderheiten aus deutscher Zeit gab. Als Antiklerikaler wollte er durchaus den erst relativ jungen Laizismus der *République Française* auf das Elsaß ausdehnen, wo das von der deutschen Regierung nicht angetastete napoleonische *Concordat* von 1801 noch immer Kirche und Staat eng miteinander verband – und bis heute verbindet[9].

Diese Beibehaltung des *Concordat* nach 1918 schien freilich den unbedingten Assimilationisten aus jakobinisch-zentralistischer Tradition besonders unerträglich. Als 1924 das *Cartel des Gauches* die französischen Parlamentswahlen gewonnen hatte, kündigte Edouard Herriot als neuer *Président du Conseil* der Linken in seinem Regierungsprogramm die Einführung der vollständigen *Séparation* im Elsaß nach dem Modell der französischen Gesetze von 1905 an. Nun wurde die inzwischen angesichts einer französisierenden Sprachpolitik, aber auch einer verschlechterten Wirtschaftslage gewachsene elsässische Unzufriedenheit in einer zuerst stark katholisch geprägten Autonomie- und Heimatrechtsbewegung politisiert. Als später auch noch die elsässischen Kommunisten, deren Partei sich in Frankreich 1920 von den Sozialisten abgespalten hatte, in dieses Lager der Verteidiger deutscher Sprache und Institutionen im Elsaß übergingen, verloren die durch Peirotes auf Frankreich, seinen Laizismus und weitgehend auch seinen Zentralismus festgelegten Sozialisten zunehmend ihre Stammwählerschaft unter den weiterhin elsässischen Dialekt sprechenden Arbeitern. Peirotes mußte nach den Gemeindewahlen 1929 das Bürgermeisteramt von Strasbourg an den autonomistischen Kommunisten Charles Hueber abgeben, den er selbst im Jahre 1910 als Parteisekretär der elsaß-lothringischen SPD eingestellt hatte[10]. Aus gesundheitlichen Gründen verzichtete Peirotes dann bei

---

[9] Einige Beispiele dafür sind die Erteilung von Religionsunterricht in den elsässischen Schulen, die Existenz zweier staatlich finanzierter Theologischer Fakultäten an der Université des Sciences Humaines de Strasbourg und das dem *Président de la République* als einzigem Staatsoberhaupt der Welt verbliebene Privileg, an Stelle des Papstes formell die Bischöfe der Diözesen Strasbourg und Metz zu ernennen.

[10] Bewerbungsschreiben Huebers vom 4.11.1909, Strasbourg, Archives Municipales de la Ville de Strasbourg, Archives Administratives, Fonds Peirotes, paquet 7 [1905-09];

den Parlamentswahlen 1932 darauf, seinen Sitz in der Abgeordnetenkammer zu verteidigen.

Seit Anfang 1934 bis zu seinem Tod im September 1935 schrieb Peirotes an seinen Memoiren; er hat dabei eine differenzierte Beschreibung seiner Kindheit und der ihn prägenden Jahre als Jugendlicher und junger Erwachsener fertigstellen können; die Jahre seines Mitwirkens an der großen Politik im Elsaß fehlen jedoch in diesem Text. Seine Memoiren stellen dennoch eine erstrangige Quelle dar für die Ambivalenzen und Weichenstellungen, von denen das Heranwachsen eines elsässischen Sozialisten im deutschen Kaiserreich geprägt war.

Peirotes hat diesen Memoiren selbst den Titel „Aus meinem Leben. Erinnerungen eines elsässischen Sozialisten. 1934" gegeben; sie sind noch kaum bekannt und weitgehend unveröffentlicht[11]. Peirotes hat sie in deutscher Sprache verfaßt; er hat sie mit der Hand auf lose Blätter geschrieben; sparsam hat er dazu die leere Rückseite von bedruckten Papieren benutzt, z.B. von Stimmzetteln seiner Partei[12]. Die „Archives Municipales de Strasbourg" (Stadtarchiv Straßburg) verwahren seit einigen Jahren dieses Manuskript. Es besteht aus mehr als einem Dutzend Kapiteln; ihre richtige Reihenfolge ist die folgende [erläuternde Ergänzungen in Klammern, S.F.][13]:

„Titel, Widmung und Vorwort,
Kinderjahre,
Schuljahre,
Lehrjahre [Straßburg, 1883-87],
Als Jünger Gutenbergs [Straßburg, 1887],
Wanderjahre: Zu Fuß durch Süddeutschland [Baden, Württemberg, preußisches Frankfurt und preußische Rheinprovinz, 1887],

---

Zustimmung des SPD-Vorsitzenden Ebert vom 23.2.1910, ebd., paquet 8 [1910-13], abgebildet bei *J.-C. Richez u.a.*, Jacques Peirotes, S. 38. Der Nachlaß von Peirotes, darunter seine Memoiren, wird wie folgt abgekürzt zitiert: Strasbourg, AMS, Fonds Peirotes; es folgt die Nr. des paquet oder bei den Memoiren der Titel (‚Aus meinem Leben') und eine Kurzfassung der Kapitelüberschrift.

11 Kurze Auszüge daraus hat François Igersheim in dem Sammelband von *J.-C. Richez u.a.*, Jacques Peirotes, der erstmals den Nachlaß von Jacques Peirotes erschloß, auf französisch in dem Abschnitt „A la rencontre du socialisme", S. 16-24 sowie auf deutsch (unter Mitwirkung von Michel Hartmeier) in dem Abschnitt „Autobiographie", S. 172-183 veröffentlicht; diese Auszüge betreffen hauptsächlich die Grundsatzentscheidung von Peirotes für den Sozialismus als feststehendes Ergebnis, nicht so sehr seinen Weg dorthin. – Die ebd., S. 25 abgedruckte Karte verkürzt den tatsächlichen Verlauf der Wanderungen von Peirotes erheblich; es fehlen Frankfurt, die Schweiz (Berner Mittelland, Interlaken und Luzern), München, die bayerischen Alpen (Neuschwanstein und Oberammergau), Budapest und Lüttich.

12 In Frankreich gibt es nicht wie heute in Deutschland amtliche Stimmzettel, auf denen der Wähler durch Ankreuzen unter allen Kandidaten aller Parteien wählt, sondern jede Partei druckt auf ihre Kosten Stimmzettel nur mit dem Namen ihres Kandidaten, die zusammen mit denen der anderen Parteien im Wahllokal ausliegen; der Wähler wählt, indem er einen dieser Zettel in den amtlichen Wahlumschlag steckt.

13 Strasbourg, AMS, Fonds Peirotes, paquets 48-66; die Kapitel liegen innerhalb dieser zum Teil nicht numerierten paquets nicht in der richtigen Reihenfolge.

Wieder zu Hause [Straßburg, 1888-89],
In der Fremde und doch zu Hause [Colmar, 1889-90],
Auf Schusters Rappen über die Schweiz nach Bayern und Tirol [1890],
Im deutschen Rom [Brixen, 1890-91],
Dritte Wanderfahrt: Von Brixen nach Graz über Salzburg [1891],
Vom Sympathisierenden zum *Militant* [Graz, 1891-92],
Über Budapest nach Wien [1893],
Rot geschmiedet im kaiserlichen Wien [1893],
Ruhepause im Schatten des Münsters [Straßburg 1893-94],
Vier Monate im Letzeburjer Land [Luxemburg, 1894],
Vom Großherzogtum ins Königreich [Luxemburg und Belgien; unvollständig, enthält zusätzlich einen Bericht über Paris und Straßburg, 1894-98]".

Die außerdem erhaltenen Aufzeichnungen „Im Dienste der Stadt Straßburg. Ein kommunalpolitischer Rückblick" [unvollständig, bis zu den Gemeindewahlen 1896] und „Aus meiner Festungszeit" [Haft in der Festung Straßburg, 1905][14] sind wohl eine Art Materialsammlung für nicht mehr geschriebene Teile der Memoiren gewesen.

Beim nachträglichen Beschreiben seiner Wanderschaft hat sich Peirotes auf seine Reisetagebücher gestützt, die aber anscheinend nicht mehr erhalten sind; er las sie neu, faßte sie zusammen und kommentierte sie dabei, und manchmal setzte er sich auch kritisch mit ihrem Text, also mit sich selbst als jungem Mann, auseinander; diese Reflektiertheit gibt seinen Memoiren einen besonderen Wert. Peirotes fühlte sich als ein verhinderter Historiker. Als über 40-jähriger Parteifunktionär zählte er zu den Hörern der ersten im Rahmen der „Volkstümlichen Hochschulkurse" an der Kaiser-Wilhelm-Universität Straßburg durch Hermann Bloch[15] und Fritz Kiener[16] gehaltenen landesgeschichtlichen[17] Vorlesungen;

---

[14] Strasbourg, AMS, Fonds Peirotes, paquet 30 [Divers]; vom 5.7.1905 bis 5.11.1905 mußte Peirotes wegen Majestätsbeleidigung gegenüber dem König von Sachsen vier Monate Festungshaft in Straßburg verbüßen; vgl. zu Prozeß und Haft *P. Bourson*, Jacques Peirotes. Quelques souvenirs, in: La vie en Alsace, 1935, S. 217-223.

[15] Eigenhändige Mitschriften der Vorlesung Blochs im Wintersemester 1903 durch Peirotes finden sich in Strasbourg, AMS, Fonds Peirotes, paquet 30 [Divers] (hier die Kapitel über „Elsaß und Französische Revolution") und paquet 44 [Divers] (hier die restlichen Kapitel, zusammen mit dem Manuskript eines Vortrags von Peirotes zur „Histoire d'Alsace-Lorraine"). – Der in Berlin geborene Hermann Bloch (1867-1929) war seit 1892 Mitarbeiter des Straßburger Historikers Harry Breßlau bei den „Monumenta Germaniae Historica"; als außerordentlicher Professor für Mittelalterliche Geschichte hielt er seit 1897 als erster in Straßburg landesgeschichtliche Vorlesungen; 1904 wechselte er als ordentlicher Professor nach Rostock, wurde 1919 Abgeordneter der Deutschen Volkspartei im ersten mecklenburgischen Landtag und leitete 1920 als Ministerpräsident eine Regierung der Großen Koalition.

[16] Der Elsässer Fritz Kiener (1874-1942) war Privatdozent und seit 1913 außerordentlicher Professor für Geschichte an der Universität Straßburg; an der Faculté des Lettres der Université de Strasbourg war er seit 1922 Professeur de Sciences Auxiliaires und dann Professeur d'Histoire d'Alsace; 1936 gründete er mit dem Abbé Georges Gromer das von den beiden elsässischen Départements finanzierte „Centre de Recherches Historiques Alsaciennes".

[17] Die Kaiser-Wilhelm-Universität Straßburg hatte aus politischen Gründen gezögert, einen Lehrstuhl für Elsässische Geschichte einzurichten, weil sie davon eine Förde-

Peirotes wollte damals schon „die wissenschaftlichen Methoden kennen lernen, mit denen man historische Materien meistert". Wäre nicht die schwere Krankheit seiner letzten Lebensjahre dazwischengekommen, hätte Peirotes vielleicht statt seiner Memoiren sein ursprüngliches Projekt einer „Geschichte des Elsaß unter besonderer Berücksichtigung der Arbeiterbewegung seit 1870" verfolgt[18].

Doch er war überzeugt, daß seine biographischen Aufzeichnungen auch so „für den Sozial- und Kulturhistoriker von einigem Interesse" seien, denn er hielt sich für einen der letzten Handwerker, die Ende des 19. Jahrhunderts noch lange Fußwanderungen unternommen haben[19]; seine Memoiren spiegeln diese in der Hochindustrialisierung aussterbende deutsche handwerkliche Tradition[20]. Nach der Lehrlingszeit und der Gesellenprüfung bereitete eine mehrjährige „Wanderschaft" durch das eigene Land und zuweilen ganz Europa auf die Meisterprüfung zu Hause vor. Man konnte dabei andere Handwerkstechniken lernen – und nebenbei gewann man an Weltgewandtheit und vergewisserte sich seiner selbst. Als Überrest ständisch-korporativer Lebensführungsprinzipien hatten „ehrliche Gesellen" auf Wanderschaft einen ungeschriebenen Anspruch wenigstens auf eine Wegzehrung durch jeden Meister ihres Handwerks, wenn der ihnen keine Arbeit anbieten konnte. Wandernde Handwerker wurden zudem unterstützt durch Gesellenvereine, die aus den frühneuzeitlichen Gesellenbruderschaften hervorgegangen waren und eine der handwerklichen Vorformen moderner Gewerkschaften darstellten.

Freilich setzt Peirotes mit seinen Memoiren viel früher ein. Der Weg, der ihn über das Handwerk in die Arbeiterbewegung führte, war ihm nicht vorgezeichnet; die erste große geistige Macht, die ihn erfaßte, war die katholische Kirche. Anders als im übrigen Frankreich gibt es im Elsaß als Erbe seiner deutschen Vergangenheit kontinuierlich seit der Reformation durch Martin Luther und vor allem Martin Bucer ein geregeltes Nebeneinander zweier christlicher Konfessionen. Für Peirotes aber, dessen väterliche Familie aus Carcassonne im Languedoc kam und dessen Cousin Joseph Peirotes im *Grand Séminaire* (Priesterseminar) von Saint-Dié jenseits der Vogesen studierte[21], war die katholische Prägung auch im mehrheitlich lutherischen Straßburg selbstverständlich.

Der katholische Einfluß wirkte auf ihn nicht so sehr durch die konfessionelle Volksschule, deren Einrichtung die neue deutsche Verwaltung nach 1870 von

---

rung des Partikularismus befürchtete; *J.E. Craig*, Scholarship and Nation Building. The Universities of Strasbourg and Alsatian Society 1870-1939, Chicago / London 1984, S. 170-173.

[18] Strasbourg, AMS, Fonds Peirotes, ‚Aus meinem Leben': Vorwort.

[19] Strasbourg, AMS, Fonds Peirotes, ‚Aus meinem Leben': Dritte Wanderfahrt.

[20] Zu den Besonderheiten des elsässischen Handwerks, das bis heute vom prinzipiellen Zunftverbot der Französischen Revolution in der *Loi Le Chapelier* von 1791 und dann im *Code Napoléon* von 1804 und zugleich der Wiederbelebung deutschen Handwerksrechts nach 1870 geprägt ist, vgl. *A. Wahl / J.-C. Richez*, La vie quotidienne, S. 85-92.

[21] Vgl. dessen Brief von 1902; Strasbourg, AMS, Fonds Peirotes, paquet 6 [1901-03].

der französischen („Loi Falloux" 1850) übernommen und dabei entscheidend um die Schulpflicht ergänzt hatte, sondern durch den besonderen Unterricht zur Vorbereitung auf die Erste Kommunion. Dabei erkannte der Abbé Dr. Fritsch die Begabung des Jungen, seines besten Schülers (da klang die Elite-Orientierung französisch geprägter Lehrer und Schulen an) – und er lernte seine „Kampfesfreude" schätzen; deshalb wollte er ihm ein Stipendium für ein Studium bis zur Priesterweihe in Rom besorgen[22]. Dieser Weg an den Altar wäre der klassische Weg der katholischen Begabtenförderung gewesen, vor dem Aufkommen des Sozialkatholizismus, der sich stärker der Arbeitswelt zuwandte und mit der Generation vor Peirotes gerade im Elsaß stark wurde[23]. Angesichts dieses Angebots erklärte der Vater, Schreiner und seit 1870 Bühnenmeister am Straßburger Stadttheater, seinem Sohn, daß er für die Kosten eines Studiums nicht aufkommen könne; er könne ihn nur ein Handwerk lernen lassen. Der nicht besonders kirchliche Vater hatte den Rat, erst auf diese Weise das Studium aufzunehmen und sich dann, vor den Weihen, das Ganze doch noch einmal zu überlegen. Solche Heuchelei wollte aber der junge Peirotes nicht; er war damals noch stark an die Kirche gebunden und litt sehr darunter, daß der Vater der Kirche und der Religion fern stand und ihm seine Bitte nicht erfüllte, zusammen mit ihm zur Kommunion zu gehen[24]. Eigene innere Zweifel waren es, die ihn das Angebot des Abbé Dr. Fritsch dann doch ausschlagen ließen; sie kamen daher, daß der Abbé ihn im Unterricht einmal geschlagen hatte; auch war, bei aller damaligen Kirchlichkeit des jungen Peirotes, nie von einer ‚Berufung' zum Priesteramt die Rede.

Die Entfremdung von der Kirche kam für Peirotes mit dem Abschluß der Volksschule und seinem Eintritt in die Lehre als Schriftsetzer am 1.10.1883. An seinem Arbeitsplatz in der Druckerei waren „die Widersprüche der Bibel, vor allem der Schöpfungsgeschichte" tagtägliches Diskussionsthema – und Peirotes hatte, obwohl er ein Jahr zuvor noch Klassenbester war, „dem nichts entgegenzusetzen". Als er in der Beichte Rat suchte, wurde er mit der pauschalen Mahnung abgespeist, Irrlehren dieser Art seien zu bekämpfen; Peirotes wechselte

---

[22] Ein seinerzeit aktuelles Vorbild für diesen Weg über Rom war der 1876 ernannte Generalvikar und spätere Bischof von Straßburg, Pierre-Paul Stumpf; aus der Generation von Peirotes beschritten ihn der sieben Jahre ältere Kirchenhistoriker Albert Ehrhard und der zwei Jahre jüngere Zentrums-Journalist und spätere rheinische Separatist Joseph Froberger.

[23] Peirotes' politischer Dauergegner seit dem 1912 von ihm gewonnenen Zweikampf um das Colmarer Reichstagsmandat, der ein Jahr jüngere Abbé Xavier Haegy, baute sofort nach der 1918 erzwungenen Trennung von der Mönchen-Gladbacher Zentrale des „Volksvereins für das katholische Deutschland" im Elsaß nach dessen Vorbild ein eigenes soziales Bildungswerk für katholische Gewerkschaftler, Handwerker, Bauern und Pfarrer auf; vgl. *G. Rauch*, Die christlich-sozialen Ferienkurse, in: *J. Rossé u.a.*, Im Dienst der Kirche und des Volkes. Festschrift zum 60. Geburtstage des H. Abbé Dr. Xavier Haegy, Colmar 1930, S. 491-500. – Dieser Sozialkatholizismus in Deutschland darf nicht mit der stark antisemitischen Partei der Christlich-Sozialen in Österreich verwechselt werden.

[24] Strasbourg, AMS, Fonds Peirotes, ‚Aus meinem Leben': Schuljahre.

daraufhin seinen Beichtvater, erhielt aber auch im Straßburger Münster nur „läppische Antworten“ auf seine Fragen. Auf den Ansturm des Rationalismus und die Popularisierung von Darwins Evolutionstheorie antwortete der elsässische Katholizismus damals noch nicht in offener Diskussion – das aber wäre für Peirotes entscheidend gewesen. Und so war er Ostern 1885, mit fünfzehneinhalb Jahren, „für die Kirche verloren“[25].

Diese Erfahrungen zeigen zugleich, wie veraltet inzwischen die allein auf die Abgeschlossenheit des Priesterseminars, des *Grand Séminaire*, konzentrierte Ausbildung nach französischer Art war, die der elsässische Klerus damals noch durchlief und für die zum Teil nicht einmal ein Abitur erforderlich war. Erst mit dem Amtsantritt des neuen aus Deutschland stammenden Bischofs Adolf Fritzen im Jahre 1891 änderte sich das; er eröffnete ausgewählten, intellektuell wendigen Priesteramtskandidaten aus der Generation von Peirotes die Chance zu einem Universitätsstudium in Deutschland[26]. Die Fakultät für Katholische Theologie an der staatlichen Kaiser-Wilhelm-Universität Straßburg wurde im Jahre 1903 eingerichtet; sie sollte, so erwartete die deutsche Politik, ein Instrument zur Germanisierung des elsässischen Klerus werden. In der Realität wurde jetzt nicht mehr nur eine kleine Elite von Priestern auswärts, in Bonn, München oder Würzburg, sondern eine ganze Generation von Theologiestudenten im Lande selbst in der offeneren Atmosphäre einer Universität ausgebildet. Etliche von ihnen prägten mit ihrem sozialen Engagement und ihrem Organisationstalent das Elsaß-Lothringische Zentrum und dann in der Zwischenkriegszeit die katholische Elsässische Republikanische Volkspartei / „Union Populaire Républicaine Nationale“. Sie war und blieb der Hauptgegenspieler der anderen elsässischen Massenpartei, der Sozialisten unter Peirotes, wogegen der politische Katholizismus im übrigen Frankreich aus seiner anderen Tradition heraus nur ein Schattendasein führte[27].

Für Peirotes bedeutete der Verlust seiner persönlichen Bindung an die katholische Kirche, der eher ein Herauswachsen war als ein schroffer Bruch, keineswegs,

> „mit der Religion überhaupt gebrochen zu haben. In irgendeiner Weise hat jeder denkende Mensch schließlich doch Religion“.

Als Beispiele dafür zog er aus seinen reichen Leseerfahrungen die „natürliche Religion“ in Goethes „Faust“ und in Rousseaus „Vicaire Savoyard“ heran. Peirotes hegte auch weiterhin noch religiös gefärbte Ideen, auch wenn er seine

---

[25] Strasbourg, AMS, Fonds Peirotes, ‚Aus meinem Leben‘: Lehrjahre.

[26] An innerdeutschen Universitäten erwarben aus der Generation von Peirotes nach einem Aufbaustudium den Doktorgrad in katholischer Theologie z.B. seine späteren Reichstags-Kollegen Xaver Haegy (ein Jahr jünger) und Dionys Will (zwei Jahre älter) sowie seine späteren Landtags-Kollegen Karl Didio (zwei Jahre älter) und Eugen Müller (sieben Jahre älter).

[27] Vgl. *J.-M. Mayeur*, L'abbé Lemire, un prêtre démocrate, Paris 1968 sowie *ders.*, Catholicisme social et démocratie chrétienne. Principes romains, expériences françaises, Paris 1986.

Kirchenbesuche auf Hochzeiten und Beerdigungen beschränkte[28]. So hatte sein erster Idealplan für die Wanderschaft Jerusalem zum Ziel[29]. Den „magersten Namenstag" seines Lebens mußte er auf seiner ersten großen Auslandswanderung am 25.7.1890 in der Schweiz verbringen, obwohl das doch – ganz in katholischer Tradition – „zu Hause der höchste Feiertag im Jahre" war. Und als er wenig später die Passionsspiele in Oberammergau von einem Stehplatz aus verfolgte, befiel ihn ein „außerordentlich gemischter Eindruck"; die Darstellung des Leidens Christi war ihm „eher eine Profanierung denn eine Glorifizierung", weil „wie in einem Kasperletheater" gelacht wurde. Und nach erneutem Nachdenken schrieb er einige Tage später – voller Achtung vor dem Religiösen – in sein Reisetagebuch:

> „Wenn man religiös ist, dann sollte man die Leiden Christi nicht auf die Bühne bringen. Wäre ich der Papst, ich duldete nicht, daß man Golgatha dem Gespötte preisgibt"[30].

Eine Profanierung war es für ihn wohl auch, als er ein Jahr zuvor bei seiner ersten Arbeitsstelle, der Druckerei der Straßburger katholischen Zeitung „Der Elsässer", nach der Erfüllung seiner Pflicht zur Osterkommunion gefragt worden war. Er wolle seine Antwort nur der Kirche und dem Herrgott geben, nicht aber dem Arbeitgeber, antwortete er – und so wurde er einige Zeit später entlassen[31].

Der junge Peirotes ist in Straßburg als Sohn eines einfachen Handwerkers natürlich mit dem elsässischen Dialekt aufgewachsen. Die deutsche Volksschule in Straßburg war mit Bedacht einsprachig deutsch; außer in den wenigen offiziell für zweisprachig erklärten Gemeinden des Elsaß hatte die elsaß-lothringische Schulverwaltung den Volksschulunterricht allein auf das Deutsche ausgerichtet. Französisch-Unterricht war nur in den weiterführenden Mittelschulen und Gymnasien vorgesehen und blieb sonst der privaten und außerschulischen Initiative überlassen. So hat Peirotes nicht Französisch lernen können – anders als die Kinder der elsässischen *bourgeoisie*, in deren Familien man vielfach nach 1870 demonstrativ und nun erst recht Französisch sprach. Nach seinem Eintritt in die Lehre als Schriftsetzer erkannte Peirotes in den Diskussionen mit älteren, kirchenfernen Kollegen, die in der französischen Volksschule noch – zwar fakultativ, aber doch von ihren Eltern dazu gedrängt – beide Sprachen[32] hatten

---

28 Vgl. den Bericht über seine Gespräche mit Peirotes bei gemeinsamen Zugfahrten zu Parlamentssitzungen in Paris bei *F. Eccard*, Le livre de ma vie. Préface de Albert Schweitzer, Neuchâtel / Paris / Strasbourg 1952, S. 219-220.

29 Als er noch nicht alt genug war für einen Auslandspaß, träumte er 1887 von einer Wanderung über Österreich, den Balkan und Konstantinopel nach Jerusalem und zurück über Marokko, Spanien und Frankreich; Strasbourg, AMS, Fonds Peirotes, ‚Aus meinem Leben': Wanderjahre.

30 Strasbourg, AMS, Fonds Peirotes, ‚Aus meinem Leben': Auf Schusters Rappen.

31 Strasbourg, AMS, Fonds Peirotes, ‚Aus meinem Leben': Wieder zu Hause.

32 Zur Sprachenfrage in den Volksschulen vor und nach 1870 vgl. *B. Vogler*, Histoire culturelle de l'Alsace. Du Moyen Age à nos jours, les très riches heures d'une région frontalière, Strasbourg 1993, S. 280-286 und 315-318.

lernen können, daß ihm „die vielgerühmte deutsche Konfessionsschule" zu wenig ins Leben mitgegeben hatte:

> „Ich hätte spielend trotz aller Widrigkeiten im Elternhause [dazu gehörten die Wiederverheiratung des Vaters, eine zeitaufwendige morgendliche Nebenarbeit beim Stopfen von Gänsen für einen Gänseleberhersteller und der lange Schulweg aus dem Vorort in die Stadt, S.F.] das doppelte Pensum bewältigt, auch die Zweisprachigkeit, natürlich nicht bis zur Vollendung"[33].

Schon während der Volksschulzeit hatte er den Vater so lange angebettelt, bis der ihm eine Mark im Monat für einen privaten Französischunterricht bei einem Versicherungsangestellten in einer Gruppe mit anderen Schülern gab.

> „Ich beneidete die Kinder der besseren Leute, nicht ihrer schönen Kleider wegen, sondern weil sie lernen durften ..., während ich mich mit der dürftigen französischen Stunde, mit dem Übersetzen aus dem Ploetz begnügen mußte"[34].

Während seiner Druckerlehre kaufte er sich vom Ersparten zusammen mit einem Freund alle 36 Lehrhefte für den Selbstunterricht von Toussaint-Langenscheidt zusammen für 22 Mark, die einzeln 36 Mark gekostet hätten. In dieser Zeit las Peirotes seinen ersten französischen Roman – Zolas Streik- und Bergarbeiterepos „Germinal"; und damals trat er in den Turnverein „Alsatia Nova" mit „elsässisch-französischen Tendenzen" ein. Etwas später konnte er sich endlich „den so sehnlichst gewünschten Sachs-Vilatteschen Diktionnär (13,50 Mark) kaufen", aus den Tagegeldern von 50 und später 80 Pfennig, die er sich als ‚Hilfsarbeiter' seines Vaters beim Bühnenumbau während der Vorstellungen des Straßburger Stadttheaters verdient hatte.

Das waren, wie Peirotes selbst es rückblickend nennt, „goldene Tage". Während ein kleiner Teil der elsässischen Bürger und ein größerer Teil der deutschen Professoren, Beamten und Offiziere von Zeit zu Zeit ins deutsche Schauspiel gingen, verfolgte es der junge Peirotes regelmäßig beim Vater hinter den Kulissen. So lernte er die Dramen Schillers kennen, „die mein Denken und meine geistige Entwicklung am meisten beeinflußten", und ließ sich von den „gediegenen Vorstellungen der Meininger [von 1874 bis 1890 in ganz Deutschland und im Ausland gastierende Schauspieltruppe des Herzoglichen Hoftheaters Meiningen, S.F.] mit Leib und Seele gefangen" nehmen. Er hat wohl auch an der Aufführung des „Faust" im Straßburger Stadttheater im Dezember 1886 ‚mitgewirkt', die Friedrich Lienhard, den Sohn eines frankophilen evangelischen Landpfarrers, zur Abkehr vom Theologiestudium veranlaßt und ihn der deutschen Literatur und später deutsch-nationalen politischen Positionen näher gebracht hat[35].

In dieser Zeit war Peirotes auch ein fleißiger Leser; er durchstöberte Buchhandlungen und Antiquariate, kaufte sich Goethes „Faust" als billiges „Reclam"-

---

[33] Strasbourg, AMS, Fonds Peirotes, ‚Aus meinem Leben': Lehrjahre; die nachträgliche Wahrnehmung einer Unterforderung durch die Schule war typisch für künftige führende Sozialdemokraten, vgl. *J. Loreck*, Wie man früher Sozialdemokrat wurde, S. 133.

[34] Strasbourg, AMS, Fonds Peirotes, ‚Aus meinem Leben': Schuljahre.

[35] *F. Lienhard*, Jugendjahre. Erinnerungen, 4. Auflage, Stuttgart 1918, S. 146-147 (Aufführung) und 151 (Fachwechesel).

Bändchen und anderes in „Meyers Volksbüchern" und las in Rezensionen deutscher und französischer Literatur „Dinge, von denen ich so gut wie noch nichts gehört hatte"[36]. Ein paar Jahre später, als er auf seiner Wanderschaft an die bayerisch-tirolische Grenze bei Mittenwald kam, erinnerte er sich an seine Lektüre von Goethes Bericht über die Martinswand in seiner „Italiänischen Reise"; noch als alter Mann freute er sich beim Wiederlesen seiner Reisenotizen, „daß ich damals mit 20 Jahren meinen Goethe doch nicht umsonst gelesen habe"[37].

Als der Sozialist Peirotes 1905 in seiner Straßburger Festungshaft einem Arzt begegnete, der ein deutscher ‚Bildungsbürger' der normaleren Art war, war er dagegen zutiefst enttäuscht, daß dieser Mann sich für Literatur wenig interessierte und vom „Faust" nicht einmal die „Zueignung" kannte[38].

Goethes Italienbild klingt auch an, wenn Peirotes über den ersten längeren Halt auf seiner Wanderschaft, die Südtiroler Bischofsstadt Brixen sagt, sie sei „ganz Südland". Dort lebte er ziemlich genau ein Jahr lang von Juli 1890 bis Juli 1891, mit guten Erinnerungen:

> „Ja, ich war glücklich in diesem kleinen gottgesegneten Neste voller Kirchen, Klöster und Geistlicher, nebst solchen, die es werden wollten, glücklicher als in jeder anderen fremden Stadt"[39].

Glücklicher also auch, klingt da durch, als später in Paris auf seiner Wanderschaft als deutscher Sozialist oder dann noch später als französischer *Député*.

Ausgerechnet in Brixen, „im deutschen Rom", tat Peirotes den entscheidenden ersten Schritt zur Arbeiterbewegung und zum Gewerkschafts-Mitglied und -Journalisten. Er arbeitete zuerst kurz für die Zeitungsdruckerei des „Katholisch-Politischen Pressvereins", den im Jahr vor seiner Ankunft der junge Dr. Aemilian Schoepfer gegründet hatte, der Professor für Bibelwissenschaften am Priesterseminar war und später Führer der Tiroler Christlich-Sozialen wurde[40]. Von dem maßgeblich durch Schoepfer initiierten Aufbruch zum Sozialkatholizismus im Gefolge der im Mai 1891 veröffentlichten Enzyklika von Papst Leo XIII. „Rerum Novarum" blieb Peirotes freilich unberührt[41]. Er wechselte vielmehr bald wegen

---

[36] Strasbourg, AMS, Fonds Peirotes, ‚Aus meinem Leben': Lehrjahre.

[37] Strasbourg, AMS, Fonds Peirotes, ‚Aus meinem Leben': Auf Schusters Rappen.

[38] Strasbourg, AMS, Fonds Peirotes, paquet 30 [Divers].

[39] Strasbourg, AMS, Fonds Peirotes, ‚Aus meinem Leben': Im deutschen Rom.

[40] Zur Gründung dieses heute bedeutendsten Südtiroler Verlagshauses vgl. *H. Humer* (Hrsg.), Tyrolia-Athesia. 100 Jahre erlebt-erlitten-gestaltet. Ein Tiroler Verlagshaus im Dienste des Wortes, Innsbruck / Bozen 1989, S. 10-17. – So wie der frankophile Turnverein „Alsatia Nova" im deutschen Straßburg sich eines lateinischen Namens bediente, um einen deutschen zu vermeiden, nahm der Südtiroler Verlag 1936 mit „Athesia" den lateinischen Namen der Etsch an, da dem italienischen Präfekten weder eine deutschsprachige Bezeichnung noch das vom Namen eines französischen Geologen abgeleitete Wort ‚Dolomiten' genehm war; ebd., S. 67-68.

[41] Vgl. zu dieser in Südtirol erst nach dem Aufenthalt von Peirotes entstehenden Konkurrenz zur sozialistischen Bewegung *H. Mock*, Wider den „Geist der Neuerung". Katholische Arbeitervereine als Instrumente sozialer Formierung dargestellt anhand von

der besseren Arbeitsbedingungen zu der seit dem 17. Jahrhundert bestehenden Fürstbischöflichen Hof-Buchdruckerei Weger[42]. In diesem kleinen theologischen Verlagshaus setzte jeder der sechs Schriftsetzer alleine ein ganzes Werk; jeder „war sein eigener Herr“[43]. Peirotes konnte sich dabei auch mit dem Inhalt der Bücher beschäftigen und erhielt so z.B. eine „Einführung in die griechische Philosophie“[44]. Sein Wochenlohn war mit 10 Gulden überdurchschnittlich und wurde bald darauf auf 11 Gulden erhöht[45].

Sein beginnendes intensives Engagement für die Arbeiterbewegung wurde nicht durch seine konkreten Arbeitsbedingungen veranlaßt. Wahrscheinlich wirkten die im Jahre 1890 erstmals auch in Tirol nördlich und südlich des Brenner mit großer Beteiligung abgehaltenen Maifeiern mobilisierend[46]. Peirotes hatte zudem auf dem Wege von Straßburg nach Brixen im Juli 1890 im Berner Mittelland bei Langnau „die ersten Streikposten“ gesehen[47] und dabei einen „Anschauungs-Unterricht“ in der sozialen und der nationalen Frage genossen, der „lehrreicher“ gewesen sei als in jedem dicken Buch. Daß Schweizer Unternehmer ihre Schweizer Arbeiter zum Aufgeben zwingen wollten, indem sie Italiener als Streikbrecher kommen ließen, führte ihn zu der Frage:

„Welches Interesse hat da der Arbeiter noch an der Nation?“[48]

Südtiroler Vereinsquellen, in: Geschichte und Region / Storia e regione, 2 (1993), 1, S. 163-200, bes. S. 172 und 180-181; *J. Mayr*, Die soziale Frage in der Diözese Brixen und ihr Niederschlag im Priester-Konferenzblatt (1889-1014), in: ebd., S. 201-206.

[42] Kurze Geschichte der fürstbischoflichen Hof-Buchdruckerei und des Verlages von A. Weger's Buchhandlung in Brixen, in: A. Weger's Buchhandlung: Verlags-Katalog. Ausgabe für das Ausland, Ostern 1913, S. I-VIII.

[43] Rückblickende Feststellung von Peirotes im Vergleich zum industriellen Großbetrieb bei Leykam in Graz, bei dem er v.a. Fahrplantabellen für die Anatolischen Bahnen (in französischer Sprache) setzte; Strasbourg, AMS, Fonds Peirotes, ‚Aus meinem Leben‘: Vom Sympathisierenden zum *Militant.*

[44] Dies geschah beim Setzen der kleinen Studie von *F. Bole*, Rafaels Wandgemälde: „Die Philosophie“, genannt die Schule von Athen, Brixen 1891; Peirotes nennt als sein Werk ferner den Satz von *L. Rapp*, Die Hexenprozesse und ihre Gegner in Tirol, 2. Auflage, Brixen 1891; Strasbourg, AMS, Fonds Peirotes, ‚Aus meinem Leben‘: Im deutschen Rom.

[45] In Tirol betrug der durchschnittliche Wochenlohn eines Handsetzers, der nicht im Akkord arbeitete, 1892 erst 23 Kronen (knapp 10 Gulden oder etwas mehr als 19,50 Mark); *M. Mesch*, Arbeiterexistenz in der Spätgründerzeit. Gewerkschaften und Lohnentwicklung in Österreich 1890-1914 (Ludwig Boltzmann Institut für Geschichte der Arbeiterbewegung, Materialien zur Arbeiterbewegung, 33), Wien 1984, S. 350-351.

[46] Vgl. *G. Oberkofler*, Die Tiroler Arbeiterbewegung. Von den Anfängen bis zum 2. Weltkrieg (Ludwig Boltzmann Institut für Geschichte der Arbeiterbewegung, Materialien zur Arbeiterbewegung, 13), Wien 1979, S.53-55.

[47] Es handelte sich um den Streik von 40 Gießereiarbeitern im unteren Emmental (Oberburg), der den ganzen Juli und August über dauerte; vgl. die Liste der Schweizer Streiks bei *E. Gruner* (Hrsg.), Arbeiterschaft und Wirtschaft in der Schweiz 1880-1914. Soziale Lage, Organisation und Kämpfe von Arbeitern und Unternehmen, politische Organisation und Sozialpolitik, 3 Bde., II: *A. Balthasar / E. Gruner / H. Hirter*, Gewerkschaften und Arbeitgeber auf dem Arbeitsmarkt; Streiks, Kampf ums Recht und Verhältnis zu anderen Interessengruppen, Teilband 2, Zürich 1988, S. 1527-1582, hier S. 1531 (Nr. 90008).

In Brixen wirkte Peirotes schon bald nach seiner Ankunft bei der Gründung der örtlichen Sektion des „Unterstützungsvereins für Buchdrucker und Schriftsetzer in Tirol und Vorarlberg" mit; er wurde dabei sogar zum Schriftführer bestimmt. Dieser 1872 in der Landeshauptstadt Innsbruck gegründete Verein mit Ortsgruppen in Brixen und Meran war im Jahre 1892 mit 140 Mitgliedern die größte Gewerkschaft im industriell rückständigen Tirol[49]. Peirotes verfaßte als erste journalistische Arbeit einen Bericht über die Brixener Gründung, der in Wien im „Vorwärts", der von Emil Kralik[50] redigierten Zeitung des Buchdruckerverbands, erschien; und er war sehr stolz auf sich:

> „Da fühlte man sich als kräftiger Betreiber der öffentlichen Meinung, wenn nicht gar als König des Zeitungswesens"[51].

Natürlich wurde Peirotes nun auch ein eifriger Leser des Wiener „Vorwärts":

> „So lernte ich die Terminologie der modernen Arbeiterbewegung nach und nach kennen. Der Gegensatz zwischen Proletariat und Bourgeoisie, zwischen Kapitalismus und Sozialismus war mir bald kein Geheimnis mehr. Disraelis Wort von den *zwei Nationen*, Heines
>
> *Es gibt zwei Sorten Ratten,*
> *Die Hungrigen und die Satten*
>
> gehörte bald zu meinem eisernen Bestand an Schlagworten, obwohl in Brixen selbst alle Leute satt zu essen hatten".

Der Tiroler Buchdruckerverband agierte im Winter 1890 ziemlich radikal. Die Leitung in Innsbruck beschloß, die Forderung nach dem Neun-Stunden-Tag und nach 11 Gulden Mindestlohn durch fristlosen Massenaustritt durchzusetzen; in Imst im Inntal kam es am 24.11.1890 und in Brixen am 2.12.1890 zu solchen Kündigungen[52].

Nachdem die Mitglieder diesen „Verbandsbefehl" befolgt hatten, schreckte die Führung aber doch vor den Folgen zurück. Ihre ungeschickte Empfehlung, die ausgesprochenen Kündigungen wieder zurückzunehmen, rief in Brixen „heillose Empörung" hervor. Peirotes wurde nur durch seinen neuen Freund „Jörgele" (Georg Maltsch), der „beim Prinzipal" wieder alles ins Lot brachte, davon abgehalten, verärgert Brixen (und die Gewerkschaft) zu verlassen und nach Italien weiterzuwandern.

Um keinen weiteren Eklat zu provozieren, rief der Verband zum 1. Mai des Jahres 1891 zwar zu Kundgebungen auf, aber vorsichtiger als der Wiener „Vor-

---

48 Strasbourg, AMS, Fonds Peirotes, ‚Aus meinem Leben': Auf Schusters Rappen.

49 *O. Oberkofler*, Tiroler Arbeiterbewegung, S. 94.

50 Zu Kralik und seiner bedeutenden Rolle beim Ausbau der Gewerkschaftsorganisation vgl. *J. Deutsch*, Geschichte der österreichischen Gewerkschaftsbewegung, 1.: Von den Anfängen bis zur Zeit des Weltkriegs, 2. Auflage, Wien 1929, S. 231.

51 Strabourg, AMS, Fonds Peirotes, ‚Aus meinem Leben': Im deutschen Rom.

52 Vgl. *W. Hanni*, Zur Geschichte der Arbeitskämpfe in Tirol und Vorarlberg von 1870-1918 (Ein Beitrag zur Sozialgeschichte Tirols und Vorarlbergs), Geisteswiss. Diss. [Masch.] Innsbruck 1983, S. 121-122.

wärts" nur, falls „die Prinzipale" arbeitsfrei gäben[53]. Peirotes, der wohl nicht wußte, daß auch schon die Bozner Massendemonstration zum 1. Mai des Vorjahres nicht an diesem Tag selbst, sondern wegen des größeren Zulaufs schon am 27.4., dem Sonntag davor und Tag vor dem großen Markttag, stattgefunden hatte[54], meinte dazu:

> „Das war ja sehr vernünftig, paßte mir aber nicht in den Kram"[55].

Als Peirotes zum 1. Mai frei haben wollte, erklärte ihm der Prinzipal, eine katholische Hofbuchdruckerei könne keine internationale politische Demonstration dulden; als bald danach Kollegen erzählten, daß das Grazer Verlagshaus Leykam für den Druck des Wiener Adressbuches jedes Jahr von August bis Weihnachten 30 Setzer zusätzlich einstellte, stand der Entschluß von Peirotes fest, Brixen zu verlassen. – Daß dieser 1. Mai des Jahres 1891 in Frankreich nach dem Massaker des Militärs an neun demonstrierenden Arbeitern in Fourmies im *Département* Nord zu einer Intensivierung der gewerkschaftlichen und sozialistischen Bewegung geführt hatte, ist damals ebenso wie über vierzig Jahre später beim Verfassen seiner Memoiren an Peirotes vorbeigegangen; auch als französischer Sozialist blieb er ein Elsässer, der fast drei Jahrzehnte seines bewußten politischen Lebens im österreichischen und dann deutschen politischen System verlebt hatte und seine Erfahrungen nicht einfach gegen andere Traditionen auswechseln konnte.

Im Sommer 1891 wanderte Peirotes über Bozen, Meran und den Jaufenpaß nach Innsbruck und von da über Salzburg und Linz nach Graz; dort nahm er am 13.8.1891 bei Leykam[56] die Arbeit auf. Von einem balkanischen Freund erhielt er einen Studentenausweis und ging damit wieder viel ins Theater. Dank Überstunden beim Satz des Wiener Adressbuchs konnte er 60 Gulden (120 Mark, etwa eineinhalb Monatslöhne) sparen und sich davon einen schwarzen Anzug mit Zylinder kaufen und im Fasching auf Bälle gehen. In dieser Zeit las er aber auch Rousseau, nun auch in den schwierigen Passagen im französischen Original, erfreute sich an den „wunderbaren Naturschilderungen" der „Nouvelle Héloïse" und lernte durch den „Emile" vom Eigenrecht des Kindes.

---

[53] Ihre Forderung nach vereinbarter Arbeitsruhe oder gar nach Streik am 1. Mai trennte damals die striktere österreichische Sozialdemokratie sowie die mehr syndikalistisch geprägten französischen Sozialisten von der deutschen Arbeiterbewegung, die angesichts einer schon effizienten Organisation der Arbeitgeber eher zum Kompromiß bereit war; vgl. *F. Giovanoli*, Die Maifeierbewegung. Ihre wirtschaftlichen und soziologischen Ursprünge und Wirkungen (Sozialwissenschaftliche Abhandlungen, 1), Karlsruhe 1925 [eine von Robert Michels betreute Basler Dissertation], S. 15-16; zuletzt dazu *H.-J. Steinberg*, Die deutsche und österreichische Sozialdemokratie von der Phase der Konstituierung bis zum Ausbruch des Ersten Weltkrieges, in: *E. Fröschl / M. Mesner / H. Zoitz* (Hrsg.), Die Bewegung. Hundert Jahre Sozialdemokratie in Österreich, Wien 1990, S. 267-274, hier S. 270.

[54] *G. Oberkofler*, Tiroler Arbeiterbewegung, S. 54.

[55] Strasbourg, AMS, Fonds Peirotes, ‚Aus meinem Leben': Im deutschen Rom.

[56] *W.H. Hubbard*, Auf dem Weg zur Großstadt. Eine Sozialgeschichte der Stadt Graz 1850-1914 (Sozial- und wirtschaftshistorische Studien, 17), München 1984, S. 66-67.

Aus dem engagierten Gewerkschaftler Peirotes wurde in Graz politisch ein „bewußter Sozialist“[57]; hier tat er den entscheidenden inneren Schritt von der ersten, schnellen und „gefühlsmäßigen“ Bindung an die Arbeiterbewegung zu ihrer „verstandesgemäßen Durchdringung“, einen Schritt, den sein stärker bürgerlich geprägter Brixener Freund Georg Maltsch, der ihm nach Graz gefolgt war, nicht mehr mitging, „obwohl er ein guter Gewerkschaftler war“[58].

Ein erstes allgemeines politisches Interesse war bei Peirotes schon durch den Vater in Straßburg geweckt worden. Angelpunkte von dessen politisch-historischem Bewußtsein waren der Krieg von 1870/71, die Napoleoniden, der große Napoleon selbst und, vor allem anderen, die Französische Revolution mit ihren Republikanern wie dem aus Straßburg stammenden General Kléber[59]. Im elsässischen Parteienspektrum nach der Annexion von 1870 war der Vater dann „durch und durch Protestler“[60]. Am Abend der Reichstagswahlen 1884 schickte er seinen Sohn zur *Mairie*, um durch ihn sofort das Wahlergebnis bei seiner Arbeit im Stadttheater zu erfahren; Peirotes erlebte, wie Polizei den Hof des Rathauses räumte, nachdem die Wahl des bourgeoisen Protestkandidaten Kablé von der versammelten Menge mit lauten Rufen „Vive Kablé!“ begrüßt worden war. Auf seiner vierzig Tage dauernden Probe-Wanderung, der einzigen, die ihn wenigstens an den Rand Preußens und des protestantischen Deutschland führte, besichtigte Peirotes 1887 in Frankfurt am Main neben dem Goethehaus (im Geburtshaus des Mannes, dem er „meinen *Faust*“ verdankte, hielt er sich drei Stunden lang auf) besonders die Paulskirche, den Sitz des ersten deutschen „revolutionären Parlaments“[61]. Durch und durch republikanisch war auch seine Begeisterung für den 14. Juli; als er endlich 19 Jahre alt geworden war, erhielt er 1889 einen Auslandspaß und konnte so zur Hundert-Jahr-Feier des Sturms auf die Pariser Bastille am militärischen Zeremoniell der *Retraite* auf der Place Stanislas in Nancy teilnehmen; vor Begeisterung führte er das Tagebuch dieser Reise auf französisch[62]. Zur ersten Berührung mit der sozialistischen Gedankenwelt brachte ihn während seiner Lehre ein neu eingetretener Geselle, der ihn als künftigen Kollegen ernst nahm und nicht nur als untergeordneten Lehrling behandelte[63] und ihm die populären Parteiblätter „Der Wahre Jacob“ und „Die

[57] Strasbourg, AMS, Fonds Peirotes, ‚Aus meinem Leben‘: Vom Sympathisierenden zum *Militant*.

[58] Die Gewerkschaftsarbeit konnte, aber mußte keineswegs den ersten Schritt auf dem Weg zur politischen Bindung darstellen; vgl. *J. Loreck*, Wie man früher Sozialdemokrat wurde, S. 80-86.

[59] Zu der im Bonapartismus in den Hintergund getretenen politischen Tradition des republikanischen *Bas-Rhin rouge* vgl. *F. Igersheim*, Noblesse, notabilité, suffrage et pouvoirs dans le Bas-Rhin (1848-1870) à travers la carrière politique de François Zorn de Bulach, maire d'Osthouse, conseiller général du Bas-Rhin, député de Sélestat, in: Revue d'Alsace, 118 (1992), S. 173-188.

[60] Strasbourg, AMS, Fonds Peirotes, ‚Aus meinem Leben‘: Lehrjahre.

[61] Strasbourg, AMS, Fonds Peirotes, ‚Aus meinem Leben‘: Wanderjahre.

[62] Strasbourg, AMS, Fonds Peirotes, ‚Aus meinem Leben‘: Wieder zu Hause.

[63] Strasbourg, AMS, Fonds Peirotes, ‚Aus meinem Leben‘: Lehrjahre. – Auch andere später führende Sozialisten wurden für die Partei durch ein Parteimitglied gewonnen,

Neue Welt" empfahl[64]. Peirotes bezog sie regelmäßig von seinem kargen Lehrlingslohn wegen der vielen geschichtlichen Aufsätze[65].

In Graz abonnierte er, wieder auf den Rat eines Arbeitskollegen, Viktor Adlers sozialistische „Arbeiter-Zeitung". Sie erschien seit Juli 1889 zuerst vierzehntägig, dann bald wöchentlich in Wien; wegen des Verbots überregionaler Vereinszusammenschlüsse in Österreich fungierte ihre Redaktion seit dem Einigungsparteitag von Hainfeld um die Jahreswende 1888/89 *de facto* als Parteivorstand der österreichischen Sozialdemokratie[66]. Außerdem hielt Peirotes die Grazer Zeitung „Der Arbeiterwille. Sozialdemokratisches Organ der Alpenländer". Im Überschwang nach den ersten Maidemonstrationen 1890 war sie im Juli desselben Jahres gegründet worden; zur Vermeidung einer Kautionsleistung[67] erschien sie nur vierzehntägig[68]. Dem „Arbeiterwille" verdankte Peirotes die Bekanntschaft mit „ersten sozialistischen Schriften"[69], einigen Broschüren von Lassalle. Sein ‚Arbeiterprogramm' von 1862 lernte Peirotes sogar auswendig[70].

---

das am Arbeitsplatz kollegial mit ihnen umging: vgl. *J. Loreck*, Wie man früher Sozialdemokrat wurde, S. 210.

[64] Der Wahre Jacob. Illustrierte humoristisch-satirische Zeitschrift mit einem Beiblatt für Unterhaltung und Belehrung; erschien von 1882 bis 1890 14-tägig und ab 1890 wöchentlich in Stuttgart; Die Neue Welt. Illustriertes Unterhaltungsblatt für das Volk; erschien 1882 wöchentlich und 1883-86 14-tägig in Stuttgart; dann in Hamburg.

[65] Strasbourg, AMS, Fonds Peirotes, Aus meinem Leben: Lehrjahre.

[66] Die Partei wurde daher in Kontrafaktur zur offiziellen Bezeichnung Cisleithaniens (siehe unten in Anm. 99) auch als „die auf dem Parteitag vertretenen Vereine und Redaktionen" bezeichnet; vgl. *W. Maderthaner*, Die Entwicklung der Organisationsstruktur der deutschen Sozialdemokratie in Österreich 1889 bis 1913, in *ders.*, Sozialdemokratie und Habsburgerstaat (Sozialistische Bibliothek, Abt. 1: Die Geschichte der österreichischen Sozialdemokratie, 1), Wien 1988, S. 25-51 u. 198-292, S. 31.

[67] Als nicht unerwünschtes Erbe der bonapartistischen Presseknebelungspolitik blieb auch im deutsch gewordenen Elsaß-Lothringen die Pflicht für politische Blätter bestehen, vor dem erstmaligen Erscheinen eine hohe Kaution zu stellen; auch das 1898 an das liberalere Reichspressegesetz von 1874 angepaßte Landespressegesetz mußte auf Druck aus Berlin diese Ausnahmebestimmung beibehalten, die daher bis Kriegsende 1918 in Kraft blieb; vgl. *J. Rossé u.a.* (Hrsg.), Das Elsass von 1879-1932, 1.: Politische Geschichte, Colmar 1932, S. 94-97.

[68] Vgl. zum andauernden Kampf gegen Zensur und behördliche Behinderung die Erinnerungen von *M. Schacherl*, 30 Jahre steirische Arbeiterbewegung. 1890 bis 1920, ND Graz 1979.

[69] In der Auseinandersetzung um den effektiveren Weg der Agitation und Mitgliederwerbung hatte sich um 1890 die Schriftlichkeit der Parteipresse gegenüber der Mündlichkeit in den Volksversammlungen durchgesetzt; vgl. *J. Loreck*, Wie man früher Sozialdemokrat wurde, S. 16-37.

[70] Noch 1908 war Lassalle in der Wiener Arbeiterbibliothek der meistgelesene politische Autor, vor Marx, Kautsky und Bebel; 1900 führte unter den literarischen Autoren Zola, den Peirotes freilich schon lange aus Straßburg kannte, in der Ausleihstatistik des Wiener Arbeiterbildungsvereins; vgl. *D. Langewiesche*, Zur Freizeit des Arbeiters. Bildungsbestrebungen und Freizeitgestaltung österreichischer Arbeiter im Kaiserreich und in der Ersten Republik (Industrielle Welt, 29), Stuttgart 1980, S. 216-219; zur intensiven Lektüre und zum Auswendiglernen vgl. *J. Loreck*, Wie man früher Sozialdemokrat wurde, S. 168-177; zu Lassalle und Bebel, ebd., S. 206.

Die „packende Sprache" von Lassalle beeindruckte ihn ebenso wie seine Ablehnung anarchistischer Gewaltaktionen in der Hoffnung auf das allgemeine Wahlrecht. In Österreich galt dieses, anders als im Deutschen Reich, noch nicht; und auch der andere, an Marx orientierte Zweig der österreichischen Sozialisten forderte seine Einführung[71].

Wieder ein anderer Kollege brachte Peirotes dann zur entscheidenden Lektüre, zu Bebels „Die Frau und der Sozialismus". Für die beiden Exemplare in der Vereinsbibliothek gab es lange Vormerklisten; als Peirotes das Buch Anfang 1892 endlich in Händen hatte, las er es dreimal:

> „Für mich war Bebels Buch der Schlüssel zum Verständnis alles modernen Sozialismus. Als ich es gelesen, da war ich nicht mehr gefühlsmäßiger, da war ich bewußter und überzeugter Sozialist"[72].

Allerdings – Bebels Worten fehlte „die Wärme", die Peirotes bei Lassalle gefunden hatte; er sah jetzt die Welt viel kritischer, voll von Ungerechtigkeiten.

Schließlich kam Peirotes durch seine Arbeitskollegen in Graz auch in Berührung mit anarchistischen Tendenzen. In Österreich war am 30.1.1884 in einer Art gemäßigter Parallele zum deutschen Sozialistengesetz der Ausnahmezustand über die Gerichtsbezirke Wien, Wiener Neustadt und Korneuburg verhängt worden; Zeitungs-, Vereins- und Versammlungsverbote, Verhaftungen ohne richterliche Kontrolle und Ausweisungen gab es dort bis zum 9.6.1891[73]. Die Opposition war deshalb in die Provinz abgewandert; der österreichische Anarchismus hatte so zu Beginn der 90er Jahre einen neuen Schwerpunkt bei den Industriearbeitern und jungen Intellektuellen in der steirischen Landeshauptstadt Graz gebildet[74]. Weil die österreichische Sozialdemokratie gerade auf ihrem dritten Parteitag in Wien 1892 eine Minderheit um Rudolf Hanser, die für basisnahe Organisation in freier Föderation eingetreten war, endgültig ausgeschlossen

---

[71] *B. Kepplinger*, Lassalleanismus in der österreichischen Arbeiterbewegung bis 1914; in: *W. Maderthaner* (Hrsg.), Arbeiterbewegung in Österreich und Ungarn bis 1914. Referate des österreichisch-ungarischen Historikersymposiums in Graz vom 5. bis 9. September 1986 (Ludwig Boltzmann Institut für Geschichte der Arbeiterbewegung, Materialien zur Arbeiterbewegung, 45), Wien 1986, S. 140-159, hier S. 152-154.

[72] Strasbourg, AMS, Fonds Peirotes, ‚Aus meinem Leben': Vom Sympathisierenden zum *Militant*.

[73] *P. Schöffer*, Der Wahlrechtskampf der österreichischen Sozialdemokratie 1888/89-1897. Vom Hainfelder Einigungsparteitag bis zur Wahlreform Badenis und zum Einzug der ersten Sozialdemokraten in den Reichsrat (Studien zur modernen Geschichte, 34), Stuttgart 1986, S. 70 und 90-91; *W. Maderthaner*, Organisationsstruktur, S. 28.

[74] *H. Steiner*, Die Arbeiterbewegung Österreichs 1867-1889. Beiträge zu ihrer Geschichte von der Gründung des Wiener Arbeiterbildungsvereines bis zum Einigungsparteitag in Hainfeld (Veröffentlichungen der Arbeitsgemeinschaft für Geschichte der Arbeiterbewegung in Österreich, 2), Wien 1964, S. 223-226 u. 247; *G. Brandstetter*, Sozialdemokratische Opposition und Anarchismus in Österreich 1889-1918, in: *G. Botz / G. Brandstetter / M. Pollak*, Im Schatten der Arbeiterbewegung. Zur Geschichte des Anarchismus in Österreich und Deutschland (Schriftenreihe des Ludwig Boltzmann Instituts für Geschichte der Arbeiterbewegung, 6), Wien 1977, S. 41-49; *M. Schacherl*, Steirische Arbeiterbewegung, S. 35; *P. Schöffer*, Wahlrechtskampf, S. 87.

hatte[75], war Peirotes eine Zeit lang davon fasziniert, daß die Anarchisten so ganz anders waren als die Sozialisten und daß sie jede Art der Agitation frei zuließen. Die anarchistische Grundidee von der Unnötigkeit des Staates lehnte Peirotes schließlich aber doch „nach längerem Nachdenken" ab, wie früher schon, nach seiner Lassalle-Lektüre, die gewaltsame Aktion.

Allerdings ließ sich Peirotes in Graz, obwohl er seit seiner Schulzeit niemanden mehr geschlagen hatte und im Prinzip für Gewaltlosigkeit eintrat, durch einen Betrunkenen zu einer Rauferei provozieren; er wurde deshalb bei Leykam zum 1.1.1893 entlassen. Mit der Eisenbahn ‚wanderte' er nun über Feldbach und Györ nach Budapest, wo er als Gast im Januar 1893 am zweiten Parteitag der ungarischen Sozialdemokraten teilnahm, und von dort über Preßburg nach Wien[76].

In Wien wurde Peirotes als „Schlafgänger" mit dem ganzen Wohnungselend in den Mietskasernen[77] der Millionenstadt hautnah konfrontiert. Er mietete ein Bett nur für die Nacht in einem Zimmer, in dem außer ihm noch sein Vermieter mit seiner siebenköpfingen Familie hauste. Er fand aber Arbeit in einem „erstklassigen Betrieb" und setzte u.a. eine Ausgabe der „Römischen Geschichte" von Theodor Mommsen; mit 14 bis 15 Gulden (28 bis 30 Mark) in der Woche verdiente er dabei recht gut[78].

Als Ausländer konnte er formell nicht Mitglied der Sozialdemokratischen Partei werden, aber er war ihr „Vertrauensmann"[79] in seiner Druckerei. Er begeisterte sich an dem Gedanken, daß die „Wiener Spießbürger", wenn sie zum Morgen-Café am 1. Mai keine Zeitung erhielten, darin „die Revolution" sähen – und bezahlte dafür mit der Entlassung „wegen Arbeitsmangels".

Noch nicht in ihren Aufrufen vor dem 1. Mai 1893, wohl aber seit diesem Tage selbst forderte die Arbeiterbewegung in den großen Städten Österreichs bei Massendemonstrationen immer wieder das allgemeine Wahlrecht, das 1907 schließlich gewährt wurde. Der Erfolg der Belgier, die 1886 durch einen Gene-

---

75 *L. Brügel*, Geschichte der österreichischen Sozialdemokratie, 4.: Festigung der Organisation. Vom Privilegienparlament zum Volkshaus (1889-1907), Wien 1923, S. 167-171; *G. Brandstetter*, Sozialdemokratische Opposition, S. 38-41; *P. Schöffer*, Wahlrechtskampf, S. 121-124.

76 Strasbourg, AMS, Fonds Peirotes, ‚Aus meinem Leben': Über Budapest nach Wien.

77 Während unter allen österreichischen Großstädten die Pensionistenstadt Graz mit 2,4% den niedrigsten Anteil von Wohnungen in ‚Mietskasernen', definiert als Häuser mit mehr als 20 Wohnungen, aufwies, hatte Wien mit 21,3% den höchsten Anteil; vgl. *H. Kuttelwascher*, Die Mietskasernen in den österreichischen Städten, in: Statistische Monatsschrift, 40 (1914), S. 724-739.

78 In Niederösterreich und Wien betrug der durchschnittliche Wochenlohn eines Handsetzers, der nicht im Akkord arbeitete, 1892 erst 27,50 Kronen (knapp 11,7 Gulden oder knapp 23,50 Mark); *M. Mesch*, Arbeiterexistenz, S. 350-351.

79 Obwohl sie illegal war, wurde die Mitte 1892 eingeführte „Vertrauensmänner"-Organisation der Wiener Sozialdemokratie von den Behörden geduldet; zu ihrer ersten großen Bewährungsprobe wurde die Maifeier 1893; vgl. *P. Schöffer*, Wahlrechtskampf, S. 115-117 und 134.

ralstreik das allgemeine (Männer-)Wahlrecht erkämpft hatten, spornte die österreichische Arbeiterbewegung an. Von der Massenversammlung von 50.000 Wienern auf der Feuerwerkswiese im Prater am 20.8.1893 berichtet auch Peirotes. Er war inzwischen zum gefestigten Reformer geworden und trug das Schmähwort der radikalen Sozialisten gegen diese „Wassersuppenpolitiker"[80] mit Stolz. Einige Wochen später, am 14.9.1893, nahm er als Ordner an einer weiteren Versammlung teil, bei der er erstmals August Bebel und Friedrich Engels als Redner erleben konnte, die auf der Rückreise vom Zürcher Kongreß der Internationale waren. Engels sprach nur kurz und entschuldigte sich gleich, „daß er nur am Schreibpult, nicht am Rednerpult zu Hause sei"[81]. Bebel enttäuschte ihn wegen seiner „norddeutschen Sprache" und seiner Verteidigung der Entscheidung der deutschen Sozialdemokratie, den 1. Mai nicht an diesem Tage selbst zu begehen, sondern an einem sowieso arbeitsfreien Sonntag zu feiern.

Daß der Straßburger Peirotes den sozialdemokratischen Dauerkandidaten für den Reichstagswahlkreis Straßburg, August Bebel, im fernen Wien zum ersten Mal reden hörte, war keineswegs ein seltsamer Zufall. Auch nach der Aufhebung des Sozialistengesetzes 1890 gelang es nämlich der elsaß-lothringischen Verwaltung weiterhin, Versammlungen der Sozialdemokraten mit Bebel in Straßburg zu verhindern[82] – noch bis 1907[83].

Die Rückkehr nach Straßburg Ende 1893 war für Peirotes enttäuschend; im kaiserlichen Wien sah er sich „rot geschmiedet" – und zu Hause traf er auf eine kaum existente Sozialdemokratische Partei, die aus einigen durchweg aus Deutschland zugewanderten Steinhauern, Schustern und Schneidern bestand und sich in einem Fraktionskampf zwischen dem Polen Brzostewicz und dem Badener Böhle aufrieb. Von dieser Sozialdemokratie hielt sich Peirotes fern; er trat vielmehr Anfang Dezember 1893 in den Straßburger „Katholischen Arbeiter-

---

[80] Strasbourg, AMS, Fonds Peirotes, ‚Aus meinem Leben': Rot geschmiedet. – Andere Schmähworte gegen gemäßigt-reformerische Sozialisten waren „Ordnungssozialisten" und „Polizeisozialisten"; vgl. *N. Leser*, Zwischen Reformismus und Bolschewismus. Der Austromarxismus als Theorie und Praxis, Wien 1968, S. 193.

[81] Strasbourg, AMS, Fonds Peirotes, ‚Aus meinem Leben': Rot geschmiedet. – Der durch die „Arbeiterzeitung" vom 22.9.1893 überlieferte Text von Engels' Rede enthält diese Passage nicht; *K. Marx / F. Engels*, Werke, hrsg. vom Institut für Marxismus-Leninismus beim ZK der SED, 22.: F. Engels, Januar 1890 - August 1895, Berlin 1963, S. 411-412. Engels sprach nämlich wegen eines „plötzlichen Unwohlseins" nur ganz kurz; siehe *V. Adler*, Aufsätze, Reden und Briefe, Heft 1, Wien 1922, S. 70-76, hier S. 72.

[82] Auch nach dem Auslaufen des Sozialistengesetzes behinderte die deutsche Verwaltung gezielt die Sozialdemokraten, wobei sie sich auf das in Elsaß-Lothringen weiterhin gültige restriktive französische Presse- und Vereinsrecht der napoleonischen Diktatur und die Ausnahmezustandsbestimmungen der französischen Gegenrevolution von 1849 stützte; *H. Soell*, Die sozialdemokratische Arbeiterbewegung im Reichsland Elsaß-Lothringen 1871-1918. Ein Beitrag zur Geschichte eines europäischen Grenzlandes. Phil. Diss. [Masch.], Heidelberg 1963, S. 63, 85, 140-141.

[83] Am 2.2.1907 sprach Bebel vor 3.500 Zuhörern erstmals in Straßburg in der Orangerie; Strasbourg, ADBR, AL 27 (204) [Meldungen des Polizei-Direktors in Straßburg 1885-1912].

verein" ein[84], was er in seinen Memoiren jedoch nicht mehr erwähnt. Vierzehn Tage später fand er auch wieder Arbeit als Setzer – in der Druckerei der katholischen Tageszeitung „Der Elsässer"[85], die dem Abbé Paul Müller-Simonis gehörte, der ein Gegenkandidat Bebels für das Straßburger Reichstagsmandat war!

In dieser offenkundigen, wenn auch am Ende der Memoiren nicht mehr reflektierten persönlichen Orientierungskrise mußte sich Peirotes noch einmal mit seiner alten elsässischen katholischen Prägung auseinandersetzen, die im Widerstreit mit seiner in Österreich neu erworbenen sozialistischen Haltung lag. Indem er sich im Frühjahr 1894 auf Wanderschaft in französisches Sprachgebiet begab, wollte er sich wohl zugleich auch aus der Enttäuschung über die Straßburger Verhältnisse befreien. In Luxemburg arbeitete er einige Zeit bei der liberalen zweisprachigen „Luxemburger Zeitung" und ging dann im September über Lüttich nach Paris. Hier lernte er ab Oktober 1894 zielstrebig alle bedeutenden sozialistischen Führer Frankreichs kennen, unter den Älteren besonders Paul Lafargue und Jules Guesde und aus seiner eigenen Generation Jean Jaurès und René Viviani und den Belgier Emile Vandervelde[86]. Mit diesen knappen Hinweisen bricht das erhaltene Manuskript der Memoiren von Peirotes ab.

Die Memoiren von Peirotes zeigen mehr als seinen Weg zum sozialistischen Funktionär; sie verdeutlichen auch die inneren Spannungen, denen er dabei ausgesetzt war. So machte er sich am Ende seines Lebens bewußt, wie er sich als junger Mann in Graz unter dem Einfluß seiner Bebel-Lektüre nachträglich gegen seine Wanderschaft aufgelehnt hatte:

> „[Sie] kam mir nun auf einmal viel unerträglicher vor, als es mir in Wirklichkeit gewesen war ... Glücklicher war ich durch die mir gewordene Aufklärung nicht geworden"[87].

Diese Ambivalenz bei der Darstellung des Durchbruchs zu seiner politischen Grundhaltung ist für einen überzeugten sozialistischen Kämpfer, einen *militant* in französischer Terminologie, doch überraschend. „Glücklich" gewesen zu sein, sagte Peirotes im Rückblick nur über sein Leben in Brixen[88]; Glück war für ihn offenbar eine Kategorie, die über seine politische Identitätsfindung hinausging.

Versucht man, dem nachzuspüren, was für ihn noch dazugehörte, so fällt an seinen Brixener Erfahrungen eine besondere Art des Sich-zu-Hause-Fühlens auf, die den Schilderungen des Lebens in Graz und vor allem Wien fehlt: In die

---

84 Aufnahmebescheinigung vom 5.12.1893, Strasbourg, AMS, Fonds Peirotes, paquet 4 [avant 1900].

85 Dort arbeitete er vom 18.12.1893 bis zum 19.4.1894; Strasbourg, AMS, Fonds Peirotes, paquet 4 [avant 1900].

86 Strasbourg, AMS, Fonds Peirotes, ‚Aus meinem Leben': Vom Großherzogtum ins Königreich; ebd., paquet 4 [avant 1900] gedruckte Einladung zum Vortragszyklus „Conférences de Sociologie" der „Groupe des Etudiants Collectivistes", abgebildet bei *J.-C. Richez u.a.*, Jacques Peirotes, S. 33.

87 Strasbourg, AMS, Fonds Peirotes, ‚Aus meinem Leben': Rot geschmiedet.

88 Vgl. oben Anm. 39.

Brixener Kleinstadtgesellschaft war Peirotes integriert; er war dort nicht mehr nur der wandernde Geselle von irgendwo, der kurz Halt machte, sondern er ging regelmäßig zum „Stammtisch" mit dem Hauptmann der Kaiserjäger, er war Mitglied im Turnverein und wurde zuletzt sogar Schriftführer eines Berufsverbands von Einheimischen, und er ging sogar – wegen der Kirchenmusik[89], wie er sagt – öfter zum Hochamt in den Dom. In der Schilderung seines neuen ‚Beinahe-Zuhause' in Tirol ist zugleich eine Befreiung aus festgefahrenen Gleisen des Lebens im Elsaß zu spüren; und hätte es da, im Brixener Fasching vielleicht, noch eine Frau gegeben, wer weiß …

Brixen bildet in den Memoiren von Peirotes in mehrfacher Hinsicht ein Gegenbild zu Straßburg. Zum einen erschien ihm das „deutsche Rom" trotz Fürstbischof und Priesterseminar längst nicht „fanatisch klerikal"; die katholische Kirche stellte sich ihm „in recht vorteilhafter Weise" dar; vor allem konnte er keinerlei „klerikale Bestrebungen" beobachten, das öffentliche Leben zu kontrollieren[90]. Das sind erstaunliche Feststellungen angesichts des seit Heinrich Heines „Reise von München nach Genua" aus dem dritten Teil seiner „Reisebilder" (1830) vorherrschenden katholizismuskritischen Brixen-Klischees:

> „Dämmernde Stille, melancholisches Glockengebimmel, die Schafe trippelten nach ihren Ställen, die Menschen nach den Kirchen; überall beklemmender Geruch von häßlichen Heiligenbildern und getrocknetem Heu"[91].

In der Folge war in der ‚aufgeklärten' Reiseführer-Literatur immer wieder vom „sanft drohenden Geläute" die Rede, von Brixenern, die „Tag und Nacht zwischen Kirchenbesuch und stiller Arbeit teilen" und von einer Industrie, die einzig aus einer „Kuttenfabrik für Kapuziner" bestand[92]; Brixen galt „in Tirol für die ärgste Stätte der Verfinsterung und des Ultramontanismus"[93]. In das ganz andere Urteil von Peirotes über das Zurücktreten des klerikalen Elements in Brixen flossen weniger diese aufklärerisch-religionskritischen Positionen ein, sondern vor allem die anders geartete elsässische Erfahrung von Politik in der französisch-bonapartistisch geprägten und – anders als im übrigen Deutschen Reich – durch Bismarck nur fortgesetzten Tradition des allgemeinen Wahlrechts. Gerade das war aber damals in Österreich noch nicht eingeführt; die wenigen Wahlberechtigten wählten zudem auch noch ungleich nach Kurien.

Bei den Wahlen am 9.3.1891 zum österreichischen Parlament, dem Reichsrat, die in die Zeit des Aufenthalts von Peirotes fielen, aber von ihm – anders als die

---

[89] Die Brixener Kirchenmusik stand seinerzeit unter Domchordirektor Ignaz Mitterer in gutem Ruf; *A. Sparber*, Die Bischofsstadt Brixen in ihrer geschichtlichen Entwicklung, 3. Auflage, Brixen 1979, S. 100.

[90] Strasbourg, AMS, Fonds Peirotes, ‚Aus meinem Leben': Im deutschen Rom.

[91] *H. Heine*, Historisch-kritische Gesamtausgabe der Werke, hrsg. von M. Windfuhr, 7/1: Reisebilder III/IV: Text, bearb. von A. Opitz, Hamburg 1986, S. 31.

[92] *J.K. Mayrhofer*, Über den Brenner! Von Innsbruck nach Botzen [sic] und die Seiten-Thäler. Topographisch-kulturhistorische Schilderung, 2. Auflage, München 1869, S. 142 und 152-153.

[93] *G. Rasch*, Touristen-Lust und Leid in Tirol. Tiroler Reisebuch, Stuttgart 1874, S. 164 und 159.

Wiener Wahlrechtsdemonstrationen von 1893 – nicht erwähnt werden, bildete Brixen mit sieben anderen Städten einen „Stadtwahlbezirk", der einen der 352 Abgeordneten zu wählen hatte. Von den insgesamt 19.346 Einwohnern der acht Städte waren nicht mehr als 1.374 (= 7,10% der Einwohner) wahlberechtigt; davon nahmen bei einer Beteiligung von 73,72% immerhin 1.013 Wähler (= 5.24% der Einwohner) an der Wahl teil; mit 679 Stimmen (= 67,03% der Stimmen) trugen die Klerikal-Konservativen in diesem Stadtwahlbezirk (als einzigem in ganz Tirol) einen klaren Sieg über die Deutsch-Liberalen davon[94]. In Brixen allein mit seinen 5.003 einheimischen Einwohnern Ende 1890 wurden für die Wahl nur 298 Legitimationskarten ausgegeben[95]; die Zahl der Wähler dürfte der Wahlbeteiligung entsprechend nicht wesentlich höher als etwa 220 gewesen sein. Die Reichsratswahlen von 1891 waren somit (noch) eine Sache der Honoratioren (der *notables* in französischer Terminologie) aus dem eingesessenen Bürgertum; die Wahlen waren (noch) nicht mit Volksversammlungen und Wahlkampfgetöse verbunden; und schließlich hatten die Katholisch-Konservativen (noch) eine erdrückende Übermacht[96]. So wird es verständlicher, weshalb Peirotes mit seinem elsässischen Blick, den schon viel mehr die moderne Massendemokratie bestimmte, diese Wahl, die ein politisches ‚Nicht-Ereignis' war, gänzlich entging, und daß er im politisch zurückgebliebenen Brixen keinerlei „klerikale Bestrebungen" beobachten konnte, das öffentliche Leben zu kontrollieren.

Zum anderen erfuhr Peirotes in Brixen, und das wurde für seine so positive Bewertung seiner Erfahrungen dort auch bedeutsam, das elsässische Nebeneinander von deutscher und französischer Sprache und Gesinnung aus einer Sicht von außen – vom ersten Tage an. Als er bei seiner Einstellung dem neugierigen Druckereibesitzer erklären sollte, warum die Elsässer keine Deutschen werden wollten, versuchte er ihm verständlich zu machen:

> „Deutsche möchten sie schon sein, nur keine Preußen, und dann möchten sie halt am liebsten ihre eigenen Sachen selbst regeln, wie die Kronländer in Österreich"[97].

Peirotes ‚spielte' da mit der Innen- und der Außensicht bei sich und bei seinem Gegenüber; und noch öfter ist zu beobachten, daß ihm im österreichischen Ausland das nationale Problem nicht mehr als das unbedingte Gegenein-

[94] *F. Schmidt*, Die statistischen Ergebnisse der Reichsratswahlen des Jahres 1891, in: Statistische Monatsschrift, 17 (1891), S. 386-427, hier S. 409.

[95] Bezirkshauptmann Brixen an Stadtmagistrat Brixen vom 26.2.1891; Stadtarchiv Brixen, Magistratsakten 1891, Zl. 18/359 (diesen Hinweis verdanke ich Herrn Dr. Heiss, Brixen).

[96] Der Bruderkampf innerhalb des katholischen Lagers in Tirol und der Aufstieg der „schärferen Richtung" von Schoepfers Christlich-Sozialen begann gerade erst; *R. Schober*, Das Verhältnis der Katholisch-Konservativen zu den Christlich-Sozialen in Tirol bis zu den Reichsratswahlen von 1907, in: Tiroler Heimat. Jahrbuch für Geschichte und Volkskunde, 38 (1974), S. 139-173.

[97] Strasbourg, AMS, Fonds Peirotes, ‚Aus meinem Leben': Auf Schusters Rappen. – Peirotes war stolz darauf, den Tiroler, Steirer und Wiener Dialekt so gut gelernt zu haben, daß er zwar öfter für einen Österreicher, aber nie für einen Reichsdeutschen gehalten wurde; ebd., ‚Aus meinem Leben': Ruhepause im Schatten des Münsters.

ander erschien, das es zu Hause war; vielmehr merkte er in seinen Memoiren bei der Schilderung der Reaktionen seiner Brixener Umwelt immer wieder eine ihm bislang ungewohnte Vereinbarkeit des Gegensätzlichen an.

Dagegen nahm er zu den in der österreichischen Arbeiterbewegung damals schon massiv aufbrechenden Nationalitätenkonflikten, die noch vor der Jahrhundertwende zur Abspaltung der tschechischen Sozialdemokratie führten, nur am Rande Stellung; sie seien nicht einfach zu verstehen, wenn ihm auch klar schien, daß die Tschechen nichts als „die Milchkuh" für die Deutschen und die Magyaren darstellten[98]. In Brixen beobachtete Peirotes, daß die „Bourgeoisie ... ehrlich bestrebt [war], italienisch zu parlieren". In der Stadt, die nicht an der politischen oder sprachlichen Grenze lag, waren 1890 von den 5.003 einheimischen Einwohnern allerdings nur 267 (= 5,33%) italienischer oder ladinischer Muttersprache[99]. Ganz anders aber als die deutsche Regierung in Elsaß-Lothringen erwartete die österreichische in mehrsprachigen Ländern wie Tirol durchaus die Mehrsprachigkeit ihrer höheren Beamten, im Hinblick auf den Paragraphen 19 über die Gleichberechtigung aller landesüblichen Sprachen im Staatsgrundgesetz vom 21.12.1867[100]. Was Peirotes auffiel, war somit vielleicht ein derartiges, vom Karrierestreben motiviertes ‚freiwilliges' Bemühen um die andere Landessprache Tirols.

Während sich in Straßburg schließlich durch das gesamte gesellschaftliche Leben bis hin zu den Sportvereinen eine unsichtbare, aber stets spürbare Grenzlinie zwischen den nationalen Gefühlen zog, fand Peirotes in Brixen mit der Mitgliedskarte seines Straßburger Turnvereins „Alsatia Nova", obwohl sie in französischer Sprache gedruckt war, im „deutsch-nationalen Turnverein" ohne weiteres Aufnahme. Unbefangen führte der Verein zur Weihnachtsfeier 1890 eine „Quadrille à la française" auf, und Peirotes deklamierte aus Goethes „Faust" und seinem geliebten Schiller und sogar dem subversiven Heine. Aus Freude über den deutschen Gedichtvortrag durch Peirotes, der doch den Spitznamen „der Französel" trug, zahlte der Hauptmann der Kaiserjäger eine Runde für alle; derselbe Hauptmann, dessen Truppen dann am 1. Mai 1891 für den Fall eines

---

[98] Strasbourg, AMS, Fonds Peirotes, ‚Aus meinem Leben': Rot geschmiedet; vgl. *H. Konrad*, Die Arbeiterbewegung im Vielvölkerstaat – Sozialdemokratie und nationale Frage, in: *E. Fröschl / M. Mesner / H. Zoitz* (Hrsg.), Die Bewegung, S. 193-203; *W. Maderthaner*, Organisationsstruktur, S. 43.

[99] *K.K. Statistische Central-Commission* (Hrsg.), Spezialortsrepertorien der im österreichischen Reichsrathe vertretenen Königreiche und Länder, Neubearbeitung auf Grund der Ergebnisse der Volkszählung vom 31. December 1890, 8: Tirol und Vorarlberg, Wien 1893, S. 30.

[100] *O. Stolz*, Die Ausbreitung des Deutschtums in Südtirol im Lichte der Urkunden, 3.: Die Ausbreitung des Deutschen im Gebiete von Bozen und Meran, 1. Teil: Darstellung, München / Berlin 1932, S. 223-227; *E. Brix*, Die Umgangssprache in Altösterreich zwischen Agitation und Assimilation. Die Sprachstatistik in den zisleithanischen Volkszählungen 1880 bis 1910 (Veröffentlichungen der Kommission für Neuere Geschichte Österreichs, 72), Wien 1982, S. 233-234; *J. Fontana u.a.*, Geschichte des Landes Tirol, 3: *J. Fontana*, Vom Neubau bis zum Untergang der Habsburgermonarchie (1848-1918), Bozen 1987, S. 246.

Streiks in Bereitschaft standen, wie er im Rausch erzählte[101]. Zur Vereinbarkeit des national Gegensätzlichen in der Fremde, die Peirotes in Brixen erlebte, gehörte schließlich auch seine Freundschaft zu „Jörgele", seinem fünf Jahre älteren Setzerkollegen „mit Gymnasialbildung", mit dem er stundenlange Debatten über die Interpretation umstrittener Gedichte von Heinrich Heine führen konnte, obwohl die beiden Freunde in nationalen Dingen grundsätzlich verschiedener Ansicht waren:

> „Er war ein guter Deutscher und meinte, ein deutschsprechender Elsässer möchte das auch sein, speziell einer, der wie ich in den deutschen Klassikern so Bescheid wußte"[102].

Die Erzählung seiner Jugendjahre durch Jacques Peirotes weist erheblich über das Individuell-Biographische hinaus. In seiner Reflexion spiegelt sich die Problematik des Elsaß als Land zwischen der deutschen und der französischen Sprache und Kultur und die Lage der Elsässer, die in beiden Kulturen zu Hause sein konnten – unabhängig von der politischen Zugehörigkeit ihres Heimatlandes, das manchmal Brücke, manchmal Grenze war. In den lebenslangen Bemühungen dieses Mannes aus einfachen Verhältnissen, zu lernen und sich selbst zu bilden, wurde auch die innere Kraft der deutschen Arbeiterbildungsbewegung in einer spezifisch elsässischen Färbung sichtbar: Goethe, Bebel und Zola nebeneinander waren Lese-Erfahrungen und Bildungserlebnisse, die Peirotes für sein Leben prägten; die französische Sprache seiner Vorfahren hatte er sich selbst erarbeiten müssen, weil die deutsche Volksschule sie ihm versagt hatte. Im Untergrund seiner Person konkurrierte schließlich mit dem innerweltlichen Fortschrittsglauben der Sozialisten noch lange die traditionelle katholische Frömmigkeit eines französisch geprägten Klerus, bevor Peirotes sich von einer Kirche entfernte, die damals der Herausforderung durch die Moderne, durch Darwin wie durch Marx, noch nichts entgegen zu setzen hatte. Während Peirotes mit dem Fernziel Jerusalem seine traditionelle und schon ein wenig altmodische „Wanderschaft" als junger Handwerksbursche begann, kehrte er aus dem katholischen Europa als überzeugter und ideologisch geschulter Sozialist zurück. Hauptstationen seines äußeren und inneren Weges waren die Metropolen Paris und Wien und zuerst – Brixen, das er doch mit Bedacht „das deutsche Rom" genannt hat. 1934/35 schrieb er trotz seiner warmen Erinnerung an sein Zu-Hause-Sein und sein kleines Glück in Brixen über vierzig Jahre zuvor, daß es „gut" war, von dort wegzugehen. So seien noch „vierzig Kampfjahre" als deutscher und dann französischer Sozialist in seiner elsässischen Heimat vor ihm gelegen; sonst aber

> „wäre ich [vielleicht] ein braver Brixener Spießbürger geworden ... und heute ein Objekt Mussolinischer Staatskunst"[103].

---

[101] Noch im Jahre 1910 waren in Brixen nur 6 Gendarmen, aber 596 Soldaten stationiert; *K.K. Statistische Zentralkommission* (Hrsg.), Spezialortsrepertorium der österreichischen Länder, bearbeitet auf Grund der Ergebnisse der Volkszählung vom 31.12.1910, 8: Tirol und Vorarlberg, Wien 1917, S. 20.

[102] Strasbourg, AMS, Fonds Peirotes, ‚Aus meinem Leben': Im deutschen Rom.

[103] Strasbourg, AMS, Fonds Peirotes, ‚Aus meinem Leben': Im deutschen Rom.

Italienische Sozialisten in Österreich

Von Marina Cattaruzza

1. Von einem italienischen Sozialismus in Österreich-Ungarn zu sprechen, ist nur in sehr begrenzter Weise möglich.

Zwar gab es zwischen den italienischen Sozialisten aus dem Trentino und denen aus dem Küstenland vielfache Kontakte, Meinungsaustausche und Formen der Zusammenarbeit, was im Jahr 1907 zur Gründung der ,Federazione dei socialisti italiani in Austria'[1] führte. Diese Vereinigung existierte allerdings letztlich nur auf dem Papier.

In der Tat stellte die sprachliche Gemeinsamkeit nur ein sehr labiles Bindeglied für die italienischen Sozialisten in Österreich-Ungarn dar. Im Vergleich dazu wogen die tiefen Unterschiede zwischen dem Trentino und dem Küstenland, sowohl in der sozioökonomischen Struktur wie im Verwaltungsaufbau, erheblich schwerer und selbst bezüglich der theoretischen Vorstellungen vom Sozialismus gab es Differenzen.

Kulturelles, ökonomisches und politisches Zentrum des Küstenlandes war Triest, als drittgrößte Stadt Österreichs und als der „erste Hafen des Reiches" eines der am meisten entwickelten Wirtschaftszentren der Habsburgermonarchie. Der Hafen war eng mit der gesamten österreichischen Volkswirtschaft verknüpft. Die hier verschifften Transporte ins östliche Mittelmeer wurden aus dem Hinterland bis aus Böhmen herantransportiert; mit den über den Seeweg eintreffenden Importen versorgte Triest ein Gebiet, welches Ober- und Niederösterreich einschließlich der Reichshauptstadt umfaßte. Tausende von Arbeitern waren hier in den Werften und im Bausektor beschäftigt. 1850 wurde Triest zur „reichsunmittelbaren Stadt" erhoben und mit weitreichenden Autonomierechten ausgestattet; der Stadtrat besaß Gesetzgebungskompetenzen und hing ausschließlich von der Zentralregierung ab[2].

---

[1] Vgl. *R. Monteleone*, Il movimento socialista del Trentino 1894-1914, Roma 1971, S. 284-286. Die Arbeit von Monteleone stellt die breiteste und organischste Darstellung der Geschichte der sozialistischen Bewegung im Trentino während der Zeit der Zugehörigkeit zu Österreich dar und bildet insofern eine unverzichtbare Grundlage für jede Untersuchung zu diesem Thema. Zur Vorgeschichte der Bildung der „federazione tra socialisti trentini e adriatici" vgl. auch *L. Battisti*, Socialismo trentino ed adriatico nell'Impero asburgico, Conferenza tenuta il 29 aprile 1971 al Circolo di studi politico-sociali „Che Guevara" di Trieste, Trento o.J., S. 13 f.

[2] Für allgemeine Informationen über Triest sowie für weiterführende Literaturhinweise vgl. *E. Apih*, Trieste, Roma / Bari 1988.

Das Trentino dagegen war eine arme Region, deren Einwohner vor allem von Land- und Viehwirtschaft lebten, meist auf kleinen Parzellen, die keine ausreichenden Erträge einbrachten. Dies zwang viele Menschen, sich anderswo, vor allem in anderen Teilen Österreichs, als Saisonarbeiter zu verdingen[3]. Bis 1859 stand das Trentino in engem wirtschaftlichem Austausch mit der Lombardei; danach belieferte es hauptsächlich die österreichischen Binnenmärkte mit einer schmalen Palette an Agrarprodukten (vor allem Obst und Wein). Politisch unterstand es dem Innsbrucker Landtag, in dem die Abgeordneten aus dem Trentino im allgemeinen von den deutschsprachigen Abgeordneten überstimmt wurden, was die Realisierung einer Autonomiepolitik gegenüber dem Land Tirol sowie die Wahrung lokaler Interessen stark behinderte.

Einig waren sich im Trentino Liberale und Sozialisten in der Forderung nach einer gegenüber der Landesregierung in Innsbruck autonomen Verwaltung. Und selbst die habsburgerfreundlichen Katholiken, die sich seit der Wahlreform von 1896 als die führende Kraft etabliert hatten, standen diesen Wünschen in vieler Hinsicht aufgeschlossen gegenüber[4]. Ebenso gab es zwischen den verschiedenen politischen Kräften Einigkeit in der Forderung nach einer italienischen Universität. Diese Frage spitzte sich entscheidend zu, nachdem es mehrmals in den Jahren 1903 und 1904 unter den Studenten in Innsbruck, wo an der juristi-

---

[3] Vgl. *R. Monteleone*, Il movimento socialista nel Trentino, S. 9-30; *A. Leonardi*, Problemi ed orientamenti economici nel Trentino tra Ottocento e Novecento, in: *A. Canavero / A. Moioli* (Hrsg.), De Gasperi e il Trentino tra la fine dell'800 e il primo dopoguerra, Trento 1985, S. 13-64.

[4] Vgl. *A. Galante Garrone*, Introduzione, in: *C. Battisti*, Scritti politici e sociali, hrsg. von R. Monteleone, Firenze 1966, S. XVIII-XXIII; *M. Garbari*, De Gasperi e il liberalismo, in: *A. Canvero / A. Moioli* (Hrsg.), De Gasperi e il Trentino, S. 465-508, insbes. S. 467 f.; *U. Corsini*, La questione nazionale nel dibattito trentino, ebd., S. 593-668, insbes. S. 607-611. Für einen historischen Überblick über die Entstehung der Autonomieforderungen vgl. *R. Schober*, Il Trentino durante il periodo di unione al Tirolo, 1815-1918, in: *F. Valsecchi / A. Wandruszka* (Hrsg.), Austria e province italiane 1815-1918. Potere centrale e amministrazioni locali (Annali dell'Istituto storico italo-germanico. Quaderno 6), Bologna 1981, S. 177-212; *U. Corsini*, Problemi politico-amministrativi del Trentino nel nesso provinciale tirolese, 1815-1918, ebd., S. 213-258. Sowohl Schober als auch Corsini werten die Ablehnung der Errichtung einer autonomen Provinz Trient als deutlichen Beleg für die Unreformierbarkeit der österreichisch-ungarischen Doppelmonarchie. Vgl. hierzu auch das klarsichtige Urteil Ernesto Sestans: „Eine föderalistische Lösung im Sinne einer Neueinteilung der einzelnen Länder entsprechend ethnischen und sprachlichen Gesichtspunkten, die ja schon an sich überaus schwierig gewesen wäre, da sich die Sprach- und Kulturgrenzen überschnitten, wäre überhaupt dem Prinzip der Unantastbarkeit der Ländergrenzen zuwidergelaufen. Dies war der Grund, warum der Tiroler Landtag dem Trentino nicht einmal bescheidene Autonomierechte zuzugestehen bereit war; und aus eben demselben Grund gelang in Österreich auch nie die Lösung des erheblich schwerwiegenderen tschechischen Problems, welches, so wird man sagen können, das bewegte politische Geschehen der Habsburgermonarchie im letzten halben Jahrhundert ihres Bestehens am heftigsten bedrängt hat". (E. *Sestan*, Centralismo, federalismo e diritti storici nell'ultimo mezzo secolo [1868-1918] della Monarchia asburgica, in: *F. Valsecchi / A. Wandruszka* [Hrsg.], Austria e province italiane 1815-1918, S. 301-330, zit. S. 319 f.).

schen Fakultät seit 1894 einige Vorlesungen in italienischer Sprache abgehalten wurden, zu gewalttätigen Zusammenstößen gekommen war[5].

Spezifisch sozialistische Vorstellungen waren – neben diesen von allen Kräften im Trentino getragenen Grundsätzen – die Forderung nach einem allgemeinen Wahlrecht für alle gewählten Körperschaften sowie das unumstößliche Beharren auf der Ansicht, daß nur Triest als Sitz für eine zu errichtende italienische Universität in Frage kommen könne[6].

Anders als im Küstenland gab es im Kronland Tirol eine klare Sprachgrenze: Abgesehen von wenigen kleinen an die Kreise Bozen und Meran angrenzenden Orten sowie von sonstigen unbedeutenden deutschen Sprachinseln war das Trentino ein vollständig italienisches Gebiet. Ebenso bildeten in den südlichen Teilen des deutschsprachigen Tirol die Italiener nur eine kleine Minderheit[7]. Gegen die ethnisch homogene Struktur des Trentino entfalteten allerdings eine Reihe von pangermanistischen und tirolischen Vereinigungen, insbesondere in abgelegeneren Tälern, eine lebhafte Aktivität sprachlicher und kultureller Penetration[8]. Zugleich ergoß sich seit der Jahrhundertwende ein großer Strom von Emigranten aus dem Trentino in die deutschsprachigen Teile Tirols und nach Vorarlberg. Damit konnte hier eine Lage entstehen, die in gewisser Hinsicht vergleichbar war mit der Situation in Triest, welches einen hohen Zuzug an slowenischen Arbeitern aus dem Hinterland zu verzeichnen hatte[9].

---

5 Vgl. *A. Ara*, La questione dell'Università italiana in Austria, in: *A. Ara*, Ricerche sugli austro-italiani e l'ultima Austria, Roma 1974, S. 9-140.

6 Vgl. *R. Monteleone*, Il movimento socialista nel Trentino, S. 93 f. Beide Forderungen standen im Mittelpunkt der publizistischen Aktivitäten Cesare Battistis. Vgl. *C. Battisti*, Scritti politici e sociali, S. 3-15, 30-46, 86-88, 106-181, 186 f. Vgl. außerdem *C. Gatterer*, Cesare Battisti. Ritratto di un „alto traditore", Firenze 1975, S. 67-126.

7 Über die sprachlich-ethnische Zusammensetzung von Trentino und Südtirol vgl. *U. Corsini*, Die Italiener, in: *A. Wandruszka / P. Urbanitsch* (Hrsg.), Die Habsburger Monarchie 1848-1918, III/2: Die Völker des Reichs, Wien 1980, S. 839-879, vgl. hier insbes. S. 850-853.

8 Vgl. *E. Sestan*, Cesare Battisti tra socialismo e irredentismo, in: Atti del Convegno di Studi su Cesare Battisti – Trento 25-26-27 marzo 1977, Firenze 1979, S. 13-56, insbes. S. 48; *R. Schober*, Il Trentino durante il periodo di unione al Tirolo, insbes. S. 209-212. Nach Ernesto Sestan muß man allerdings die Aktivitäten pangermanistischer Vereinigungen als Reaktionen einer ethnischen Gruppe werten, die auf staatlicher Ebene schon immer die Vorherrschaft inne hatte und sich nun in die Defensive gedrängt sah: „Man lasse sich nicht von einzelnen marginalen Ereignissen in die Irre leiten, wie z.B. dem einoder anderen Einwirkungsversuch tirolischer Vereine in den deutschen Sprachinseln hier im Trentino oder dem Vorstoß der Kriegsmarine in Pula oder auch den Aktivitäten der verschiedenen Südmarkvereinigungen, Schulvereine und Volksbünde: all dies sind Aktionen der in die Defensive geratenen deutschen Vormacht, die dabei war, nach und nach aus ihren Stellungen verdrängt zu werden" (*E. Sestan*, Centralismo, federalismo e diritti storici nell'ultimo mezzo secolo, S. 318).

9 Vgl. *R. Monteleone*, Il movimento socialista nel Trentino, S. 26-30 und S. 356. Für die Emigranten aus dem Trentino in die deutsch-österreichischen Gebiete waren die dort lebenden Italiener der Hauptbezugspunkt. Kontakte zum sonstigen Umfeld waren selten und häufig von Feindseligkeit seitens der deutschsprachigen Arbeiter geprägt; vgl. *H.*

Der größte Manufakturbetrieb im Trentino, die Tabakfabrik von Sacco, lag in ländlicher Gegend und beschäftigte vor allem weibliche Arbeitskräfte[10]. Die Basis der Anhängerschaft der noch schwachen Gewerkschaftsbewegung bildeten in erster Linie Handwerker und in traditionellen Berufen tätige Arbeiter in den Städten Trient und Rovereto[11].

Im Vergleich zum Küstenland war im Trentino der Gegensatz zwischen Liberalen und Sozialisten erheblich weniger ausgeprägt. In der Tat kam es bei Wahlen vielfach zu Absprachen – oder immerhin zu einer stillschweigenden partiellen Zusammenarbeit – zwischen diesen beiden politischen Kräften, die das gemeinsame Ziel verfolgten, die deutliche Vormachtstellung der katholischen Volkspartei zu durchbrechen. So war z.B. 1904 aufgrund einer Absprache zwischen linken Liberalen und Sozialisten ein führender Vertreter der ‚Lega Liberale Democratica', Giuseppe Silli, zum Bürgermeister von Trient gewählt worden[12]. Ebenso gelang es den Sozialisten mit der Unterstützung durch Stimmen aus dem liberalen Lager, mehrere ihrer Kandidaten in den Trientiner Stadt-

---

Konrad, Das Entstehen der Arbeiterklasse in Oberösterreich, Wien / München / Zürich 1981, S. 367-370. Zu den Beziehungen zwischen Deutschen und Italienern in Tirol vgl. die Einschätzung des aus Rovereto stammenden Sozialisten Antonio Piscel, die dieser auf einer Tagung in Triest beim Circolo di Studi Sociali über das Thema „Socialisti adriatici e trentini" geäußert hat, in: „Il Lavoratore" vom 18. Februar 1914: „Während es im Mittelalter die Deutschen waren, die von Tirol aus ins Trentino eindrangen, geht es heute umgekehrt zu; die Bauern aus dem Trentino, die wegen der schlechten wirtschaftlichen Lage gezwungen sind, anderswo Arbeit zu suchen, wandern in das benachbarte Tirol ab und heute sind es die Trentiner, die das deutschsprachige Tirol ‚bedrohen'. Damit ist hier eine sonderbare Situation eingetreten, die, allerdings in umgekehrter Richtung, derjenigen in Triest gleicht. Die Italiener sind es, die – so sehen es die Deutschen – dem Land Tirol seinen deutschsprachigen Charakter streitig machen. Tirol ist gleichzeitig jedoch gezwungen, sie aufzunehmen. Berufe, wie z.B. die des Maurers, des Schreiners u.a. werden heutzutage in Tirol fast nur noch von Italienern ausgeübt und so sehr die deutsche Bourgeoisie sich auch gegen die italienischen Arbeiter wehrt, sie ist gezwungen, sie einzustellen; selbst die Wiener Regierung, die in Triest und Trient als italienerfeindlich verschrien ist, ist gezwungen, italienische Eisenbahner, Postangestellte und Bürodiener nach Bozen, Innsbruck und Meran zu holen". Zur Entwicklung (und Radikalisierung) der Beziehungen zwischen Italienern und Slowenen in Triest vgl. *M. Cattaruzza*, Sloveni e Italiani a Trieste: la formazione dell'identità nazionale, in: Clio, XXV (1989), S. 27-58.

[10] Vgl. *G. Oberkofler*, Die Anfänge der Arbeiterbewegung im Trentino, in: *H. Konrad* (Hrsg.), Die deutsche und die österreichische Arbeiterbewegung zur Zeit der Zweiten Internationale, Wien 1982, S. 67-88, hier insbes. S. 68 f.

[11] Vgl. ebd., S. 74-79. Als erste sozialistisch ausgerichtete und nach Berufsgruppen organisierte Arbeitervereinigungen entstanden 1898 in Trient die Verbände der Steinmetze, der Maurer und der Metallarbeiter, in Rovereto diejenigen der Lederwarenerzeuger, der Maurer und der Schreiner; vgl. *G. Raffaelli*, Il movimento operaio nel Trentino dal mutualismo alle prime camere del lavoro, in: Movimento operaio, 2 (März-April 1955), S. 130-151, hier S. 145. Bei den Wahlen zum Reichsrat 1911 erzielten die Sozialisten immerhin erstmals auch Erfolge unter der Landbevölkerung. Dies hatten sie zu einem großen Teil den Aktivitäten der „Lega dei contadini" zu verdanken, die zwar nicht parteigebunden aber laizistisch gesinnt war. Diese Vereinigung war 1910 mit dem Ziel gegründet worden, das Monopol der Katholiken auf dem Lande zu durchbrechen.

[12] Vgl. *R. Monteleone*, Il movimento socialista nel Trentino, S. 66 f., 95 f., 191, 213 f., 254-257, 332-335 und 369-372.

rat wählen zu lassen. 1907 und 1911 erhielten sie zudem ein Reichsratsmandat. 1914, bei der Wahl zum Tiroler Landtag, gelang Cesare Battisti dann sogar ein Sieg gegen den Kandidaten der Liberalen, Giuseppe Menestrina[13]. Zumindest in der Anfangsphase der sozialistischen Bewegung gab es außerdem auch häufige und freundschaftliche Kontakte zu nationalen und patriotischen Vereinigungen wie der ‚Società dei regnicoli' und der ‚Lega nazionale'.

In Triest dagegen wurden keine Wahlabsprachen zwischen Sozialisten und Nationalliberalen getroffen. Die einzige Ausnahme bildete hier die Unterstützung des ehemaligen Garibaldiners Leopoldo Mauroner durch die ‚Confederazione operaia' bei den Reichsratswahlen von 1891, für die die beiden Parteien ein gemeinsames Programm zur Verteidigung der Grundrechte erarbeitet hatten. Hier, wo die katholische Volkspartei eine kaum ins Gewicht fallende Kraft darstellte, standen die Sozialisten fast von Anfang an in deutlichem Gegensatz zu den Liberalen, der insbesondere durch die unterschiedlichen Vorstellungen über die nationale Frage verschärft wurde. Dem nationalliberalen Programm, welches unumstößlich auf der Verteidigung des italienischen Charakters der Stadt Triest beharrte, hielten die Sozialisten das Prinzip der Anerkennung der gleichen Rechte aller in Triest lebenden Nationalitäten, unter denen vor allem die Slowenen immer stärker wurden, entgegen[14].

Daß die Beziehungen zwischen Sozialisten und Liberalen im Trentino weniger konfliktgeladen waren als im Küstenland, hängt also mit verschiedenen Faktoren zusammen: hier zu nennen sind die geringe wirtschaftliche Entwicklung und damit verbunden das Fehlen eines modernen Industrieproletariats, die daraus resultierende Schwäche der Arbeiterpartei, die Übereinstimmung zwischen Sozialisten und Liberalen in der Forderung nach Autonomie gegenüber der Landesregierung in Innsbruck, das gemeinsame Ziel, gegen die Überlegenheit der Katholiken anzukommen, und schließlich die große Aufgeschlossenheit der Trentiner Sozialisten gegenüber der nationalen Frage, die bei einigen ihrer bedeutendsten Vertreter auf erklärtermaßen risorgimentale oder gar irredentistische Positionen hinauslief. Zu den Übereinstimmungen zwischen Liberalen und Sozialisten im Trentino bemerkt Renato Monteleone:

> „... die sozialistischen Kräfte, die sich im Rahmen der Legalität bewegten, standen den Liberalen nicht in drastischer Weise ablehnend gegenüber: ausgerichtet auf das unmittelbare Ziel der Verwirklichung demokratischer Freiheiten waren sie einer Zusammenarbeit mit den fortschrittlichsten bürgerlichen Kräften im Sinne einer Modernisierung der politischen und gesellschaftlichen Strukturen durchaus nicht abgeneigt ... Waren die Methoden auch verschieden, so schienen doch die politischen Ziele die gleichen zu sein. Und genau daraus erklärt sich die Heterogenität dieser ersten Gruppe junger sozialistischer ‚Intellektueller', die der Meinung waren, mit den Nationalliberalen zusammenarbeiten und zusammengehen zu können"[15].

---

[13] Vgl. *M. Garbari*, De Gasperi e il liberalismo, S. 468.

[14] Vgl. *R. Monteleone*, Il movimento socialista nel Trentino, S. 68 f., 209. *E. Maserati*, Il movimento operaio a Trieste dalle origini alla prima guerra mondiale, Varese 1973, S. 107 f.

[15] *R. Monteleone*, Il movimento socialista nel Trentino, S. 47.

Auf gewerkschaftlicher Ebene spiegelte sich die Schwäche der Arbeiterbewegung darin wider, daß territoriale Organisationsformen wie Arbeitersekretäre und Arbeitskammern überwogen, während die Organisierung nach Berufsgruppen kaum entwickelt war[16]. Noch bis weit ins 20. Jahrhundert hinein bestanden in kleineren Orten des Trentino Arbeiter- und Arbeiterinnenvereinigungen (‚Società dei lavoratori e delle lavoratrici'), die nur rudimentär entwickelt und in ihren Tätigkeitsfeldern kaum ausdifferenziert waren. Aufgliederungen der Mitglieder nach Qualifikation und beruflicher Tätigkeit gab es in diesen Vereinigungen nicht. Und mindestens bis 1898 bildeten diese ‚Società dei lavoratori e delle lavoratrici' „die einzige wirkliche Organisationsbasis der Sozialistischen Partei"[17]. Überzeugend bemerkt Guido Raffaelli über die Grenzen der Wirkungsmöglichkeiten solcher Organisationsformen:

> „... die Vermengung der verschiedenen Berufsgruppen in den Arbeitervereinen nimmt diesen den Charakter tatsächlicher Interessenvertretungen der Arbeiter, die sich gegen die bestehenden Verhältnisse auflehnen und Arbeits- sowie Lohnkämpfe durchführen könnten; die Vielfalt und Verschiedenheit der praktischen Ziele der Arbeitervereine – Bildung, Propaganda, Teilhabe an den Wahlkämpfen, Agitation, Solidarität mit streikenden Arbeitern usw. – geht zudem natürlich auf Kosten einer klaren theoretischen Position sowie der Kontinuität in der Ausrichtung der Arbeit, was jedoch für die Durchsetzung der eigenen Ziele unverzichtbar wäre"[18].

Auch in Triest und im Küstenland waren gegen Ende des 19. Jahrhunderts ähnliche Organisationen entstanden. Doch hier waren diese Vereinigungen schon in den ersten Jahren des 20. Jahrhunderts durch Berufsgewerkschaften verdrängt worden, die den mächtigen Gewerkschaftsleitungen in Wien unterstanden und erheblich besser geeignet waren, für die Verbesserung der Arbeitsbedingungen und der Löhne in Industrien und Unternehmen mit hoher Arbeitskräftekonzentration einzutreten[19].

Bezeichnend für die in der frühen Arbeiterbewegung im Trentino weit verbreitete Neigung zu klassenübergreifender Organisierung war die Debatte, die 1898 die Ratifizierung des Statuts der Arbeitskammer von Trient begleitete, welche die verschiedenen Arbeitervereinigungen der Stadt organisatorisch zusammenfassen sollte. Der Vorschlag des Gewerkschaftsführers Edoardo Costanzi, ausschließlich Lohnarbeiter als Mitglieder zuzulassen, rief erregte Auseinandersetzungen hervor. Es wurde die Forderung erhoben, auch Handwerker müßten zugelassen werden (ein Vorschlag, den auch Antonio Piscel unterstützte) und

---

16 Vgl. ebd., S. 86 f., 101-107; *M. Cattaruzza*, La formazione del proletariato urbano. Immigrati, operai di mestiere, donne a Trieste dalla metà del secolo XIX alla prima guerra mondiale, Torino 1979, S. 107-174.

17 *R. Monteleone*, Il movimento socialista nel Trentino, S. 159 f.; vgl. auch *G. Raffaelli*, Il movimento operaio nel Trentino, S. 141.

18 *G. Raffaelli*, Il movimento operaio nel Trentino, S. 142.

19 Zur ‚Società dei lavoratori e delle lavoratrici' vgl. Archivio di Stato di Trieste (AST), Direzione di Polizia, busta 314. Zum Prozeß der Zentralisierung und Ausdifferenzierung der Gewerkschaftsorganisationen in Triest vgl. *E. Maserati*, Il movimento operaio a Trieste, S. 184 ff.

selbst den Arbeitgebern solle die Organisation offenstehen. Zwar gelang es Costanzi zunächst, die eigene Vorlage durchzusetzen, doch diese wurde dann durch die Annahme eines von Piscel eingebrachten Abänderungsvorschlages weitgehend wieder außer Kraft gesetzt, der vorsah, daß die Arbeitgeber, wenn auch ohne Stimmrecht, grundsätzlich zu den Arbeiterversammlungen zugelassen sein sollten, sofern nicht „auf den einzelnen Versammlungen selbst deren Ausschluß beschlossen" würde[20]. In Wirklichkeit nahm jedoch die Trientiner Arbeitskammer, die streng an einem Kurs der Autonomie gegenüber der politischen Organisation festhielt, im Vergleich zur sozialistischen Partei einen erheblich deutlicheren „Klassenstandpunkt" im Sinne des Eintretens für die wirtschaftlichen Interessen der Arbeiter ein, während die Partei keineswegs immer darauf bedacht war, zwischen den eigenen Positionen und denen der linken Liberalen eine klare Trennlinie zu ziehen[21].

Als 1905 die Meinungsverschiedenheiten zwischen Trientiner „Syndikalisten" und Sozialisten die Mehrheit der Gewerkschaftsmitglieder zu einer entschiedenen Distanzierung von der Partei bewogen, wurde der Repräsentant der italienischen Sozialisten bei der sozialdemokratischen Zentrale in Wien, Wilhelm Ellenbogen, nach Trient entsandt, wo er versuchen sollte, den Streit zu schlichten. Den Anlaß für sein Eingreifen bot ihm der erste gemeinsame Kongreß der Sozialisten aus dem Trentino, aus Tirol und aus Vorarlberg. Nachdem Ellenbogen sich mit der Situation vertraut gemacht hatte, brachte er einen Tagesordnungspunkt ein, in dem gefordert wurde, daß in den wirtschaftlichen Interessenvertretungen „nur wirkliche Arbeiter unter Ausschluß anderer Berufsgruppen" vertreten sein dürften. Zudem sollten sich diese Interessenvertretungen den jeweiligen zentralen Gewerkschaftsleitungen anschließen und der Gewerkschaftskommission beitreten. In einem zweiten Tagesordnungspunkt, den Ellenbogen einbrachte, wurde dann die von Cesare Battisti gegründete und geleitete sozialistische Tageszeitung „Il Popolo" aufgefordert, „in der schärfsten Form die Unterschiede zwischen der bürgerlichen und der proletarischen Politik hervorzuheben"[22]. Ebenso wurden die Genossen aus dem Trentino aufgefordert, ihre Beziehungen zu den tiroler Sozialisten auszubauen. Wenige Monate später distanzierten sich schließlich die Sozialisten im Trentino von „Il Popolo", welches seitdem *de facto* zum Sprachrohr der Linie Cesare Battistis wurde[23].

2. Der bedeutendste Vertreter des Sozialismus in Trient war Cesare Battisti. Gemeinsam mit Antonio Piscel hatte er in der zweiten Hälfte der Neunziger Jahre durch eine weitverzweigte Propagandaaktivität bis in die entlegensten Orte hinein die Voraussetzungen für die Verbreitung des sozialistischen Ideen-

---

[20] *R. Monteleone*, Il movimento socialista nel Trentino, S. 97 f.

[21] Vgl. *R. Monteleone*, Il movimento socialista nel Trentino, S. 201-240. Zur bedeutenden Rolle, die Edoardo Costanzi für die Entwicklung der Gewerkschaftsorganisation im Trentino spielte, vgl. *G. Raffaelli*, Il movimento operaio nel Trentino, S. 143-146.

[22] *R. Monteleone*, Il movimento socialista nel Trentino, S. 226 f.

[23] Vgl. ebd., S. 228-230.

guts in der Region geschaffen[24]. Bis dahin hatte es nur wenige Arbeiter im Trentino gegeben, die, meist durch Begegnungen mit österreichischen Sozialisten während der Saisonarbeit in anderen Teilen des Reiches, mit sozialistischen Ideen in Berührung gekommen waren[25]. Als Autor einer Vielzahl von Studien zur Geographie des Trentino präsentierte sich Battisti als ein Mann mit bedeutenden wissenschaftlichen und intellekutellen Fähigkeiten. Zugleich war er durchdrungen von starker und selbstloser politischer Leidenschaft. Zweifellos war er der hervorragendste Repräsentant des italienischen Sozialismus in Österreich[26]. In einem Artikel, den Gaetano Salvemini am 12. Juli 1917 anläßlich des ersten Jahrestages des Todes Battistis in „L'Unità" veröffentlichte, behauptete er, in Triest hätte es keine Männer gegeben, die das Format eines Cesare Battisti gehabt hätten. Dieses Urteil ist natürlich auch bedingt durch die Zeitumstände sowie die Trauer um den verstorbenen Freund und Gleichgesinnten, der, seinen politischen Vorstellungen bis zum Schluß treu bleibend, im Kampf um die Verteidigung seiner Ideale als Sozialist, Irredentist und Interventionist im Krieg gefallen war. Hart (und im Grunde auch kleinlich) ist Salveminis Urteil über die Triestinischen Sozialisten, deren unumstößliches Festhalten an internationalistischen Idealen er unüberlegt und vorschnell als Unterwerfung unter die österreichische Sozialdemokratie deutet:

> „... Menschen mit weniger klaren Ideen und weniger eisernem Standvermögen wären moralisch und intellektuell schnell aus dem Gleichgewicht geraten. Genau dies ist in Triest geschehen, wo die sozialistische Bewegung seit ihrer Entstehung blindwütig und mißgünstig von der Bourgeoisie bekämpft wurde, und zwar sowohl von der italienischen Bourgeoisie als auch von Deutschen oder Kosmopoliten, die in dieser unseren ehrwürdigen Stadt die Oberschichten verderben. Unter den Sozialisten fand sich hier niemand, der in der Lage gewesen wäre, den persönlichen Streitereien ein Ende zu setzen und gewisse falschen Instinkten folgende Entscheidungen zu korrigieren. So ließen sich die Triestinischen Sozialisten sowohl aufgrund der eigenen Fehler als auch durch die hinterhältige Politik Österreichs auf den falschen Weg der nationalen Indifferenz führen ... [Battisti] hat im Gegensatz zu den Triestinischen Sozialisten diese doppelzüngige Politik der deutsch-österreichischen Sozialdemokratie nie befolgt. Er blieb sich selbst treu, geleitet von einem untrüglichen Instinkt, mit klarem Verstand und eisernem Willen"[27].

---

[24] Vgl. *E. Sestan*, Cesare Battisti tra socialismo e irredentismo, S. 37-44. Viele Anspielungen auf diese politischen Aktivitäten finden sich in: *C. Battisti*, Epistolario, hrsg. von *R. Monteleone / P. Alatri*, I, Firenze 1966.

[25] Vgl. *G. Raffaelli*, Il movimento operaio nel Trentino, S. 139 f.

[26] Zu Battisti vgl.: Atti del Convegno di Studi su Cesare Battisti, Trento 1979; darin insbesondere die Beiträge von Ernesto Sestan, Giuseppe Barbieri, Livia Battisti, Rinaldo Cruccu. Vgl. auch *R. Monteleone*, Battisti Cesare, in: *F. Andreucci / T. Detti* (Hrsg.), Il movimento operaio italiano. Dizionario biografico 1853-1943, I, Roma 1975, S. 208-217.

[27] Der Artikel Salveminis ist nachgedruckt in: *B. Finocchiaro* (Hrsg.), L'Unità di Gaetano Salvemini, S. 515-518. Zur ablehnenden Haltung, die die Triestiner Sozialisten gegenüber der „sozialpolitischen" Linie einnahmen, zu welcher die deutsch-österreichischen Sozialisten seit Ausbruch des Krieges übergeschwenkt waren vgl. *E. Ragionieri / L. Valiani*, Socialdemocrazia austriaca e socialisti italiani nell'agosto del 1914 – Un colloquio di Wilhelm Ellenbogen con Benito Mussolini e Carlo Treves, in: Studi Storici, II (1961), S. 100-113. Ellenbogen urteilte über die Triestiner Sozialisten, sie gehörten „zu jenem Teil der Sozialdemokratie, der geradezu fanatisch jeden Krieg ablehnt ... Der Krieg als sol-

Ausgehend von ursprünglich irredentistischen Positionen, die Battisti keineswegs aufgab, sondern in eine breitere Vision von sozialer Emanzipation integrierte, näherte er sich im Verlauf verschiedener Studienaufenthalte in Turin und vor allem in Florenz nach und nach dem Sozialismus an. Hier lernte er Gaetano Salvemini und seine spätere Frau Ernesta Bittanti kennen und nahm an den Treffen eines Zirkels junger nicht dogmatischer Sozialisten teil, dem unter anderen die Brüder Mondolfo angehörten[28]. Bezeichnend ist dagegen, daß ein Studienaufenthalt in Graz, einem der wichtigsten Zentren der österreichischen Arbeiterbewegung, auf Battisti kaum Eindruck machte. Hier lehrte damals der berühmte Soziologe Ludwig Gumplowicz, der auf einige Sozialisten aus dem Küstenland, darunter Giuseppe Lazzarini und Giuseppe Tuntar, ebenso wie im übrigen auch auf Karl Renner, erheblichen Einfluß ausübte, während bei Battisti davon nichts zu spüren ist[29].

Zeit seines Lebens blieb Battisti einer an radikaldemokratischen Werten orientierten Vorstellung vom Sozialismus treu. Das vorrangige Ziel war für ihn der Kampf um die volle Teilhabe der unteren Gesellschaftsschichten am politischen Leben der Nation. Theoretische Auseinandersetzungen, wie sie in der Zweiten Internationale geführt wurden, blieben ihm immer fremd. In seinen Vorstellungen verband sich ein vereinfachter Marxismus mit mazzinianischen und positivistischen Anschauungen, während er mit der rigiden Weltanschauung des „wissenschaftlichen Sozialismus" nicht viel anfangen konnte. Einige Historiker, darunter Enzo Collotti, ordnen Battistis politische Ideenwelt eher ein in den Rahmen eines „gewissen Demokratismus mit sozialem Hintergrund, der sich aus im wesentlichen liberalen Ideen herleitet und von einem positivistischen

---

cher war für sie das schlimmste aller Übel und selbst die Überlegung, daß es hier um die Verteidigung der vitalen Interessen Triests ging, konnte sie nicht von ihrer voreingenommenen Verurteilung des angeblichen Verbrechens abbringen, welches die Regierung in Wien begangen hätte". Eine solche Einstellung veranlaßte dann die Zeitung „Il Lavoratore" zu einer offenen Polemik gegen die „Arbeiter-Zeitung".

[28] Die Atmosphäre, die in diesem Zirkel herrschte, schilderte Gaetano Salvemini mit bewegenden Worten in einem Vortrag, den er an der Florentiner Universität anläßlich der Wiederaufnahme des Vorlesungsbetriebs am 16. Oktober 1949 hielt. Vgl. *G. Salvemini*, Una pagina di storia antica, in: Il Ponte, VI (1950), S. 116-131, insbes. S. 129-131.

[29] Vgl. *E. Sestan*, Cesare Battisti tra socialismo e irredentismo, S. 29-36. *R. Monteleone*, Battisti Cesare. Die politischen Aktivitäten Battistis in Graz beschränkten sich auf die Verbreitung von Propaganda unter den eingewanderten Italienern, vgl. *L. Battisti*, Contributo alla storia del socialismo trentino, in: Studi Storici, XI (1970), S. 347-368, hier S. 349. In diesem Aufsatz, der nicht frei von falschen Auslegungen ist, behauptet Livia Battisti, Cesare Battisti habe sich während der Zeit in Graz vollends den Positionen der österreichischen Sozialdemokratie angeschlossen. Hierin widerspricht sie den Einschätzungen, die Renato Monteleone zu dieser Frage formuliert hat. Die wichtigsten Schriften Ludwig Gumplowicz' hat Emil Brix neu herausgegeben und mit einer breitangelegten Einführung versehen; vgl. *E. Brix* (Hrsg.), Ludwig Gumplowicz oder die Gesellschaft als Natur, Wien / Köln / Graz 1986. Den Einfluß Gumplowicz' auf die Sozialisten im Küstenland werde ich im Rahmen einer in Arbeit befindlichen Studie über den italienischen Sozialismus in Österreich näher behandeln. Zahlreiche Hinweise darüber, welchen Einfluß Gumplowitz' Theorien zur nationalen Frage auf Karl Renner und Otto Bauer hatten, finden sich in: *A. Agnelli*, Questione nazionale e socialismo, Bologna 1969.

Humanitarismus durchzogen ist", also nicht im engeren Sinne als sozialistisch bezeichnet werden könne[30].

Es ist hier nicht der Ort, die Entwicklungen und Veränderungen der Sozialismusvorstellungen Battistis näher zu behandeln. Die Entwicklung seiner Ideen von einer anfänglichen Zustimmung zum Parteiprogramm von Brünn bis hin zu unerbittlich irredentistischen Positionen ist an anderen Stellen nachgezeichnet worden und braucht hier nicht wiederholt zu werden[31].

Festzuhalten bleibt aber, daß sich seine Abneigung gegen Österreich nicht erst in der Zeit erkennen läßt, als in Battisti jene politische Grundsatzentscheidung heranreifte, die seinem Leben schließlich am 12. Juli 1916 im Innenhof der Festung von Trient wegen „Hochverrats" ein tragisches Ende durch den Galgen bereitete[32]. Schon in früheren Abschnitten seines Lebens findet sich in seinen politischen Einschätzungen immer wieder eine ablehnende Haltung gepaart mit Unverständnis gegenüber der österreichischen Sozialdemokratie.

Die Gründe für diese Abneigung, die bislang von den Historikern noch nicht genügend untersucht worden sind, scheinen eher psychologischer als politischer Natur gewesen zu sein. Sogar in der Zeit, als Battisti noch ein überzeugter Anhänger der Idee eines föderalen Österreichs war, innerhalb dessen eine autonome Region Trentino befriedigende Bedingungen für die eigene Entwicklung gefunden hätte, beklagte er sich beispielsweise in einem Brief an seine Verlobte darüber, daß „die Genossen in Wien ... allzu oft glauben, sie könnten alle sozialistischen Kräfte des Reiches uniformieren und auf die gleichen Aktivitäten festlegen"[33]. Im April 1900 veranlaßte ihn dann ein Besuch bei den Sozialisten in Innsbruck zu folgendem Urteil: „Die Genossen von hier tun nichts anderes als ihre Kooperative zu loben und ihre gute Salami und den preisgünstigen Wein zu preisen. Mit den hohen Einnahmen aus der Kooperative haben sie sogar ein Haus des Volkes gegründet. Doch das politische Leben in der Partei ist dabei vollends abgestorben"[34].

Im übrigen betonte Battisti schon in der ersten Phase seiner sozialistischen Aktivität, im Oktober 1897, daß die Beziehungen zu den Deutschen ausschließlich offizieller Natur sein könnten[35]. Es handelt sich also bei ihm um eine grundsätzliche Ausrichtung, die sich erheblich von der der Sozialisten aus Triest unterscheidet, welche spätestens seit 1902 eine enge Verbindung zur Parteizen-

[30] *E. Collotti*, Irredentismo e socialismo in Cesare Battisti, in: Studi Storici, IX (1968), S. 210-217, zit. S. 216. Vgl. auch *E. Sestan*, Cesare Battisti tra socialismo e irredentismo, S. 35 f.

[31] Vgl. *E. Sestan*, Cesare Battisti tra socialismo e irredentismo; *A. Galante Garrone*, Introduzione, in: *C. Battisti*, Scritti politici e sociali; *R. Monteleone*, Battisti Cesare.

[32] Vgl. *C. Gatterer*, Cesare Battisti, S. 9-33; *P. Zumin*, Le ultime ore di Cesare Battisti, jetzt in: *B. Finocchiaro* (Hrsg.), L'Unità di Gaetano Salvemini, S. 519-524.

[33] *C. Battisti*, Epistolario, I, S. 187, Brief an Ernesta Bittanti vom 16. Juli 1899.

[34] Ebd., S. 201, Brief vom 30. April 1900.

[35] Vgl. ebd., S. 82, Brief vom 9. Oktober 1897.

trale in Wien aufnahmen, für die sich Valentino Pittoni, der Parteisekretär, persönlich einsetzte[36].

Unter den veröffentlichten Briefen Cesare Battistis findet sich eine einzige Korrespondenz mit einem österreichischen Sozialisten, und zwar ein Brief an Wilhelm Ellenbogen aus dem Jahr 1912 über die beste Streckenführung für eine Eisenbahnlinie durch das Trentino. Mit italienischen Sozialisten führte Battisti dagegen eine rege Korrespondenz, so mit Salvemini, Andrea Costa, Bissolati, Turati und Treves[37]. Darüber hinaus hielt sich Battisti, der ja zweifellos der bedeutendste Vertreter des Sozialismus im Trentino war, auch bei öffentlichen Auftritten der österreichischen Sozialdemokratie zurück: weder an den allgemeinen Parteikongressen, noch an den meisten Parteitagen der Sozialisten im Küstenland nahm er teil[38]. Daß er auf dem italienisch-österreichischen Sozialistenkongreß in Triest 1905 nicht erschien, war dann ein klarer Ausdruck einer inzwischen erklärtermaßen ablehnenden Haltung gegenüber der Partei[39]. Seit den Auseinandersetzungen um die politische Linie der Zeitung „Il Popolo", die auf dem schon erwähnten Kongreß der Sozialisten des Trentino und Tirols in aller Deutlichkeit aufgetreten waren, bewegte sich Cesare Battisti bis 1907 *de facto* nur am Rande der Partei.

Aus einigen Briefen Battistis an seine Frau während seines ersten Besuches im Küstenland im März 1900 läßt sich erahnen, daß seine Kontakte zu den Triestinischen Genossen, welche ja auf streng internationalistischen Positionen beharrten, nicht leicht gewesen sind. Nach einem ersten Brief, in dem Battisti voller Begeisterung die Schönheit der Landschaft beschreibt („Von Görz bis Triest ist das friaulische Küstenland voll von unbeschreiblichen Schönheiten"), folgte ein zweiter Brief aus Udine, in dem Battisti über seinen Aufenthalt in Triest nur in lakonischer Kürze notierte: „In Triest habe ich viel für die Zeitung getan"[40]. Auf weitere Kommentare verzichtete er. Aus einer Äußerung Ferdinando Pasinis an Ernesta Bittanti wissen wir, daß die Reise nach Triest für Battisti eine bittere Enttäuschung war. Schon damals sei bei ihm die Überzeugung herangereift, daß eine Zusammenarbeit mit den Triestiner Genossen unmöglich wäre[41].

---

[36] Vgl. *E. Collotti*, Pittoni Valentino, in: *F. Andreucci / T. Detti* (Hrsg.), Il movimento operaio italiano. Dizionario biografico, IV, Roma 1978, S. 180-184. Ganz zurecht sieht Collotti in Valentino Pittoni „die repräsentativste Figur des triestinischen Sozialismus, der es besser als anderen gelang, die Bedeutung wie auch die Grenzen der Erfahrungen und Erkenntnisse aus der 2. Internationale in praktische lokale Politik umzusetzen und insbesondere die kulturellen, organisatorischen, ideellen und politischen Konzeptionen der österreichischen Sozialdemokratie zu vermitteln" (S. 180).

[37] Vgl. *C. Battisti*, Epistolario, I.

[38] Vgl. *R. Monteleone*, Iniziative e convegni italo-austriaci per la pace nel decennio prebellico, in: Rivista storica del socialismo, 32 (1967), S. 1-42, hier S. 5.

[39] Vgl. ebd., S. 13 f.

[40] Vgl. *C. Battisti*, Epistolario, I, S. 199 f. Briefe vom 10. und 12. März 1900. Der zitierte Satz bezieht sich auf die bei dieser Gelegenheit vereinbarte Mitarbeit des Triestiner Sozialisten Lajos Domokos an der Zeitung „Il Popolo".

[41] Vgl. *R. Monteleone*, Il movimento socialista nel Trentino, S. 171. Ferdinando Pasini, damals Irredentist, wechselte in der ersten Nachkriegszeit zum Faschismus über.

Eben dieser Pasini war es, der Battisti anläßlich seiner Wahl in den Reichsrat 1911 schrieb:

„Ich will Dir nicht verhehlen, daß meine Freude auch aus der Hoffnung entspringt, daß es Dir gelingen möge, diesen chaotischen italienischen Sozialismus in Österreich auf eine klare und einheitliche Linie zu bringen: Wenn Du erst einmal in Wien sein wirst, in direktem Kontakt mit den deutschen ... und auch den nichtdeutschen Sozialisten und wenn Du den Triestiner Sozialisten direkt entgegentreten wirst, dann wird sich die Stimme der Wahrheit sicherlich besser Gehör verschaffen, als dies während der vergangenen vier Jahre unserer Präsenz im Reichstag der Fall gewesen ist, und Du wirst den Platz einnehmen, zu dem Du durch Deine Überlegenheit bestimmt bist. Es wird sich zeigen, ob die Genossen aus Triest von der Weisheit eines ihnen überlegenen Genossen werden profitieren können, oder ob sie sich darauf versteifen werden, nicht zu sehen und nicht zu verstehen, in blind doktrinärer Haltung zu erstarren, geblendet durch Neid, durch eitle Selbstliebe oder andere hinterlistige Anwandlungen der Leidenschaft“[42].

Es scheint, daß Cesare Battistis zeitweilige Übereinstimmung mit dem Programm der österreichischen Sozialdemokratie in einigen wesentlichen Grundvorstellungen, wie z.B. in der Forderung nach Autonomie für das Trentino, durch die dort das Entstehen einer eigenständigen bürgerlichen Klasse ermöglicht werden sollte[43], eher auf einer zufälligen Gemeinsamkeit der Auschauungen in einzelnen Fragen beruhte und jedenfalls nicht aus politischen Überlegungen erwuchs, die auf dem gleichen theoretischen Fundus aufbauten. In der Tat fehlt in Battistis Ideenwelt selbst jene Grundüberzeugung, die man als den Kern der austromarxistischen Vorstellungen bezeichnen könnte, nämlich diejenige von der Notwendigkeit des Erhaltes des österreichischen Vielvölkerstaates. Während das Programm der österreichischen Sozialisten auf eine föderalistische und demokratische Umgestaltung der Habsburgermonarchie ausgerichtet war, zielte der Trentiner Sozialist Battisti in erster Linie auf die Zerstörung des österreichischen Kaiserreichs ab, ohne klare Vorstellungen für eine darauf folgende politische Ordnung der österreichisch-ungarischen Territorien zu äußern[44].

Für ausführlichere biographische Angaben zu Pasini vgl. *B. Maier*, Fermenti culturali nei territori italiani dell'impero dalla fine dell'ottocento alla prima guerra mondiale, in: *A. Canavero / A. Moioli* (Hrsg.), De Gasperi e il Trentino, S. 195-223.

[42] Zit. nach *R. Monteleone*, Il movimento socialista nel Trentino, S. 345.

[43] In seinem Artikel „Gli interessi del proletariato e l'autonomia del Trentino“, der in „Il Popolo“ am 22. Juni 1900 erschien, betonte Battisti beispielsweise: „Für die Sozialisten heißt Autonomie des Trentino wirtschaftlicher Fortschritt und Wiedererstehen der Bourgeoisie; und bei diesem Ziel mitzuarbeiten, sind die Sozialisten bereit, denn nur wenn die Bourgeoisie die gesamte Stufenleiter ihres Aufstieges durchlaufen haben wird, wird das Proletariat seine eigene Emanzipation erleben können“. Text des Artikels jetzt in: *C. Battisti*, Scritti politici e sociali, S. 86-88.

[44] Zu den Konzeptionen der österreichischen Sozialdemokraten über eine zukünftige politische Ordnung Österreichs vgl. *H. Mommsen*, Die Sozialdemokratie und die Nationalitätenfrage im habsburgischen Vielvölkerstaat, Wien 1973. Zutreffend hat Arduino Agnelli unterstrichen, wie sehr dagegen bei Battisti das Prinzip des Selbstbestimmungsrechts der Völker, wie es der Londoner Kongreß der Sozialistischen Internationale 1896 verkündet hatte, im Mittelpunkt stand; vgl. *A. Agnelli*, L'ordinamento austriaco e i problemi delle nazionalità nell'epoca di Cesare Battisti, in: Atti del Convegno di Studi su Cesare

Cesare Battistis Sozialismusvorstellungen waren schon immer vorrangig am italienischen Sozialismus orientiert[45]. Wie uns scheint, läßt sich feststellen, daß die Verbindungen mit der Wiener Sozialdemokratie nur äußerst geringen Einfluß auf ihn ausübten. Dies gilt auch für die Jahre bis 1904, in denen er den Programmen der österreichischen Sozialdemokraten noch mit einer gewissen Überzeugung anhing. Diese nichterfolgte „Sozialisation" läßt vielleicht auch einige heftige antiösterreichische Meinungsäußerungen verständlicher werden, die Battisti gleich vor und nach dem Ausbruch des Ersten Weltkrieges von sich gab. In einer Rede, die er im Juni 1914 vor dem Innsbrucker Landtag gegen die Erhöhung der Militärausgaben hielt, brachte er das folgende Urteil über den Vielvölkerstaat zum Ausdruck:

> „Anderswo repräsentiert das Heer in unverfälschter und charakteristischer Weise das Vaterland. Doch in Österreich gibt es kein Vaterland. Österreich ist eine Höllengrube, in der sich die Vaterländer gegenseitig überrennen: das stärkere macht dem kleineren den Lebensraum streitig und nicht nur den Boden nehmen sie sich gegenseitig weg, sondern damit auch die Freiheit, welche für die Völker die Luft zum atmen ist"[46].

Nach seiner Flucht nach Italien und seinem Übergang zu interventionistischen Positionen richtete Battisti an den sozialistischen Abgeordneten Morgari einen offenen Brief, in dem er die Vermengung der Nationalitäten im alten Habsburgerreich mit fast schon apokalyptischen Tönen beschrieb:

> „In vierzig Jahren werden wir Unerlösten, die wir von den Wogen des nationalen Hasses, dessen Lehrmeister Österreich ist, überwältigt werden, wir, die wir von Deutschen und Slawen in einem Regime unterdrückt werden, welches immer noch in mittelalterlichen Zuständen verharrt, wir alle werden nicht mehr Italiener sondern Bastarde sein. Und wir, die wir nur allzugut wissen, welche intellektuelle Degeneration, welcher moralische, wirtschaftliche und politische Niedergang durch die Vermischung der Völker heraufbeschworen wird, wir erheben nun den Ruf der Verzweiflung"[47].

Derartige Vorstellungen äußerte Battisti übrigens auch schon in einer Rede vor dem Reichsrat im Jahr 1911 über das Problem einer italienischen Universität

---

Battisti, S. 153-163. In einem Vortrag, den Battisti am 28. November 1905 im Rahmen der großen sozialdemokratischen Kampagne für das allgemeine und gleiche Wahlrecht hielt, führte er unter anderem aus: „Die Niederlage der Reaktion wird dazu führen, daß die Völker Österreichs ihre volle Freiheit erlangen, mit der sie entweder einen Weg finden werden, sich in einem einzigen Staat zusammenzufinden und gegenseitig zu tolerieren, oder aber sich dorthin orientieren werden, wohin ihre Traditionen, ihre Geschichte, ihre gemeinsame Sprache und ihre Zuneigung sie führen wird ... Wie auch immer die Ereignisse voranschreiten werden, ich wünsche mir jedenfalls, daß die Revolution nicht bei der Erringung des allgemeinen Wahlrechts stehen bleibe, ebensowenig wie sie an den Grenzen unseres Staates Halt machen möge, sondern daß sie ihren Triumphzug bis zum höchsten Sieg im heiligen Namen der Menschenrechte und der Rechte der Nationen fortsetzen möge". Text der Rede jetzt in: *C. Battisti*, Scritti politici e sociali, S. 263-266.

[45] Nach Renato Monteleone ähnelten Battistis Sozialismusvorstellungen in wesentlichen Punkten denen der Gruppe um die Zeitschrift „Critica Sociale". Vgl. *R. Monteleone*, Il socialismo trentino di fronte al problema nazionale, in: Studi Storici, VII (1966), S. 325-355.

[46] *C. Battisti*, Scritti politici e sociali, S. 450-458.

[47] Ebd., S. 470-476.

in Triest, in der er sich gegen den Vorschlag wandte, eine italienische Universität in Wien einzurichten. Battisti äußerte damals:

> „Zu behaupten, es sei ernstlich möglich, die Bildung junger Italiener in einem deutschen Umfeld zu ermöglichen, wäre das gleiche, wie zu behaupten, es sei möglich eine Palme in den Alpen oder eine Tanne in der Wüste zu züchten.
>
> Es ist wahr, die Wissenschaft hat einen universalen Charakter; doch zugleich ist es der Genius eines jeden Volkes, der die Methoden und die Grenzen bestimmt, innerhalb derer das Studium wissenschaftlicher Probleme möglich ist.
>
> Und unser Genius, unsere Geschichte, unsere Traditionen unterscheiden sich fundamental von denen der nordischen Völker“[48].

In einer seiner letzten öffentlichen Äußerungen, einem Vortrag, den er im Dezember 1914 in verschiedenen italienischen Städten hielt, prognostizierte Battisti seinem Trentino einen großen wirtschaftlichen Aufschwung, sobald es einmal dem Mutterlande einverleibt und nicht mehr gezwungen sein würde, sich Gesetzen zu unterwerfen, „die von einer deutschen Regierung für ein Volk gemacht sind, welches daran gewöhnt ist, wie in einem Kasernenhof zu leben“[49]. Derartige Vorstellungen sind weit entfernt von denen Valentino Pittonis, für den die Lösung der nationalen Konflikte in Österreich durch das gegenseitige Respektieren der kulturellen und sprachlichen Rechte zu lösen waren und für den zunehmend die Klassenauseinandersetzungen gegenüber den nationalen Gegensätzen überwogen. Im Gegensatz zu den Sozialisten aus dem Küstenland galten Battistis Sorgen vorrangig den Überlebenschancen einer ethnischen Gruppe, die auf lange Sicht von den lebendigen Entwicklungen jener Nation, der sie eigentlich zugehörte, ausgeschlossen war, und die stattdessen in einem fremden Umfeld lebte, welches auf „andersartigen“ kulturellen und nationalen Grundlagen aufgebaut war. Unter einem solchen Blickwinkel war die Lösung der „nationalen Frage“ nicht einmal im Rahmen eines in föderalem Sinne umgestalteten Österreich möglich.

Es ist das Stereotyp vom „Erbfeind“, das dem Bild zugrunde liegt, welches Battisti in seinen späten Schriften von Österreich zeichnet: von Solidarität und gemeinsamen Idealen, wie sie so viele Sozialisten verschiedener Nationalitäten in dieser „kleinen Internationale“ erlebt hatten, ist bei ihm nichts mehr übrig[50].

Teilweise ähnliche Elemente wie bei Battisti finden sich auch in den politischen Vorstellungen eines anderen bedeutenden Repräsentanten des Sozialismus in Trient wieder, nämlich bei dem aus Rovereto stammenden Antonio Piscel. Auch er kam von ursprünglich nationalliberalen, dann durch die födera-

---

[48] Ebd., S. 337-347. Diese Positionen Battistis ähneln sehr den Überlegungen, die der Triestiner Irredentist und Nationalist Ruggero Timeus (Fauro) entwickelte. Fauro schloß sich als Freiwilliger dem italienischen Heer an und ist 1915 im Krieg gefallen. Zur Problematik einer Volksgruppe, die außerhalb der staatlichen Grenzen ihrer Nation lebt, vgl. *R. Fauro*, Trieste, Roma 1914, S. 20-23, 60-76.

[49] *C. Battisti*, Scritti politici e sociali, S. 553.

[50] Exemplarisch für diesen Zusammenhalt über die nationalen Grenzen hinweg ist das Leben des triestinischen Sozialistenführers Valentino Pittoni; vgl. dazu *E. Apih*, Valentino Pittoni tra Austria e Italia, in: *ders.*, Il socialismo italiano in Austria, S. 35-80.

listischen Vorstellungen Carlo Cattaneos beeinflußten Positionen zum Sozialismus. Die Prägung durch den Positivismus spielte dabei für ihn eine entscheidende Rolle. Im Vergleich zu Battisti erweist sich jedoch seine politische Linie als weniger kohärent und ist zugleich stärker von deutsch-österreichischen Sozialismusvorstellungen geprägt[51]. Verschiedentlich bezog Piscel, auch gegen Battisti, zugunsten „orthodoxer" Positionen der österreichischen Sozialdemokratie Stellung[52]. Als der Weltkrieg ausbrach, ging er jedoch genauso wie Battisti ins Lager der Interventionisten über und betätigte sich schließlich im Meldedienst des Generalstabes des italienischen Heeres. Es scheint, daß auch Piscels Teilnahme an der Anfang 1918 vom skandinavisch-niederländischen Komitée der Sozialistischen Internationale einberufenen Konferenz in Stockholm mit dem italienischen Generalstab abgesprochen war. Dort verkündete Piscel radikal irredentistische Positionen[53].

Näher stand dem Austromarxismus dagegen Augusto Avancini, der erste sozialistische Abgeordnete aus Trient, der 1907 in den Wiener Reichsrat gewählt wurde. Er war eher gewillt, mit den verschiedenen Sektionen sowie mit der Wiener Zentrale der österreichischen Sozialdemokratie zusammenzuarbeiten. Unter den Trentiner Sozialisten war es Avancini, der die engsten Beziehungen zu den Genossen aus dem Küstenland pflegte[54]. Der starke Einfluß des italienischen Sozialismus auf das Trentino läßt sich auch daran erkennen, daß sich seit ca. 1909 innerhalb der Gewerkschaftsorganisation an Georges Sorel angelehnte Theorien ausbreiteten, was gewiß durch einen mehrere Monate dauernden Aufenthalt Benito Mussolinis in Trient noch verstärkt wurde. Während seines Aufenthalts in Trient leitete Mussolini das Parteisekretariat sowie die Zeitschrift „L'Avvenire del lavoratore"[55]. Der anarcho-syndikalistische Flügel um Giulio Barni wurde allerdings 1910, u.a. auch infolge einer entschiedenen Intervention Cesare Battistis, aus der Partei ausgeschlossen[56].

---

[51] Vgl. *R. Monteleone*, Piscel Antonio, in: *F. Andreucci / T. Detti* (Hrsg.), Il movimento operaio italiano. Dizionario biografico, IV, S. 169-175.

[52] So z.B., als auf dem Parteitag von 1905 der Bruch zwischen Gewerkschaftsflügel und Partei überwunden wurde, wogegen sich Battisti gewehrt hatte. Vgl. *R. Monteleone*, Il movimento socialista nel Trentino, S. 241-245.

[53] Vgl. *R. Monteleone*, Piscel Antonio, S. 174; *ders.*, Il socialismo trentino di fronte al problema nazionale, S. 345 ff. In dem von Piscel vorgetragenen Memorandum auf der Konferenz von Stockholm wehrte er sich u.a. dagegen, daß Valentino Pittoni als legitimer Repräsentant der italienischen Sozialisten in Österreich angesehen werden könne. Zur Konferenz von Stockholm sowie zu ihrem Scheitern vgl. auch *F. Marin*, Socialpatrioti e socialdemocratici alla conferenza per la pace a Stoccolma, in: Studi Trentini di Scienze Storiche, LXXI (1992), S. 391-432.

[54] Vgl. *R. Monteleone*, Avancini Augusto, in: *F. Andreucci / T. Detti* (Hrsg.), Il movimento operaio italiano. Dizionario biografico, I, S. 101-105.

[55] Vgl. *R. Monteleone*, Il movimento socialista nel Trentino, S. 313-343. Über den turbulenten Aufenthalt Mussolinis in Trient vgl. *R. De Felice*, Mussolini il rivoluzionario 1883-1920, Torino 1976, S. 62-78.

[56] Vgl. *R. Monteleone*, Il movimento socialista nel Trentino, S. 322-325. Vgl. auch den Artikel *C. Battistis*, O socialisti, o anarchici, der in „Il Popolo" am 2. November 1910 erschien, jetzt in: *C. Battisti*, Scritti politici e sociali, S. 321-323.

3. Erste Kontakte zwischen den Sozialisten aus dem Trentino und denen aus dem Küstenland wurden durch den Schriftsetzer Antonio Gerin hergestellt, der aus Sesana bei Triest stammte. Mit dem ehrgeizigen Ziel, einen gemeinsamen Bezugspunkt für die italienischsprachigen österreichischen Sozialisten herzustellen, gründete Gerin die Zeitschrift „L'Avvenire", die in Wien in den Jahren 1895-1896 erschien[57]. Ebenfalls in Wien hatte er 1894 gemeinsam mit Wilhelm Ellenbogen im Rahmen seiner Propaganda unter italienischen Arbeitern die „Società operaia italiana" gegründet[58]. Doch Gerins stark auf den Klassenkampf ausgerichtete Linie rief unter den Trientiner Sozialisten, die ja damals noch auf die Zusammenarbeit mit nationalliberalen Vereinigungen ausgerichtet waren, erhebliche Spannungen sowie Unverständnis hervor[59]. Auf dem Gesamtparteitag der österreichischen Sozialdemokratischen Partei in Prag 1896 warnte Gerin in seiner Rede vor den Gefahren für den Sozialismus in Trient, der gegenüber den linken bürgerlichen Vereinigungen und Kräften ins Hintertreffen zu geraten drohe. Monteleone glaubt, daß eben diese Position Gerins endgültig zum Abkühlen der Beziehungen zwischen ihm und den Trentiner Genossen geführt habe[60]. Im Juni 1896 wurde die Zeitung „L'Avvenire" eingestellt und Gerin kehrte von Wien nach Triest zurück, wo er anschließend erster Sekretär der Parteisektion des Küstenlandes wurde.

„L'Avvenire" wurde später durch die Zeitung „L'Avvenire del lavoratore" ersetzt, die, bescheidener in ihren Ansprüchen, ein Organ der Trentiner Sozialisten war.

Neben Gerin war Lajos Domokos ein zweiter Vertreter des Sozialismus aus dem Küstenland, der aktiv mit den Trentiner Genossen zusammenarbeitete. Einige Monate lang, in den Jahren 1900 und 1901, arbeitete dieser noch sehr junge Triestiner Sozialist (er war 1877 geboren) in Trient und Wien als Redakteur und Korrespondent von „Il Popolo", der Zeitung, die eben in dieser Zeit von Cesare Battisti gegründet worden war. Außerdem verband Domokos seinen Aufenthalt in Trient mit der Hoffnung, daß das dortige Gebirgsklima zur Linderung seiner Lungenschwindsucht beitragen könnte. Domokos vertrat im Kampf um das allgemeine Wahlrecht eine intransigente Linie, trat für die volle Autonomie der Gewerkschaftsorganisation gegenüber der Partei ein und war ein begeisterter Anhänger des Programms von Brünn über die Lösung der Nationalitätenfrage. Seine sozialistischen Vorstellungen vertrat er mit romantischer Leidenschaftlichkeit. Er paßte sich schnell seinem neuen Umfeld im Trentino an, wo er sich auch an Propagandaaktivitäten im Wahlkampf beteiligte, und bereit war,

---

[57] Vgl. *E. Maserati*, Il movimento operaio a Trieste, S. 138 f. *E. Collotti*, Gerin Antonio, in: *F. Andreucci / T. Detti* (Hrsg.), Il movimento operaio italiano. Dizionario biografico, II, Roma 1975, S. 466-468; vgl. auch *L. Battisti*, Contributo alla storia del socialismo trentino, S. 348-359.

[58] Vgl. *C. Gatterer*, Cesare Battisti, S. 68.

[59] Antonio Piscel beispielsweise beurteilte Gerin als „sehr geschickt in der Propaganda, aber vielleicht nicht allzu breit gebildet". Vgl. *R. Monteleone*, Il movimento socialista nel Trentino, S. 54.

[60] Vgl. ebd., S. 62.

manche Radikalpositionen der Triestinischen Sozialisten in abgemilderter Form zu vertreten. Im April 1902 wurde er Direktor der Zeitung „Il Proletario" in Pola. Doch schon im August desselben Jahres sah er sich gezwungen, wegen der Verschlimmerung seines Lungenleidens, nach Triest zurückzukehren. Mit der finanziellen Unterstützung der Triestiner Genossen wurde er anschließend in einem Sanatorium in Riva del Garda untergebracht, wo er im März 1903 im Alter von nur 26 Jahren verstarb[61].

Auf dem 3. Parteitag der italienischen adriatischen Sektion der sozialdemokratischen Arbeiterpartei Österreichs, der 1902 in Triest stattfand, wurde der Versuch unternommen, ein gemeinsames Exekutivorgan für alle italienischen Sozialisten in Österreich einzurichten. Dieser vor allem von Wilhelm Ellenbogen und Valentino Pittoni befürwortete Vorschlag hätte die folgerichtige Verwirklichung des operativen Ziels der Bildung einer einheitlichen italienischen Partei im Rahmen der österreichischen Sozialdemokratie bedeutet, wie es die Beschlüsse der Parteitage von Wien und Brünn vorsahen. Dennoch kam der Vorschlag nicht durch und Pittoni änderte daraufhin seinen Tagesordnungspunkt in der Weise ab, daß er die Bildung zweier Exekutivorgane vorschlug, die eng zusammenarbeiten sollten. Ausgerechnet Domokos gehörte zu den härtesten Gegnern einer Zentralisierung der Organisationsstrukturen der italienischen Sozialisten in Österreich. Wenn Pittonis Vorschlag durchgekommen wäre, so wäre der Sozialismus im Trentino vermutlich stärker der Linie der österreichischen Sozialdemokratie angeglichen worden, ähnlich wie es mit den sozialistischen Kräften in Istrien geschehen war, nachdem sie der Kontrolle durch die Triestiner Parteiexekutive unterstellt worden waren[62].

Eine weitere Gelegenheit für ein Zusammentreffen der Triestiner und Trentiner Sozialisten bot der italienisch-österreichische Sozialistenkongreß im Mai 1905 in Triest. Er war aufgrund einer gemeinsamen Initiative des reformistischen Flügels der Italienischen Sozialistischen Partei sowie der Triestinischen Sozialisten zustande gebracht worden[63]. Ziel des Kongresses sollte es sein, eine Antwort des

---

[61] Vgl. *C. Battisti*, Epistolario, I, S. 202 f.; *E. Collotti*, Domokos, Lajos, in: *F. Andreucci / T. Detti* (Hrsg.), Il movimento operaio italiano. Dizionario biografico, II, S. 239-241. Zu Domokos' politischen Aktivitäten im Trentino vgl. *L. Domokos*, La politica e i partiti in Austria. Riassunto di una conferenza elettorale tenuta a Rovereto, Trento 1900. Über Domokos' Haltung zum Programm von Brünn vgl. *L. Domokos*, Trieste – I fatti di febbraio – la politica nazionale e il partito socialista, Trieste 1902, insbes. S. 37-42. Siehe dazu auch *A. Agnelli*, Socialismo triestino, Austria e Italia, in: *L. Valiani / A. Wandruszka* (Hrsg.), Il movimento operaio e socialista in Italia e in Germania dal 1870 al 1920 (Annali dell'Istituto storico italo germanico in Trento. Quaderno 2), Bologna 1978, S. 221-280, insbes. S. 224-240.

[62] Zum Parteitag in Triest vgl.: Reso-Conto Stenografico del Terzo Congresso della Sezione Italiana Adriatica del Partito Operaio Socialista in Austria – Tenuto a Trieste lì 5 e 6 gennaio 1902 nelle Sedi Riunite delle Associazioni Operaie, Trieste 1902, Trieste 1902. Zu den Beziehungen zwischen Triestinischen und Istrischen Sozialisten vgl. *M. Budicin*, I primi convegni socialisti istriani (1902-1907), in: Quaderni del Centro di Ricerche Storiche - Rovigno, VI (1981-1982), S. 8-44.

[63] Vgl. *R. Monteleone*, Iniziative e convegni socialisti italo-austriaci.

internationalen Sozialismus auf die Spannungen in Europa (Marokko-Krise; österreichische Balkaninitiativen) und auf die daraus sich ergebenden Kriegsgefahren zu geben. Vorausgegangen war diesem Kongreß die Konferenz der Sozialistischen Internationale in Amsterdam, auf der über einen Generalstreik im Falle des Ausbruches eines Krieges in Europa debattiert worden war. In Triest nahmen Vertreter aus den höchsten Parteigremien teil: die italienischen Sozialisten waren mit Bissolati, Ferri, Lerda, Marangoni, Rigola und Rondani vertreten. Die österreichische Delegation setzte sich zusammen aus Adler, Ellenbogen und Pernerstorfer; aus Ungarn waren Bokanij, Buchinger und Goldner angereist. Die tschechischen Sozialisten waren durch Nemec, die slowenischen durch Kristan vertreten. Die adriatische Sektion war durch ihren Exekutivausschuß mit Chiussi, Lazzarini, Oliva, Petronio, Pinguentini, Pittoni, Pagnini und Susmel vertreten. Außerdem nahmen an der Tagung zwei Delegierte aus Pola, einer aus Pirano, einer aus Udine und Antonio Piscel aus Trient teil. Als Gäste waren des weiteren vier Sozialisten aus Slowenien präsent und als Vertreter der italienischen sozialistischen Presse war Francesco Ciccotti anwesend[64].

Greifbare Ergebnisse brachte der Kongreß jedoch nicht zustande. Mehr als allgemeine Resolutionen gegen den Krieg und zugunsten einer italienischen Universität in Triest sowie die Zustimmung zu den Aktivitäten der sozialdemokratischen Gruppe im Reichsrat zugunsten der Verteidigung nationaler Rechte in den adriatischen Gebieten sowie im Trentino konnte nicht erreicht werden. Dies lag vor allem daran, daß sich die italienischen Sozialisten von diesem Kongreß etwas ganz anderes versprochen hatten als die österreichischen Genossen. Die Italiener, insbesondere Bissolati, hatten die Absicht verfolgt, im Hinblick auf den Dreibund die Bindungen zwischen Italien und Österreich zu verstärken, um dadurch der sich abzeichnenden deutschen Hegemonie ein Gegengewicht entgegensetzen zu können (daher auch ihre Enttäuschung darüber, daß keine deutsche Delegation teilgenommen hatte). Die Österreicher dagegen hatten in dem Kongreß eine Möglichkeit gesehen, das Brünner Parteiprogramm im Sinne eines „Primates der Innenpolitik" zu neuer Geltung zu bringen. Am Programm von Brünn war die Rede Pittonis orientiert, der den Vorschlag einbrachte, in den adriatischen Gebieten neue Grenzen entsprechend den verschiedenen ethnischen Gruppen zu ziehen. Ebenso berief sich Lazzarini auf das Brünner Programm und unterstützte Pittonis Vorschlag in bezug auf Istrien[65].

Bezüglich eines Generalstreiks im Falle eines Krieges, ein Thema, das u.a. der italienischen Delegation am Herzen lag, wollten sich die Österreicher im Gegensatz zu den Italienern nicht festlegen[66]. Daher auch die Verschwommen-

---

64 Vgl. ebd., S. 9 f.

65 Vgl. ebd., S. 11-26; zur Rede Pittonis siehe *V. Pittoni*, Socialismo, Nazionalismo, Irredentismo nelle provincie adriatiche orientali – Relazione per il Convegno di Trieste dei Socialisti Italiani 23 aprile 1905, Trieste 1905; allgemein zum Kongreß von Triest vgl.: I Convegni socialisti di Trieste – 21-22 maggio 1905, Trieste 1905.

66 Vgl. *R. Monteleone*, Iniziative e convegni socialisti italo-austriaci, S. 19-24.

heit und Unbestimmtheit der beschlossenen Resolution gegen den Krieg[67]. Das Ergebnis schien Cesare Battisti Recht zu geben, der wenige Tage zuvor in einem Kommentar zu dieser Initiative für eine Antikriegsresolution in seiner Zeitung „Il Popolo" dargelegt hatte, daß es im Falle eines Krieges nicht möglich sein könne, nur einen der beiden Gegner zu entwaffnen[68]. Aufsehen erregte außerdem die Rede Piscels, der über das „Minimalprogramm" einer Autonomie für das Trentino und der Errichtung einer Universität in Triest hinaus die klare Forderung nach einem nationalen Maximalprogramm aufstellte, wonach das Trentino, wenn auch ohne kriegerische Gewalt, von Österreich abgetrennt werden sollte[69]. Piscels Rede, die mit Battistis publizistischen Beiträgen aus dem April des gleichen Jahres auf einer Linie lag, läßt deutlich erkennen, wie die Positionen der Trentiner Genossen und diejenigen der italienischen Sozialisten aus den adriatischen Gebieten stetig weiter auseinanderliefen, auch im Hinblick auf die Frage nach einer zukünftigen staatlichen und nationalen Ordnung in den betreffenden Gebieten. In der Tat hatte sich Pittoni auf dem Kongreß mehrfach gegen den Irredentismus geäußert: „Das ständige Wiederaufleben derartiger irredentistischer Agitationen ...", so führte der Triestiner Sozialistenführer beispielsweise in seiner Eingangsrede vor dem Kongreß aus, „hat keinen anderen Sinn, als bequeme Vorwände zu liefern, die die Völker von der klaren Erkenntnis ihrer Interessen ablenken und die politischen Parteien von einer modernen positivistischen und demokratischen Orientierung abbringen sollen"[70].

In weiteren Wortmeldungen forderte Pittoni die Distanzierung vom Irredentismus, betonte, daß der Hafen von Triest sich nur in Zusammenhang mit dem österreichischen Staats- und Wirtschaftsgefüge entwickeln könne und wiederholte seine Auffassung, daß nationale Konflikte das Proletariat lediglich vom Klassenkampf ablenken und abhalten würden: „Die nationalen Auseinandersetzungen nützen vor allem der Bourgeoisie, um dem Proletariat die Einsicht in seine tatsächliche Lage zu verschleiern und es daran zu hindern, durch Klassenkämpfe für die Verbesserung seiner Situation und letztlich für seine Emanzipation zu kämpfen". In Anspielung auf Piscel äußerte Pittoni, daß er es respektiere, wenn Genossen privat irredentistische Gefühle hegten, aber nur,

---

67 Vgl. ebd., S. 24.

68 *C. Battisti*, Alla vigilia del convegno di Trieste, in: „Il Popolo", 18. Mai 1905, jetzt in: *C. Battisti*, Scritti politici e sociali, S. 247-249. Dem Artikel waren, ebenfalls in „Il Popolo", zwei weitere Kommentare am 13. und am 18. April 1905 vorausgegangen, in denen Battisti klar seinen irredentistischen Standpunkt zum Ausdruck gebracht hatte. Den Artikel vom 18. April schloß er mit den folgenden Worten: „Die beste Tat, die wir verrichten können, besteht darin, die mittelalterlichen Zustände, die uns umgeben, zu begraben. Die Vorteile daraus wären nicht nur für diejenigen Völker spürbar, die derzeit zur Habsburgermonarchie gehören, sondern auch für diejenigen, die gleich jenseits der Grenzen Österreichs leben und unter dem indirekten Einfluß durch die Rückständigkeit leiden, die diesen Staat in der Mitte Europas charakterisiert (*C. Battisti*, Scritti politici e sociali, S. 240-246).

69 Vgl. *R. Monteleone*, Iniziative e convegni socialisti italo-austriaci per la pace, S. 21 f.

70 *V. Pittoni*, Relazione per il Convegno di Trieste, S. 15.

solange solche Positionen die Sozialisten nicht von ihren Hauptaufgaben abbrächten[71].

Die Gegensätze zwischen den Trentiner Sozialisten und den Genossen aus den adriatischen Gebieten offenbarten sich auf dem Kongreß von 1905 in ihrer ganzen Tragweite; für die einen war das höchste Ziel der Anschluß an Italien, für die anderen der Aufbau des Sozialismus in einem zur „Föderation der Völker" umgewandelten Österreich. Aus Sicht der letzteren, die bei ihren Vorstellungen in erster Linie von der Notwendigkeit ausgingen, die wirtschaftliche Bedeutung des Adriahafens – und damit auch die wirtschaftliche Sicherheit der Arbeiterklasse in der Region – zu erhalten, war jegliche Lösung im nationalstaatlichen Sinne undenkbar. „Nationale Solidarität kann es auch ohne staatlichen Zusammenschluß geben", betonte Valentino Pittoni in seiner Rede. Und er fuhr fort:

> „Wir leben in Solidarität mit dem italienischen Volke, während wir zugleich durch unsere politischen und ökonomischen Interessen an andere Länder und andere Nationalitäten gebunden sind. Dies hindert uns indes keineswegs daran, unsere Sprache und unsere nationalen Traditionen zu pflegen. Aber es gibt Interessen, die stärker sind als die nationalen"[72].

4. Vor dem Hintergrund der Zunahme der internationalen Spannungen erhielten die italienischen und die österreichischen Sozialisten ihre Kontakte aufrecht mit dem Ziel, einen zweiten gemeinsamen Kongreß einzuberufen, der sich für den Frieden und gegen den Rüstungswettlauf einsetzen sollte. Dennoch kam es aufgrund einer Reihe von widrigen Umständen nur zu einem Vortreffen in Triest im Februar 1911, an dem für die Italiener Bissolati, Ciotti und Morgari teilnahmen, für die Österreicher Adler, Ellenbogen und Bauer, dazu der Tscheche Nemec, der Pole Diamand, der Slowene Kristan, die beiden Ungarn Welltner und Iaszai sowie von seiten der italienischen Sozialisten Österreichs Avancini, Piscel, Oliva, Levi, Pittoni und Puecher[73].

Es wurde geplant, daß der eigentliche Kongreß, an dem auch eine Delegation des Büros der Sozialistischen Internationale in Brüssel teilnehmen sollte, im gleichen Jahr in Italien stattfinden sollte. Auch die Gründung eines ständigen Informationsbüros, welches die Koordination antimilitaristischer Aktionen der Sozialisten in Österreich und in Italien erleichtern sollte, wurde auf dem Vortreffen in Triest zustande gebracht. Ihm gehörten Bissolati, Ciotti, Adler und Pittoni an[74].

Wegen der Auflösung des österreichischen Reichsrats wurde der Kongreß auf die Zeit nach den Wahlen verlegt und in den darauffolgenden Monaten führte eine weitere Reihe von Vorfällen dazu, daß die Initiative vollends im

---

71 Vgl. I Convegni socialisti di Trieste, S. 39 f.

72 Ebd., S. 38.

73 Vgl. *R. Monteleone*, Iniziative e convegni socialisti italo-austriaci per la pace, S. 26-35.

74 Vgl. ebd., S. 34 f.

Sande verlief. Aus den Reichsratswahlen ging die österreichische Sozialdemokratie geschwächt hervor. Sie verlor fünf Mandate, zwei davon in Triest. Bissolati, der zu den eifrigsten Befürwortern der Zusammenarbeit mit den Österreichern gezählt hatte, war nun der Ansicht, daß sich die österreichische Sozialdemokratie in einer Phase des Machtverlustes befinde, weswegen sie kaum noch in der Lage sei, auf die Außenpolitik Österreichs Einfluß zu nehmen[75].

Schon zuvor hatte außerdem die stillschweigende Zustimmung, mit der die Sozialdemokratischen Abgeordneten 1908 auf die österreichische Annexion Bosniens reagiert hatten, unter den italienischen Sozialisten Befremden und mehr oder weniger heftige Mißmutsäußerungen ausgelöst. Salvemini kehrte angesichts der Annexion Bosniens von seinem bisherigen Anti-Irredentismus ab. Seitdem vertrat er eine gegen den Dreibund gerichtete Position, die bei Ausbruch des Weltkrieges in das Programm des „demokratischen Interventismus" mündete, welches sich die Auflösung der Habsburgermonarchie und die volle Unabhängigkeit aller ihr zugehörigen Nationen zum Ziel setzte[76].

In deutlichster Weise traten in der internationalen Krise, die auf die Annexion Bosniens folgte, die Gegensätze zwischen den Trentiner und den adriatischen Sozialisten bezüglich ihrer jeweiligen Haltung zur Frage der Nation zutage und zugleich wurde sichtbar, wie groß der Abstand zwischen letzteren und der politischen Kultur des Sozialismus in Italien war. Die enge Anbindung der italienischen Sozialisten des Adriaraumes an die sozialdemokratischen Parteien des österreichischen Vielvölkerstaates ließ sich nicht übersehen. Während Cesare Battisti in „Il Popolo" als Gegenleistung zur Einverleibung Bosniens forderte, daß Österreich das Trentino an Italien abtreten solle[77], wurde in den triestinischen Zeitungen „Critica Sociale" und „Il Lavoratore" ein lebhafter Streit zwischen Gaetano Salvemini einerseits und Valentino Pittoni, sowie Angelo Vivante andererseits über die Bewertung dieses Ereignisses geführt[78]. Dabei warf Salvemini den österreichischen Sozialdemokraten vor, sie hätten diesen *fait accompli* stillschweigend akzeptiert, und das Prinzip der nationalen Unabhängigkeit mißachtet. Den Äußerungen Salveminis waren harsche Attacken von Claudio Treves gegen Valentino Pittoni vorausgegangen, obwohl dieser im Auslandsausschuß der Sektionen der österreichisch-ungarischen Delegationen der einzige gewesen war, der gegen die Anerkennung der Annexion gestimmt hatte. Ebenso war den Äußerungen Salveminis ein Artikel Angelo Vivantes in der Zeitschrift „Critica Sociale" vorausgegangen, in dem dieser die duldsame Reaktion der österreichischen Sozialdemokraten auf diesen Verstoß gegen den Berliner Vertrag von

---

[75] Vgl. ebd., S. 35-40.

[76] Vgl. *E. Apih*, „L'unità" ed il problema adriatico (1911-1920), in: Annali Triestini, 4. Folge, XX (1950) Beiheft 4, S. 1-24, insbes. dort S. 3 f.; *M. Salvadori*, Gaetano Salvemini, Torino 1963, S. 90-103.

[77] Vgl. *G. Oberkofler*, Die Anfänge der Arbeiterbewegung im Trentino, S. 82.

[78] Vgl. Il Lavoratore, 14., 15., 16. und 19. Oktober 1908 und *G. Salvemini*, Irredentismo, questione balcanica e internazionalismo, in: Critica Sociale, XIX, 1.-16. Januar, 1. Februar und 1. März 1909.

1878 rechtfertigte[79]. Salveminis langer Artikel mit dem Titel „Irredentismus, Balkanfrage und Internationalismus“ begann mit einer scharfsinnigen Analyse der Widersprüchlichkeiten des Irredentismus der bürgerlichen Schichten in den adriatischen Gebieten. Dem schloß er eine entschiedene Stellungnahme zugunsten der vollen Unabhängigkeit von Serben und Montenegrinern an, in der er im Geiste Mazzinis die Vision eines demokratischen Erwachens der slawischen Völker wiederaufgriff und sein Bedauern über die Politik der österreichischen Sozialdemokraten zum Ausdruck brachte, denen er vorwarf, die imperialistische Politik ihrer Regierung zu unterstützen[80].

Schon zuvor hatte Pittoni zur Annexion Bosniens Stellung bezogen, indem er betonte, daß diese in Wirklichkeit das Kräfteverhältnis auf dem Balkan nicht veränderte. Es gebe für die Sozialisten zudem nicht den geringsten Grund, sich für despotische Monarchien wie die der Karadjordjevics oder der Njegos stark zu machen[81]. Freilich widersprach Pittoni hierin seinen Äußerungen auf dem italienisch-österreichischen Sozialistenkongreß von 1905, wo er entschlossen für die Verteidigung des Selbstbestimmungsrechtes der balkanischen Völker eingetreten war[82]. Pittonis Einschätzung läßt sich höchstwahrscheinlich mit dem Widerwillen erklären, den der triestinische Sozialist gegenüber dem Panslawismus sowie gegenüber dem deutschen Nationalismus empfand. In seiner Vorstellung sollte Österreich dem deutschen und russischen Expansionismus ein ausgleichendes Gegengewicht entgegenstellen. So hatte er, ebenfalls auf dem Kongreß von 1905, ausgeführt: „Ja, die deutschen Nationalisten sehnen inzwischen fast alle den Untergang des heutigen Österreich herbei, aber nur, um dieses durch ein monströses und riesengroßes Deutschland zu ersetzen, welches sich durch

---

[79] Vgl. *A. Casali*, Claudio Treves – Dalla giovinezza torinese alla guerra di Libia, Milano 1989, S. 269-271; *A. Vivante*, L'internazionalismo ha fatto bancarotta?, in: Critica Sociale, XVIII, 1. November 1908.

[80] Vgl. *G. Salvemini*, La politica estera dell'Italia, in: Critica Sociale, XVIII, 16. Oktober 1908.

[81] Vgl. *V. Pittoni*, La questione balcanica. In risposta ai compagni di Milano, in: Il Lavoratore, 16. Oktober 1908. Hier führte Pittoni aus: „Hätten wir etwa die Pläne des Königs Peter oder des Fürsten Nikolaus unterstützen sollen, die nicht mal von allen Südslawen akzeptiert werden? Glaubt ihr etwa, daß solche abgedroschenen Helden, die weder vor Verbrechen noch vor Wahnsinnsaktionen zurückschrecken, denen jedes Mittel recht ist, um ihre Popularität zu steigern, daß ausgerechnet solche Herren von Gott berufen seien die Südslawen zu befreien und den Frieden auf dem Balkan und in Europa zu sichern? Man muß schon sehr blind sein, wenn man nicht den wahren Charakter der Politik dieser Abenteurer erkennt“.

[82] Vgl. die stenographische Aufzeichnung der Rede Pittonis in: I Convegni socialisti di Trieste, S. 41: „Weder die Sozialisten der verschiedenen Völker Österreichs, noch die Sozialisten Italiens wünschen, daß Österreich oder Italien den Balkan in Fetzen reißen [sbrendolino i Balcani (sic!)] und sich dort einzelne Gebiete einverleiben. Die Sozialisten diesseits und jenseits der Grenzen haben den gleichen Wunsch, nämlich daß eines Tages Schluß sein möge mit der Unordnung auf dem Balkan. Doch die einzige Lösung dafür sehen sie in einem freien Zusammenschluß dieser Völker“. Noch wenige Wochen vor der Bosnienkrise hatte sich auch Otto Bauer gegen jegliche Annexion auf dem Balkan ausgesprochen, vgl. *O. Bauer*, Österreichs auswärtige Politik und die Sozialdemokratie, in: Der Kampf – Sozialdemokratische Monatsschrift, I, 1. Januar 1908, 4. Heft, S. 145-151.

die Herrschaft über eigene und fremde Länder vom Baltikum bis zur Adria erstrecken soll. Und die Slawen hoffen auf eine ebenso monströse slawische Großmacht, die Asien und drei Viertel Europas umfassen soll"[83]. Diese Einschätzung, die zwar durchaus einen Sinn für politische Zusammenhänge erkennen läßt, hatte freilich mit den theoretischen Grundlagen des Sozialismus der Zweiten Internationale nur wenig gemein.

Die durchdachteste und klarste Antwort auf die Angriffe Salveminis kam von Angelo Vivante, der seiner Argumentation die theoretischen Vorstellungen des Austromarxismus zugrunde legte. Ohnehin war Vivante der einzige Intellektuelle unter den Triestiner Sozialisten. In einem Artikel, der wiederum in „Critica sociale" erschien, betonte auch er, ähnlich wie vorher schon Pittoni, daß sich Österreich durch seine Eroberungen auf dem Balkan keine großen Vorteile erworben hätte. Enstprechend austromarxistischen Vorstellungen legte er dar, wie groß die Bedeutung möglichst großräumiger Wirtschafts- und Handelsgebiete sei, und hob hervor, daß die Zahl der Slawen, die unter habsburgischer Herrschaft standen, größer war, als diejenige der Slawen in Serbien und Montenegro. Die beiden slawischen Staaten und Dynastien geißelte er als „mittelalterlich" und bestritt die Möglichkeit, daß sich dort ein modernes Proletariat entwickeln könne. In der Erwartung einer föderalistischen und demokratischen Entwicklung des Habsburgerstaates erschien das Los der Slawen, die innerhalb des Vielvölkerstaates lebten, gewiß vielversprechender als das der serbischen und montenegrinischen Untertanen. Doch an den Kern des Problems, dem die europäischen sozialistischen Parteien gegenüber standen, und welches sie, als dann der Weltkrieg ausbrach, auf die „Feuerprobe" stellte, gelangte Vivante in den Schlußfolgerungen seines Artikels:

> „Bis zu welchem Punkte können die Proletarier der verschiedenen Nationen ein Interesse an der kapitalistischen Expansion ihrer jeweiligen Bourgeoisie haben – ein Interesse, welches zweifellos von einer reformistischen, also positivistischen Sozialismusvorstellung ausgeht – wo liegt also die Grenze, so frage ich, die die bürgerliche Kultur von derjenigen des Proletariats trennt, welche im Begriff ist, im Schoße der ersteren zu erstehen?"[84].

Ausgangspunkt für Vivantes Darlegungen waren die Realitäten des habsburgischen Vielvölkerstaates: so betrachtete der triestinische Sozialist die jeweiligen Interessen von Bourgeoisie und Proletariat im Rahmen des Staates, verstanden als ökonomischer Raum, unabhängig von nationalen Gegensätzen, denen er, wie klar zu erkennen ist, nur wenig Bedeutung beimaß. Im weiteren Verlauf seines Aufsatzes betonte Vivante, daß das vordringlichste Problem des Proletariates der Erhalt des Friedens sein müsse und daß die nun erfolgte Annexion Bosniens nach einer schon fünfundzwanzigjährigen Besatzungszeit keineswegs als Kriegsdrohung angesehen werden könne[85]. Vivantes Überlegungen bewegten sich ganz und gar im Rahmen der Vision von einer friedlichen Weiterent-

---

[83] Rede auf dem Kongreß von Triest, S. 7.

[84] *A. Vivante*, Balcani ed internazionalismo proletario, in: Critica Sociale, XIX, 1. März 1909.

[85] Vgl. ebd.

wicklung der europäischen Gesellschaften hin zum Sozialismus. Aus dieser Sicht einer Unterbewertung der nationalen Fragen mußten ihm die Einwände Salveminis als Ausdruck einer inzwischen überwundenen, von romantischen und risorgimentalen Idealen durchsetzten Vorstellung erscheinen. So schloß Vivante seinen Aufsatz mit der Betonung, daß die vordringlichste Aufgabe der Sozialistischen Internationale darin bestehe, „Wachhund" für den Frieden zu sein, „denn im Frieden steckt immer noch die beste Garantie für eine geringfügigere soziale Ungerechtigkeit, welche die Gesellschaft, in der wir nun einmal leben, ohnehin hervorbringt"[86].

In der Tat war der kulturelle Kontext, aus dem sich die Argumentationen Salveminis und Vivantes herleiteten, zutiefst gegensätzlich: die Ideen Salveminis speisten sich aus einer demokratisch-risorgimentalen Tradition, für die der Sozialismus ein Fernziel war, wärend Vivante von einer schrittweisen Entwicklung hin zum Sozialismus ausging, deren Verwirklichung durch brüderlich vereinte Proletariermassen bewerkstelligt werden sollte.

5. Der italienische Sozialismus – zu dem man auch den trentinischen zählen kann – unterschied sich bezüglich der ideologischen Vorstellungen also tiefgreifend vom österreichischen Sozialismus. In einem Brief vom 28. November 1909 an Victor Adler führte Pittoni in bezug auf die Trentiner Genossen aus:

> „Die Vorgänge in Trento und Rovereto kommen mir sehr sonderbar vor. Jene Genossen haben es nie verstanden eine selbständige proletarische Politik zu machen; sie sind von der bürgerlichen Ideologie beherrscht und lassen sich in die größten Dummheiten hineinreißen. Sie sollten Avancini auffordern, doch nach Wien zu kommen und seinen Teil von Verantwortung zu übernehmen. Er ist sonst ein vernünftiger Mensch, aber der Battisti ist ein Querkopf, von dem sich die anderen, beeinflussen lassen. Wir stehen hier im härtesten Kampfe mit den Irredentisten, die alle Mittel, sogar Revolverschüsse, gegen uns anwenden, und im Trentino streiken die Sozialdemokraten für die Irredentisten!'".

Am Schluß seines Briefes äußerte sich Pittoni anerkennend über die Ergebnisse des Reichenberger Parteitages der deutschen Parteisektion und bekannte, daß er die deutsch-österreichische Sozialdemokratie beneide. Aber „vielleicht geht's uns auch mit der Zeit besser, wir sind ja bedeutend jünger"[87].

Auf die Parlamentswahlen in Wien folgten einige Monate später die zweite Marokko-Krise und der Angriff Italiens gegen die Türkei. Die gegensätzlichen

---

[86] Ebd.

[87] Dieser Brief aus Triest vom 28. September 1909 liegt beim „Verein für Geschichte der Arbeiterbewegung", Wien, Adler-Archiv, 166a/58. Pittoni bezieht sich auf den von der Trentiner Arbeitskammer ausgerufenen Streik gegen die Ausweisung Mussolinis; vgl. *R. Monteleone*, Il movimento socialista nel Trentino, S. 296 f. Der von den österreichischen Behörden gegen Mussolini erhobene Vorwurf des Irredentismus entbehrte damals noch jeglicher Grundlage. Während seiner Zeit im Trentino entfaltete Mussolini eine lebhafte publizistische Tätigkeit in der sozialistischen Presse, die vor allem von heftigen antiklerikalen Attacken durchsetzt war; vgl. *R. De Felice*, Mussolini il rivoluzionario, S. 62-78.

Bewertungen dieses italienischen Kolonialabenteuers auf dem sozialistischen Parteitag in Reggio Emilia führten zur Spaltung der italienischen Sozialistischen Partei. Am 19. Oktober 1912, bei Ausbruch der Balkankriege, lieferte Battisti in einem Artikel in „Il Popolo“ eine klarsichtige Analyse der Situation. Nach einer freudigen Lobesäußerung über den „nationalen Triumph der unterdrückten Rassen und Klassen“ umriß Battisti in diesem Artikel die Gefahren eines Krieges zwischen Österreich und Rußland, der sich wegen der Interessengegensätze bezüglich der Aufteilung der Beute, die dem Osmanischen Reich entrissen wurde, entzünden könnte. In geradezu prophetischen Tönen schloß er:

> „Wird es wohl auch dieses Mal dem europäischen sozialistischen Proletariat mit seiner Haltung gelingen, einen blutigen Zusammenstoß zu verhindern, der einen großen Teil Europas in eine Wüste verwandeln könnte? Dessen können wir noch nicht sicher sein. Doch was wir mit Sicherheit sagen können, ist, daß die lautstarken Verfechter des Krieges keinen Grund zur Freude haben werden, wenn sie diese Warnung des Proletariates nicht ernst nehmen“[88].

Im gleichen Jahr 1912 veröffentlichte Angelo Vivante in Florenz sein überhaupt wichtigstes Werk, „Irredentismo adriatico – Contributo alla discussione sui rapporti austro-italiani“[89]. Diesem Werk, welches als Fundamentalbekenntnis für den Internationalismus der triestinischen Sozialisten gesehen werden kann, war ein Aufsatz in „La Voce“ vorausgegangen, der einige seiner Thesen vorwegnahm und darauf ausgerichtet war, die Mißverständnisse, die in Italien bezüglich der „unerlösten Gebiete“ aufgetreten waren, auszuräumen[90].

Vivantes Werk über den Irredentismus in den adriatischen Gebieten Österreichs beginnt mit einem historischen Überblick über die Geschichte Triests und des Küstenlandes vom 18. Jahrhundert an und stellt die gesellschaftlichen Beziehungen und die ethnische Zusammensetzung dieser Gebiete dar. Ebenso wird die Entwicklung Triests zum wichtigsten Hafen des österreichischen Staates nachgezeichnet. Die spezifische „politische Kultur“ Triests erklärt Vivante aus einem autonomistisch gesinnten triestinischen Selbstbewußtsein, welches gleichermaßen antislawisch wie antiitalienisch ausgerichtet sei. Dies wiederum, so legt Vivante dar, sei der Hauptgrund, weshalb sich in Triest, gerade im Vergleich zum benachbarten Istrien, erst so spät ein Nationalbewußtsein entwickelt habe.

Als wesentliche Argumente gegen einen Anschluß des Küstenlandes an das italienische Königreich führte Vivante an:

a) die Betonung der verschiedenartigen ethnischen Zusammensetzung der Region um Triest, was eine Aufteilung des Gebietes unter nationalen Gesichtspunkten unmöglich machte;

---

88 *C. Battisti*, L'Austria e l'avvenire dei popoli balcanici, jetzt in: *ders.*, Scritti politici e sociali, S. 382-386.

89 *A. Vivante*, Irredentismo adriatico – Contributo alla discussione sui rapporti austro-italiani (1912), Neuauflage mit einer Einführung von E. Apih, Trieste 1984.

90 *A. Vivante*, Il fattore economico e l'irredentismo triestino, in: La Voce, II, 8. Dezember 1910; zur Entstehung von Vivantes Buch vgl. *E. Apih*, La genesi di „Irredentismo adriatico“, in: *A. Vivante*, Irredentismo adriatico, S. 263-313.

b) die Überzeugung, daß die wirtschaftliche Prosperität der Stadt nur durch das Verbleiben Triests im staatlichen Verband der Habsburgermonarchie gesichert werden könne. Denn, so führte Vivante aus, nur im Rahmen einer Wirtschaftspolitik, die danach strebte, Triest als den für den Kontinentalstaat Österreich wichtigsten Zugang zum Meer zu erhalten, könne die Stadt weiterhin die Rolle eines Handelsknotenpunktes zwischen Mitteleuropa und dem östlichen Mittelmeer spielen. Würde Triest einmal an Italien fallen, so würde der österreichische Mittelmeerhandel bald über einen anderen Hafen der östlichen Adriaküste abgewickelt werden und gleichzeitig hätte Italien weder das Interesse noch die Kapazitäten, Triest im Rahmen seiner nationalen Wirtschaft in gleichem Maße als Handelsknotenpunkt zu nutzen: „Triest ist weniger ein italienischer als ein englischer, ägyptischer oder türkischer usw. Hafen. Die Handelsbeziehungen mit der Türkei, mit Ägypten, mit dem englischen Indien usw. sind viel umfangreicher, als die mit Italien"[91]. Bezeichnenderweise wurden Vivantes Analysen von Cesare Battisti nicht beachtet, der in den Monaten seiner interventionistischen Kampagnen, bevor er sich als Freiwilliger bei den italienischen *Alpini* meldete, auch in bezug auf Triest für die Sache des Irredentismus eintrat, wobei er in Übereinstimmung mit dem nationalistischen Ökonomen Mario Alberti betonte, daß für die weitere Entwicklung des Hafens die staatliche Zugehörigkeit der Stadt vollkommen unerheblich sei. Daß schon gleich in den ersten Jahren nach dem Kriege der Handelsverkehr stagnierte und die wirtschaftliche Produktion in Triest zurückging, zeigt eindringlich, wie falsch Battisti mit diesem Urteil gelegen hatte[92].

Ein weiterer Punkt, der Vivantes Werk auszeichnet, ist dessen Herangehensweise an die nationale Frage. Im Anschluß an Otto Bauer war Vivante der Meinung, daß der Gegensatz zwischen den Nationen nur solange noch bestehen würde, bis auch die „nicht-historischen" Nationen ihren Emanzipationsprozeß durchlaufen und damit den Abstand überwunden haben würden, der sie von den „dominierenden" Nationen bezüglich ihrer gesellschaftlichen Differenzierung sowie ihrer kulturellen Leistungen trennte. Wenn einmal die Bourgeoisien ihren historisch höchsten Entwicklungsstand erreicht hätten, werde es keinen nationalen Kampf mehr geben. Dieser müßte dann der proletarischen Solidarität und der vollen Entfaltung des Klassenkampfes weichen. Obwohl Vivante jegliche Form von Nationalismus verurteilte – der nicht nur seinen politischen Vorstellungen widersprach, sondern auch seiner Wesensart völlig fremd war –, brachte er den slowenischen und kroatischen nationalistischen Bestrebungen immerhin etwas Verständnis entgegen, insofern als er diese für „demokratischer" hielt als den italienischen Nationalismus: „Es ist klar zu sehen,

---

91 *A. Vivante*, Irredentismo adriatico, S. 232.

92 Vgl. *C. Battisti*, L'avvenire di Trieste, jetzt in *ders.*, Scritti politici e sociali, S. 517-525. Ähnliche Thesen hatte Battisti schon 1906 geäußert; vgl. *ders.*, Pei begli occhi di Trieste e di Pola?, in: Il Popolo, 1. März 1906, jetzt in *ders.*, Scritti politici e sociali, S. 269 f.; zu *M. Alberti* vgl. dessen Werk, Trieste e la sua fisiologia economica, Roma 1916. Widerlegt werden die nationalistischen Thesen über die wirtschaftliche Rolle Triests auch in der kürzlich erschienenen Arbeit von *G. Sapelli*, Trieste italiana – Mito e destino economico, Milano 1990.

daß der slawische nationale Eifer auf einem essentiell demokratischen Fundus aufbaut, während der italienische Nationalismus unvermeidbar antidemokratische Resultate, auch unter den kleinbürgerlichen Schichten, nach sich ziehen wird"[93]. In seiner Beurteilung des Nationalismus scheinen also nicht vorrangig die konstitutiven, d.h. politischen und ideologischen Elemente dieses Phänomens eine Rolle zu spielen, vielmehr steht für Vivante die Frage nach den Auswirkungen des Nationalismus auf die jeweiligen Gesellschaften im Mittelpunkt. Unter den Vertretern des Austromarxismus war Vivante vielleicht der einzige der, zumindest ansatzweise, bereit war, den Nationalismen der „geschichtslosen Nationen" auch ein Mindestmaß an emanzipatorischer Funktion zuzugestehen[94].

Vivantes Werk ist vor allem vorgeworfen worden, es habe wegen der auf einen lokalen Bereich ausgerichteten Sichtweise nur einen begrenzten analytischen Wert. Diese Kritik unterstützt der Autor in seinen Ausführungen in der Einleitung des Werkes auch mit seinen eigenen Worten:

> „Dieses Buch will das Phänomen des Irredentismus nicht in einer internationalen und sozialistischen Sichtweise betrachten. Ganz im Gegenteil, es ist gut möglich, daß manch einer unter den allzu rigiden Verkündern des Gegensatzes zwischen den Klassen bei der Lektüre des Buches die Augenbrauen zusammenzieht, ebenso wie manche bigotten Verkünder des historischen Materialismus, der übrigens keineswegs die umfassende und endgültige Lehre von Marx und Engels wiederspiegelt"[95].

Vivantes Werk stellt nicht so sehr einen originellen Beitrag zur austromarxistischen Theorie dar, sondern versucht vielmehr, die austromarxistischen Theorien über die nationale Frage auf die spezifische Situation im österreichischen Küstenland anzuwenden. In der Tat bewegt sich Vivante ständig im Rahmen des theoretischen Ideengebäudes des Austromarxismus. Er übernimmmt die Vorstellung von einer evolutionären Entwicklung der Gesellschaft in Richtung auf eine fortschreitende Polarisierung zwischen den Klassen, teilt die Ansicht von der vorrangigen Bedeutung des ökonomischen Faktors als Motor der Geschichte und geht davon aus, daß die ökonomische Entwicklung dazu tendiere, immer größere Gebiete in einen gemeinsamen Wirtschaftsraum zu integrieren. Auch seine Unterbewertung der nationalen Frage entspricht den Theorien des Austromarxismus. Mehr noch, gerade in diesem Punkte geht Vivante sogar über die Positionen des Austromarxismus hinaus und betont, daß er der nationalen Frage zutiefst mit Unverständnis gegenüber stehe. Seine eigene Haltung bezeichnet er als „anational"[96]. Wie mit Recht hervorgehoben worden ist, betrachtete er

---

[93] *A. Vivante*, Irredentismo adriatico, S. 196.

[94] Zur vorrangig am deutschen Element in der österreichischen Sozialdemokratie orientierten Sichtweise in den austromarxistischen Theorien vgl. *R. Löw*, Der Zerfall der „Kleinen Internationale". Nationalitätenkonflikte in der Arbeiterbewegung des alten Österreichs (1889-1914), Wien 1984. Der deutsch-österreichische Patriotismus bildet beispielsweise den Leitfaden in dem Werk von *R. Springer [Karl Renner]*, Der Kampf der Österreichischen Nationen um den Staat, Leipzig / Wien 1902.

[95] *A. Vivante*, Irredentismo adriatico, S. 4.

[96] So in einem Brief an Prezzollini vom 17. August 1911, der jetzt abgedruckt ist in: Lettere di Angelo Vivante, in: *A. Vivante*, Irredentismo adriatico, S. 322.

die Zugehörigkeit zu einer Nation als eine im Grunde genommen zufällige und naturgegebene Sache[97]. Es fehlte Vivante die Einsicht in die Bedeutung des Nationalismus als einer historischen Kraft.

Angesichts der politischen Entwicklungen in Europa und in Triest selbst in der Zeit nach der Veröffentlichung seines Buches blickte Vivante bezüglich der in seinem Hauptwerk aufgestellten Forderungen zunehmend pessimistischer in die Zukunft. Daß eine friedliche Weiterentwicklung Europas (und damit auch Triests) hin zu einer höheren Form der gesellschaftlichen Organisation erreichbar wäre, schien ihm immer weniger realistisch.

Der Immobilismus, mit dem die Habsburgermonarchie in den Balkankriegen auf ihren Positionen beharrte, stellte die Hoffnung auf die Reformierbarkeit und den Umbau Österreichs im föderalistischen Sinne, wodurch auch die slawischen Völker des Balkans in befriedigender Weise ihren Platz im österreichischen Vielvölkerstaat gefunden hätten, erneut in Frage. Auch in Triest selbst verschärften sich die nationalen Konflikte, in die sich auch die Arbeiterklasse verwickeln ließ, immer mehr. Nicht einmal mehr „das höchste Gut", der Friede, schien noch gesichert zu sein. Wenige Monate vor Ausbruch des Krieges soll Vivante, wie aus einem indirekten Zeugnis hervorgeht, gesagt haben:

> „Ich beginne zu verstehen, daß all das, was ich geschrieben habe, keine Gültigkeit mehr hat; Gültigkeit hätte es für den Fall eines begrenzten Krieges zwischen Italien und Österreich gehabt, vorausgesetzt, daß alle anderen Gegebenheiten unverändert geblieben wären"[98].

Im Juli 1915, einige Monate nach dem Kriegseintritt Italiens, stürzte sich Vivante, der inzwischen an einem schweren Nervenleiden litt, aus dem Fenster des psychiatrischen Krankenhauses, in welchem er untergebracht worden war. Wenige Tage später erlag er den dabei erlittenen Verletzungen[99]. Man könnte sagen, es handelte sich um die verzweifelte Protestaktion einer Persönlichkeit, die schon zuvor zutiefst aus dem Gleichgewicht geraten war, eine Protestaktion gegen diese extremste Form der Entartung des zivilen Zusammenlebens, die der Krieg darstellte. Bezogen auf Vivantes Selbstmord kommentierte Scipio Slataper, einer der vorzüglichsten Vertreter der triestinischen Kultur seiner Zeit und Freiwilliger im italienischen Heer, der selbst wenige Monate später, am 3. Dezember 1915 auf dem Karst fiel:

> „Die Logik dieses Selbstmordes eines armen Unglückseligen, der es müde ist, seine vielen Schmerzen zu erdulden, liegt in der Verzweiflung eines Mannes, der, nachdem er an eine Wahrheit geglaubt hatte, die keineswegs nur die Lösung der ökonomischen und politischen Fragen der Stadt Triest betraf, sondern sich auf eine viel breitere und komplexere Realität bezog, nun zusieht, wie diese Wahrheit zusammenbricht, und zwar mit einem Schlag zusammenrbicht. Vivante verspürte in sich nicht mehr die

[97] Vgl. seinen Brief an Prezzolini vom 17. August 1911, jetzt in: Lettere di Angelo Vivante, in: *A. Vivante*, Irredentismo adriatico, S. 322.

[98] Ebd., S. 297.

[99] Vgl. *C. Daneo*, Il fantasma di Angelo Vivante, Udine 1988, S. 78-82.

Kraft, noch einmal mit allem von vorne anzufangen. Die Vorstellung, daß Milionen Menschen sich gegenseitig töten, hat ihn geradzu physisch zugrunde gerichtet"[100].

Einige Monate zuvor hatte sich Cesare Battisti beim italienischen Corps der *Alpini* als Freiwilliger gemeldet. Ungeachtet der Tatsache, daß auch Battistis Leben ein tragisches Ende nehmen sollte, blickte dieser jedenfalls erheblich offener und optimistischer in die Zukunft als viele Vertreter der „kleinen Internationale", Italiener und andere, die seit dem Zeitpunkt, als Serbien sich weigerte, auf das österreichische Ultimatum einzugehen, bewußt oder unbewußt nur noch als Zeugen einer „Welt von gestern" der Vergangenheit nachtrauerten. Verstört und bestürzt lief im März 1919 der Sozialist Aldo Oberdorfer durch die Straßen Triests umher und konnte seine Stadt kaum wiedererkennen[101]. Den gesamten Herbst 1918 lang ließ Valentino Pittoni nicht davon ab, hartnäckig für das Projekt eines übernationalen Status für die Stadt Triest und das ehemals österreichische Küstenland einzutreten mit dem Ziel, dem Freihafen sein Hinterland zu erhalten, welches in dieser Zeit selbst seine Aufsplitterung in verschiedene Wirtschaftsräume in traumatischer Weise erleben mußte[102]. Wie man sieht, war es für jene triestinischen Sozialisten, die am meisten an den austromarxistischen Vorstellungen gehangen hatten, keineswegs leicht zu verschmerzen, daß das Scheitern ihrer Ideen und der Zusammenbruch ihrer spezifischen politischen Kultur die unvermeidliche Folge des Auseinanderfallens jenes Staates war, der – wenn auch mehr schlecht als recht – den Rahmen und das Fundament für diese Ideen gebildet hatte.

Gewiß, im Vergleich zu den Internationalisten aus den adriatischen Gebieten stellten sich die Verfechter des Interventionismus und des freiwilligen Fronteinsatzes, im Trentino ebenso wie an der Adria, die Battisti, Slataper, Stuparich usw. als diejenigen dar, die stärker im Einklang mit dem Gebot der Stunde, mit den historischen Ereignissen ihrer Zeit zu stehen schienen. Und doch, so hat Leo Valiani auf einem Kongreß über Cesare Battisti in einleuchtender Weise dargelegt, „der Erste Weltkrieg ... hat kein einziges Problem gelöst, und auch der Zweite Weltkrieg löste gar nichts, außer daß er wenigstens den Faschismus und den Nazismus vernichtet hat ... Zumindest aus europäischer Sicht haben die Internationalisten Recht behalten, selbst, wenn man von den Millionen von Toten des Weltkrieges absieht. Nur kommt es leider vor, daß die auf lange Sicht richtigen historischen Erfordernisse nicht immer mit dem übereinstimmen, was in einem betreffenden Moment als Gebot der Stunde angesehen wird. Diese Dialektik ermöglicht es uns, sowohl die Internationalisten als auch die Interventionisten in historischer Sichtweise zu bewerten, ohne für die einen oder für die anderen Partei ergreifen zu müssen"[103].

---

[100] *S. Slataper*, A proposito del dott. Vivante (aus: La Tribuna, 19. Juli 1915), jetzt in *S. Slataper*, Scritti politici, hrsg. von G. Stuparich, Roma 1925, S. 432-434.

[101] Vgl. *A. Oberdorfer*, Il socialismo del dopoguerra a Trieste, Firenze 1922.

[102] Vgl. *E. Apih*, Valentio Pittoni fra Austria e Italia, S. 70 ff.

[103] *L. Valiani*, Il Movimento Socialista e le questioni nazionali in Austria-Ungheria, in: Atti del Convegno di Studi su Cesare Battisti, S. 213-229, zit. S. 229.

Die deutschen nationalen Schutzvereine in Tirol und im Küstenland

Von Davide Zaffi

Seit Beginn der achtziger Jahre des vergangenen Jahrhunderts trat im politischen und sozialen Leben der Länder des Habsburgerreiches eine neue Kraft auf, die sehr bald schon sowohl in der Presse als auch in den Parlamenten, Gegenstand häufiger Debatten und Polemiken wurde. Die Rede ist von den Aktivitäten der privaten deutschsprachigen Vereinigungen, die von ihren Initiatoren als „nationale Schutzvereine" bezeichnet wurden, von den anderen Volksgruppen Österreichs dagegen als pangermanistische Vereine schlechthin angesehen wurden.

Auch in Tirol und im Küstenland, den beiden Gebieten des Habsburgerreiches, in denen eine beachtliche Zahl von Italienern lebte, entstanden derartige Vereinigungen. Und es genügt in der Tat, auch nur flüchtig die italienische Publizistik jener Jahre durchzusehen, um zu erkennen, wieviele Emotionen und Leidenschaften der Zusammenprall mit diesen als eingetragene Vereine organisierten ‚pangermanistischen' Gruppen hervorrief.

Diese Vereine wurden geradezu als die Speerspitze einer fest zusammengeschlossenen Front der Deutschen angesehen, die sich bedrohlich nach Süden hin ausbreite und das Ziel verfolge, die italienische Sprachgruppe selbst in jenen Gebieten – wie dem südlichen Tirol und dem gesamten Küstenland –, die die Italiener als ihre ureigenen Territorien betrachteten, an den Rand zu drängen bzw. der deutschen Vorherrschaft zu unterwerfen. Dieses Bild, welches von italienischer Seite allzu häufig in Zeitungsartikeln und öffentlichen Reden gezeichnet wurde, entsprang mit größter Wahrscheinlichkeit nicht einfach nur einer gezielten Propaganda. Gewiß, die von Norden drohenden Gefahren künstlich hochzuspielen, konnte bestens zur nationalen Mobilisierung der italienischen Öffentlichkeit des Habsburgerreiches dienen und damit bestimmten politischen Forderungen mehr Schlagkraft verleihen. Die Bedingungen des Zusammenlebens der verschiedenen Völker Österreichs verschlechterten sich gegen Ende des 19. Jahrhunderts zusehends und die wachsenden nationalen Empfindlichkeiten, keineswegs nur bei den Italienern, sondern bei allen Volksgruppen der Monarchie, führten dazu, daß bald jegliche Initiative, die eine benachbarte Volksgruppe zur Förderung ihrer Kultur oder ihrer wirtschaftlichen Interessen ergriff, von den anderen als eine zumindest potentielle Bedrohung aufgefaßt wurde.

Diese allen Völkern Cisleithaniens gemeinsame Geisteshaltung, welche sich – wenn auch unterschiedlich stark – in allen sozialen Schichten wiederfindet, rief, zuerst in Böhmen, dann nach und nach auch in den anderen Kronländern, die Überzeugung hervor, daß der ‚Besitzstand' der einen Volksgruppe, d.h. ihre numerische Stärke sowie ihre wirtschaftliche und politische Macht[1], durch das Anwachsen des ‚Besitzstandes' einer anderen Volksgruppe unabwendbar geschädigt würde. Zunehmend betrachteten sich die verschiedenen Nationalitäten gegenseitig nur noch als ‚Rivalen'. Wettbewerb war in dieser Sicht also nicht ein Ansporn zur allseitigen Entwicklung und allgemeinem Wachstum, sondern gegenseitige Bekämpfung um die Besetzung derselben gesellschaftlichen Positionen. Unvermeidbar führte dies zu der Ansicht, daß in dem Maße, wie die Leistungsfähigkeit der einen Volksgruppe wuchs, diejenige der anderen schrumpfen mußte.

Es ist gewiß kein Zufall, daß gerade seit 1880 erstmals unter den deutschsprachigen Österreichern fest organisierte Massenvereinigungen nationalistischer Ausrichtung entstanden, deren Ziel es war, den ‚Besitzstand' ihrer Nationalität zu verteidigen.

Bekanntlich waren bis zum Ende des Jahres 1879 nach und nach fast alle deutschen Liberalen aus der Wiener Regierung ausgetreten. Sie wurden von Politikern slawischer Nationalität ersetzt, welche sich mit deutsch-klerikalen Kreisen[2] verbündeten, die an Fragen des nationalen Gleichgewichts oder gar an der Verteidigung des zwar nicht festgeschriebenen aber *de facto* bestehenden Primats der deutschen Sprache im öffentlichen Leben des Reiches diese Kräfte nicht im geringsten interessiert waren. Die Entstehung der ersten wirklich erfolgreichen und verbreiteten Vereinigung, die sich den „nationalen Schutz" zum Ziel gesetzt hatte, des „Deutschen Schulvereins" (DSV), erklärte sich vor allem aus der Unruhe, die der Ausschluß der Deutschen aus der Führung des Landes bei ihrer eigenen Volksgruppe hervorgerufen hatte.

Schon an der Zusammensetzung der zweiten Regierung Taaffe ließ sich ermessen, welchen Grad an politischer Emanzipation die cisleithanischen slawischen Volksgruppen – insbesondere die Tschechen und die Slowenen – in der kurzen Zeit von nur zwanzig Jahren, die seit der Einführung moderner Verfassungsstrukturen in Österreich erst vergangen waren, schon erreicht hatten. Zu einer solchen Emanzipation wäre es allerdings kaum gekommen, wenn bei den betreffenden Volksgruppen nicht vorher schon beachtliche Fortschritte im Bereich des Wirtschaftslebens, der Schulbildung und der Kultur insgesamt erzielt worden wären[3]. Und eben diese Bereiche waren es, auf die nun die deutschen Wortführer der Liberalen die Konfrontation hinzulenken versuchten.

---

1 Vgl. *P. Urbanitsch*, Die Deutschen, in: *A. Wandruszka / P. Urbanitsch*, Die Habsburgermonarchie, III/1: Die Völker des Reiches, Wien 1980, S. 240-310.

2 Vgl. zu den Umständen, die zur Bildung der Zweiten Regierung Taaffe geführt haben: *J. Redlich*, Das österreichische Staats- und Reichsproblem, Leipzig 1920-1926, I, S. 361 ff.

3 Unter der großen Menge an Literatur seien hier folgende Werke zitiert: für die Tschechische Volksgruppe *M.B. Graver*, The Young Czech Party, 1874-1914, New Haven / London 1978, insbes. S. 21 ff.; für die Slowenische Volksgruppe unter besonderer

Im Frühjahr 1880 war dem späteren Reichsratsabgeordneten Engelbert Pernerstorfer eine Broschüre in die Hände geraten, die ein Frankfurter Arzt geschrieben und auf eigene Rechnung publiziert hatte. Darin wurden die Bemühungen eines deutschsprachigen Tiroler Pfarrers im Nonstal beschrieben, in seinem Dorf Proveis (Proves) ein eigenes Schulgebäude einzurichten. Da die Berggemeinde selbst zu arm war, um sich dies leisten zu können, hatte sich die Bezirksverwaltung in Cles, der Proveis unterstand, bereit erklärt, einen gewissen Betrag für das Vorhaben zur Verfügung zu stellen, allerdings nur unter der Bedingung, daß der Schulunterricht in italienischer Sprache erteilt würde. Dem wiederum wollte der selbstbewußte Pfarrer nicht zustimmen[4]. An ihrem Wiener Treffpunkt, dem Café Central, sprach Pernerstorfer über diesen Fall mit einigen seiner Freunde, die alle der liberalen Partei eng verbunden waren und in persönlichem Kontakt zu Schönerer standen. Diese Gruppe von Freunden beschloß daraufhin, mit einem Spendenaufruf für die zu erbauende deutsche Schule in Proveis sowie, ganz allgemein, für die Unterstützung aller Gemeinden entlang den Sprachgrenzen Cisleithaniens, die sich in ähnlichen Schwierigkeiten befanden, an die Öffentlichkeit zu treten. In diesem ersten öffentlichen Aufruf des DSV wurde die Notwendigkeit hervorgehoben, es müsse unbedingt verhindert werden, daß – so drückte sich der Text aus – „Tausende und Tausende von Kindern deutscher Eltern an unseren Sprachgrenzen und in Gebieten deutschsprachiger Bevölkerung ohne deutsche Schule wachsen und so dem deutschen Volk verloren gehen“[5].

Um die Spendensammlung und die Verteilung der eingenommenen Gelder zu organisieren, wurde zugleich beschlossen, eine feste Organisation ins Leben zu rufen, die den harmlos klingenden Namen „Deutscher Schulverein“ erhielt. Noch bevor die Statuten definitiv von der Regierung bestätigt worden waren (die entsprechende Genehmigung wurde im Juni 1881 erteilt), zählte der neue Verein zwei Monate nach der Veröffentlichung seines ersten Aufrufes schon 13.000 Mitglieder und hatte Spenden im Wert von 9.000 Gulden gesammelt. Nach weiteren sechs Monaten war die Zahl der Mitglieder im Deutschen Reich und den österreichischen Kronländern auf 22.000 gestiegen, während sich die Summe der Spendengelder auf 55.000 Gulden erhöht hatte[6].

Noch wenige Jahre zuvor war es einer ähnlichen Initiative, die ihren Ursprung ebenfalls in Tirol hatte, nicht einmal annähernd gelungen, einen vergleichbaren Erfolg zu verbuchen. Die Rede ist von dem „Comité zur Unterstützung der deutschen Schule in Welschtirol“, welches 1867 in Innsbruck von einigen Dozenten der dortigen Universität gegründet worden war. Auch die Gründer dieses Vereins waren von nationalen Intentionen ausgegangen: auch dieses „Comité“

Berücksichtigung der Gebiete, die in diesem Artikel betrachtet werden: *M. Cattaruzza*, Slovenes and Italians in Trieste. 1850-1914, in: *M. Engmann* (Hrsg.), Ethnic Identity in Urban Europe, Dartmouth 1992, S. 189-220.

[4] Vgl. *[August Lotz]*, Aus den Bergen an der deutschen Sprachgrenze in Südtirol, Stuttgart 1880. Die Broschüre war anonym veröffentlicht worden.

[5] Vgl. *A. Wotawa*, Der Deutsche Schulverein, 1880-1905, Wien 1905.

[6] Vgl. *K. Neumann*, Zehn Jahre deutscher Arbeit, Wien 1890.

hatte es sich zum Ziel gesetzt, deutschsprachige Orte in Bezirken des Trentino zu unterstützen, die nicht in der Lage waren, die Kosten für eine Schule zu tragen, sei es, daß sie das entsprechende didaktische Material und entsprechend eingerichtete Räume nicht finanzieren konnten, sei es – was häufiger der Fall war –, daß das nötige Geld zur monatlichen Bezahlung des Lehrers nicht aufgebracht werden konnte. Doch das eigentliche Fernziel seiner Aktivität, so hatte das „Comité" in seinen Spendenaufrufen erklärt, bestehe nicht einfach darin, allgemein zur Verbesserung der Schulbildung beizutragen. Vielmehr sollten durch diese Schulbildung die Bewohner der betreffenden Orte enger an die deutsche Sprache und Kultur angebunden werden. Wie eine der ersten Bekanntmachungen des Comités darlegte, sollten die investierten Gelder für Schulen mit deutschsprachigem Unterricht vor allem dazu dienen, „die rücksichtslos angestrebte Italianisierung", die im Trentino von Behörden und Klerus betrieben würde, zu stoppen und dazu beitragen, „die Bevölkerung wieder ihrem Besseren Selbst zurückzugeben"[7].

Das Echo auf die Gründung des „Comités" war alles andere als ermutigend gewesen. Während aus dem Deutschen Reich, insbesondere aus Leipzig und Frankfurt, immerhin ein gewisses Spendenaufkommen zu verzeichnen war, begegneten die Innsbrucker dem Verein mit großer Zurückhaltung und auch aus Wien kamen nur sehr geringe Unterstützungen[8] (zu den Spendern gehörte übrigens auch Kaiser Franz-Joseph mit der nicht geringen Summe von 300 Gulden. Ob es sich dabei um eine bewußte Ermutigung handelte, diese national ausgerichteten Aktivitäten fortzusetzen, möglicherweise auch unter dem Eindruck der Ereignisse von 1866, ist indes nicht leicht zu beurteilen. Es könnte genauso gut sein, daß der Kaiser nur routinemäßig einen Beitrag leistete, wie bei Spenden für andere öffentliche Wohlfahrtszwecke auch). Jedenfalls gelang es dem „Comité" (welches sich 1877 in „Deutsche Schulgesellschaft" umbenannte) während des gesamten Zeitraums seines Bestehens – also zwischen 1867 und 1880 – nicht einmal soviel Geld einzunehmen, wie der DSV in nur einem halben Jahr zusammentragen konnte.

Mag man auch davon ausgehen, daß selbstverständlich ein von politischen Aktivisten in Wien unterzeichneter Aufruf auf größere Resonanz stoßen mußte, als eine ähnliche Initiative von Beamten aus der Provinz – der allzu große Erfolgsunterschied zwischen den beiden Initiativen scheint doch eher darauf hinzuweisen, daß sich die Deutschen während der Zeit, als vornehmlich deutsche Liberale in der Regierung saßen, in ihrer Vormachtstellung in Österreich zu genüge geschützt fühlten, während sich diese Einschätzung nach den oben erwähnten politischen Veränderungen innerhalb der obersten staatlichen Führung schnell verflüchtigte.

---

[7] Bericht über die bisherige Thätigkeit des Comités zur Unterstützung der deutschen Schule in Welschtirol, Innsbruck 1871, S. 2-7.

[8] Aus Innsbruck wurden dem Comité im ersten Jahr seines Bestehens 101, aus Leipzig 377, aus Dresden 343 und aus Wien 363 Gulden gespendet. Die Einkünfte betrugen insgesamt 2639 Gulden und die Kosten 2324 Gulden (Bericht, S. 5).

Eine Bestätigung dafür, daß die Deutschen kulturell immer noch eine klare Vorreiterrolle innehatten, ist auch in der Tatsache zu finden, daß andere Volksgruppen in beiden Hälften der Monarchie das Beispiel, welches die liberalen Kreise der deutschen Volksgruppe mit der Gründung des DSV gesetzt hatten, sehr bald in fast identischer Weise nachahmten[9].

Manche Beobachter sahen anfangs in der Ausbreitung von Vereinen zur Förderung von Schulbildung und Kultur bei den verschiedenen Volksgruppen ein geeignetes Mittel für eine geordnete Weiterentwicklung des Vielvölkerstaates, da diese Vereinigungen, wenn die dafür notwendigen Voraussetzungen erfüllt wurden, dazu hätten beitragen können, die Lücke zu schließen, die der berühmte Art. 19 des Grundgesetzes über die Staatsbürgerrechte vom Dezember 1867 offengelassen hatte: die verschiedenen Schulvereine hätten nämlich, so hoffte man, ein geeignetes und gesetzlich geschütztes Instrument bieten können, um das allgemeine Recht auf den Gebrauch der eigenen Sprache, welches das Grundgesetz ganz allgemein den „Volksstämmen" der Habsburgermonarchie zugesprochen hatte, stetig und in qualifizierter Weise wahrzunehmen. Doch war inzwischen auch in Österreich – wie zuvor schon in Italien und Deutschland – der politische Aspekt der Idee der Nation in den Mittelpunkt gerückt worden. Für die Verfechter einer solchen Vorstellung waren kulturelle und sprachliche Rechte nicht mehr Werte an sich, sondern wurden einzig und allein als funktionale Bestandteile eines umfassenden Nationsbegriffes gesehen.

In dieser Perspektive, wie sie beispielsweise Karl Renner noch zu Beginn des 20. Jahrhunderts unter dem Schlagwort des Kampfes um den Staat thematisiert hatte, war die Wahrung und Konsolidierung des ‚Besitzstandes' für jede einzelne Volksgruppe eine unerläßliche Voraussetzung. Daraus wiederum läßt sich verstehen, daß sich die Deutschösterreicher effektiv in einer Situation wähnten, die aus ihrer Sicht als Rückdrängung in die Defensive angesehen werden mußte. Sie mußten nun, wenn auch nicht ohne Vorbehalte, zu der Einsicht gelangen, daß die traditionelle Vorherrschaft der Deutschen im Habsburgerstaat ihre historische Funktion erfüllt hatte und daß es notwendig war, sich den neuen – nicht zuletzt unter Mitwirkung der deutschen Liberalen selbst erreichten – politischen und sozialen Rahmenbedingungen anzupassen und ihnen mit einer anderen Haltung und Mentalität zu begegnen als man dies bisher getan hatte.

Dies klingt beispielsweise auch in einem der ersten öffentlichen Aufrufe des DSV aus dem Jahr 1880 an, in dem betont wurde, der Verein wolle, so sehr er sich auch gemäß seinen Statuten der Förderung deutschsprachiger Schulen widme, ebenfalls die Kräfte all derer bündeln, „die unserem Vaterlande den Charakter eines deutschen Staates erhalten und es nicht erleben wollen, daß

---

[9] So entstand 1881 in Prag die tschechische „Ústřední Matice Školska"; in Laibach 1886 die slowenische und die gleichnamige kroatische „Družba Kirilla i Metoda", und in Rovereto 1886 der italienische „Pro Patria". In Transleithanien wurde in Budapest 1882 die „Magyar Iskola Egylet" gegründet. (Der Autor des vorliegenden Artikels ist dabei, eine Monographie über diese Vereinigungen vorzubereiten.)

unsere deutschen Beamten, Lehrer und Gewerbetreibenden – wie seinerzeit aus Ungarn und Galizien – auch noch aus anderen Kronländern verdrängt werden"[10].

Wenn dies die tatsächlichen Motive waren, von denen sich die Initiatoren dieses deutschösterreichischen ‚nationalen Schutzvereins' leiten ließen, so konnte es kaum eine Veranlassung dafür geben, sich gerade mit den Italienern der Monarchie auf regelrechte Kraftproben einzulassen: denn nicht die Italiener, deren Volksgruppe zahlenmäßig eher klein und zudem in verschiedenen und territorial getrennten Gebieten an der Peripherie des Reiches angesiedelt war, stellten die wirklichen Konkurrenten im Kampf um die Hegemonie über den Vielvölkerstaat dar, sondern die verbündeten Kräfte der slawischen Volksgruppen.

Dieses Bild bestätigt sich auch in der konkreten Situation auf regionaler Ebene in denjenigen Kronländern, die von Italienern bewohnt waren. Betrachtet man das Küstenland in seiner Gesamtheit, so waren hier die Slawen klar in der Mehrheit, und schon allein deswegen konnten die Gegensätze zwischen Deutschen und Italienern hier nicht allzu heftig werden. Die Zahl der im Küstenland lebenden Deutschen mit festem Wohnsitz war sehr gering; prozentual fielen sie fast gar nicht ins Gewicht: in Triest lebten 4,5% Deutsche, in der Grafschaft Görz – und hier hauptsächlich in Görz selbst – waren es etwa 1,2% und in Istrien 1,6%[11]. Obwohl es hin und wieder zu vereinzelten publizistischen Polemiken zwischen Italienern und Deutschen kam, die allerdings folgenlos blieben[12], sah der DSV in diesem Gebiet erklärtermaßen in der italienischen Volksgruppe eher einen potentiellen Verbündeten bei der gemeinsamen Abwehr der Slowenen. In der Tat waren die beiden weiter entwickelten Nationen, also die Deutschen und die Italiener, gleichermaßen daran interessiert, daß sich an der untergeordneten sozialen, wirtschaftlichen und politischen Stellung der Slowenen im Küstenland nichts änderte. Ohne die Mithilfe der Italiener oder gar in direkter Konfrontation gegen diese konnten die Deutschen dieses Ziel bestimmt nicht erreichen. Der DSV versprach sich aus der Niederhaltung der Slowenen im Küstenland, positive Rückwirkungen auf das benachbarte Gottschee in Krain und für die Orte in der südlichen Steiermark, die durch ein allzu leidenschaftliches und selbstbewußtes Auftreten der slowenischen Volksgruppe ‚bedroht' waren[13].

Auf Dalmatien braucht in diesem Zusammenhang nicht eingegangen zu werden, da dieses Gebiet sowohl unter nationalem wie unter politischem Gesichtspunkt völlig außerhalb der Interessensphäre des DSV lag.

---

[10] An die deutschen Stammesgenossen!, Wien 1881, S. 2.

[11] Vgl. *E. Brix*, Die Umgangssprachen in Altösterreich zwischen Agitation und Assimilation. Die Sprachenstatistik in den cisleithanischen Volkszählungen zwischen 1880 bis 1910, Wien / Köln / Graz 1982, S. 182 ff.

[12] Vgl. z.B. die Triester Zeitung „Il Cittadino" vom 20. April 1881, in der über die Aufstellung von Sammelbüchsen in öffentlichen Gebäuden für Spenden an den DSV geklagt wurde, für die zwar keine Genehmigung erteilt worden war.

[13] Vgl. „Mittheilungen des Deutschen Schulvereines" (MDSV), Juni 1886, S. 7.

In Tirol wiederum war die Trennlinie zwischen den beiden Volksgruppen ziemlich eindeutig, sodaß sich die Gebiete, in denen es möglicherweise zu Zusammenstößen kommen konnte, auf einige deutsche Sprachinseln in den Bezirken des Trentino sowie auf einige italienische Siedlungen im Kreis Bozen, im Unterland zwischen Bozen und Salurn, beschränkten[14].

Diesen objektiven Gegebenheiten ist noch ein weiterer Umstand hinzuzufügen. Die italienische Volksgruppe war im Reichsrat zu Beginn der achtziger Jahre mehrheitlich durch liberale Abgeordnete vertreten, die also ideologisch jenen deutschösterreichischen Kreisen nahestanden, die – wie oben gesagt – die Gründung des DSV betrieben hatten. In der Tat waren die Italiener ebenso wenig an der slawisch-klerikalen Regierung, auf die sich Taaffe stützte, beteiligt, wie die deutschen Liberalen. Auch Überlegungen zum taktischen Vorgehen im Parlament sowie über die praktischen Interessen der Partei sprachen also aus Sicht der deutschen Liberalen gegen eine allzu heftige Konfrontation mit der italienischen Volksgruppe. Insbesondere in der gemeinsamen Opposition gegen eine Gesetzesvorlage der Regierung von 1883, die eine Neuordnung des Grundschulunterrichts unter klerikalen Vorzeichen vorsah, ergab sich eine gewisse Annäherung zwischen den deutschen Liberalen und den Italienern im Reichsrat[15].

Die Rücksichtnahme, die die Führer des DSV den Italienern gegenüber an den Tag legten, entsprang also keineswegs nur zufälligen Konstellationen, sondern lag sowohl aus nationalen wie aus politischen Motiven nahe. Dies war auch den Slawen im gegnerischen Lager bewußt. So stellte beispielsweise das Organ der tschechischen Partei, „Politik“, in einem Artikel vom 16. Mai 1884 über die Aktivitäten des DSV kurzum fest: „... Weil die Italiener liberal sind und gegen die Schulnovelle gestimmt haben, müssen sie von der Agitation des deutschen Schulvereins verschont werden“, und dies, obwohl – wie die „Politik“ meinte – die Deutschen nirgends mehr abgedrängt würden, als in Tirol. Diesen Äußerungen folgte der Vorwurf an den DSV, daß dieser aus Gründen der Parteiraison nicht erkennen wolle, daß die wahren Feinde des Staates die Sezessionisten in Triest und Trient wären und nicht die Slawen, die gar kein Interesse daran haben könnten, aus dem österreichischen staatlichen Verband herauszutreten[16]. Die Kritik, die die Zeitung „Politik“ hier vorbrachte, ging bei genauerem Hinsehen sogar tiefer, als man es auf den ersten Blick vermuten würde, stellte sie doch eines der am häufigsten vorgebrachten Argumente der deutschen Liberalen in Frage, nämlich, daß ein wahres staatstragendes Bewußtsein nur bei denjenigen vorzufinden sei, die den österreichischen Verfassungsstaat aufgebaut hatten. Indem sie hervorhob, mit welcher Zurückhaltung der DSV und seine politischen Wortführer die Italiener behandelten, ließ die „Politik“ unterschwellig die Mutmaßung durchschimmern, daß den deutschen Libe-

---

[14] Vgl. *H. Nabert*, Das Deutschtum in Tirol, München 1901. Neben Angaben über die nationale Zusammensetzung der Orte entlang der Sprachgrenze bietet das Werk vielfältige Informationen über die verschiedenen Schulen in diesen Gebieten.

[15] Vgl. zu dieser Schulnovelle *W. Jenks*, Austria under the Iron Ring, 1879-1893, Princeton 1967, S. 137 ff.

[16] „Politik“, 16. Mai 1884.

ralen nicht in erster Linie der Bestand und das Wohlergehen Österreichs am Herzen läge, sondern vielmehr die Aufrechterhaltung des deutschen Charakters dieses Staates. Einem Österreich, in dem die Slawen eine ihrer zahlenmäßigen Stärke entsprechende politische Rolle gespielt hätten, würden – so konnte man aus diesen Ausführungen ableiten – die deutschen Liberalen die Aufteilung des Staates vorziehen.

Auch politische Verbündete der slawischen Parteien, wie die deutschen Klerikalen, nahmen verschiedene Gelegenheiten wahr, ähnliche Kritiken am DSV zu äußern. So wurde beispielsweise der Obmann des DSV und liberale Abgeordnete im Landtag von Niederösterreich, Moritz Weitlof, mit Vorwürfen konfrontiert, die ihm klerikale und konservative Abgeordnete im Landtag entgegenbrachten, indem sie seinem Verein vorhielten, in den südlichen Teilen Tirols nicht genügend aktiv zu sein. Weitlof setzte sich dagegen mit dem Argument zur Wehr, daß es im Kronland Tirol eine alles in allem klare nationale Grenze gebe und daß unter den dortigen Italienern antideutsche Stimmungen nicht zu verzeichnen seien. Diese seien dagegen unter den Slawen weit verbreitet[17].

Ganz unabhängig davon, ob diese Äußerungen den Tatsachen entsprachen, konnte Weitlof seine Gegner bestimmt nicht überzeugen; den Klerikalen ging es ja auch gar nicht darum, tatsächlich ein entschiedeneres Vorgehen des DSV in Tirol einzufordern. Ihr Anliegen war es vielmehr aufzuzeigen, daß die angebliche Liebe zur eigenen Nationalität, die die Liberalen, seitdem sie aus der Regierung ausgeschlossen worden waren, allzu häufig und allzu lautstark zur Schau trugen, nur dem Zweck diente, ganz andere politische Ziele zu verschleiern. In Wirklichkeit ginge es den Liberalen doch darum, die Regierung Taaffe, der – wie er es selbst genannt hatte – einem Kabinett der „nationalen Befriedung" vorstand, in Verlegenheit zu bringen und ihr Schwierigkeiten zu bereiten. Beharrlich bestritten Weitlof und seine liberalen Kollegen immer wieder, daß ihr Einsatz für die deutsche Volksgruppe Österreichs, der in erster Linie in der Gründung des DSV zum Ausdruck gekommen war, eigenen Parteiinteressen entspringe. Es ist jedoch nicht zu übersehen, daß in den zahlreichen Propagandaschriften, die der DSV herausgab, Bezugnahmen auf Taaffe immer mit negativen Konnotationen behaftet waren. Immer wieder wurde er der Öffentlichkeit als ein Politiker präsentiert, der bereit war, den Einfluß der Deutschen in Cisleithanien drastisch zu reduzieren, um sich dadurch die Unterstützung der slawischen Abgeordneten zu sichern[18].

Diese ersten Ausführungen sollten – wenn auch in sehr allgemeine Form – die Anfänge der „nationalen Schutzvereine" in das politische Umfeld jener Zeit einordnen, ohne das diese Bewegung kaum verständlich wäre. Damit kann jetzt dazu übergegangen werden, für unseren Fall, also für Tirol und das Küstenland, darzustellen, welche Mittel und welche Ziele der Wiener Schulverein hier anstrebte.

---

[17] Vgl. Stenographische Protokolle des Landtages für das Herzogtum Österreich unter der Enns, 1. Sitzung der 4. Legislaturperiode, 7. Oktober 1884, S. 139-141.

[18] Vgl. *K. Neumann*, Zehn Jahre deutscher Arbeit, S. 1.

Das einzige Ziel, welches die Statuten des Vereins vorsahen, war die Schaffung von neuen Privatschulen bzw. die Unterstützung von schon bestehenden Schulen, die entlang den Sprachgrenzen oder in einzelnen deutschen Sprachinseln deutschsprachigen Unterricht erteilten. Zwischen kommunalen und kirchlichen Schulen wurde dabei kein Unterschied gemacht. Es fällt auf, daß unter den Betreibern des DSV niemand genaue Kenntnisse über die Situation in Tirol hatte; das Hauptaugenmerk wurde eher stets auf die Entwicklung der nationalen Gegensätze in Böhmen gerichtet. In ihren Entscheidungen über die eventuelle Bereitstellung von Geldern für Orte in Tirol verließen sich die Mitarbeiter des Vereins auf einige Veröffentlichungen über die dortige Situation und nutzten die regelmäßige Korrespondenz mit Mitgliedern vor Ort, die ihnen die notwendigen Informationen zukommen ließen. Unter diesen befanden sich sämtliche ehemaligen Mitglieder des oben genannten „Comité zur Unterstützung der deutschen Schule in Welschtirol", welches sich in der Zwischenzeit auch de jure aufgelöst hatte, um seine Mitglieder und seine Mittel in die neue und vielversprechendere nationale Organisation einzubringen. Dadurch bot sich der Leitung des DSV schon nach kurzer Zeit die Möglichkeit, recht genau entscheiden zu können, wohin sie in Tirol ihre Mittel fließen lassen sollte.

Es handelte sich in erster Linie um vier kleine Dörfer im nördlichen Teil des Nonstals, darunter auch das schon genannte Proveis, die man zusammen als „Deutsche Gegend" bezeichnete, sowie um zwei Dörfer im Fleimstal (Val di Fiemme), Anterivo (Altrei) und Trodena (Truden), die direkt an das deutschsprachige Gebiet angrenzten. Hier entfaltete der DSV kostspielige Aktivitäten zur Verbesserung der Schulverhältnisse: so wurden Schulgebäude errichtet, die in der Regel auch eine Wohnung für den Lehrer mit einschlossen; ebenso wurde für die regelmäßige Zusendung von Lehrmaterial gesorgt; die ärmeren Schüler erhielten finanzielle Unterstützungen und die Gehälter der schlecht bezahlten Lehrer in diesen Dörfern wurden durch Ergänzungszulagen aufgebessert. Von italienischer Seite wurden weder damals, noch in der folgenden Zeit, gegen diese Zuwendungen Einwände erhoben, da die Dörfer, die davon profitierten, nicht als dem italienischen ‚Besitzstand' zugehörig angesehen werden konnten, auch wenn sie geographisch und administrativ zu Bezirken des Trentino gehörten[19].

Unruhe verursachten dagegen die Maßnahmen des DSV zugunsten der Sprachinseln am linken Abhang des Fersentals (Valle del Fersina) sowie zugunsten des Ortes Lusern (Luserna) auf der Hochebene von Lavarone. In der Tat handelte es sich dabei um Dörfer, in denen nicht nur die Zahl der Italiener sehr hoch war, in einigen Fällen – wie z.B. in Gereuth (Frassilongo) – sogar höher als die der Deutschen[20], sondern wo außerdem selbst der Wunsch der deutschsprachigen Bevölkerung, die ohnehin schon kaum noch vorhandene sprachliche Verbindung mit dem deutschen Volk aufrechtzuerhalten, bestenfalls noch

[19] Vgl. Die Thätigkeit des Deutschen Schulvereines in Tirol, Wien 1886.

[20] 1880 wurden hier 100 Einwohner deutscher Sprache und 288 Einwohner italienischer Sprache registriert; vgl. *H. Nabert*, Das Deutschtum in Tirol, S. 59.

latent vorhanden war; von nationalen Bindungen in einem weiteren Sinne konnte hier erst recht nicht mehr die Rede sein. Auch innerhalb der Leitung des DSV zweifelte man daran, ob es angebracht wäre, diese Dörfer zu unterstützen, doch schließlich ließ sich der Verein unter dem Einfluß seiner Ratgeber vor Ort doch dazu verleiten, Gelder für die Errichtung von Schulgebäuden in Rodena (Aichleit) und Gereuth zur Verfügung zu stellen. Zugleich hielt man es jedoch für notwendig, für die Möglichkeit vorzusorgen, daß diese Schulen einmal die deutsche Unterrichtssprache abschaffen würden. Daher wurde in die mit den beiden Dorfgemeinden vereinbarten Verträge eine Klausel eingefügt, die vorsah, daß diese im Falle der Abschaffung der deutschen Unterrichtssprache die gesamten vom DSV geleisteten Unterstützungszahlungen samt Zinsen zurückzuzahlen hätten[21]. Auch die deutschsprachige Schule in Lusern, die 1868 von der staatlichen Verwaltung eingerichtet worden war, konnte durch die finanzielle Unter-stützung seitens des DSV ihre chronische Geldknappheit ein wenig aufbessern[22].

Über diese Orte hinaus ging der DSV allerdings nicht, wie das folgende Beispiel, welches nur eines unter vielen ist, belegen kann. Als Obmann des DSV unternahm Weitlof im September 1884 eine Erkundungsreise durch Tirol, wo er zuvor erst einmal, noch während seiner Studienzeit, gewesen war. Nachdem er mit dem Zug in Bozen eingetroffen war, setzte er, wie das Vereinsbulletin berichtete, am folgenden Tag seine Reise über Branzoll fort, wo er den örtlichen Kindergarten besuchte, der mit beträchtlichen Unterstützungen von seiten seines Vereins errichtet worden war. Anschließend reiste er über Kaltern und über den Mendelpaß in die „Deutsche Gegend" des Nonstals hinüber. Der erste Ort, den er hinter dem Paß erreichte war Tret, den die „Mittheilungen des Deutschen Schulvereins" redlicherweise als „noch ganz italienisch" bezeichneten, und in dem sich Weitlof deshalb auch nur kurz aufhielt. In den deutschsprachigen Dörfern des Tales dagegen führte er zwei Tage lang geradezu eine – wenn auch inoffizielle – Schulinspektion durch, wobei er sich nicht nur über das Niveau der Sprachkenntnisse der Schüler der deutschen Schulen informierte, sondern sich auch nach den Wohnverhältnissen der Lehrer erkundigte. Nachdem er dann den südlichsten Ort der Deutschen Gegend hinter sich gelassen hatte, ging er talabwärts und „mit Cles verschwanden die freundlichen, blonden, deutschen Kindergesichter". Deshalb, so fährt der Bericht fort, bietet „der Weg von Cles durch den Rocchetta-Paß nach Welschmetz an der Südbahn ... kein Schulverein-Interesse mehr"[23].

Die Situation im Küstenland läßt sich erheblich kürzer darstellen. Orte deutscher Sprache, oder in denen auch nur eine Mehrheit der Einwohner Deutsch

---

[21] Vgl. *K. Neumann*, Zehn Jahre deutscher Arbeit, S. 9.

[22] Die Zweifel daran, ob es zweckmäßig wäre, Investitionen dieser Art fortzusetzen, blieben in Wien jedoch bestehen. Dies geht z.B. aus dem Bericht des DSV über seine Aktivitäten in Tirol im Jahr 1884 hervor, wo ausgeführt wird: „... ob die fersenthaler Orte Lusern, S. Sebastian trotz Hilfe deutsch bleiben können, ist fräglich"; vgl. MDSV, Juni 1884, S. 14.

[23] Bericht über die „Inspektionsreise" Weitlofs durch Tirol, in: MDSV, Dezember 1884, S. 9-10.

gesprochen hätte, gab es hier nicht. Das Problem, welches sich dem DSV hier stellte, lag vielmehr darin, den Bestand der deutschen Kolonien, vor allem in Triest und Görz, besser abzusichern. In Triest, welches, nur wenige Tage nach der Gründung der ersten Ortsgruppe des DSV in Pilsen, die zweite Stadt war, in der sich eine solche Ortsgruppe konstituierte, konnte schon 1882 ein Kindergarten deutscher Sprache eröffnet werden, der zum größten Teil vom DSV finanziert wurde. In Görz beschränkte sich der DSV darauf, die dortige evangelische deutsche Schule zu unterstützen, die sich seit langem schon in bedrükkenden finanziellen Schwierigkeiten befand[24].

Aus dem Gesagten läßt sich klar erkennen, daß die Aktivitäten des DSV in Tirol und im Küstenland in den achtziger Jahren alles andere als spektakulär waren. Ebenso war der Verein auch organisatorisch in diesen Gebieten nur in begrenztem Maße präsent.

Um seine Tätigkeiten besser durchführen und organisieren zu können, hatte der DSV von Anfang an Untergliederungen auf lokaler Ebene geschaffen. Diese hatten einerseits die Aufgabe, die zentrale Leitung in Wien mit Informationen aus erster Hand über die nationale Situation sowie die Veränderung des Kräfteverhältnisses zwischen den verschiedenen Volksgruppen vor Ort zu versorgen und waren zugleich für die korrekte Durchführung der Investitionen zuständig, die die Leitung in Wien in den von ihnen betreuten Gebieten tätigte. Nun unterhielt jedoch der DSV in den Jahren seiner größten Ausdehnung, also zwischen 1885 und 1886, in Tirol gerade einmal sechs Ortsgruppen, von denen drei, nämlich Bozen, Brixen und Auer, südlich des Brenners gelegen waren. Alle Ortsgruppen befanden sich also nördlich der eigentlichen Sprachgrenze. Belege für Versuche, in mehrheitlich von Italienern bewohnte Bezirke Tirols einzuwirken, lassen sich nicht finden. Im Küstenland existierten zu dieser Zeit nur zwei Ortsgruppen, die eine, die eine recht rege Tätigkeit entfaltete, in Triest, die andere in Görz[25]. In der Tat waren, wie schon gesagt, die Aktivitäten des DSV vorrangig auf andere Kronländer gerichtet, was sich an der Tatsache zeigt, daß, ebenfalls im Jahr 1886, in Böhmen insgesamt 245, in Mähren 54 und selbst in dem kleinen Schlesien 21 Ortsstellen aktiv waren.

Bedenkt man, auf welchen Grundlagen die Arbeit des DSV ruhte und betrachtet man zudem die konkreten Maßnahmen, die er in den von Italienern bewohnten Gebieten ergriff, so ist es wohl kaum berechtigt, ihm die Absicht zuzuschreiben, durch seine Tätigkeit die Entnationalisierung der Italiener unter pangermanistischen Vorzeichen zu betreiben. Das erklärte Ziel des DSV war es, mit Hilfe des Grundschulunterrichts in solchen Dörfern den deutschen Charak-

---

[24] Der Kindergarten in Triest wurde am 4. Juni 1882 eröffnet, vgl. MDSV, November 1882, S. 12. Ein Jahr nach der Gründung des Ortsverbandes des DSV teilte deren Vorsitzender mit, daß dieser inzwischen 217 Mitglieder habe und insgesamt 1180 Gulden Spendengelder eingenommen habe, vgl. „Triester Zeitung“, 2. April 1883; zur Unterstützung, die der DSV der evangelischen deutschen Schule in Görz zukommen ließ, vgl. MDSV, Dezember 1883, S. 10.

[25] Vgl. MDSV, Juni 1886, S. 17.

ter zu erhalten, auch wenn er teilweise zurückgedrängt worden war, doch immer noch verwurzelt war. Noch heute weisen alle Dörfer des südlichen Tirol, denen der DSV in den frühen achtziger Jahren des letzten Jahrhunderts „zu Hilfe kam", deutliche sprachliche Besonderheiten auf.

Es drängt sich also die Frage auf, ob denn allein die Aktivitäten des DSV tatsächlich ausgereicht hätten, um die Ausbreitung von regelrechten Ängsten unter den Italienern der Habsburgermonarchie zu begründen. Was die delikate Frage der Unterrichtssprache in den Südtiroler Schulen betrifft, so gewinnt man den Eindruck, daß diesbezügliche öffentliche Äußerungen von seiten der Trentiner, sowohl in den Parlamenten als auch in der Presse, in den achtziger Jahren vor allem auf die staatlichen Subventionen für deutsche Schulen in Tirol abzielten. Die bloße Tatsache, daß es diese Fonds gab und die Art und Weise, wie sie eingesetzt wurden, stellte in der Tat eine deutliche Bevorzugung der Deutschen dar, auch wenn damit eine direkte Behinderung der Entwicklung eines italienischen Schulsystems nicht gegeben war[26].

Was die gereizten Reaktionen der Italiener im Kronland Tirol hervorrief und damit das soziale und politische Leben hier erheblich in Unruhe versetzte, war vielmehr das lautstarke Interesse, mit dem sich zahlreiche Vereinigungen im Deutschen Reich den Sprachgrenzen innerhalb Cisleithaniens widmeten.

In Deutschland, wo der Gründungsaufruf des DSV weite Verbreitung gefunden hatte, hatte das positive Echo, auf das der Schulverein gestoßen war, selbst die optimistischsten Erwartungen seiner Betreiber übertroffen. In vielen Städten des Reiches, insbesondere in Baden, Bayern und Sachsen wurden in kürzester Zeit Ortsgruppen des Wiener Vereins gegründet und sogleich begannen Summen in die Kassen des DSV zu fließen, die in dessen ersten Informationsblättern vorsichtig als „beträchtlich" bezeichnet wurden, ohne daß sie genauer aufgeschlüsselt worden wären[27].

Laut österreichischem Vereinsgesetz vom 27. November 1867 war es den Vereinen jedoch untersagt, feste Ortsgruppen im Ausland zu unterhalten. Dies galt auch für Vereine, die, wie der DSV, nicht direkt politisch ausgerichtet waren, sodaß es bald unvermeidbar wurde, die Beziehungen zwischen den betreffenden Gruppen im Deutschen Reich und der Leitung in Wien formell abzubrechen. Dennoch verlief die anfangs betriebene Mobilisierung in Deutschland nicht im Sande. Noch 1881 brachte die Berliner Ortsgruppe eine Abmachung mit verschiedenen anderen nicht mehr an die Wiener Leitung angeschlossenen Gruppen im Reich zustande. Es wurde die Gründung eines Dachverbandes vereinbart, der die soeben begonnenen Initiativen weiterkoordinieren soll-

---

[26] Vgl. die Äußerungen Malfattis am 3. April 1884 im Reichsrat, in: Stenographische Protokolle des Abgeordnetenhauses, 43. Sitzung der IV. Legislaturperiode, S. 68. Erst 1892 wurden die staatlichen Mittel für die Förderung deutscher Schulen in Welschtirol abgeschafft; vgl. Brief des Ministeriums für Kultus und Unterricht an die Statthalterei in Innsbruck, 7. Oktober 1892, in: Tiroler Landesarchiv (TLA), Statthalt. Präs. 12/756.

[27] Vgl. *[O. Steinwender]*, Die Thätigkeit des DSV in Tirol, Wien o.J. (ca. Dezember 1880), S. 1.

te[28]. Die Berliner waren sich mit den anderen kontaktierten Gruppen darin einig, daß es insbesondere notwendig wäre, die Tätigkeit über den begrenzten Raum Cisleithaniens, auf den sich der Wiener Verein beschränkt hatte, hinaus zu erweitern. So sah das Programm ihres Verbandes nicht nur vor, das Blickfeld auf die andere Reichshälfte Österreich-Ungarns auszudehnen, sondern noch darüber hinaus auf alle anderen Gebiete, in denen deutschsprachige Minderheiten lebten[29]. Daher auch die Bezeichnung „Allgemeiner Deutscher Schulverein" (ADSV). Auf organisatorischer Ebene wurde gleich von Anfang an beschlossen, die starken regionalistischen Tendenzen im Reich zu berücksichtigen, und die Gruppen, die sich dem Verband anschlossen, weitgehend eigenständig arbeiten zu lassen. Während der Schulverein in Wien eine stark zentralistische Struktur aufwies, bestand die einzige Verpflichtung für die lokalen Gruppen im Deutschen Reich gegenüber ihrem Dachverband in Berlin darin, diesem einen geringen Prozentsatz ihrer Einnahmen zu überweisen. Ansonsten konnten sie selbständig ein eigenes ‚Betreuungsgebiet' aussuchen und frei darüber entscheiden, wie dort ihre Gelder verwendet werden sollten[30]. Fast ausnahmslos entschieden sich die Ortsgruppen in Bayern, Baden und Hessen für Einsätze im Kronland Tirol[31].

Dies lag nicht nur unter geographischen Gesichtspunkten nahe. Gerade Tirol übte auf die öffentliche Meinung im Deutschen Reich eine unbestreitbare Anziehungskraft aus, vor allem dank der verbreiteten Vorstellung von dieser Region als einem von bäuerlichen Traditionen geprägten Gebiet, in dem die urdeutschen Lebensformen noch intakt seien. Schon seit den frühen achtziger Jahren begannen Abgesandte von Ortsgruppen des ADSV, regelmäßig nach Tirol zu reisen, wo sie vor allem die südlichen Teile des Landes besuchten, um dort festzustellen, in welchen Orten entlang der Sprachgrenze es am zweckmäßigsten oder am dringendsten geboten schien, die im Reich gesammelten Spendengelder für Zwecke des „nationalen Schutzes" zu investieren.

Diese Erkundungsreisen brachten eine Vielzahl von Erkenntnissen hervor, die nur manchmal wissenschaftlich begründet, häufig eher empirisch und vorrangig den eigenen Interessen untergeordnet waren. So trug man zahlreiche Informationen über Brauchtum und Sitten, über Ortsnamen und Familiennamen deutscher Abstammung zusammen, und dies vielfach auch aus Gegenden, die weit jenseits der Linie lagen, welche gemeinhin als Sprachgrenze angesehen wurde. Aus diesen Informationen wurde wiederum der Schluß gezogen, daß fast das gesamte sogenannte Welschtirol in Wirklichkeit ein rein deutsches Gebiet

---

[28] Vgl. *G. Weidenfeller*, Der Verein für das Deutschtum im Ausland, Bern / Frankfurt a.M. 1976, S. 165 ff.

[29] In der ersten öffentlichen Verlautbarung der Berliner Ortsgruppe dieser neuentstandenen Organisation wurde betont, es seien jetzt „... vor allem ... die Deutschen in Ungarn und Siebenbürgen, welche unserer Hilfe bedürfen". Der gesamte Text ist abgedruckt in: *E. Berta / K. Bell*, Geschichte der Schutzarbeit am deutschen Volkstum, Dresden 1930, S. 134.

[30] Vgl. *G. Weidenfeller*, Der Verein für das Deutschtum, S. 173.

[31] Vgl. *E. Meyer*, Deutsche Volkstumsarbeit im 19. Jahrhundert in ihren besonderen Beziehungen zu Frankfurt am Main, Frankfurt a.M. 1930, S. 69.

sei, welches erst in jüngster Zeit durch die Einwirkungen des italienischen Klerus und einiger Signori auf die ursprünglich im Deutschtum verwurzelte Bevölkerung italianisiert worden wäre[32]. Die Aufgabe, die sich für den ADSV aus einer derartigen Einschätzung ergab, wurde bald darin gesehen, die Bewohner der südlichen Täler Tirols wieder zur nationalen Zugehörigkeit zum deutschen Volk zurückzuführen. Dabei beschränkte sich der Verein nicht einfach auf verbale Verlautbarungen, sondern ging daran, konkrete Pläne für eine Art Wiedereroberung ins Werk zu setzen. Das Beispiel, welches damals das größte Aufsehen erregte, mag hier stellvertretend für viele angeführt werden. Nach einer „wissenschaftlichen" Betrachtung der Landkarte des südlichen Tirol hatten die Männer des ADSV die Überzeugung gewonnen, daß die deutsche Sprachinsel Lusern dauerhaft nur dann geschützt werden konnte, wenn es gelang, die sprachliche Gemeinsamkeit mit den umliegenden Dörfern wieder herzustellen. Seit 1881 konzentrierten sie also ihr Engagement auf die Orte Folgaria und San Sebastiano, die beide etwas nördlich von Lusern liegen und in denen in der Vergangenheit die deutsche Kultur durchaus eine wichtige Rolle gespielt hatte. Inzwischen waren dort von der deutschen Sprache zwar keine Spuren mehr vorzufinden, aber dafür entdeckten die Besucher aus dem Reich in der Physiognomie der Bevölkerung dieser Orte germanische Gesichtszüge ‚gotischer' Ausprägung. Die Hochebene, auf der sich Folgaria und San Sebastiano befinden, liegt südlich der Valsugana, welche dieses Gebiet etwa in der Höhe von Caldonazzo vom Fersental (Valle del Fersina) trennt. Vom Fersental wiederum, von dessen sprachlicher Zusammensetzung schon die Rede war, gelangt man, wenn man weiter in Richtung Norden fortfährt, über die unbewohnte und waldige Valle del Cadino direkt ins Fleimstal, an dessen nördlichem Abhang Altrei liegt; noch ein Stück weiter nördlich beginnt dann das deutschsprachige Tirol. Wenn man die notwendigen Maßnahmen ergriff, ließ es sich also bewerkstelligen, einen schmalen Landstrich deutscher Sprache mitten durch das Trentino zu ziehen[33], einen schmalen, aber strategisch bedeutsamen Landstrich, durch den es nicht nur möglich geworden wäre, ein zusammenhängendes deutsches Gebiet bis an die Staatsgrenze zu Italien bei Lusern herzustellen, sondern andererseits zugleich das italienischsprachige Gebiet des Trentino zu durchtrennen.

Auch die wiederholten Forderungen nach einer Verwaltungsautonomie für die italienischen Bezirke Tirols, die damals von den Politikern des Trentino erhoben wurden, konnten mit derartigen Unternehmungen des ADSV entkräftet werden. Mit einer Konsequenz, die sonst fast nirgendwo im Habsburgerreich ihresgleichen findet, begründeten die Trentiner nämlich ihre Forderungen nicht etwa mit mehr oder weniger gut dokumentierbaren historisch begründeten Besitzansprüchen, sondern ausschließlich unter Berufung auf das nationale Prinzip. Der Nachweis der Existenz deutscher Sprachinseln in diesem Gebiet, die zudem kräftig genug waren, um sich noch auszudehnen, konnte als ein

---

[32] Vgl. hierzu u.a.: *H. Leck*, Deutsche Sprachinsel in Welschtirol, Stuttgart 1884 und *L. Neumann*, Die deutsche Sprachgrenze in den Alpen, Heidelberg 1885.

[33] Vgl. „Correspondenzblatt des Allgemeinen Deutschen Schulvereins", April 1882, Nr. 3, S. 15.

triftiges Argument genutzt werden, um diesen Forderungen den Boden zu entziehen und sich dem Verzicht auf ein Territorium, von dem man behauptete, dieses könne wieder vollständig in den deutschen Sprach- und Kulturraum integriert werden, zu widersetzen.

Die Veränderungen, die die Männer des ADSV durch den Einsatz der Spendengelder aus dem Reich in der nationalen Struktur des Trentino erzielen konnten, und die Ergebnisse, die sie tatsächlich erreichten, sollten jedenfalls nicht überbewertet werden[34]. Denn in der Tat waren einige sehr wichtige Bedingungen, die die Verwirklichung von weitreichenden Plänen ermöglicht hätten, nicht gegeben. Hierzu zählt insbesondere das Desinteresse und zum Teil sogar der Widerwille, den die Tiroler Landesregierung, und noch mehr die Regierungen in Berlin und Wien zumindest bis zur Jahrhundertwende den von einigen Ortsgruppen des ADSV betriebenen Aktivitäten zur Rückgermanisierung des Trentino entgegenbrachten. Ohne die Unterstützung durch staatliche Organe und, mehr noch, unter der Notwendigkeit, sich bis zu einem gewissen Maße sogar der Überwachung durch diese entziehen zu müssen, mußte die Arbeit des ADSV im Grunde in ersten Ansätzen stecken bleiben und hatte letztlich nie eine Aussicht auf dauerhaften Erfolg.

Um auf die Anstrengungen des ADSV, von denen oben die Rede war, zurückzukommen, muß allerdings betont werden, daß trotz allem in Folgaria ein Kindergarten und in San Sebastiano tatsächlich eine deutsche Schule errichtet wurden, daß in der Tat viele Grundstücke am Caldonazzosee erworben und in der Val Cadino zahlreiche Berghütten erbaut wurden. Und als es 1899 in Innsbruck zu Verhandlungen zwischen Politikern aus Deutschtirol und Welschtirol kam, während derer es für kurze Zeit möglich schien, ein Minimum an Verwaltungsautonomie für das Trentino zu erreichen, wurden die Auswirkungen der Propagandaaktivitäten des ADSV deutlich spürbar. Die Dorfältesten der deutschsprachigen Orte im Fersental wurden aufgefordert, in der deutschen Presse gegen dieses Projekt zu protestieren, welches ihrer Meinung nach den Erhalt des deutschen Charakters ihres Tales bedrohte[35].

---

[34] Allerdings konnte schon Mitte der achtziger Jahre der Sekretär des ADSV mit Recht behaupten, daß „die Erfolge des Deutschtums" in Welschtirol – es handelte sich insbesondere um die Errichtung neuer Schulgebäude in den deutschsprachigen Dörfern im Fersental – „wesentlich" auf dessen eigene Anstrengungen zurückzuführen waren; vgl. *K. Vormeng*, Geschichte des ADSV zur Erhaltung des Deutschtums im Ausland, Berlin 1900, S. 34.

[35] Der Text der Protesterklärung ist abgedruckt bei *W. Rohmeder*, Das Fersenthal in Südtirol, Freiburg i.Br. 1901, S. 31 f. Unter anderem wurde darin ausgeführt,: „... Durch etwaige politische Änderungen, welche durch solche Kundgebungen [gemeint sind Kundgebungen der Tiroler Parteien, die den Willen zum Ausdruck brachten, zu einem Ausgleich zwischen den beiden Volksgruppen zu gelangen] angestrebt zu werden scheinen, würden wir von unserem Volke getrennt und in den neuen Umgestaltungen der Verhältnisse im Nachteil sein". Es ist wohl kaum anzunehmen, daß die Initiative zur Versendung von Kopien dieses Protestschreibens an die Zeitungen in Österreich und im Deutschen Reich von den Einwohnern des Fersentals selbst geplant und ergriffen worden wäre, über deren Grad an Bürgersinn, ganz zu schweigen von einem politischen

Ganz unabhängig davon, wie groß der tatsächliche Erfolg derartiger Anstrengungen war, konnte es nicht ausbleiben, daß diese unter der italienischen Bevölkerung Tirols Besorgnis hervorriefen. Dies gestand selbst der Statthalter Tirols, Widman, in einem vertraulichen Bericht an Taaffe vom Januar 1886 ein. Widman lobte darin die Vorgehensweisen des DSV, denn schließlich hatte der Staat am Erhalt der deutschen Sprache in Tirol ein grundlegendes Interesse. Insbesondere lobte Widman den Wiener Verein dafür, daß dieser „es in taktvoller Weise vermieden hat, etwa in geschlossenen italienischen Gemeinden für deutschen Unterricht Propaganda zu machen". Ganz anders jedoch bewertete er das Vorgehen der Schulvereine aus dem Deutschen Reich, welche im südlichen Tirol „überall Deutschstämmige" ausfindig machten und versuchten, mit dem italienischen Teil der Bevölkerung in Kontakt zu treten, um diesen für die deutsche Schule zu gewinnen. Dies habe zur Folge, daß sie damit – „nicht ganz mit Unrecht", wie der Statthalter vermerkte – die Gegnerschaft nationalbewußter Italiener auf sich zögen[36].

In der Tat war es die Agitation der Abgesandten der Schulvereine aus dem Reich, welche entsprechende Gegenreaktionen in Form von journalistischen Kampagnen in Trient und Rovereto nach sich zog. Unter einer vielleicht etwas übertriebenen Beschwörung der Gefahren, denen die italienische Sprache im Trentino ausgesetzt sei, wurde von italienischer Seite dazu aufgefordert, den Aktivitäten der Deutschen durch die Gründung eines italienischen Nationalvereins entgegenzutreten, mit dem man sich gegen die deutschen Schulvereine zur Wehr setzen konnte. So kam es 1886 zur Gründung des Vereins „Pro Patria", dessen Statuten erklärtermaßen eine einfache Übersetzung derjenigen des DSV darstellten, und buchstäblich die gleichen Ziele festschrieben. Da nun aber die „Pro Patria" vor allem mit den Männern des ADSV zu kämpfen hatte, wurden auch in ihrer Propaganda bald die gleichen unnachgiebigen Töne angeschlagen[37]. Damit wurde auf die Dauer eine stetige Verschlechterung der Beziehungen zwischen den beiden Volksgruppen Tirols unvermeidbar.

Zweifellos gab es tiefgreifende Unterschiede zwischen dem Konzept von „nationalem Schutz", von dem die Vereine aus dem Deutschen Reich ausgingen, und demjenigen, welches dem Bruderverein in Wien vorschwebte. Dies war übrigens auch den Vereinsleitern selbst bewußt, die mehrfach versuchten, die jeweiligen Ziele besser miteinander zu koordinieren, was ihnen jedoch nie in zufriedenstellender Weise gelang. Bisweilen wurden die Meinungsverschiedenheiten recht deutlich sichtbar und schlugen sich in öffentlichen Debatten nieder. So hielt es beispielsweise der Verantwortliche des DSV für die Alpenländer, Otto Steinwender, anläßlich der dritten Jahresversammlung des Vereins 1884 in Graz

---

Bewußtsein, sich selbst die Veröffentlichungen der Schutzvereine mit einem Pessimismus äußerten, der fast schon an Verzweiflung grenzte.

[36] Vgl. TLA: Brief Widmanns an Taaffe vom 31. Januar 1886, Nr. 8630, Statt. Präs. 12/1442.

[37] Vgl. *[A. Sartorelli]*, Cenni intorno all'origine e costituzione della Pro Patria, Rovereto 1887, S. 21-39.

für notwendig, vor den Delegierten der verschiedenen Ortsgruppen und gegenüber der Presse zu erklären:

„Zwischen den getrennten Enclaven und dem Hauptstamme zu germanisieren und so eine Verbindung herzustellen, liegt weder in unserer Absicht noch im Bereich der Möglichkeit. Dies auszusprechen fühlen wir um so mehr veranlaßt, je weitgehender die Forderungen sind, die in dieser Beziehung von manchen unserer Freunde an uns gestellt werden. Wir wollen lediglich erhalten, was unser eigen ist“[38].

Selbst der Obmann des DSV, Weitlof, griff, als er 1884 zu einer Versammlung der regionalen Verbände des ADSV nach Berlin eingeladen worden war, in die Diskussion ein und betonte, es sei notwendig, den Anstrengungen zum „nationalen Schutz“, die die verschiedenen Gruppen aus dem Reich unternahmen, eine andere Ausrichtung und einen anderen Charakter zu geben. Im einzelnen legte Weitlof dar, daß aus dem Reich allzu viele Gelder nach Welschtirol überwiesen würden und man gemessen daran die böhmischen Länder vernachlässige, in denen aber der nationale Kampf eine viel größere Bedeutung habe. Denn, so urteilte Weitlof, dort und nicht in Tirol, entscheide sich letztlich das Schicksal der Deutschen Österreichs[39]. Der ADSV beging also nach Meinung des Wiener Gastes geradezu einen strategischen Fehler.

Die Wiener hatten natürlich nicht die geringste Möglichkeit, auf die Geldzuwendungen für Tirol Einfluß zu nehmen, die aus dem Reich kamen. Wie nicht anders zu erwarten war, führten auch die Ausführungen Weitlofs nicht zu den gewünschten Ergebnissen: noch etliche Jahre später, 1892, überwies der ADSV nach Tirol mehr als die Hälfte dessen, was er für nationale Zwecke in die drei Länder der Böhmischen Krone überwies, in Zahlen ausgedrückt: 11.024 gegenüber 21.090 Mark[40].

Die Höhe der finanziellen Unterstützung für Tirol war also sowohl in absoluten Zahlen, als auch im Verhältnis zu den Gesamtausgaben des ADSV beträchtlich. Und doch wurde es auf lange Sicht offensichtlich, daß zur Erreichung der ehrgeizigen Ziele „nationalen Schutzes“, die sich die verschiedenen deutschen Gruppen des Vereins gestellt hatten, vor allem eine erweiterte propagandistische Aktivität notwendig wäre, die bei den Empfängern der Unterstützungen das Bewußtsein für die nationalen Motivationen schärfte, die den Anstrengungen des ADSV zugrunde lagen. Außerdem war es unabdingbar, eine engere und regere Beziehung zwischen dem Verein und jenen Personen in den betreffenden Ortschaften Tirols herzustellen, die, aus welchen Gründen auch immer, zu einer Zusammenarbeit mit dem ADSV bereit waren. Mit anderen Worten, die Bevölkerung selbst mußte in die Initiativen direkt miteinbezogen werden.

Eine solche Aufgabe konnte jedoch aus zwei Gründen nicht vom Ausland aus bewältigt werden, wie man dies in den ersten Jahren versucht hatte. Erstens

---

[38] MDSV, Juni 1884, S. 14.

[39] Die Ausführungen Weitlofs sind wiedergegeben in: Mittheilungen des Allgemeinen Deutschen Schulvereins, Nr. 2, März 1884, S. 8-9.

[40] Vgl. *K. Vormeng*, Geschichte des ADSV, S. 37.

mußte es vermieden werden, die Aufmerksamkeit der österreichischen Behörden auf sich zu ziehen, und zweitens bestand die Gefahr, daß man gegenüber den Tirolern selbst nicht glaubwürdig erschien, deren Mißtrauen gegenüber Auswärtigen wohlbekannt war. Es waren insbesondere zwei Mitarbeiter der Münchner Ortsstelle des ADSV, Wilhelm Rohmeder und Ernst Mayr, die sich mit großem Eifer für die Gründung eines „nationalen Schutzvereins" in Deutschtirol selbst einsetzten. Beide galten in Deutschland als die besten Kenner der nationalen Probleme Tirols, unter anderem weil sie einige kurze Schriften zu diesem Thema verfaßt hatten. Anfangs hatten sie jedoch mit ihrem Plan kaum Erfolg. Nicht wenige Gruppen im Reich zogen es vor, weiterhin direkt vor Ort einzuwirken, damit sie, wenn sie Erfolge verbuchten, sich den Verdienst dafür selbst zuschreiben konnten und sich dadurch in ein positives Licht gegenüber den eigenen Mitgliedern sowie der Stadt, in der sie ihren Sitz hatten, rücken konnten. Außerdem waren die Tiroler selbst alles andere als überzeugt davon, daß eine nationale Mobilisierung, wie sie Rohmeder vorschwebte, notwendig wäre. Bis zur Jahrhundertwende waren sie vielmehr leidenschaftlich mit der konfessionellen Frage und der Frage der Autonomie des Kronlandes beschäftigt, die sie eher in Konfrontation mit Wien als mit Trient brachte.

Doch die deutliche Verschlechterung des politischen Klimas in Tirol seit Ende 1902 spielte den Intentionen Rohmeders in die Hände. Das vollständige Scheitern der anfangs vielversprechenden Versuche eines nationalen Ausgleichs, die nicht erfolgte Lösung der Frage einer italienischen Fakultät an der Universität Innsbruck und die darauf folgenden schweren Ausschreitungen zwischen italienischen und deutschen Studenten schufen ein für die Extremisten auf beiden Seiten günstiges Klima[41]. So kam es nach einer erneuten Sondierung Rohmeders unter den wichtigsten politischen und gesellschaftlichen Persönlichkeiten des Landes am 7. Mai 1905 in Sterzing zu einer Art Gründungsversammlung, auf der dann die Schaffung eines „Tiroler Volksbundes" (TVB) beschlossen wurde.

An dieser Versammlung nahmen einige der bekanntesten politischen Führer Deutsch-Tirols teil, so die Liberalen Erler und Perathoner, der Nationalist Wenin, der Christlich-Soziale Schöpfer, der Konservative Wackernell. Letzterer wurde schließlich zum ersten Vorsitzenden des Tiroler Volksbundes gewählt, nachdem Rohmeder selbst sich geweigert hatte, dieses Amt offiziell anzunehmen[42]. Am Tiroler Volksbund beteiligten sich erstmals auch klerikale Kräfte, die bisher immer ganz andere politische Prioritäten verfolgt und auf Bewegungen des „nationalen Schutzes" mit Mißtrauen geblickt hatten. Sieben Priester saßen in der Kommission, die die Statuten des Vereins ausarbeitete.

Trotz der starken Beteiligung von Persönlichkeiten aus Tirol beschloß die Versammlung von Sterzing, die Gründung des TVB in einem Gründungsaufruf zu verkünden, der ohne große Abweichungen die programmatischen Vorstel-

---

[41] Vgl. *J. Fontana*, Vom Neubau bis zum Untergang der Habsburgermonarchie, Bozen / Innsbruck / Wien 1987, S. 259-262 (3. Band der Geschichte des Landes Tirol).

[42] Vgl. Bericht über die Entstehung des Tiroler Volksbunds, in: Kalender des Tiroler Volksbundes für das Jahr 1908, Innsbruck 1907.

lungen der Gäste aus Deutschland wiedergab. Übrigens erkannte sogar der Bericht des TVB selbst ehrlich an, daß Rohmeder der wahre „Vater der Idee und der unermüdliche Vorkämpfer für ihre Verwirklichung" gewesen war, wenn auch hier gleichzeitig Wert auf die Feststellung gelegt wurde, daß der TVB die erste rein tirolische nationale Vereinigung deutscher Sprache war.

In dem erwähnten Grüdungsaufruf forderte der TVB alle Bewohner Tirols, „die sich nicht selbst außerhalb der Tiroler Volksgemeinschaft stellen", zur Mitarbeit auf. Das Paradoxon, welches in dem Postulat von einer „nationalen Gemeinschaft Tirols" steckte, wurde ganz einfach mit der apodiktischen Behauptung überwunden, daß auch „jene Tausende, welche im Ungange italienisch sprechen, nur zum kleinsten Teile Italiener im Rassensinne, d.h. Angehörige des italienischen Volkes in geschichtlicher und volkskundlicher Beziehung [seien]. Die weitaus größte Zahl derselben ist deutscher oder rätischer Abstammung"[43]. Ausgehend von dieser Prämisse und im Einklang mit den Grundvorstellungen von „nationalem Schutz", wie sie im Deutschen Reich konzipiert wurden, sah der TVB seine Hauptaufgabe nicht einfach in der Erhaltung des deutschen ‚Besitzstandes', sondern vielmehr in der nationalen ‚Wiedereindeutschung' Welschtirols.

Gemäß den inzwischen bewährten Vorbildern anderer Vereine gleicher Ausrichtung maß auch der TVB der Schule eine große Bedeutung bei den Bemühungen um „nationalen Schutz" bei und sah in seiner Arbeit daher ein entsprechendes finanzielles Engagement in diesem Bereich vor. Daneben wollte er sich jedoch auch in anderen Bereichen engagieren. Hier sind vor allem folgende Tätigkeiten zu nennen: die Arbeitsvermittlung, in der Absicht, überall dort, wo Arbeitskräfte gebraucht wurden, Deutsche zu vermitteln, mit dem Ziel, der Einwanderung von Italienern aus dem Trentino einen Riegel vorzuschieben; die Vergabe von Krediten, insbesondere für den Kauf von Grund und Boden, die darauf ausgerichtet war zu verhindern, daß Landstücke in Tirol in die Hände italienischer Käufer fielen; und schließlich die Förderung des Tourismus mit dem Ziel, auch über diesen Weg die persönlichen Beziehungen und Interessenverbindungen mit den übrigen deutschen Gebieten zu festigen. Die Geldsummen, die der TVB in diese Aktivitäten investierte, waren alles andere als unbedeutend. Am meisten konnte er jedoch durch seine intensive Propaganda erreichen. Durch die gelegentliche Veröffentlichung von Broschüren, die Herausgabe eines schön aufgemachten Volkskalenders, und vor allem durch die Schaffung eines engen Netzes lokaler Sektionen gelang es dem TVB, ein recht hohes Maß an Mobilisierung unter der Bevölkerung zu erreichen. So zählte der Verein drei Jahre nach seiner Gründung 16.000 Mitglieder und 171 lokale Sektionen[44]. Gewiß waren nicht alle Mitglieder auch aktive Mitstreiter und nicht alle Sektionen regelrechte Zentren nationalistischer Agitation. Aber daß der TVB so stark werden konnte, deutet nicht nur darauf hin, daß das politische Klima in Tirol rauher geworden war, sondern läßt auch die Wirksamkeit einer geschickt auf die Stimmungen und Mentalitäten der Empfänger zugeschnittenen Propaganda

43 Ebd.

44 Vgl. Jahresbericht des Tiroler Volksbunds für das Jahr 1908.

erkennen. Im Rahmen eines kurzen Beitrages ist es natürlich nicht möglich, diesen Aspekt ausführlicher zu behandeln. Es sei hier nur darauf hingewiesen, daß der TVB im Gegensatz zu anderen nationalen Vereinigungen sehr stark auf die Hervorhebung lokaler Besonderheiten einschließlich der sprachlichen Eigenheiten ausgerichtet war. Einerseits betonte er eher das „Tirolertum" als das „Deutschtum" und begegnete andererseits dem Klerus mit Respekt und Ergebenheit.

Von den 171 lokalen Sektionen, die der Verein 1908 zählte, befanden sich 31 in Bezirken des Trentino, und diese wiederum fast alle in vollkommen italienischen Dörfern. Daß es einem deutschen radikal-national ausgerichteten Verein gelingen konnte, Zuspruch und Mitglieder in italienischen Dörfern zu finden, war eine so einzigartige Begebenheit, daß sie geradezu Bestürzung hervorrufen mußte. Man brauchte kein Gegner des TVB zu sein, um den Verdacht zu hegen, daß in den meisten dieser Fälle den italienischen Mitgliedern Versprechungen materieller Art gemacht worden waren.

Eigentlich sprachen auch viele gute Gründe für das Erlernen der deutschen Sprache im Trentino: die Vorteile, die die Kenntnis des Deutschen im Arbeitsleben vor Ort und noch vielmehr im Falle von saisonbedingter Arbeit im Norden einbrachte, lagen auf der Hand. Für die Dorfgemeinden in abgelegeneren Tälern des Trentino, die damals fast alle sehr arm waren, war es zudem eine große Erleichterung, wenn sich ein privater Verein bereit erklärte, auch nur einen Teil der Kosten zu tragen, die die Unterhaltung einer Schule und eines Lehrers verursachte. Die österreichischen Schulgesetze sahen nämlich vor, daß diese Kosten von den Gemeinden selbst zu tragen waren. Genau hier kam es auch zu den heftigsten Zusammenstößen zwischen dem TVB und dem italienischen Schulverein, welcher seinerseits im Rahmen seiner Möglichkeiten versuchte, den betreffenden Dörfern noch vorteilhaftere Angebote zu machen.

Oft sicherten die Männer des TVB trentinischen Dorfbewohnern zusätzlich auch noch kleine direkte Unterstützungen zu, wie beispielsweise kostenlose Schulkleidung für die Kinder, die Deutschkurse besuchten oder in deutsche Schulklassen gingen, Weihnachtsgeschenke an die Familien und bescheidene Geldzahlungen an die Eltern. Mag auch in sich jede einzelne dieser Zuwendungen nicht verwerflich gewesen sein, so waren doch die Italiener geneigt, diese Aktivitäten zumindest unter moralischen Gesichtspunkten als zweifelhaft anzusehen.

Und nicht nur von dieser Seite wurde Kritik am Vorgehen des TVB geübt.

Im Januar 1908 wurde in Wien auf Initiative des DSV der erste (und zugleich letzte) allgemeine Kongreß der deutschen „nationalen Schutzvereine" Österreichs abgehalten. Auf dieser Versammlung, bei der 21 Organisationen vertreten waren, sollte eine Bilanz der bisher geleisteten Arbeit in den verschiedenen Ländern Cisleithaniens, von Tirol bis zur Bukowina, gezogen und vor allem der Versuch gemacht werden, die weiteren Unternehmungen effizienter miteinander zu koordinieren.

Bei dieser Gelegenheit sahen sich die Vertreter des Tiroler Volksbundes der offenen Mißbilligung von seiten des DSV gegenüber, der die grundsätzliche ideologische Ausrichtung des Tiroler Vereins kritisierte. Da der Kongreß öffentlich zugänglich war, konnte die Debatte zudem auch außerhalb der Bewegung mitverfolgt werden. Unverhohlen hob der Sekretär des DSV, Novotny, in seiner Rede hervor, daß „dort der Tiroler Volksbund nicht eigentlich das leistet, was ein Schutzverein zunächst will, den Schutz des Volkstums, sondern er geht zur Aggression über", was im übrigen die Vertreter des TVB selbst durchaus zugäben. „Das sind Gesichtspunkte, die der eigentlichen Schutzarbeit, die wir sonst in Österreich leisten, fremd sind"[45]. Diese deutliche Betonung der Andersartigkeit „nationaler Schutzarbeit" in Österreich war offenkundig als Kritik gegen diejenigen gedacht, die der Funktionär des DSV als die eigentlichen Adressaten in dieser konkreten Frage ansah, also die nationalistischen Vereinigungen im Deutschen Reich und nicht so sehr die Untertanen der Habsburgermonarchie, die im Tiroler Volksbund organisiert waren.

Die Gegensätze, die auf dem Kongreß von 1908 zwischen den beiden „Geschwisterorganisationen" zutage traten, waren auf jeden Fall aber auch durch Rivalitäten in der Frage der praktischen Arbeitsabwicklung bedingt. Während der ersten Zeit seines Bestehens, als die Führungsposition Rohmeders im Tiroler Volksbund noch fast völlig unbestritten war, zielte der TVB ausdrücklich darauf ab, die einzige Vereinigung zu werden, die für die Schutzarbeit im Kronland Tirol zuständig wäre. Konkret hätte dies bedeutet, daß jegliche Initiative zum „nationalen Schutz" in Tirol ausschließlich von Männern des TVB ausgeführt worden wäre, auch in den Fällen, in denen man Gelder einsetzte, die anderswo und von anderen Vereinen gesammelt worden waren. Verschiedentlich versuchte Rohmeder in Gesprächen mit Vertretern des DSV und der *Südmark* (über die weiter unten noch kurz zu sprechen sein wird), dieses Prinzip durchzusetzen. Obwohl es nie zur erhofften formellen Abmachung kam, machte der TVB deutlich, daß ihm aus seiner Sicht ohnehin das Monopol für die „Schutzarbeit" in „seinem" Land zustehe. Nicht ohne Grund beklagte sich auf dem Kongreß von 1908 ein Vertreter des DSV in seiner Rede darüber, daß selbst die Arbeit von Erkundungsreisenden des DSV in Tirol durch Störaktionen und Belästigungen behindert worden sei. Und diese seien, wie sich herausgestellt hätte, nicht etwa von ruchlosen Italienern sondern von Anhängern des Tiroler Volksbundes selbst durchgeführt worden[46].

Die radikalen Positionen, die der TVB sowohl gegenüber anderen deutschösterreichischen „nationalen Schutzvereinen" als auch gegenüber den Italienern im Trentino einnahm, wurden in gewissem Maße dadurch eingeebnet, daß es zunehmend auch einheimischen Elementen gelang, einen größeren Einfluß auf die Entscheidungsfindung im Tiroler Volksbund auszuüben. Obwohl eindeutige Belege fehlen, weisen doch verschiedene Indizien darauf hin, daß hier Vertreter

---

[45] Verhandlungen über den 1. deutschen Schutzvereinstag in Wien am 3., 4., 5. und 6. Jänner 1908 abgehalten, Wien 1908, S. 75.

[46] Vgl. ebd., S. 63.

des DSV mit einer stetigen diskreten Überzeugungsarbeit eingewirkt haben. Möglicherweise haben diese dem TVB gar angedroht, jegliche Unterstützung aus Wien zu streichen, falls dieser auf den Ausschließlichkeitsforderungen Rohmeders beharren würde. Schon seit 1909 erklärte der Tiroler Volksbund nun, daß er zwar prinzipiell an der Forderung nach „Wiedereindeutschung" der italienischen Teile Tirols festhalte, jedoch zunächst einmal sein vorrangiges Ziel darin sehe, die Sprachgrenze bei Salurn zu verteidigen. Auf der einen Seite sollte der weitere Zuzug von Arbeitern aus dem Trentino und dem italienischen Königreich behindert werden und andererseits wollte man sich darum bemühen, möglichst schnell entsprechende Rahmenbedingungen zu schaffen, die es ermöglichten, daß die in der gemischtsprachigen Gegend im Bozner Unterland lebenden Italiener assimiliert würden.

Zu diesem Zweck erhielt die Sektion Bozen nach einigen Spannungen mit der zentralen Leitung grünes Licht zur Errichtung eines „Gau Unterland". In diesem sollten alle hier ansässigen lokalen Sektionen zusammengefaßt und der Leitung der Bozner Ortsstelle unterstellt werden, der zugleich die Verwaltung eines erheblichen Teils der jährlichen Einnahmen des TVB direkt anvertraut wurde. Durch eine solche dezentralisierte Organisationsstruktur sollten die bestmöglichen Voraussetzungen dafür geschaffen werden, die Anstrengungen zum Erhalt des deutschen Charakters jenes gemischtsprachigen Bezirks zu verstärken.

Im Bozner Unterland gelang es zu verhindern, daß auch nur eine einzige Schule oder ein einziger Kindergarten italienischer Sprache eröffnet würde, obwohl die Zahl der hier lebenden Italiener erheblich über dem vom österreichischen Schulgesetz vorgeschriebenen Minimum lag. Dazu trugen auch die Tiroler Schulbehörden bei, die inzwischen keineswegs mehr die Neutralität an den Tag legten, an der sie anfangs festgehalten hatten. Ebenfalls wachte der TVB mit größter Aufmerksamkeit darüber, daß im Unterland keine Verkäufe von Immobilien bzw. von Grund und Boden an italienische Personen oder Gesellschaften getätigt würden. Für Eigentümer von landwirtschaftlichen oder auch anderen Betrieben, die aufgrund wirtschaftlicher Schwierigkeiten einen Verkauf erwogen, versuchte der TVB deutsche Käufer zu finden und, wenn es sich nicht umgehen ließ, bürgte er sogar für die Aufnahme von Bankkrediten.

Zwar war es für die Ziele des TVB im Bozner Unterland vor allem notwendig, eine möglichst effiziente Propaganda zu betreiben, persönliche Beziehungen in der zweckmäßigsten Weise zu nutzen und aufmerksam Informationen zu sammeln, doch ebenso mußten für diese Arbeit auch erhebliche Geldsummen aufgebracht werden. Es kann also nicht verwundern, daß die Bozner Sektion jeglicher Überweisung auch nur von Bruchteilen der in Deutschtirol gesammelten Spendengeldern an die deutschen Sprachinseln in den Bezirken des Trentino zunehmend ablehnend gegenüberstand.

Selbst offiziell eingebrachte Vorschläge Rohmeders für weitere Investitionen im Fersental wurden daher von den Tiroler Repräsentanten in der Leitung des Vereins mit der Begründung abgelehnt, man sei „davon überzeugt, daß es unmöglich ist, dieses Vorhaben [der ‚Wiedereindeutschung' dieser Gebiete] zu realisieren"[47].

Doch die strategische Ausrichtung des Vereins veränderte sich nur zum Teil. Die Tätigkeit Rohmeders und seiner Mitarbeiter aus dem Deutschen Reich wurde nie vollständig eingestellt. Sie setzten sich nicht nur weiterhin für die Gründung und den Erhalt von Sektionen des TVB in Gegenden südlich der Sprachgrenze ein, sondern versuchten ebenfalls in Wiederanlehnung an die Projekte aus den achtziger Jahren, von denen oben die Rede war, die Gemeinde Lusern an das deutschsprachige Tirol anzugliedern, wozu insbesondere der Kauf des direkt am Eingang des Fersentals gelegenen Schlosses von Pergine dienen sollte. Hierzu wurden Geldmittel eingesetzt, die direkt im Deutschen Reich gesammelt worden waren. Schon wegen der großen Berühmtheit dieses Bauwerks, dessen Erwerb zudem erkennen ließ, welche materiellen Reserven den Deutschen bei ihren Bemühungen um „nationalen Schutz" zur Verfügung standen, erregte die ganze Angelegenheit ein enormes Aufsehen und leitete äußerst heftige journalistische und politische Kämpfe ein, die bis 1914 nicht mehr verebbten.

Das Thema dieses Beitrages bringt es unvermeidlich mit sich, daß den Ereignissen in Tirol ein breiterer Raum gewidmet werden mußte, als denen im Küstenland, auf welches hier jedoch noch kurz eingegangen werden soll.

Das Interesse „nationaler Schutzvereine" am adriatischen Gebiet und insbesondere an Triest war mehr durch geopolitische und wirtschaftliche als durch nationale Überlegungen motiviert. Verständlicherweise hatte hier der Grad der Mobilisierung von Anhängern ein erheblich bescheideneres Ausmaß. Zudem war die „nationale Schutzarbeit" hier ganz anders ausgerichtet, als in den Gebieten, in denen das „Deutschtum" zahlenmäßig wirklich stark vertreten war. Aus deutsch-nationaler Sicht ging es nur zum Teil darum, die Stellung der wenigen Deutschen in Triest zu schützen. Vielmehr sollte die Position Österreichs, bzw., im Falle einer befürchteten Übernahme der Staatsführung durch die slawischen Volksgruppen, die Machtposition des Deutschen Reiches verteidigt werden.

Dies läßt sich deutlich aus den Veröffentlichungen und den Aktivitäten der Südmark ablesen, eines nationalistischen Vereins, welcher u.a. Triest und das gesamte Küstenland zu seinem Operationsgebiet zählte. Die Südmark, deren ursprüngliches Ziel es gewesen war, der Ausbreitung der Slowenen in den südlichen Gebieten der Steiermark entgegenzutreten, war 1889 in Graz gegründet worden[48]. Kurze Zeit später jedoch beschloß die Leitung des Vereins, die nationalen Einsätze, wie sie in der Steiermark begonnen worden waren, auf die gesamte „slowenische Front", d.h. auf Kärnten, Krain und das Küstenland, auszudehnen.

Die Unternehmungen der Südmark bestanden vor allem in finanziellen Unterstützungen für die Bauern, damit diese die deutsche „Scholle" hüten und

---

[47] Thätigkeitsbericht des Tiroler Volksbunds für das Jahr 1913, in: Kalender des Tiroler Volksbunds für das Jahr 1914, Innsbruck 1913, S. 14.

[48] Vgl. *F. Pock*, Grenzwacht im Südosten. Ein halbes Jahrhundert Südmark, Graz 1940.

bewahren konnten – eine Politik, die am Vorbild ähnlich gestalteter Vorgehensweisen in Böhmen orientiert war, wo sie schon seit über zehn Jahren praktiziert wurde. Neu waren im Spektrum der vielfältigen und verschiedenartigen Formen „nationaler Schutzarbeit" bei der Südmark die Bemühungen darum, die Ansiedlung von zur Emigration entschlossenen Familien aus dem Deutschen Reich entlang der deutsch-slowenischen Sprachgrenze zu fördern, die man mit dem Versprechen der Gewährung vorteilhafter Kredite anzulocken versuchte[49]. Das erklärte Ziel bestand somit weniger in der Konsolidierung der Sprachgrenze durch „endogene" Faktoren, als vielmehr darin, diese durch die Zuführung auswärtiger Kräfte entsprechend den eigenen Vorstellungen zu verändern.

Ebenso wie der DSV war also auch die Südmark in erster Linie antislawisch ausgerichtet und sah in den Italienern der Monarchie keineswegs den Feind, gegen den man zu den Waffen greifen mußte. Daraus folgt, daß die Investitionen der Südmark im Küstenland eher bescheiden blieben; es lassen sich gerade einmal einige wenige Unterstützungen aufzählen, wie z.B. bei der Errichtung einer Grundschule in Laurana in Istrien. In Bezug auf dieses Gebiet beschränkte sich das Engagement der Südmark fast ausschließlich darauf, in Österreich und – durch die Zusendung von Broschüren und die Entsendung von Rednern[50] – auch im Deutschen Reich eine lebhafte und weitverbreitete propagandistische Aktivität zu entfalten, in der es vor allem darum ging aufzuzeigen, wie notwendig es sei, daß die Politiker Österreichs und Deutschlands dafür sorgten, daß das deutsche Volk die Kontrolle über diese unter wirtschaftlichen und Handelsgesichtspunkten strategisch wichtigen Territorien beibehalte. Ein langer Artikel, der im Januar 1900 im offiziellen Presseorgan des Vereins veröffentlicht wurde, legte dar, daß, wenn auch zwischen den drei verschiedenen Volksgruppen in Triest ausgesprochen harte Kämpfe ausgetragen wurden, aus deutscher Sicht „... der Kampf hier in erster Linie ein wirtschaftlicher Kampf ist". Die Solidaritätsspenden, zu denen die Leser zur Unterstützung des Deutschtums in Triest aufgefordert wurden, wurden bezeichnet als eine Hilfe, die „den Brüdern" zugute kommen sollte, „welche an der Adria zum Schutze von Millionen deutschen Volksvermögens kämpfen"[51].

Einige Jahre nach der Gründung der Südmark wurde in einem Beschluß der Generalversammlung des Jahres 1894 entschieden, fortan den Operationsradius des Vereins auch auf Tirol auszudehnen, was eine erhebliche Änderung in ihrer Strategie bedeutete. Diese Entscheidung resultierte durchaus nicht aus einem Überschuß an finanziellen Mitteln, die ganz im Gegenteil gerade einmal ausreichten, um die dringendsten Aufgaben in der Steiermark zu erfüllen, sondern war vielmehr aus Prestigegründen getroffen worden. Seit seinen Anfängen und letztlich bis 1914 war der DSV eine Art Ableger der liberalen Partei Österreichs.

---

[49] Vgl. *H. Wastian*, Ein offenes Schreiben, in: Südmark-Kalender für das Jahr 1905.

[50] Vgl. *E. Staudinger*, Die Südmark, in: *H. Rumpler / A. Suppan* (Hrsg.), Geschichte der Deutschen im Bereich des heutigen Slowenien, 1848-1941, Wien / München 1988, S. 130-154, hier S. 137.

[51] Mitteilungen des Vereines Südmark, IV, Februar 1909, Nr. 6, S. 273.

Nachdem sich jedoch seit etwa Mitte der achtziger Jahre das politische Spektrum der Deutschen Österreichs deutlicher zu differenzieren begann, bemühten sich die Gegner der Liberalen zunehmend darum, diesen das Monopol in der Gunst der Wähler, welches durch die „nationale Schutzarbeit" recht leicht zu erringen war, streitig zu machen. In der Südmark fanden sich so die extremen Flügel der Deutschnationalen, die Anhänger Schönerers und die Christlich-sozialen zusammen. Diese Gruppen zeichneten sich durch eine unbändige Streitsucht[52] aus, weswegen sich das innere Kräfteverhältnis in der Südmark über lange Zeit eher unsicher und wechselhaft darstellte (erst 1909 wurde den internen Querelen in der Südmark ein Ende gesetzt, als die Christlich-sozialen den Verein verließen und eine eigene Vereinigung, die Ostmark[53] gründeten, deren eher unbedeutende Rolle in der Schutzarbeitsbewegung an dieser Stelle jedoch nicht näher behandelt zu werden braucht).

Es kann folglich nicht verwundern, daß die Beziehungen zwischen dem DSV und der Südmark, zumindest bis zum Ausbruch des Krieges, alles andere als herzlich waren. Wenn es auch das eine oder andere Mal zufällig zu gemeinsamen Hilfsaktionen für die Errichung einer Schule oder eines Kindergartens kam, so bestanden doch in grundlegenden Fragen deutliche Meinungsunterschiede zwischen den beiden Vereinigungen: während der DSV treu zum Habsburgerstaat stand und grundlegend der liberalen Weltanschauung anhing, äußerte sich die Südmark in großdeutschen, radikalnationalen und klar antisemitischen Tönen.

Offiziell wurde die Hinwendung der Südmark nach Tirol dadurch begründet, daß der DSV bei der dortigen Bevölkerung auf eine allzu geringe Resonanz gestoßen sei. Zwar konnte der DSV auf die Realisierung einiger Vorhaben in Tirol verweisen, doch eine wirkliche nationale Mobilisierung war ihm hier in der Tat nicht gelungen. Die Leitung der Südmark glaubte nun in der Lage zu sein, diese Lücke auszufüllen und zwar nicht nur, weil sie eine gewisse nationale Radikalität an den Tag legte und eine wirkungsvollere Propaganda betrieb. Noch mehr sah sie ihren Vorteil darin, daß sie nicht von der liberalen Partei abhing und somit auch nicht im Verdacht stand, antiklerikale Positionen zu vertreten. Auf die gegen den DSV und damit gegen die Liberalen gerichteten Polemiken der Klerikalen seit den achtziger Jahren wurde weiter oben schon hingewiesen. Erfolgreich hatten sich die Katholiken, die traditionell in den westlichen Ländern der Habsburgermonarchie über starken Einfluß verfügten, darum bemüht, den Wiener Verein, den sie schlicht und einfach für einen ‚Transmissionsriemen' der gegnerischen Partei hielten, daran zu hindern, in Tirol wirklich Fuß zu fassen. Die Gegensätze waren inzwischen ausgesprochen heftig geworden. So informierte beispielsweise auf der Generalversammlung des DSV in Graz 1884 der Exekutivsekretär des Vereins die Delegierten darüber, daß einige Tiroler Dörfer, deren Namen er allerdings nicht nannte, jegliche Annahme von Geldern des DSV zur Unterstützung ihrer Grundschule abgelehnt hät-

52 Vgl. *F. Pock*, Grenzwacht, S. 10.

53 Vgl. *R. Puringer*, Die deutschen Schulvereine in Österreich, Wien 1913, S. 11.

ten, und dies, obwohl ihre wirtschaftliche Lage ausgesprochen schlecht war. Dazu seien sie von ihrem Pfarrer angestiftet worden[54].

Es wurde jedoch bald klar, daß es auch der Südmark nicht gelingen würde, in ihrer „nationalen Schutzarbeit" in Tirol einen qualitativen Vorsprung gegenüber dem DSV zu erzielen. Dies hing zum Teil damit zusammen, daß der damals immer heftiger ausgetragene Kampf gegen die Slowenen auch weiterhin für den Grazer Verein eindeutige Priorität gegenüber dem Einsatz in Tirol hatte, und noch vielmehr damit, daß in den Augen der Tiroler auch die Südmark als ein schlichtes Importprodukt angesehen wurde.

Im Jahr 1904, also zehn Jahre nachdem die Südmark ihre ersten Aktionen in Tirol begonnen hatte, hatte sie dort gerade einmal 18 Ortsgruppen einrichten können, deren südlichste – das darf hier durchaus hervorgehoben werden – Neumarkt (Egna) war, also deutlich nördlich der deutsch-italienischen Sprachgrenze lag. Insgesamt zählte der Verein in Tirol 1.500 Mitglieder. Diese Zahlen allein sprechen schon für sich. Zudem fühlte sich die offizielle Vereinszeitschrift der Südmark immer wieder veranlaßt darüber zu klagen, wie passiv und inaktiv die Tiroler Ortsgruppen waren, die häufig noch nicht einmal die ohnehin bescheidenen Mitgliedsbeiträge abführten.

Betrachtet man dazu die tatsächlich verwirklichten Projekte, so fällt die Bilanz noch negativer aus. Die eigentliche Spezialität der Südmark außerhalb der Steiermark war die Verteilung von Propagandamaterial und dieser hatte sie sich auch in Tirol gewidmet. Darüber hinaus hatte der Verein dort fast überhaupt keine nennenswerten Beträge ausgegeben und sich mit kleineren Unterstützungen begnügt, beispielsweise für den Kauf von Büchern, für Preise an Grundschullehrer, die sich für die nationale Sache stark gemacht hatten, oder für die Vergabe von Werkzeugen und Saatgut an Tiroler Bauern. Zwar wurden Zuwendungen dieser Art alles in allem regelmäßig vergeben, doch bildeten sie zugleich auch die einzige materielle Unterstützung, die die Südmark hier leisten konnte oder wollte.

Daß die beiden einzigen deutschösterreichischen „nationalen Schutzvereine", die bis 1905 in Tirol tätig waren, nämlich der DSV und die Südmark, einen so geringen Erfolg verbuchen konnten, läßt den hohen Grad an Zuspruch, den dann der in jenem Jahr gegründete TVB erzielen konnte, um so bemerkenswerter erscheinen. Zugleich läßt sich aus den Mißerfolgen von DSV und Südmark auch besser verstehen, warum die Gründer des TVB in ihrer „nationalen Schutzarbeit" von vollkommen neuen Voraussetzungen ausgehen wollten, ohne sich um eine Zusammenarbeit mit jenen Vereinen zu bemühen, die sich bisher hier kaum profiliert hatten und mit denen engere Beziehungen sogar negative Auswirkungen haben konnten[55].

Es ist also nicht angebracht, die größeren deutschösterreichischen „nationalen Schutzvereine" als Unterabteilungen einer einzigen Truppe, die eine ge-

---

[54] Vgl. MDSV, Juni 1887, S. 10.

[55] Vgl. Mitteilungen des Vereines Südmark, September 1906, S. 27.

meinsame Strategie verfolgte, anzusehen, wie dies damals häufig getan wurde. Die Unterschiede zwischen Deutschem Schulverein, Südmark und Tiroler Volksbund sind doch allzu deutlich. Schon aus den verschiedenen Gründungsorten und den verschiedenen Zeitpunkten der Gründung ergaben sich unterschiedliche Grundpositionen sowie Unvereinbarkeiten in der Strategie und den operativen Vorgehensweisen der drei Vereine. Daneben muß auch die Rolle der jeweiligen politischen Gruppierungen beachtet werden, die *de facto* die einzelnen Vereine gegründet hatten und diese anleiteten. Ihre Vorstellungen wirkten sich deutlich auf die jeweilige politische Tendenz der drei Vereine aus, von den klassisch liberalen beim DSV, über die radikal-nationalen bei der Südmark bis zu den in höchstem Maße pangermanistisch ausgerichteten bei den Aktivisten des TVB in den ersten Jahren seines Bestehens. Es waren gerade die Rivalitäten zwischen den verschiedenen „nationalen Schutzvereinen", die einen nicht unerheblichen Teil ihrer Energien absorbierten, so bei ‚Kompetenz'-Streitigkeiten oder bei der parallelen nicht koordiniert durchgeführten Umsetzung einzelner Projekte, die eben dadurch zumindest einen Teil ihrer Wirkung verfehlten. Hinzu kam außerdem noch der ständige Versuch sowohl der einzelnen Vereine, als auch ihrer jeweiligen leitenden Persönlichkeiten, sich selbst in den Vordergrund zu stellen. Nicht wenigen Vereinsmännern gelang es, ihre Popularität an der Spitze einzelner Sektionen oder auch in der zentralen Leitung der „nationalen Schutzvereine" ständig zu vergrößern und dadurch eine glänzende politische Karriere zu machen. Zwar wurde verbal die Notwendigkeit gemeinsamer Stellungnahmen und koordinierter Initiativen immer wieder betont, doch in der Praxis kam es nur gelegentlich dazu. Gewiß, diese Gegensätze innerhalb der nationalen Schutzbewegung konnten in dieser Klarheit von außenstehenden Zeitgenossen nicht erkannt werden. Das gilt insbesondere für die italienische Öffentlichkeit. Doch bleibt festzustellen, daß auch heute noch die historische Forschung in den seltenen Fällen, in denen sie sich überhaupt mit den hier in Betracht kommenden Vereinen beschäftigt hat, dazu neigt, dies in allzu undifferenzierter Weise zu tun.

Eine Gesamtbewertung der konkreten Ergebnisse, die die als pangermanisch verschrienen deutschösterreichischen Vereine im Küstenland und in Tirol erzielen konnten, fällt ausgesprochen schwer. Im Küstenland hatten die Aktivitäten zum „nationalen Schutz" nur geringe Auswirkung und wurden im übrigen vom DSV und der Südmark mit wenig Überzeugung und recht geringem Einsatz betrieben, schon weil hier eine entsprechende Ausgangsbasis, nämlich das Vorhandensein homogener deutschsprachiger Gemeinden, nicht gegeben war.

Was Tirol betrifft, so wird man festhalten können, daß die Tendenz zur Assimilierung der deutschen Sprachinseln südlich von Salurn an die italienische Kultur, die an sich in der Natur der Sache selbst zu liegen schien, durch die „nationale Schutzarbeit" zumindest abgeschwächt werden konnte.

Die Bemühungen des TVB um die „Wiedereindeutschung" des Trentino scheinen dagegen in keiner einzigen italienischen Gemeinde zur Veränderung der Situation geführt zu haben. Als fruchtbarer kann man wohl die Bemühungen um den Erhalt der Sprachgrenze bezeichnen. Die letzten Volkszählungen der Habsburgermonarchie registrierten eine klare Verringerung der Zahl der Italiener im Bozner Unterland. Es bleibt allerdings fraglich, ob diese demographische Entwicklung in einer Gegend, die ganz und gar auf die deutsche Stadt Bozen ausgerichtet war, nicht ebensogut auch ohne die Tätigkeit der „nationalen Schutzvereine" eingetreten wäre.

Weniger problematisch ist vielleicht eine Beurteilung der politischen Ergebnisse der deutschösterreichischen „nationalen Schutzarbeit" in den von Italienern bewohnten Kronländern. Doch auch hier ist eine Differenzierung angebracht. Es ist symptomatisch, daß die damalige national ausgerichtete Publizistik im Trentino in ihren Polemiken ausgesprochen selten auf den Wiener DSV und die Südmark einging, deren Existenz fast gar nicht, und wenn überhaupt, dann nur in sehr allgemeiner Form erwähnt wurde. Das eigentliche Objekt ihrer Angriffe waren vielmehr sowohl einzelne Vereine mit Sitz im Deutschen Reich, als auch der ADSV in seiner Gesamtheit. Als dann der TVB gegründet wurde, sah man diesen als den „schlimmsten von allen" an. Zweifellos bewirkten diese letztgenannten Vereine, indem sie stetig neue Ressentiments und neues Mißtrauen hervorriefen, daß die Aussicht auf ein friedliches Zusammenleben der verschiedenen Nationalitäten in Tirol immer aussichtsloser wurde.

Den Trientiner Nationalisten wurden durch die Gründung des TVB eine hervorragende Gelegenheit geboten, nun ihre eigenen Ideen, die die Bevölkerung bisher kaum zur Kenntnis genommen oder gar abgelehnt hatte, wirksam zu verbreiten. Als exemplarisch für diese sich ausbreitende Stimmung kann vielleicht die Artikelserie angesehen werden, die der Chefredakteur der katholischen Tageszeitung „Il Trentino", Alcide Degasperi, der bekanntlich alles andere als ein Irredentist war, in den Jahren 1905-1907 über den TVB verfaßte. In einem dieser Artikel findet sich die folgende Mahnung an die „Deutschen guten Willens" im Kronland Tirol:

> „ … Selbst wenn wir uns die größtmögliche Mühe geben, können wir einfach nicht nachvollziehen, wie eine derartige Verschärfung der Auseinandersetzungen der Einheit des Landes [Tirols] und damit der staatlichen Einheit des Vielvölkerstaats Österreich dienlich sein kann … Doch seien Sie gewiß, daß, solange die Aktivitäten des Volksbundes ungestört fortgesetzt werden, … keine politische Kraft … in der Lage sein wird, die sich verstärkenden und verhärtenden Reaktionen auf unserer Seite zu bremsen"[56].

[56] „Il Trentino", 30. Oktober 1906. Der Text ist nachgedruckt in: *A. De Gasperi*, I cattolici trentini sotto l'Austria, hrsg. von G. De Rosa, Roma 1964, I, S. 197.

Kriegerdenkmäler einer Grenzregion – Die Schlachtfelder um Metz und Weißenburg/Wörth 1870/71-1918

Von Annette Maas

Denkmal und Erinnerung

Denkmäler sind bewußt auf Dauer gesetzte Zeichen, die nachhaltig auf den Betrachter wirken sollen. Ihre vom Denkmalstifter auf ‚Ewigkeit' ausgerichtete Botschaft in Stein und Bronze ist jedoch vergänglich. Als Zeugen längst vergangener Zeit wird uns heute ihr symbolisches Repertoire und die damit verbundene Aussage fremder und unverständlicher. Denkmäler geraten in Vergessenheit und werden kaum noch bewußt wahrgenommen, im günstigsten Falle bleibt ihnen die Funktion eines räumlicher Bezugspunktes. Robert Musil umschreibt dieses Phänomen wie folgt: „... das Auffallenste an Denkmälern ist nämlich, das man sie nicht bemerkt. Es gibt nichts auf der Welt, was so unsichtbar wäre wie Denkmäler"[1]. Dies trifft heute zum überwiegenden Teil auf die traditionellen Denkmäler zu, wohingegen moderne Anti-Denkmäler und offene Sinnzeichen gezielt provozieren und individuelle Denkanstöße geben sollen[2].

Das Interesse an Denkmälern, dem banalen Kunstobjekt, wie es Michel Vovelle kennzeichnet[3], als Untersuchungsgegenstand mentalitätsgeschichtlicher Fragestellungen setzte in Deutschland wie in Frankreich etwa Ende der 60er Jahre ein. Die damit verbundenen Fragen nach Funktionen von Mythen, Ritualen und Symbolen wurden in den Kontext nationaler Identität gestellt. Neben den bekannten überlieferten schriftlichen und bildlichen Quellen kann die symbolische Formensprache, die politische Ikonographie, auch in ihrer emotionalen Qualität, Rückschlüsse auf das zeitgenössische Bewußtsein, auf die Zusammenhänge der Gruppenbildung, also der kollektiven Identität, erlauben. Denn Symbole ergeben erst dann in einem gesellschaftlichen Repertoire Sinn, wenn möglichst viele daran partizipieren können. Sie funktionieren somit als Integrationsfaktor nach innen, aber auch als Abgrenzungsfaktor nach außen. Wer die Symbole nicht versteht, dem bleibt der Zugang zur Gruppe verschlossen. Obwohl die Bedeutung der Symbole in der Nationsforschung in den letzten

---

1 *R. Musil*, Denkmale, in: Gesammelte Werke, 7, Reinbek 1978, S. 506-509, hier S. 506.

2 Siehe hierzu *G. Kreis*, Denkmäler und Denkmalnutzung in unserer Zeit, in: Schweizerische Zeitschrift für Soziologie, 3 (1987), S. 411-426, hier S. 413 f. und 419 f.

3 *M. Vovelle*, Iconographie et Histoire des mentalités. Les enseignements d'un colloque, in: Ethnologie Française, 8 (1978), 2-3, S. 173-190, hier S. 182 f.

Jahren immer stärkere Beachtung fand[4], zeichnet sich erst in jüngerer Zeit ein Ende der Tendenz einer rein beschreibenden Darstellung von Denkmälern ab[5].

Die Erinnerung, die Vergangenes subjektiv identitätsorientiert rekonstruiert, wie es der Soziologe Maurice Halbwachs in den 20er Jahren feststellte[6], macht sich an historischen Daten und Orten fest. Gerade der deutsch-französische Krieg 1870/71, der sehr intensiv erlebt und in Deutschland wie in Frankreich als besonders erinnerungswürdig galt, bietet sich für eine vergleichende Vorgehensweise an. In beiden Ländern wurde die Kriegserinnerung an die Bedürfnisse, Interessen, Erwartungen und Ängste der zeitgenössischen Gegenwart in einem ständigen Prozeß angepaßt. An einer gewollten Kontinuität des Vergangenen konstituierte sich eigene Identität. Doch dies heißt nicht, daß sich jede Generation Erinnerung neu schaffen muß. Sie übernimmt nach Emile Durkheim eine tradierte Leitstruktur, ein „nationales Erbe", das in einer symbolischen Vernetzung wiederkehrender Riten eine Konstante des Nationalen bilden soll[7].

Kriegerdenkmäler in Erinnerung an 1870/71 im deutsch-französischen Spannungsfeld[8]

Sowohl der deutsche Sieg als auch die französische Niederlage manifestierten sich in der Errichtung von Kriegerdenkmälern in Verbindung zu einem stark

---

[4] Die frühen richtungsweisenden Arbeiten von *Th. Schieder*, Das deutsche Kaiserreich von 1871 als Nationalstaat, Köln 1961; *E. Fehrenbach*, Wandlungen des deutschen Kaisergedankens 1871-1918, München 1969 und *Th. Nipperdey*, Nationalidee und Nationaldenkmal im 19. Jahrhundert, in: Historische Zeitschrift, 206 (1968), S. 529-585; zur Bedeutung von nationaler Bewegung, Nationalstaat und ihrer Symbole haben zunächst kaum intensivere Forschung nach sich gezogen.

[5] Dies besonders nach dem Aufsatz von *R. Koselleck*, Kriegerdenkmale als Identitätsstiftung der Überlebenden, in: *O. Marquard / K. Stierle* (Hrsg.), Identität, München 1979 (Poetik und Hermeneutik, 8), S. 255-275, der den ideologischen Charakter der Kriegerdenkmäler akzentuiert, die Ebene der Denkmalsrezeption in den Feierstunden jedoch ausblendet. In Bezug auf den Untersuchungsgegenstand Kriegerdenkmal blieben die Erscheinungsformen des Krieges von 1870/71 weitgehend unbeachtet. Im Vordergrund der aktuellen Forschung stehen die Kriegerdenkmäler und Mahnmäler des 20. Jahrhunderts. Zu Frankreich gibt einen ersten Überblick: *CNRS* (Hrsg.), La mémoire des Français. Quarante ans de commémorations de la seconde guerre mondiale, Paris 1986 wie auch *A. Prost*, Les anciens combattants et la societé française 1914-1937, III, Paris 1977. Eine internationale Perspektive in: *R. Koselleck / M. Jeismann* (Hrsg.), Der politische Totenkult. Kriegerdenkmäler in der Moderne, München 1994.

[6] *M. Halbwachs*, La mémoire collective, Paris 1950 (posthum).

[7] Zu den theoretischen Konzepten der Erinnerung zusammenfassend *B. Schwartz*, The Reconstruction of Abraham Lincoln, in: *D. Middleton / D. Edwards*, Memory and Society, London 1989, Manuskriptfassung lag vor.

[8] Bei vorliegendem Artikel handelt es sich um eine leicht überarbeitete Vortragsfassung. Ausführliche Literaturhinweise und Quellenbelege siehe: *A. Maas*, Kriegerdenkmäler und Gedenkfeiern um Metz. Formen und Funktionen kollektiver Erinnerung in einer Grenzregion (1870/71-1918), in: *R. Hudemanm / R. Wittenbrock* (Hrsg.), Stadtentwicklung im deutsch-französisch-luxemburgischen Grenzraum (19. und 20. Jh.), Saar

ausgeprägten Erinnerungskult. Die Aktualisierung des Gefallenenkultes geschah zum einen in aufwendigen jährlichen Erinnerungsfeiern, zum anderen im singulären Ereignis der Einweihungsfeier.

Denn nicht nur der Sieger darf Ruhm und Ehre für sich beanspruchen, auch der Verlierer kann zur Identifikation mit dem Vaterland auffordern. Neben der reinen Erinnerungsfunktion der Toten klagt das Kriegerdenkmal das gewaltsam verlorene Leben ein. Das Sterben im Krieg wurde von den Überlebenden nachträglich als ein Sterben für die Nation, als ein Opfertod für das Vaterland, interpretiert. Die politische Instrumentalisierung des Kriegstodes zielte nachträglich konkret auf die jeweilige Staatsform, die nationale Einheit im „Deutschen Kaiserreich" und in der „französischen III. Republik", obwohl beide zur Zeit der Augustschlachten 1870 noch nicht bestanden. Die nachträgliche Sinnstiftung des Kriegstodes durch die Überlebenden zielt also darauf, in Gegenwart und Zukunft verbindliche kollektive Zukunftsperspektiven abzuleiten, besser gesagt zu konstruieren, ideologische Grundwerte demonstrativ zu bekräftigen und über die Vorbildfunktion der Gefallenen eine überindividuell staatstragende Werteordnung zu schaffen[9].

Abzulesen ist dies nicht nur an der Ikonographie der Denkmäler, sondern auch an den Inschriften, in denen der Denkmalstifter seine Absicht festschrieb. Der politische Anspruch ist auf der Sieger- wie auch auf der Verliererseite identisch, die Erklärungsmuster des gewaltsamen Todes stereotyp. Den militärischen Tugenden wurden in patriotischer Überhöhung des Heldentodes Vorbildfunktion hinsichtlich staatskonformem und staatstragendem Bewußtsein zugewiesen.

Bezüglich des Stifterkreises ist ein deutlicher Unterschied festzumachen. Deutsche Denkmäler im Untersuchungsgebiet gehen fast ausschließlich auf militärische Initiative zurück, wohingegen auf französischer Seite zivile Stifter auftraten. In der Form des vertrauten Totenkultes konnte die große und schmerzliche Niederlage einfacher erinnert und auch bewältigt werden.

Beiden Seiten ist die politische Funktionalisierung der Religion gemeinsam. Der Sieg wurde zu einem gottgewollten Sieg, die christliche Hoffnung auf Auferstehung hingegen zum Träger des Revanchegedankens. Der Krieg an sich wurde nie in Frage gestellt, obwohl das schreckliche Ausmaß der Schlachten allgegenwärtig war. Sieg und Niederlage, beide mußten staatstragend legitimiert werden.

Diese identitätsstiftende Funktion der Kriegerdenkmäler, die auf das Bewußtsein der Überlebenden und der nachfolgenden Generationen abzielen sollte, bietet die Möglichkeit in der Untersuchung der zeitgenössischen Rezeption,

---

brücken 1991, S. 89-118; *dies.*, Politische Ikonographie im deutsch-französischen Spannungsfeld. Die Kriegerdenkmäler von 1870/71 auf den Schlachtfeldern um Metz, in: *R. Koselleck / M. Jeismann* (Hrsg.), Totenkult, S. 209-222; *A. Maas*, Der Kult der toten Krieger. Deutschland und Frankreich nach 1870/71, in: *E. François / H. Siegrist / J. Vogel* (Hrsg.), Nation und Emotion. Deutschland und Frankreich im Vergleich 19. und 20. Jahrhundert, Göttingen 1995, S. 215-231.

[9] *R. Koselleck*, Kriegerdenkmale, S. 256 f.

lokale, regionale und nationale Mentalitätsunterschiede festzumachen – immer mit dem Augenmerk auf das jeweils Nationale, um sich abzeichnende Verhaltensmuster, nationale Ambivalenzen, in der Aufarbeitung der Erinnerung an 1870/71 in ihrer Quantität und Qualität auf dem Hintergrund zeitlicher Veränderungen miteinander zu vergleichen.

Methodologischer Ansatz

Exemplarisch bietet sich als Untersuchungsraum Elsaß-Lothringen an, denn Grenzverschiebung, Herrschaftswechsel und Sprachgrenze bedingen eine hohe qualitative Verdichtung.

Die ersten, schnell aufeinanderfolgenden Schlachten des Krieges, bei Weißenburg und Wörth im Elsaß (4. und 6.8.1870), in Lothringen die Schlachten um Metz – Colombey-Borny (14.8.1870), Mars-la-Tour-Rezonville (16.8.1870) und die Entscheidungsschlacht bei Gravelotte-St. Privat (18.8.1870) –[10] waren mit Blick auf die spätere Annexion Elsaß-Lothringens prägend für das kollektive Bewußtsein beider kriegsführender Nationen.

Zum einen lassen sich bedingt durch die neue deutsch-französische Staatsgrenze, die nur wenige Kilometer westlich von Metz verlief, die Ausprägung kollektiver Erinnerung sowohl auf deutscher wie auf französischer Seite auf nationaler Ebene untersuchen. Zum anderen zeigen sich, bedingt durch die Verschiedenheit der beiden Regionen, des Elsaß' und Lothringens, deutliche Unterschiede in der Aufarbeitung der gemeinsamen Kriegsvergangenheit und die Folgen der Annexion für die ehemals französische Bevölkerung. Gerade Lothringen befand sich in einer schwierigen, doppelt schmerzhaften Situation. Es war durch die neue Staatsgrenze in einen an Frankreich verbliebenen Teil, die „Lorraine française", das heutige Departement Meurthe et Moselle, und in einen annektierten Teil, die „Lorraine annexée", das heutige Département Moselle, getrennt. Darüberhinaus teilte die Sprachgrenze, die östlich von Metz verlief, den annektierten Teil Lothringens in einen frankophonen und germanophonen Sprach- und Mentalitätsbereich.

Diese Doppelfunktion der Grenze konstituiert einen national wie regional spannungsgeladenen Untersuchungsraum. Die ständige Orientierung auf die eigene Nation verbunden mit der gleichzeitigen Abgrenzung zum ehemaligen Kriegsgegner ging einher mit einer ausgeprägten nationalpolitisch motivierten Auseinandersetzung auf regionaler Ebene – der permanenten inneren Auseinandersetzung mit den Folgen der Annexion, d.h. dem Verhältnis der annektierten einheimischen Bevölkerung zu den neuankommenden Reichsdeutschen, den sogenannten ‚Altdeutschen' einerseits und ihrem Verhältnis zur verlorenen

---

[10] Zum deutsch-französischen Krieg siehe *E. Kolb*, Der Weg aus dem Krieg. Bismarcks Politik im Krieg und die Friedensanbahnung 1870/71, München 1989; *Ph. Levillain / R. Riemenschneider* (Hrsg.), La guerre de 1870/71. Actes du 20e colloque historique franco-allemand, Bonn 1990, sowie F. *Roth*, La guerre de 1870, Paris 1990.

nationalen Heimat Frankreich andererseits. Bei genauerer Betrachtung entwikkelte sich das Miteinander vor Ort zum Teil in ganz besonderer Weise und mit einer speziellen Dynamik, die nicht immer das Wohlgefallen der nationalen Zentren, Berlin und Paris, fanden. Diese inneren Probleme der Grenzregion fanden ihren deutlichen Ausdruck in der Formensprache der Kriegerdenkmäler auf den ehemaligen Schlachtfeldern von 1870/71.

Die drei Gruppen der Betroffenen, die Franzosen auf angrenzendem französischem Territorium jenseits der neuen Staatsgrenze, die ehemals französischen Bewohner Elsaß-Lothringens, die nun Annektierten, mit der frankophonen Sprachminderheit um Metz, und die neuankommenden ‚Altdeutschen', erinnerten jeweils in einer ihnen besonderen Denkmalikonographie und Denkmaltopographie der Ereignisse der Augustschlachten von 1870. Bis heute sind diese Kriegerdenkmäler in einer sehr differenzierten Formensprache auf den ehemaligen Schlachtfeldern in ihrer überwiegenden Zahl noch erhalten.

Generell gilt für alle Kriegerdenkmäler im Untersuchungsraum, daß sie, wenn sie nicht explizit Grabmalfunktion übernehmen, sich zumindest in der Nähe von Kriegergräbern befinden, also auf dem historischen Boden des Schlachtfeldes von 1870/71. Da im Frankfurter Friedensvertrag die Soldatengräberpflege zum ersten Mal in der Geschichte in das zwischenstaatliche Interesse gestellt worden war, gestand man auf deutscher wie auch auf französischer Seite den Sammel- und Massengräbern, sowie den Einzelgräbern der Offiziere das dauernde Ruherecht zu. Somit behielten die Schlachtfelder auf denen Gräber und Denkmäler bis heute vom Schlachtenverlauf Zeugnis ablegen, ihren geschichtlich-authentischen Charakter. Auf deutscher Seite sollte darüber hinaus auf Initiative Wilhelms I. bewußt der Eindruck riesiger nationalen Erinnerungsfelder bewahrt werden, selbst gegen massive wirtschaftliche Interessen der deutschen Industrie an den Bodenschätzen in diesem Gebiet.

Zu unterscheiden sind zwei Typen von Denkmälern: Zum einen nationale Denkmäler auf nationalem Territorium. Hierzu zählen die französischen Denkmäler auf französischem Nationalgebiet und die deutschen Denkmäler im Reichsland. Zum anderen Denkmäler des ehemaligen Kriegsgegners im eigenen Land, hierzu gehören die Denkmäler, die die annektierte Bevölkerung ihren Gefallenen französischer Nationalität in Elsaß-Lothringen, also auf deutschem Gebiet errichtete, und die wenigen deutschen Denkmäler auf französischem Staatsgebiet.

Da sich das elsässische Untersuchungsgebiet, die Schlachtfelder bei Weißenburg und Wörth, und das lothringische Untersuchungsgebiet, die Schlachtfelder um Metz mit ihrer speziellen Grenzproblematik, deutlich voneinander unterscheiden, werden beide Untersuchungsräume zunächst getrennt voneinander vorgestellt, und in einem abschließenden Teil unter dem Stichwort „Von nationaler Konfrontation zu regionaler Versöhnung" zusammengeführt.

Zur methodischen Vorgehensweise sei angemerkt, daß zum einen die Kriegerdenkmäler formal untersucht werden: Ikonographie, Inschriften und Topographie, die streng genommen nur eine synchrone Schlußfolgerung zulassen. Ergänzend werden diese formalen Ergebnisse in ein diachrones Konzept eingebunden, indem sie in Verbindung zur Aktualisierung des Erinnerungskultes in den jährlichen Erinnerungsfeiern gesetzt werden. Die Einweihungsfeiern als eher singuläre Ereignisse werden miteinbezogen, da sie genauere Aussagen zur zeitgenössischen Rezeption erlauben.

Lothringen

Die annektierte, französischsprachige Stadt Metz war durch die Ereignisse von 1870/71 geprägt und national gespalten. Die jährliche Erinnerung an die Augustschlachten bedeutete für die alteingesessene, frankophone und katholische Bevölkerung schmerzlichen Rückblick auf die Niederlage, die Zeit der Belagerung der Stadt und den Verlust der nationalen französischen Heimat.

Für die neuankommenden überwiegend protestantischen Altdeutschen, die 1875 etwa 15%, 1890 bereits fast die Hälfte der städtischen Zivilbevölkerung ausmachten, waren die Erinnerungstage eine Möglichkeit, die tiefe Verbindung an das neue Deutsche Kaiserreich nach außen zu manifestieren. Bewußt sollte dem annektierten Metz wieder die Identität einer deutschen Stadt gegeben werden. Das Ausmaß der deutschen Feierlichkeiten stand in direkter Relation zum ansteigenden altdeutschen Bevölkerungsteil. Metz wurde zur größten Garnison des Deutschen Reiches ausgebaut, das Verhältnis der zivilen zur militärischen Bevölkerung betrug auf 100 Einwohner knapp 5 Militärangehörige, im übrigen Deutschen Reich war das Verhältnis 100 zu 1.

Verschärft wurde das national und konfessionell angespannte Verhältnis der beiden Bevölkerungsteile zueinander durch die neue, das Reichsland von Frankreich trennende Grenze, die nur wenige Kilometer westlich von Metz verlief, und nur einen kleinen Teil des ehemaligen Schlachtfeldes Frankreich beließ. Das sichtbare Zeichen der neuen deutschen Herrschaft, das Elsaß-Lothringen vom Mutterlande Frankreich trennte, bestimmte entscheidend die jeweiligen nationalen Erinnerungsorte. Spiegelbildlich lagen sich die nationalen Wallfahrtsorte, Mars-la-Tour auf französischem Staatsgebiet und das reichsländische Gravelotte, nur wenige Kilometer voneinander entfernt, gegenüber.

Entstehungsgeschichtlich konzentrieren sich die Denkmalseinweihungen – für die Gegend um Metz sind es über 140 – sowohl für die deutsche, für die französische, als auch für die annektierte Seite auf die Zeit zwischen 1871 und 1875, auf deutscher Seite ist ein zweiter Höhepunkt zum 25. Gedenkjubiläum 1895 und zum 40. Jubiläum der siegreichen Zeit 1910 festzustellen.

Die Sonderform gemeinsam erinnernder Denkmäler, die sowohl den deutschen als auch den französischen Gefallenen gedachten, finden sich ab Mitte der 90er Jahre.

Deutlich regional konnotierte Denkmäler der annektierten Bevölkerung in Erinnerung an ihre Toten konnten mit offizieller deutscher Erlaubnis erst 1908 in Noisseville bei Metz für Lothringen und 1909 bei Weißenburg für das Elsaß errichtet werden.

Setzt man nun die zeitliche Verteilung der Denkmäler in Verbindung zu ihrer Formensprache, so ergibt sich für die ersten Jahre nach dem Krieg ein sehr einheitliches Bild. Trauer und Schmerz waren noch wach und fanden ihren direkten Niederschlag in einer spontanen, am Grabkult orientierten schlichten Denkmalsgestaltung. Dies gilt generell für die Denkmäler, die die Annektierten ihren Gefallenen französischer Nationalität auf reichsländischem Boden errichteten und bis in die 90er Jahre auch für die deutschen Denkmäler im Reichsland. Bevorzugt wurde die Form des Obelisken.

Die frankophone, katholische Bevölkerung gedachte ihrer Gefallenen auf reichsländischem Boden in sehr wenigen, aber eindeutigen Trauerdenkmälern, errichtete auf konkreten Grabstellen der Gemeindefriedhöfe. So wußte man eine Auseinandersetzung mit den deutschen Behörden zu vermeiden, da die Gemeinde auf ihrem Friedhof das Hausrecht hatte. Die Erinnerung an die Toten war jedoch ambivalent, doppelt interpretierbar: Man gedachte nicht nur der Gefallenen, sondern auch des Verlustes der nationalen französischen Heimat. Denn christliche Hoffnung auf Auferstehung war hier immer politisch konnotiert, als Hoffnung auf Rückkehr an das Mutterland Frankreich.

Ein deutlicher Qualitätssprung von sepulkraler zu politisch intendierter Ikonographie ist auf deutscher Seite ab etwa Mitte der 90er Jahre festzustellen. Auf Reichsebene als Demonstration des Herrschaftsanspruches konzipiert, z.T. von Wilhelm II. persönlich, entsprachen diese – wenn auch sehr wenigen – Denkmäler der üblichen offiziellen Staatskunst der Berliner Akademie, und waren nur schwer in die „Friedhofserinnerungslandschaft" um Metz integrierbar. Die offensichtliche nationale Konnotation sowie die Schärfe in der Aussagekraft dieser Denkmäler einer quasi neuen Generation mußten vor Ort, auf lokaler Ebene, in Rücksicht auf die gespannte Lage im Grenzraum gemildert werden. Kreis- und Bezirksregierung befanden sich angesichts dieser Denkmäler im Erklärungsnotstand und versuchten das Problem dahingehend zu lösen, daß sich Einweihungs- und Erinnerungsreden weniger an der Ikonographie dieser Denkmäler als am eigentlichen Kriegsgeschehen orientierten. Selbst Wilhelm II. übte sich bei den Einweihungsreden in Rücksichtnahme auf die angespannte Situation im Grenzraum.

Zu betonen ist, daß sich auf den gesamten Schlachtfeldern um Metz keine der im übrigen Deutschen Reich beliebten und allzu deutlichen Siegesposen fanden, wie z.B. Germaniadarstellungen oder Siegessäulen mit einer Viktoria, selbst ikonographische Anspielungen auf die Niederlage des Kriegsgegner in Form von erbeutetem Kriegsgerät oder Fahnen wurden vermieden.

Im Gegensatz zu den meist verhaltenen deutschen am Grabkult ausgerichteten Denkmälern, und den politisch verschleierten religiösen Denkmälern der Annektierten im Reichsland sprechen die französischen Denkmäler auf französischem Staatsgebiet entlang der neuen Grenze eine ganz andere, eine überaus deutliche Sprache. Waren die deutschen Grenzpfähle bereits von weitem sichtbar, so wurde die Grenze von französischer Seite aus durch die bewußte Topographie der Denkmäler entlang der verhaßten Trennungslinie ebenso visualisiert.

Ikonographisch dominierten starke, erhabene Frauengestalten, wie das trauernde aber hoffende und stolze Frankreich des Nationaldenkmals von Mars-la-Tour, wie auch zahlreiche Jeanne-d'Arc-Statuen und wenige republikanische Mariannedarstellungen. Trotz ihres ideologischen Gegensatzes konnten sie auf dem Hintergrund der starken republikanischen Ausrichtung des katholischen Lothringens nebeneinander stehen. Der wehrhafte und stolze Charakter dieses ikonographischen Bollwerkes an der neuen Grenze, immer auf das Reichsland ausgerichtet, stand symbolisch gegen den deutschen Herrschaftsanspruch und sollte die eigene innerfranzösische Bevölkerung versichern, daß eine erneute deutsche Aggression erfolgreich abgewehrt werden könne. Darüberhinaus standen die Denkmäler als Symbol der Versicherung und Treue, daß die Hoffnung auf Rückkehr der „provinces perdues" nie aufgegeben wird. Dieser national-emotionale Appell galt nicht nur der eigenen innerfranzösischen Bevölkerung sondern sollte den Annektierten jenseits der Grenze als weithin sichtbare Zeichen tiefer nationaler Verbundenheit dienen.

Neben der Analyse der statischen Erinnerungszeichen auf den Schlachtfeldern, gibt die Untersuchung der Aktualisierung des Gefallenenkultes in den Einweihungs- und Gedenkfeierlichkeiten Auskunft über die Dynamik der politischen Instrumentalisierung.

Der rechtliche Rahmen zum Schutz der Kriegergräber schuf Freiraum für organisierte Formen des Gefallenen- und Erinnerungskultes. Die alljährlichen Augustfeierlichkeiten betonten in der Stadt Metz die innere Abgrenzung beider Bevölkerungsgruppen. Daneben entwickelten sich die jeweiligen nationalen Erinnerungsorte, Wallfahrtsorte der Nation auf den ehemaligen Schlachtfeldern, Gravelotte auf deutscher Seite und Mars-la-Tour, das nur wenige Kilometer entfernt auf innerfranzösischem Territorium lag, zu entgegengesetzten nationalen Erinnerungspolen auf engstem Raum.

Noch während des Kriegs konstituierte sich in der Stadt eine erste französische, auf die Stadt begrenzte Initiative, der „L'oeuvre de l'entretien des tombes et du monument de Chambière". Mittelpunkt der Erinnerung wurde die alljährliche Gedenkmesse am 7. September in der Kathedrale und der anschließende Trauerzug durch die Stadt zum 1871 errichteten städtischen Kriegerdenkmal. Trotz zunehmender deutscher Überwachung blieb dieses Datum die wichtigste Identifikationsmöglichkeit und psychologisches Zeichen des inneren Zusammenhaltes der alteingesessenen frankophonen Bevölkerung, wie es Maurice Barrès in seinem erfolgreichen zeitgenössischen Roman „Colette Baudoche" eindringlich schildert.

Ganz im Gegensatz zu dieser schnellen und sehr einheitlichen Organisationsform, fanden sich auf deutscher Seite zunächst nur Einzelaktionen. Erst 1890, als sich das Einwohnerverhältnis zwischen Einheimischen und Altdeutschen etwa die Waage hielt, und Metz erkennbare Konturen einer nun deutschen Stadt annahm, wurde auf deutscher Seite ein fester Erinnerungsrahmen geschaffen. Träger des Erinnerungskultes wurde die ‚Vereinigung zur Schmückung und fortdauernden Erhaltung der Kriegergräber und Denkmäler bei Metz'. Sie umfaßte die wichtigsten zivilen und militärischen Vereine des gesellschaftlichen Lebens im deutschen Metz.

Die große deutsche Gedenkfeier fand seit 1890 am 15. August, Maria Himmelfahrt, gleichzeitig auch Feiertag des Grund Empire, dem ehemals französischen wie auch katholischen Feiertag, auf den Schlachtfeldern bei Gravelotte statt. Bei der Wahl des Gedenktages waren jedoch eher praktische als politische Gründe ausschlaggebend.

In bezug auf die inhaltliche Ausrichtung der Gedenkreden löste eine immer deutlicher werdende Instrumentalisierung patriotischer Grundwerte in einem Appell an die nationale Einheit und Geschlossenheit angesichts innen- wie außenpolitischer Probleme, die erste Phase der Trauer und episodischer Kriegserinnerung ab.

Eine aggressive Haltung Frankreich gegenüber ist nicht festzustellen. Die Psychologie des Sieges unterstrich das Bewußtsein eigener Stärke und Überlegenheit. Der immer stärker werdende Schlachtfeldtourismus wurde für Metz und das Umland zu einem wichtigen Wirtschaftsfaktor. Politisch bewußt gefördert, sollte durch die Anerkennung des Heldenopfers der Gefallenen die Annexion der frankophonen Stadt immer wieder gerechtfertigt werden.

Auf innerfranzösischer Seite, jenseits der nahen Grenze, bildeten vor allem die Verbindung religiöser und patriotisch-monarchistischer Werte den inneren und über die Jahre unveränderten Zusammenhalt der französischen Gedenkfeier in Mars-la-Tour, am 16. August. Träger des Erinnerungskultes war hier die lokale katholische Geistlichkeit, unterstützt von bischöflicher Seite aus Nancy und dem französischen Militär, die für die Bevölkerung Integrationsfunktion übernahmen, nachdem die führenden Schichten das annektierte Gebiet verlassen hatten. Die Reden waren, bedingt durch die nahe, sichtbare, als Unrecht und Schmach empfundene Grenze, ganz auf das Deutsche Reich hin ausgerichtet. Sie sollten als Zeichen moralischer Machtdemonstration innerer Einheit und äußerer Wehrfähigkeit verstanden werden. Zeitweise richtete sich dieser selbstbewußte „lothringische Nationalismus“ gegen die eigene republikanische Regierung in Paris, vor allem in der Zeit der Trennung von Kirche und Staat.

Der 16. August war kein offizieller Feiertag, es reisten dennoch trotz der Erntezeit bemerkenswert viele Frauen, Kinder und katholische Geistlichkeit nach Mars-la-Tour, darunter viele Annektierte, für die dieses Datum neben der Feier des Nationalfeiertages, des 14. Juli, in Nancy, Zeichen der tiefen Verbundenheit mit der näheren Heimat Lothringen und der französischen Nation blieb.

Auf beiden Seiten der Grenze waren somit einander sich gegenüberliegende nationale Erinnerungsorte, Gravelotte auf deutscher Seite und Mars-la-Tour auf französischer Seite entstanden, die sich in topographischer und ikonographischer Konzeption als nationale Symbole sehr ähnlich waren, aber verschiedene kollektive Erinnerungen miteinander konfrontierten.

Die Rezeption des Krieges erfolgte in scheinbar entgegengesetzter Deutung – Sieg oder Niederlage –, die aber letztendlich auf die Ausbildung des Selbstbewußtseins der Nation an militärisch-machtpolitischen Ansprüchen und auf ein klares Feindbild hinauslief.

Der Reichsgründungsmythos stand gegen den Mythos der „provinces perdues", Elsaß-Lothringen. Die Niederlage mit ihren tiefgreifenden Konsequenzen wurde in Frankreich zum Symbol der Trauer, nationaler Größe in der Niederlage und im Gedanken der „revanche" zu einer einzulösenden Ehrenschuld, zu einer nationalen Verantwortung den französischen Gefallenen gegenüber.

Elsaß

Der Erinnerungskult im Elsaß, auf den ehemaligen Schlachtfeldern des 4. August bei Weißenburg und des 6. August 1870 bei Wörth/Fröschweiler war im Vergleich zu den riesigen Erinnerungsfeldern um Metz von anderer Qualität. Waren in den Schlachten um Metz fast 70.000 Gefallene, Verletzte, Vermißte zu beklagen, der Weg nach Sedan erkämpft worden und die Armée du Rhin in Metz eingeschlossen, so blieben die elsässischen Schlachten Symbol der ersten national entscheidenden Bewährungsprobe für den Zusammenschluß der Truppen des norddeutschen Bundes und der unter Schutz- und Trutzbündnis stehenden Truppen der süddeutschen Staaten. Die Schlachtfelder um Metz lagen auf einem Radius von ca. 20 km um die Stadt, von den elsässischen Schlachtfeldern aus war es etwa doppelt so weit bis nach Straßburg. Weißenburg und Wörth standen weit weniger im Mittelpunkt einer intensiven nationalen Auseinandersetzung. Die elsässische, in diesem Gebiet überwiegend evangelische Bevölkerung ließ keine starken nationalpolitisch motivierten Gegensätze zu den neuankommenden Reichsdeutschen entstehen, zumal sich deren Zuzug in Grenzen hielt. Darüberhinaus lebte die ländliche Bevölkerung schon seit langer Zeit in gutnachbarschaftlicher Beziehung zur angrenzenden Pfalz jenseits der ehemaligen Staatsgrenze. Die in ihrer Anzahl deutlich geringeren Denkmäler, etwa 1/3 (45 deutsche, 10 französische Denkmäler) im Vergleich zu Metz, mußten nicht wie in Lothringen der Legitimierung einer annektierten Stadt dienen. Straßburg war zu weit entfernt, und wurde darüberhinaus als die deutsche Stadt schlechthin verstanden.

Entstehungsgeschichtlich läßt sich eine mit Metz ähnliche Verteilung feststellen, eine Konzentration der Denkmalseinweihungen in der ersten Zeit nach dem Kriege sowie auf deutscher Seite ab Mitte der 90er Jahre. Ein mit Metz ähnliches qualitatives Bild zeigt sich für die ersten Nachkriegsjahre, nämlich eine Vielzahl von Trauerdenkmäler des Siegers wie des Besiegten, wenn auch in aufwendigerer Form. Doch für die spätere Zeit findet sich im Gegensatz zu Metz die gesamte Bandbreite der zeitgenössischen Denkmalskunst und Denkmalswut des deutschen Kaiserreiches: Siegessäule, Siegesgöttin oder Germania, die typische nationale Denkmalstradition, aber auch partikulare Ikonographie der süddeutschen Staaten, allen voran bayrische Löwen. Auf den ehemaligen französischen Gegner wurde keine taktvolle Rücksicht genommen, an einem Denkmal von 1904 zertritt ein wachender, mächtiger Löwe mit der rechten Vorderpranke einen am Boden liegenden napoleonischen Adler.

Die besondere Betonung des Sieges, errungen auf den elsässischen Schlachtfeldern durch deutsche Waffenbrüderschaft von Nord und Süd, stand immer wieder im Vordergrund der Einweihungsreden und Gedenkfeierlichkeiten. Symbolisch stand hierfür das riesige Reiterstandbild Kaiser Friedrich III. von 1895, als Zeichen des Sieges und nationaler Einheit. Getragen wurde der Erinnerungskult auf deutscher Seite von militärischen Kreisen, nämlich dem ‚Elsaß-lothringischen Kriegerlandesverband', die Feierlichkeiten waren weit entfernt vom Ausmaß der Erinnerungsfeiern um Metz. Es handelte sich eher um einen lokalen Gedenktag, Sedanstag und Kaisergeburtstag dienten hingegen in Straßburg einer stärkeren nationalen Sammlung.

Die betroffenen annektierte elsässische Bevölkerung in der Gegend um Weißenburg und Wörth erinnerte in einem zurückgezogenen, verhaltenen Rahmen des eher familiären Totenkultes, man zog sich auf die „petite patrie" zurück. Besondere Bedeutung kam dem 2. November, Allerseelen, zu. An diesem Datum wurden die Gräber der Gefallenen geschmückt und die Friedhöfe besucht. Eine spezielle einheimische Erinnerungskultur, vergleichbar der Situation in Metz, fand bis zur Jahrhundertwende keine besondere Ausprägung. Erst mit dem Einfluß des „Souvenir Français", der innerfranzösischen Erinnerungsorganisation, auf annektiertem Gebiet ist eine deutliche Intensivierung und Ausgestaltung des national konnotierten Erinnerungskultes feststellbar.

Von nationaler Konfrontation zu regionaler Versöhnung

Trotz der grundlegenden Verschiedenheit der Rezeption der Kriegserfahrung um Weißenburg/Wörth und um Metz, zeichnen sich zwischen beiden Regionen deutliche Verbindungslinien ab, nämlich Tendenzen einer deutsch-französischen Annäherung und Verständigung über die Gräber hinweg. Auf den Schlachtfeldern um Weißenburg/Wörth war dies bedingt durch die relative Abgeschiedenheit dieses Landstriches seit Kriegsende möglich und fast selbstverständlich. Da man weder im nationalen Rampenlicht stand, noch eine dramatische Bevölkerungsumschichtung und nationale Konfrontation wie in Metz erfolgte, blieb die altvertraute Lebenswelt erhalten. Das Kriegserlebnis band auch fester an die Pfalz, gemeinsam mit den Pfälzer Nachbarn gedachte man der Toten, und errichtete schon kurz nach dem Kriege gemeinsam-erinnernde Denkmäler.

Im lothringischen Grenzraum zeugen hingegen die Denkmäler, Kristallisationspunkten gleich, von deutlich ablesbaren Modifikationen in den deutsch-französischen Beziehungen. Diese besondere mikrostrukturelle Entwicklung verlief streckenweise parallel zur Linie der offiziellen deutsch-französischen Beziehungen, teilweise aber auch kontraindikativ, aber immer sensibel gegenüber national-psychologischen Faktoren. Der ethisch-moralische Respekt vor den Toten, christliche Todesinterpretation, der militärische Ehrbegriff der Anerkennung der Leistung des ehemaligen Kriegsgegners sowie die gemeinsame Kriegsvergangenheit bildeten die Grundlage dieser Annäherung. Schon direkt nach dem Krieg wurden ohne Unterschied auch die Gräber des ehemaligen Kriegsgegners geschmückt, der Toten als Waffenbrüder gedacht. Erfolgte diese Annäherung zunächst über militärische Kreise, so setzte sie sich etwa Mitte der 90er Jahre in einer sich allmählich abzeichnenden Zusammenarbeit der verschiedenen nationalen Organisationen des Erinnerungskultes, militärischer wie ziviler Art, in Form gemeinsamer Denkmalsprojekte und Kranzniederlegungen fort.

Wichtig ist in diesem Zusammenhang, daß der eigentliche Siegestag des deutsch-französischen Krieges, der Sedanstag, in Metz nicht offiziell gefeiert wurde. Deutlich zeigt sich hier die interne Auseinandersetzung zwischen der zivilen, sich der frankophonen alteingesessenen Bevölkerung eher zurückhaltend gebenden deutschen Verwaltung und dem fordernden Einfluß des deutschen Militärs, das erst unter dem Ausnahmezustand von 1915 den Sedanstag zum nationalen Feiertag in Metz erklären konnte.

Seit 1906, bedingt durch die gelockerte Vereinsgesetzgebung, konnte auch die 1887 in Paris gegründete französische Erinnerungsorganisation, der „Souvenir Français", im Reichsland aktiv werden, mit dem Ziel, den Gefallenen französischer Nationalität systematisch auf den Gemeindefriedhöfen Denkmäler zu errichten. Aus seinen Reihen kam auch die Anregung größere, das Gedenken der Annektierten zusammenfassende Regionaldenkmäler in Lothringen und im Elsaß zu errichten. Höhepunkte dieser Verständigung waren die Einweihung der großen Denkmäler in Noisseville für Lothringen und bei Weißenburg für das Elsaß 1908 und 1909. Im Oktober 1908 konnte in einer großen hoffnungsvollen Feier, gleich einem Aufbruch in eine neue Zeit gutnachbarschaftlicher Verhältnisse das lothringische Regionaldenkmal der Annektierten eingeweiht werden. Von der deutschen Verwaltung genehmigt, verlief die Einweihungsfeier versöhnlich, mit großen nationalen Zugeständnissen. So wehte zum ersten Male offiziell die Trikolore auf reichsländischem Boden. Doch in der trügerischen Gewißheit des Erfolges 40jähriger Germanisierungspolitik hatte die deutsche Seite die explosionsartige Wirkung von Noisseville unterschätzt, diejenige einer integrative Wirkung für das Protestpotential auf annektiertem Gebiet. Im Anschluß an die lothringischen Feierlichkeiten in Noisseville kam es zu einem Gründungsboom von Vereine mit deutlich profranzösischer Ausrichtung, seien es Gesangs-, Turn-, oder Erinnerungsvereine, die sich immer deutlicher in der Öffentlichkeit artikulierten.

Verschiedene Konzepte innerhalb der deutschen Verwaltung und des Militärs, wie auch der Gegensatz zwischen lokaler, nüchtern eingeschätzter Realität der Notwendigkeit einen Modus Vivendi zu finden und nationaler Erwartungshaltung, prallten offen aufeinander. Als zudem in Weißenburg 1909 das elsässische Pendant zu Noisseville mit dem überaus deutlichen profranzösischen Anspruch, aller französischer Kriege in der Region zu gedenken, besonders der Zeit der Französischen Revolution, eingeweiht wurde, konnte nicht abgestritten werden, daß diese beiden Regionaldenkmäler profranzösische Sympathiebekundungen der annektierten Bevölkerung in Zusammenhang mit den erwachenden Autonomiebestrebungen katalysierten.

Nach zunächst halbherzigen Maßnahmen der lokalen Verwaltung häuften sich profranzösische Zwischenfälle, und die deutsche öffentliche Meinung, in den meisten Fällen deutlich von der nationalen Presse gesteuert und angeheizt, forderte ein hartes Durchgreifen. Ab 1912 wurde die deutsche Gangart entschieden härter und mündete mit dem Kriegszustand in ein radikales Germanisierungsprogramm, das jeden versöhnlichen Ansatz erstickte. Vergleichbar 1871 und der Zeit der Besatzung grenzten sich nun wieder beide Bevölkerungsteile stark voneinander ab, einem Zustand des berührungslosen Nebeneinanders, den man in der Euphorie von Noisseville und Weißenburg als überwunden geglaubt hatte.

Ausblick: Die Zeit nach dem Ersten Weltkrieg[11]

Doch auch nach dem Ersten Weltkrieg, nach der Rückkehr Elsaß-Lothringens an Frankreich, blieb gerade in der nationalen Frage eine große Unsicherheit und tiefe Irritation.

War auf innerfranzösischer Seite, also jenseits der ehemaligen Grenze, die Tradition nationaler Erinnerung ungebrochen, so konnte man an den Denkmälern von 1870 nun die damals postulierte nationale Ehrenschuld durch die namentliche Erwähnung der französischen Gefallenen des Ersten Weltkrieges symbolisch einlösen. Doch für das ehemalige Reichsland blieb die Schwierigkeit, die Vergangenheit zu erinnern, hatten doch viele unter deutscher Fahne gegen Frankreich gekämpft.

In Lothringen errichtete man nun nach dem Ersten Weltkrieg rückblickend zahlreiche Denkmäler für 1870/71 in der Tradition des Grabkultes. Man wollte bewußt an die Zeit der Annexion erinnern und duldete selten die Verbindung der Erinnerung an 1870/71 und 1914/18, die der „Souvenir Français" immer wieder einforderte. Der „Souvenir Français" trat als Träger einer aus rückwärtsgewandtem Blick heraus resultierenden forcierten französischen nationalen Einheit und einer ungebrochenen innerfranzösischen Erinnerungstradition und Identität auf. Bewußt setzte er sich über offene Schwierigkeiten der Bevölkerung auf dem Weg zurück zu Frankreich hinweg.

In wenigen Fällen suchte man auf Denkmälern für den Ersten Weltkrieg die Gefallenen ihrer Nationalität nach auf ein und demselben Denkmal zu ordnen. Die französischen Gefallenen von 1870/71 und von 1914/18 wurden als nationale Helden erinnert, das Schicksal der annektierten Bevölkerung mit dem Problem deutscher Rekrutierung wurde unter dem Opferbegriff „Victimes de la Grande Guerre" zusammengefaßt, ohne nach militärischen oder zivilen Kriegstoten zu unterscheiden.

Im Elsaß zog man sich mit der Erinnerung in den religiösen Raum, in oder an die Kirche zurück, da die Argumentationsnot hier besonders offensichtlich war angesichts des scheinbar unproblematischeren Verhältnisses zu den Deutschen. Die „enfants de la commune" oder die „chers morts" wurden bewußt

[11] Den folgenden Ausführungen liegen Teilergebnisse meiner Dissertation zur Erinnerungslandschaft in Elsaß-Lothringen (Arbeitstitel, im Druck) zugrunde.

national uneindeutig erinnert, um die innere Zerissenheit nicht thematisieren zu müssen[12]. Die Frage, was nun mit den zahlreichen Denkmälern der deutschen Herrschaft nach Rückkehr des Reichslandes an Frankreich geschehen solle, konnte erst Ende der 20er Jahre offiziell geklärt werden. Einen Bildersturm großen Ausmaßes mit vollständiger Zerstörung der Denkmäler, wie meist angenommen und propagandistisch verbreitet, hat es nicht gegeben.

Um Metz war das Ziel der ersten Zerstörung 1918 allgemein deutsche Hoheitszeichen, die deutschen Nationaldenkmäler[13] und die wenigen agressiveren, machtdemonstrierenden Kriegsdenkmäler, v.a. der preußischen Eliteeinheiten. Zwei Denkmäler wurden vollständig beseitigt, zehn bronzene figürliche Darstellungen wurden entfernt, mit der Absicht, daraus neue Kirchenglocken für die von den Deutschen requirierten und neue Denkmäler zu gießen, oder Gedenkmünzen prägen zu lassen. Der Denkmalsockel jedoch, der die Gefallenen erinnert, wurde nicht berührt. Der Respekt vor den Toten, denen die Denkmäler als Grabmäler gesetzt worden waren, war größer als Rache und Vergeltung.

Im Gegensatz zu der Vorgehensweise in Lothringen übte die elsässische Bevölkerung eine solche Zurückhaltung, daß sich das französische Militär zum Eingreifen gezwungen sah und Denkmäler gegen den Protest der Bevölkerung beseitigte, der damit die Grundlage einer lukrative Einnahmequelle im Rahmen des Schlachtfeldtourismus entzogen wurde.

Schlußbemerkung

Die Untersuchung der Formen und Funktionen kollektiver Erinnerung in Lothringen und im Elsaß von 1870/71 über 1918 hinaus zeigt deutlich die Sonderrolle dieses Gebietes. In einem engumschriebenen geographischen und zeitlichen Rahmen prallten nicht nur zwei unterschiedliche nationale Erfahrungen aufeinander, es zeigt sich darüber hinaus auch der Zwiespalt von eingeforderten nationalen Mustern und lokaler und regionaler Identität und Autonomie. Hinsichtlich der Erinnerung als konstruktiver Prozeß ist folgendes festzuhalten:

Stereotyp geben die Kriegerdenkmäler dem gewaltsamen Kriegstod Sinn, die auf die Gegenwart und Zukunft gerichtete Identitätsstiftung folgt in Deutschland wie in Frankreich gleichen Mechanismen. Die künstlerischen Lösungen sind generell ähnlicher Natur, werden aber im Untersuchungsgebiet durch die Grenzsituation entscheidend beeinflußt.

Der republikanische Patriotismus in Frankreich bezogen auf die „provinces perdues“ erstarrte immer mehr, er ging nicht auf die realen Veränderungen

---

[12] Vgl. *M. Jeismann / R. Westheider*, Bürger und Soldaten. Deutsche und französische Kriegerdenkmäler zum Ersten Weltkrieg, in: Geschichtswerkstatt, (1988), Heft 16, S. 6-15, hier S. 15.

[13] *A. Maas*, Zeitenwende in Elsaß-Lothringen. Denkmalstürze und Umdeutung nationaler Erinnerungslandschaft in Metz (Nov. 1918-1922), in: *W. Speitkamp*, Denkmalsturz (Arbeitstitel, im Druck).

durch die ganz anderen Bedingungen in der Reichslandzeit ein, daher brachen die nationalen Mißverständnisse und Spannungen nach 1918 um so deutlicher auf.

Die Polarisierung zweier nationaler kollektiver Erinnerungen, besonders akzentuiert durch die Grenzverschiebung, konnte letztendlich weder längerfristig gemildert noch überbrückt werden, wobei Versuche eines Integrationskonzeptes an den übermächtigen Antagonismen der Nationalstaaten auf verschiedenen Konfliktebenen scheiterten.

Elsaß-Lothringen / Trient-Triest – umstrittene Grenzregionen 1870-1914

Einige Beobachtungen und Bemerkungen

Von Eberhard Kolb

Es dürfte kaum einen Historiker geben, der sowohl die Geschichte der Regionen Trentino und Triest-Küstenland einerseits, des Reichslandes Elsaß-Lothringen andererseits in gleicher Weise *ad fontes* erforscht hat. Infolgedessen kann wohl kein Historiker die parallele Behandlung der beiden bzw. der drei Gebietskomplexe aus eigener profunder, quellengestützter Kenntnis vornehmen.

Beim Versuch einer „Parallelgeschichte" bleibt man daher angewiesen auf die jeweilige Spezialforschung – zum einen für das Reichsland, zum andern für Trentino, Triest und Küstenland. Der Stand dieser Forschung ist häufig unbefriedigend und blieb lange, bleibt teilweise bis heute nicht unbeeinflußt durch nationale Interessen, durch Vorurteile, durch Ambitionen mit teils apologetischer, teils verurteilender Stoßrichtung. Stereotype und unreflektierte Pauschalurteile sind im Bereich der Behandlung umstrittener Grenzregionen besonders oft anzutreffen. Wissenschaftliche Forschung ist verpflichtet, hier Aufklärungsarbeit zu leisten.

Meine Beobachtungen und Bemerkungen will ich in vier Punkten zusammenfassen.

1. Trentino/Trieste und Elsaß-Lothringen haben gemeinsam, daß sie im Zeitraum 1870-1914 Grenzregionen sind, deren staatliche Zugehörigkeit zwar völkerrechtlich festgelegt ist, die aber trotzdem als „umstrittene" Territorien zu betrachten sind, weil ein anderer Staat auf sie Anspruch erhebt und dieser Anspruch starken oder zumindest beachtenswerten Rückhalt bei der Bevölkerung der umstrittenen Region findet. Wie stark dieser Rückhalt im einen und im anderen Fall war, darüber dürften die Meinungen auseinandergehen und diese Frage sollte verstärkt Gegenstand einer Forschung sein, die ohne nationalistische Scheuklappen arbeitet.

Umstrittene Grenzregionen im Zeitalter des Nationalismus und insofern Konfliktherde – damit aber endet wohl das, was als „gemeinsam" bezeichnet werden kann. Denn die Umstrittenheit im Falle des Reichslandes und der italienischsprachigen Gebiete Österreichs war durchaus unterschiedlicher Art.

Das Reichsland war 1871 im Ergebnis eines von Frankreich verlorenen Krieges an das Deutsche Reich gekommen, gegen den Willen der Bevölkerung oder zumindest der Bevölkerungsmehrheit (diese Feststellung ist erlaubt, obwohl kein Plebiszit stattfand); im Reichsland gab es eine anfangs starke, später schwächer werdende und eher latente Neigung zur Rückkehr in den französischen Staat. Auf Seiten Frankreichs stand die Rückgewinnung des Elsaß auf der politischen Agenda (an welcher Stelle der Prioritätenskala – das ist allerdings eine Frage, auf die unterschiedliche Antworten gegeben werden).

Anders im Falle der Regionen der Habsburgermonarchie mit einer Bevölkerung mehrheitlich italienischer Nationalität: Sie gehörten seit langer Zeit zur Monarchie, ihre „Umstrittenheit" in den Jahrzehnten vor dem Ersten Weltkrieg erwuchs nicht aus einer territorialen Veränderung (gar gegen den Willen der Bevölkerung), ihre Umstrittenheit erwuchs aus der virulent werdenden nationalen Frage, die auf der Apenninenhalbinsel durch die italienische Einigung gewaltige Schubkraft gewonnen hatte, so daß die Zugehörigkeit italienischsprachiger Gebiete zur Habsburgermonarchie, in zurückliegenden Jahrzehnten kein brisantes Problem, nun zum offenen Problem wurde. Zu beachten ist dabei allerdings, daß hinsichtlich der nationalen Frage ein struktureller Unterschied zwischen dem Trentino und dem „Küstenland" bestand. Das Trentino war ein (fast rein) italienischsprachiges Gebiet im Rahmen eines zweisprachigen provinziellen Verbandes (Kronland Tirol) und eines Vielvölkerstaats, das österreichische Küstenland hingegen ein gemischtsprachiges Land, in dem Italiener, Slowenen und Kroaten lebten; die nationalen Konflikte erhielten daher hier ihr Gepräge durch eine Dreiecks-Konstellation: (österreichischer) Staatsapparat – Italiener – Südslawen.

2. Welche Wege der Lösung boten sich im einen und im anderen Fall an? Für die Regierungen der Staaten, denen die umstrittenen Grenzregionen zugehörten, durchaus unterschiedliche.

Reichsland: Hier ging es darum, die Bevölkerung dazu zu bringen, sich mit der *neuen* Situation abzufinden, d.h. nicht in permanentem Protest zu verharren oder gar zu einer offensiven Verweigerungspolitik überzugehen. Der Weg hieß: Bemühen um Integration – eine Politik, die Preußen 1866-1870 in den 1866 annektierten deutschen Staaten Hannover, Kurfürstentum Hessen und Fürstentum Nassau betrieben hatte, mit Erfolg, wie sich 1870 eindeutig erwies. Vor dem Hintergrund dieser Erfahrungen der Jahre 1866-70 und angesichts der Tatsache, daß ca. 90% der 1871 annektierten Bevölkerung als Muttersprache einen deutschen Dialekt sprachen und insbesondere die ländliche Bevölkerung in deutscher Sitte lebte, mußte es 1871 nicht völlig aussichtslos erscheinen, daß einer derartigen Integrationspolitik zumindest längerfristig Erfolg beschieden sein würde, daß (etwa durch Toleranz in der Sprachenpolitik) ein *modus vivendi* gefunden werden konnte und schließlich eine Assimilation erfolgte.

Italienischsprachige Gebiete der Habsburgermonarchie: Hier ging es für die österreichisch-ungarische Regierung – in gewisser Umkehrung der für das Reichsland geltenden Problemlösung – darum, zu erreichen, daß die italienische Bevölkerung sich mit der bestehenden Situation abfand – trotz der Tatsache, daß nun das Königreich Italien, ein nationaler italienischer Staat bestand, trotz des

Bewußtseins, Teil der italienischen Nation zu sein. Der Weg zu einer Lösung des Problems konnte in diesem Fall nicht heißen: Integrationspolitik, sondern Gewährung eines hohen Maßes an regionaler Autonomie und Selbstbestimmung, das berechtigte nationale Anliegen befriedigte, ohne daß die staatliche Zugehörigkeit zur Habsburgermonarchie in Frage gestellt oder vital gefährdet wurde. Es galt, auf diese Weise den irredentistischen Kräften in der Region selbst den Wind aus den Segeln zu nehmen und damit zugleich das Mobilisierungspotential jenseits der Grenze zu beeinträchtigen.

3. Fragen wir nun nach Erfolg und Mißerfolg dieser Bemühungen um Dämpfung des irredentistischen Potentials im einen und im anderen Fall, so scheinen mir die Vorträge und Diskussionen dieser Tagung doch einige beachtenswerte Ergebnisse erbracht zu haben. Was das Trentino und das Küstenland angeht, wage ich keine dezidierte Aussage, aber es scheint doch so, daß die Separierungsbestrebungen vor 1914 keinen durchschlagenden Erfolg zu verzeichnen hatten. Ohne eine massive, notfalls bis zu Unruhen sich steigernde Separationsbewegung in den Gebieten der Habsburgermonarchie mit mehrheitlich italienischer Bevölkerung aber konnten die Aktivitäten der „Associazione Nazionalista Italiana“ im italienischen Königreich noch so ausgedehnt sein, die Propaganda noch so lautstark betrieben werden – dadurch allein wurde Österreich-Ungarn nicht zur freiwilligen Abtretung dieser Gebiete gezwungen oder die Frage Trentino auf die Tagesordnung der internationalen Politik gesetzt (wie das in den 1850er Jahren für Lombardo-Venetien und nach 1860 noch für Venetien durchaus der Fall war).

Was das Reichsland anbetrifft, so läßt sich die gängige Meinung dahingehend beschreiben, die Integrationspolitik sei schlechthin gescheitert, die Bevölkerung Elsaß-Lothringens sei unversöhnt geblieben mit der 1871 erfolgten Abtrennung von Frankreich, sie habe infolgedessen begeistert die Rückkehr zu Frankreich im Jahre 1918 begrüßt. Die Referate auf dieser Tagung in Verbindung mit weiteren neueren Forschungen zwingen dazu, diese Beurteilung zu modifizieren. Es läßt sich zeigen, daß die Integrationspolitik zumindest Teilerfolge verzeichnen konnte, es gelang der deutschen Politik, vor allem ab 1890, zu erreichen, daß sich die Mehrheit der reichsländischen Bevölkerung mit der Zugehörigkeit zum Deutschen Reich abfand. Erst die rigorose Repressionspolitik während der Kriegsjahre, in denen die Militärbehörden ja eine unbeschränkte Militärherrschaft ausübten, führte zu einem Sinneswandel in der Bevölkerung, machte die in zwei Jahrzehnten mühsam erzielten Erfolge der Integrationspolitik auf einen Schlag zunichte.

4. Wenn ich gesagt habe, die umstrittenen Grenzregionen, Reichsland und italienische Gebiete der Habsburgermonarchie, seien Konfliktherde gewesen, dann muß mit aller Entschiedenheit hinzugefügt werden – und die Vorträge und Diskussionen dieser Tagung bestärken mich in dieser Entschiedenheit: Sie waren Konfliktherde zweiter Klasse, nicht erster Klasse, das heißt: Es gab in den Jahren vor 1914 Konflikte von wesentlich höherer Valenz hinsichtlich der Aufrechterhaltung des Friedens in Europa; zu nennen sind vor allem der Balkan, Nordafrika, das Rüstungs- und Bündnisproblem. Bekanntlich hat sich der Erste

Weltkrieg weder an der Frage Elsaß-Lothringen noch an der Frage Trentino entzündet, das innere Konfliktpotential war hier wie dort nicht so groß, daß es bestimmenden Einfluß auf die europäische Politik gewinnen konnte. Erst als der Krieg aus ganz anderen Ursachen ausgebrochen war, kamen – man darf sagen: mit zwingender Notwendigkeit – die Fragen Elsaß-Lothringen und Trentino auf die aktuelle Tagesordnung. Wenn die irredentistischen Ansprüche zwischen 1870 und 1914 auch nicht in der Lage waren, kriegsauslösend zu wirken, so wurden doch *nach* Kriegsausbruch die potentiellen Kriegsziele sofort zu massiven, offen artikulierten Kriegszielforderungen.

Wenn somit festgestellt werden kann, daß weder Elsaß-Lothringen noch Trento/Trieste entscheidende Faktoren der europäischen Politik nach 1870 in dem Sinne waren, daß sie permanent die europäischen Staatsmänner beschäftigten und akuten politischen Handlungsbedarf schufen, schließlich gar zur Kriegsauslösung beitrugen (dies war eben nicht der Fall), so ist davon zu unterscheiden ihre Bedeutung als Faktoren der Konstellationsbildung zwischen den europäischen Mächten. Diese Rolle der „unerlösten Gebiete" für die Ausformung der europäischen Mächtekonstellation in den Jahren vor dem Ersten Weltkrieg bedarf allerdings einer subtilen und behutsamen Untersuchung, wie sie hier nicht vorgenommen werden kann. Soviel jedoch ist sicher: Mit schnellen *ex post*-Urteilen ist es nicht getan; aus der Tatsache, daß 1918/19 Frankreich das Reichsland zurückgewann und Italien nicht nur Trento/Trieste, sondern sehr viel mehr erwerben konnte, kann nicht abgeleitet werden, dies sei ein mit historischer Zwangsläufigkeit sich abspielender Prozeß gewesen. Insgesamt glaube ich, und hier scheint mir die parallele Betrachtung durchaus von Nutzen: Wenn man die Entwicklungen und Entscheidungen während der Jahre 1870-1914 mit Blick auf die hier thematisierten umstrittenen Grenzregionen näher betrachtet, darf man zu dem Schluß kommen: Entdramatisierung ist angezeigt. So wichtig das Schicksal dieser Regionen für die Beziehungen zwischen Völkern und Staaten in den Jahrzehnten vor 1914 zweifellos war, so sehr die internationalen Beziehungen dadurch belastet wurden – eine ausschlaggebende Rolle für den Gang der europäischen Politik und insbesondere für die „Urkatastrophe" unseres Jahrhunderts (als die George F. Kennan den Ersten Weltkrieg bezeichnet hat) kann dem Streit um Trento-Trieste und Elsaß-Lothringen schwerlich zuerkannt werden.

Verzeichnis der Autoren

Angelo Ara, Universität Pavia

Sergio Benvenuti, Trient

Paolo Blasina, Universität Triest

Marina Cattaruzza, Universität Triest

Andrea Ciampani, Fondazione Giulio Pastore, Rom

Stefan Fisch, Universität Speyer

Maria Garbari, Universität Feltre

Hermann Hiery, Universität Bayreuth

Eberhard Kolb, Universität Köln

Stefan Leiner, Universität Saarbrücken

Annette Maas, Universität Saarbrücken

Sergio Romano, Universität L. Bocconi, Mailand

Felicitas von Aretin, Berlin

Davide Zaffi, Trient